HENRY CAMMAS ET ANDRÉ LEFÈVRE

LA
# VALLÉE DU NIL

IMPRESSIONS ET PHOTOGRAPHIES

PARIS
L. HACHETTE ET C<sup>ie</sup>
BOULEVARD SAINT-GERMAIN, 77

1862

# LA VALLÉE DU NIL

SAINT-CLOUD. — IMPRIMERIE DE M™° V° BELIN.

HENRY CAMMAS ET ANDRÉ LEFÈVRE

LA

# VALLÉE DU NIL

IMPRESSIONS ET PHOTOGRAPHIES

PARIS
L. HACHETTE ET C$^{ie}$
BOULEVARD SAINT-GERMAIN, 77

1862

# A S. A. R. MOHAMMED-SAÏD-PACHA

VICE-ROI D'ÉGYPTE.

ALTESSE,

*Dans le concert de bienvenue qui célèbre votre passage en Occident, daignerez-vous distinguer une note isolée? Sera-t-il permis à l'un de vos admirateurs presque inconnu de présenter à votre Altesse ce modeste livre consacré au pays que vous guidez dans la voie du progrès. A qui l'hommage en est-il dû, sinon au prince éclairé dont l'accueil favorable attire et retient près de son trône les arts et les idées de l'Europe; au voyageur auguste qui vient étudier par lui-même la marche de la civilisation moderne? Si un enthousiasme vrai pour les antiques beautés de l'Égypte, si une reconnaissance sincère de l'hospitalité que j'y ai reçue de tous et une foi vive dans l'avenir que votre gouvernement prépare au plus vivace royaume de l'Orient, sont des titres à votre indulgence; enfin, si l'intention suffit à excuser la hardiesse de l'auteur et les défauts de l'ouvrage,*

*daigne Votre Altesse*
*agréer le dévouement et le profond respect*
*de son humble serviteur,*

HENRY CAMMAS.

# PRÉFACE

Tout livre porte ou doit porter le cachet de son auteur : c'est ce qui rend d'ordinaire les préfaces inutiles ou fastidieuses : le lecteur ne veut pas être averti, et dit comme Alceste : « Nous verrons bien. » Et pourtant nous risquons ici une introduction, nous la croyons opportune. Tant de voyageurs et de savants ont parlé de l'Égypte, que nous tenons à nous distinguer tout d'abord des uns et des autres; ceux qui nous liront, prévenus de nos intentions, ne chercheront pas dans notre ouvrage ce que nous n'y avons pas voulu mettre, et trouveront du premier coup les renseignements que nous leur offrons. Au seuil de notre édifice, riche ou pauvre, nous donnons les clés aux visiteurs et nous leur indiquons l'ordre des appartements, la place des curiosités, les moyens enfin de ne pas s'égarer.

Quand nous sommes partis pour l'Égypte, nous n'avions pas le projet arrêté de la décrire; tout au plus songions-nous à utiliser un appareil de photographie que nous emportions; heureux si nous pouvions nous faire un musée complet des monuments et des sites qui frapperaient le plus nos yeux. Un séjour assez prolongé à Alexandrie, au Caire et sur le Nil, l'amour de ce pays, qui sera pour nous une seconde patrie, le regret de ne pas savoir peindre, l'insuffisance de la chambre noire à rendre la couleur du ciel, de l'eau et des pierres, à saisir dans les demeures souterraines tout un monde de peintures et de bas-reliefs, à refléter surtout cette physionomie tout intérieure des hommes et des choses qui trahit les mœurs et les idées d'un peuple; ces raisons nous décidèrent à rehausser nos tableaux d'un trait de plume, et à dire tout ce que nous voyions sans pouvoir le fixer. Ce livre est donc destiné à colorer, à compléter une série de photographies; mais comme il était impossible d'y joindre une centaine de vues que nous avons rapportées, nous avons tâché de refaire l'œuvre du soleil, et de calquer nos descriptions sur le relief des ruines et des montagnes : seulement, autour et au milieu de ces pierres et de ce granit, nous avons jeté l'air, le jour doré, l'azur presque immuable, les verts palmiers et les champs de cannes, les oiseaux du Nil et tous les incidents qui animent la vie ; bien plus, l'Égypte antique a été évoquée, elle nous a fourni des foules inconnues, rois et dieux aux noms étranges, ses idées traduites sur les murailles par la main de ses artistes sacrés, le plus éclatant contraste avec l'aspect moderne de l'Égypte arabe et turque.

Apportons-nous quelque chose de nouveau? nous l'espérons sans le savoir. Pour rester fidèle à nos impressions, nous n'avons pas lu nos devanciers. Les détails archéologiques de notre seconde partie ont seuls exigé un contrôle qui en garantit l'exactitude. Dans le récit des faits et l'interprétation des figures, nous avons pris pour guide Champollion, comme le plus connu des Égyptologues et le premier lecteur des hiéroglyphes. Quant aux idées qui ressortent des descriptions, dès qu'elles touchent à l'art et à la philosophie, elles nous appartiennent en propre et nous les réclamons.

Les opinions que nous émettons sur des faits et des œuvres modernes sont parfaitement libres et essentiellement tolérantes; nous disons le bien et le mal sans toucher jamais aux personnes. Pourquoi irions-nous payer l'Égypte de son hospitalité par une satire? Nous avons parcouru tel ouvrage où le public est initié aux petits ridicules de gens dont l'auteur n'a pas même déguisé les noms, où des personnages très-honorables servent de plastron et de cible à une verve acrimonieuse. Pour nous, si nous décochons quelques traits, nous ne les empoisonnons pas ; il n'y a pas de fiel dans notre cœur ; et comment en aurions-nous amassé dans un pays où notre titre de Français nous a partout assuré un accueil bienveillant? Qu'on ne nous accuse pas d'optimisme ; nous avons, comme tout le monde, vu de grands progrès à réaliser dans l'administration et la vie publique de l'Égypte ; mais nous avons vu aussi de grands efforts vers le mieux. Toutes les imperfections sont d'origine turque, et ne peuvent se comparer aux monstrueux abus qui condamnent peut-être à mort l'empire de Mahomet II ; chaque jour remplace une irrégularité, un vice gouvernemental, par une importation civilisée, presque toujours française. On sent, vanité à part, que nous avons passé là, et maintenant encore, le percement de l'isthme n'est-il pas notre œuvre? C'est lorsque cette vaste entreprise aura pleinement réussi qu'on pourra porter sur l'Égypte un jugement définitif. Le canal de Suez doit lui donner la vie et en faire le plus puissant des États musulmans. Où trouvera-t-on un sol plus riche? il nourrissait l'Italie : supposez toute la sollicitude d'un gouvernement plein de bonne volonté tournée vers l'agriculture ; un champ donné au fellah; la propriété déjà établie sur un partage équitable des terres et sur des titres certains; d'autre part, les richesses de la Chine et de l'Inde se croisant à Port-Saïd avec tous les produits de l'Europe; l'Égypte fécondée par deux Nils, le fleuve des moissons et le fleuve des trésors. Quel pays ne portera pas envie à une telle prospérité?

La population est bonne et obligeante. Pendant neuf mois nous avons habité une barque sur le Nil, et nous n'avons pas eu un motif de mécontentement sérieux contre l'équipage; bien plus, les riverains ne se sont presque jamais refusés à nous aider de leurs bras, quand le vent contraire nous obligeait de tirer la barque à la corde. Le fellah, qui est le descendant de la race indigène, cultive la terre avec nonchalance parce qu'elle produit sans peine; mais il est dispos, allègre, ami des chants et des danses. Le Nubien, plus fier et toujours muni d'armes qui indiquent son indépendance relative, n'a rien pourtant de féroce dans sa sauvagerie; le moindre cadeau l'apprivoise. Bien qu'il y ait, comme partout, des brigands, il n'est pas de voyage plus sûr qu'une excursion sur le Nil. Le maraudage, le goût du bien d'autrui, nous ont paru ici moins florissants que dans beaucoup de pays civilisés. La vermine, la saleté, l'incurie que l'on rencontre, à vrai dire, sur la route à chaque étape sont inhérentes aux pays chauds, et s'étalent très-bien au soleil de Provence ou de Roussillon. Les magistrats auxquels on peut avoir affaire dans les villes et les villages riverains sont généralement pleins de politesse et d'attention. Rendent-ils la justice d'une façon irréprochable? Prélèvent-ils sur l'impôt les appointements qu'ils ont trop attendus? Nous ne nous sommes pas chargés d'une enquête sur leur conduite; on nous accuserait d'ailleurs de partialité en faveur de ceux qui nous ont gracieusement offert le café et le chibouk : personne ne nous en voudra si nous les remercions cordialement.

Nous devons reconnaissance à tous ceux, Français ou Arabes, qui ont bien voulu devenir nos amis, et le lecteur rencontrera leurs noms dans la suite de cet ouvrage. Nous ne passerons pas sous silence les bons souvenirs que nous avons gardés de nos consuls à Alexandrie et au Caire, MM. Sabatier, Béclard, de la Porte. Nous eûmes pour médecin M. Juval, homme de science et d'expérience; le malheur qui a plusieurs fois frappé à sa porte n'a pas aigri son cœur; puissent ces lignes, faible témoignage d'amitié et de remerciment, le trouver plus calme et plus heureux! Le docteur Estienne, médecin de Toussoun-Pacha fils du vice-roi, et l'un des hommes distingués d'Alexandrie, nous a reçus en compatriote; sa femme, amie et dame interprète de la princesse, s'est montrée tout aimable : un quart d'heure après être entré chez eux, on sent qu'on ne peut plus les quitter. Terminons par l'éloge de Kœnig-Bey, le plus modeste et le plus simple des hommes.

Kœnig, né à Paris en 1802, a fait ses études au collège Henri IV : il fut élève de de Sacy pour les langues sémitiques. Cinq années de voyage en Égypte, dans le Soudan, le Kordofan, le Sennaar, l'Asie Mineure et la Syrie, firent de lui un orientaliste consommé. Il se fixa au Caire. Nommé professeur à l'école militaire de Kanka, il traduisit en turc plusieurs ouvrages spéciaux. En 1834, Méhémet-Ali lui confia l'instruction du jeune Saïd-Bey, alors aspirant de marine, aujourd'hui vice-roi. Successivement appelé à diverses fonctions scientifiques et politiques, professeur à l'école d'artillerie de Tourah, sous-secrétaire de la guerre, directeur des relations commerciales, puis des affaires étrangères, nommé Bey par Méhémet, il est aujourd'hui secrétaire particulier des commandements du vice-roi. Durant le récent voyage de Saïd-Pacha, l'Empereur en donnant à Kœnig-Bey la croix d'officier, lui a fait gracieusement observer que sa qualité de Français ne lui permettait pas de franchir plusieurs grades.

Investi de la confiance de son maître, jadis son élève, Kœnig n'a jamais abusé d'une faveur bien méritée; jamais une intrigue n'a sali ses mains; et, chose étonnante, l'envie se tait autour de lui et rend hommage à sa scrupuleuse probité. Il mène une vie patriarcale au sein d'une famille unie; ses gendres l'ont pris pour modèle et rivalisent avec lui de bons procédés pour tous ceux qui font appel à leur obligeance. Kœnig-Bey est donc l'un de ces hommes dont la mère-patrie peut à bon droit s'enorgueillir; c'est lui, ne l'oublions pas, qui a tourné Saïd-Pacha vers les idées européennes.

Nous venons de nommer l'auguste personnage à qui nous dédions cet ouvrage. Nous ne nous étendrons pas sur la bonté si connue qui le livre à tous ceux qui désirent lui être présentés; l'hommage que nous lui faisons de notre livre est une faible marque de notre respect reconnaissant. On lira plus loin l'histoire de son règne : l'esclavage aboli, la justice restaurée, la propriété, chose inconnue avant lui en Égypte, constituée par sa volonté; enfin le percement de l'Isthme constamment encouragé, protégé contre de mesquines jalousies; des travaux qui intéressent à la fois l'Egypte et l'Europe; enfin plus de progrès accomplis ou annoncés en moins de dix ans que n'en rêvèrent en douze siècles les Ommiades et les Abbassides, les Fatimites et les Ayoubites, les Mamelouks et les Ottomans.

Il nous reste, avant de saluer le lecteur, à exposer notre plan et à justifier les divisions que nous avons adoptées : calquées sur la réalité même, elles ont l'avantage de s'enchaîner logiquement. Une première partie résume notre voyage de Paris à la seconde cataracte et essaye de reproduire la physionomie générale de l'Égypte. L'habitude est, en effet, de ne pas remonter le Nil : on veut tout voir ; on profite du vent, et l'on se hâte d'arriver au terme de la route. C'est une fois que l'étranger sait où il est, qu'il peut, désormais familiarisé avec les figures et les horizons, examiner à loisir les restes de la civilisation antique. Il laisse dans l'ombre les époques troubles du moyen âge et de la domination turque, et vient enfin se reposer au Caire, au milieu de l'Égypte moderne. C'est ainsi que notre second livre conduira le lecteur dans toutes les ruines des Pharaons ou des Ptolémées, depuis les temples d'Ibsamboul jusqu'aux grandes pyramides ; puis le cours même du Nil, nous amenant au port de Boulak, nous servira de transition pour une troisième partie où s'épanouira le loisir de la vie orientale. Qu'on n'attende pas de nos divisions une grande rigueur ; elles ne s'excluront pas l'une l'autre ; il arrivera au contraire, et la véracité même l'exige, que les mœurs d'aujourd'hui seront mêlées aux coutumes d'autrefois, que des incidents futiles rencontreront en chemin des aventures de dieux et de rois, que la vie enfin empiètera sur la mort. Les palmiers verdoyants ne s'élancent-ils pas du sein même des ruines? Et n'est-ce pas une loi pour celui qui raconte d'éviter l'aridité?

Un dernier mot : nous n'avons rien écrit que nous n'ayons fait ou vu ; point d'histoires forgées à plaisir, mais l'Égypte elle-même.

# LA VALLÉE DU NIL

IMPRESSIONS ET PHOTOGRAPHIES.

## LIVRE PREMIER.

L'ÉGYPTE A VOL D'OISEAU.

### CHAPITRE PREMIER.

OU IRONS-NOUS?

Par un de ces jours tièdes et purs qui terminent septembre, je suivais à mi-côte les détours harmonieux de la Seine. Le fleuve déroulait paresseusement son cours au milieu d'arbres à peine jaunis par l'automne; on eût dit, de loin, une de ces grandes couleuvres inoffensives dont les riches couleurs brillent par moment dans l'herbe, tant les plis légers qu'un faible vent soulevait à la surface de l'eau ressemblaient à des écailles dorées et bleues! D'ordinaire, en ces lieux aimés, connus depuis ma jeunesse, la sécurité, le bien-être, dans leur plénitude suave, m'enveloppaient tout entier; mes pensées, qu'attiraient en route mille détails familiers, se jouaient à l'aise au sein de cette nature tranquille ; tout me charmait, tout me retenait d'ordinaire. Mais ce jour-là, sans doute, il y avait dans l'air quelque mélancolie ; je manquais d'espace et de ciel, je m'échappais en je ne sais quelles rêveries lointaines. Les liens cachés qui m'attachaient, la veille encore, à la vallée, au fleuve, aux chemins verts, s'étaient rompus sans doute, et une brise folle en emportait les débris avec ces fils blancs qui voltigent sur les sillons nus. Plus j'allais, moins les séductions anciennes des collines entremêlées, des lignes sinueuses, irrégulières, gardaient de force contre mon humeur nouvelle ; je m'assis à l'ombre d'une haie vive, cherchant à me rendre compte de moi-même et n'y pouvant parvenir.

Mes regards s'étaient fixés machinalement sur la toiture neuve d'une villa voisine. J'observai qu'une foule de points noirs s'abattait sur les tuiles ; le nombre s'en accroissait de minute en minute, enfin le haut de la maison parut tout noir. Tout à coup un petit nuage s'enleva, et le pignon redevint rouge. C'étaient les hirondelles qui partaient ; de tous côtés, des volées nouvelles se formaient en colonnes et volaient vers le midi. A la même heure, accouraient du nord des troupes de corbeaux poursuivant de huées les oiseaux du printemps. Je repris pensif le chemin du logis, et déjà en moi naissait un projet vague. Quand je cherche les raisons qui me poussèrent à voyager, je n'en trouve pas d'autres que cette promenade rêveuse en un beau jour d'automne, et le départ des hirondelles. Le printemps sans fin que la poésie réservait aux dieux et que la terre a perdu avec l'Eden, est une réalité pour les oiseaux et les voyageurs. L'amour du soleil est inné dans l'homme. De là cette inconstance, contraire et pendant de la nostalgie qui, plus forte que les amis et la famille, saisit tout d'un coup les natures les plus sédentaires. Des ailes, des ailes! s'écrient les poëtes, et ils inventent ces talismans orientaux plus communs dans *les Mille et une Nuits* que les coquillages dans la mer, ces paroles magiques qui transportent en un clin d'œil du bout du monde à l'autre! Voilà ce qu'il faudrait à mon impatience ; mon désir s'accroît et me conduit par avance en toutes sortes de pays inconnus.

Je ne me décidais pas à parler de mes projets ; tous mes amis me connaissaient pour fidèle à mes vieilles habitudes : qu'allaient-ils penser de cette envie subite? quelle raison leur donner? Et ma femme qui n'était jamais sortie du cercle habité par les Parisiens, comment m'accueillerait-elle? serait-elle prête à m'accompagner? Sa santé était délicate; n'étais-je pas imprudent? J'essayais de la préparer à l'idée qui me tenait au cœur ; je parlais de ma longue oisiveté, du besoin de mouvement qui s'emparait de moi. Les relations, les journaux de voyage, le *Tour du monde*, encombraient la table du salon. Enfin, cherchant le plus bénin et le moins effrayant de tous les pèlerinages, je proposai une excursion en Italie; je craignais d'être pris au mot, car j'avais lu, je ne sais où, qu'il pleut souvent à Florence et que l'hiver y est froid. Mais je fus bien étonné quand ma femme déclara que, n'étant jamais sortie de Paris et des environs, elle serait fort aise d'avoir fait dans sa vie un voyage, mais un vrai voyage : « Qui ne va pas en Italie ? dit-elle ; commençons par aller bien loin, nous serons toujours à même de voir ce qui est près de nous ; si tu partais seul, je dirais : *que ce soit aux rives prochaines !* mais nous ne nous quitterons pas ; prenons l'essor. »

Irons-nous en Grèce ? Mais il y a le roi des montagnes ; à Constantinople ? mais il y a les chiens. Partons pour la Chine.

Notre imagination se monta ; nous n'avions plus en tête que pagodes en porcelaine, maisons peintes à double toit, à clochettes, grandes moustaches et petits pieds :

> La Chinoise, d'azur et de safran vêtue,
> Les ongles teints de rouge et les sourcils de noir,
> Sur un riche carreau s'assied sans se mouvoir.
> Mais des yeux retroussés animent la statue ;
> Son pied mignon repose, inutile trésor
>     A jamais replié sous elle.
>     L'oiseau dont on a coupé l'aile
>     Ne peut tenter un long essor !

Je me voyais déjà mandarin à plusieurs boutons ; ma femme était portée dans un palanquin et suivie de ces grands parasols qui ressemblent à des éteignoirs. Le fils du Soleil daignait nous sourire et, en notre faveur, dispensait la cour tout entière de lécher la trace de ses pas sacrés.

L'air français tout au plus parfumé de foin dans les champs, de rose dans les jardins, nous était devenu fade et grossier ; nous voulions respirer à pleine haleine le thé le plus fin. Quant à la nourriture, ne m'en parlez pas. Le bouillon le plus succulent était insipide auprès de la soupe aux nids d'hirondelles. Le chien du voisin, gros et gras, nous faisait envie, et nous l'aurions tué pour inaugurer chez nous la cuisine chinoise. Nous nous sentions devenir dangereux, il fallait partir.

Je me hâtai de prendre tous les renseignements, de recueillir toutes les recommandations qui pouvaient donner à notre voyage les plus grandes facilités; nous fîmes enfin nos paquets et nos adieux et... nous ne partîmes pas. Le goût de la Chine était passé. Les enfants noyés épaississant les eaux du fleuve Jaune, les lettrés serviles et cruels, une population affairée, idiote, cent millions d'êtres humains qui ne parlent pas français, voilà ce que nous voyions maintenant, le jour, dans nos réflexions, la nuit, dans nos rêves. Et si nous étions pris pour des missionnaires? sciés entre deux planches, coiffés du carcan? Le beau résultat d'un caprice de deux désœuvrés! Puis, quelle traversée immense, hasardeuse: nous pouvions rencontrer la fièvre au Sénégal, Adamastor au cap de Bonne-Espérance. Je sais bien que nous aurions pu faire relâche à l'Ile de France pour voir les *Pamplemousses* et le tombeau de Virginie; mais cette perspective ne suffit pas à nous décider. Encore si l'isthme de Suez avait été percé!

Il est un pays aussi vieux que la Chine, maître et parent de la Grèce dont nos arts procèdent, sans cesse mêlé aux grands événements européens; il est une terre où trois civilisations ont laissé les vestiges de leur splendeur, où les idées françaises germent peu à peu autour des mosquées et des pyramides; c'est là que le commerce du monde trouvera quelque jour ouverte la route de l'Inde, route qui fera de l'Égypte le plus durable et le plus prospère des États musulmans. Pourquoi n'irions-nous pas boire l'eau du Nil, si féconde et si pure, savourer le kief au sein des merveilles du Caire, et saluer les débris des Rhamsès? Allons, il est bien entendu, cette fois, que nous partons pour Alexandrie.

Mais nous voici au cœur de l'hiver; nos indécisions nous ont attardés bien au delà de l'époque favorable aux traversées; au moins nous n'attendrons pas une année entière. Aussitôt que la Méditerranée pourra nous recevoir sans danger, à tout risque, nous mettrons à la voile ou plutôt nous chaufferons la machine. Nous convînmes d'emporter peu de bagages, et de nous fournir de tout en Égypte; ce n'était pas une excursion sans but que nous allions entreprendre, nous voulions nous initier à la vie du pays, nous pénétrer de soleil, et rapporter des impressions durables. Depuis quelque temps, adonné par inaction à la photographie, j'eus l'idée de prendre avec moi un appareil bien complet et de me donner pour but particulier la reproduction détaillée de tout ce qui frapperait mes yeux. Ainsi je n'aurais pas fait un voyage inutile à moi-même et aux autres, et je pourrais être ici le cicérone de ceux que l'habitude ou les affaires retiennent loin de tout ce que j'allais admirer. D'ailleurs, une mission du ministère d'État nous assurait partout un bon accueil, et faisait de nous des voyageurs privilégiés, et *privilége oblige*. Au mois de mai, nous étions à Marseille, et nous nous embarquions sur *le Simoïs*, un des plus mauvais bateaux des Messageries.

## CHAPITRE II.

### LA MER.

Adieu, France, pays des horizons variés, des vertes prairies; salut, mer monotone, déserts immenses, ciel immuable! Adieu, terre des pensées précises; salut, Orient, où la rêverie se fond dans l'atmosphère lumineuse comme un nuage dévoré par le soleil! Et vous, amis abandonnés, puisse votre image nous préserver de l'égoïsme impassible qui gagne les cœurs en ces pays léthargiques!

La vapeur nous emportait avec des hennissements précipités. Les mâts sans nombre, chargés de vergues et de cordages, donnaient au port l'apparence d'une forêt grise faiblement agitée par le vent; puis la distance et le soleil en firent comme une armée rangée en bataille; on voyait reluire les lances avec leurs banderolles. Bientôt le rivage de France apparut sur une vaste étendue, prolongeant ses lignes de plus en plus simples, de plus en plus effacées, pareil à l'esquisse d'un grand tableau. Au loin, la mer était d'un azur intense; seulement, tout autour des côtes, une ligne verdâtre indiquait les eaux peu profondes. Le jour baissait, l'azur tournait au noir; mais chaque flot doré par le couchant semblait un éclat de miroir.

Parfois un gros poisson sautait hors de l'eau, c'était un dauphin, la monture d'Arion et de Vénus marine. Et qui peut voguer sur la Méditerranée sans évoquer tous les dieux qu'elle a bercés dans ses abîmes? Je cherchais à voir les Néréides qui commencent en femmes et finissent en poissons; je tendais l'oreille au chant des Sirènes. Quel peuple merveilleux et immortel! Le sens de ces belles fictions m'apparaissait clairement; ces figures humaines, à qui les anciens donnaient l'empire des mers, étaient l'emblème des destinées de l'homme, un rêve de progrès, une proclamation de la puissance royale que nous nous attribuons sur tout ce qui nous entoure. Il n'est rien qui doive nous échapper; c'est cette pensée que les Grecs revêtaient d'une forme symbolique. Depuis, les vaisseaux plus hardis ont quitté les côtes et couru la haute mer; le pilote armé de sa boussole n'a plus eu à prier les Nymphes et les Tritons. L'homme a remplacé les dieux.

Hélas! sommes-nous si bien les maîtres de la mer? Pour moi, les flots me secouaient rudement et mon cœur courait le risque d'un naufrage. J'essayais en vain de tromper mon malaise par une méditation demi-philosophique, et je dus bientôt descendre et me coucher. D'ailleurs le ciel si pur jusqu'au soir s'était couvert, une pluie fine et pénétrante rendait le pont glissant. La position horizontale me soulagea, et malgré le bruit du tangage, je m'endormis d'abord. Mais des cris fréquents troublèrent mon sommeil : « Au secours ! à moi ! » glapissaient des voix lamentables, et les gens de service couraient d'une chambre à l'autre. Enfin, le matin arriva ; le soleil avait remplacé la pluie, et nos cœurs étaient plus solides : je parle de mes compagnons de malaise ; quant à ma femme, elle avait assez bien supporté la mer, et ne ressentait que quelques palpitations dont elle est affligée. Dans le détroit de Bonifacio, entre la Corse et la Sardaigne, un beau coup d'œil nous appela sur le pont ; les deux îles, très-rapprochées, semblaient se défier et entassaient à l'envi les escarpements de leurs rives.

Je voulus déjeuner par précaution ; car le mal de mer à jeun est terrible, dit-on. Nous étions sept passagers assis à une table fort bien servie, dans une vaste salle à manger qui peut donner place à soixante convives. Aussi, avions-nous nos aises. Entre ma femme et moi, faisant les honneurs du repas, se tenait le capitaine, vieux loup de mer, assez ami du juron, mais excellent homme et très-sensible aux lettres dont j'étais porteur ; ma mission me donnait près de lui un caractère officiel. Le médecin est normand, gourmet ; il aime à parler, à rire, et ses plaisanteries tombent parfois dans le mauvais goût ; par exemple, il ne peut pardonner à un jeune missionnaire, évêque dans l'Inde, un *benedicite* murmuré à l'entrée du repas et une prière furtive. Il a trouvé moyen de le vexer ; les jours maigres, il détourne les légumes ou la bouillabaisse, et ne lui laisse parvenir que la viande. J'avoue que sa victime m'intéressait plus que lui : un homme qui par dévouement et sans intérêt va chercher une mort probable (il a été en effet assassiné), mérite toujours le respect ; et ce n'est pas affaire d'opinion. Un Maltais assez taciturne, un Russe assez loquace, un agent des postes, un Hollandais établi à Alexandrie, un commandant français, jadis chef de la police égyptienne, complètent la liste de nos compagnons. Ma femme jouissait seule d'un fort joli salon pourvu d'un piano qui lui procurait quelque distraction ; le plus souvent on se réunissait sur le pont, sous une tente, et on échangeait les idées superficielles à l'usage de toute société d'inconnus que rapproche le hasard. Le Hollandais, gros, réjoui comme un bourgmestre, émettait les aphorismes les plus naïvement égoïstes ; il ramenait tout à lui-même et prenait sa large panse pour le centre du monde. Néanmoins il nous offrait pour Alexandrie les secours de sa vieille expérience. Les promesses de l'officier français nous inspiraient plus de confiance, et nous lui devrons, en effet, beaucoup de remerciments. Pour l'employé des postes et moi, notre conversation, assez triste, roulait sur le malaise qui ne nous épargnait ni l'un ni l'autre ; et nous n'échappions guère aux sarcasmes du médecin.

La mer, cependant, nous laissa quelque répit. Le temps était clair et le soleil ardent ; mais nous n'avions pas osé encore prendre les vêtements d'été. Les nuages blancs qui traversaient le ciel ne ressemblaient pas à ces duvets de notre atmosphère pâle. Leur éclat et leur consistance en faisaient des blocs de marbre, aériens il est vrai, mais capables de porter toute la cour des dieux grecs. Nous passâmes en vue des côtes de Sicile; Palerme, qu'un détour du rivage nous cachait, n'était pas loin de nous, et avec un peu de bonne volonté nous distinguions l'Etna. Le fait est qu'un plaisant nous en montra la fumée. Le soir, à neuf heures, on aperçut le phare de Malte où nous devions arriver dans la nuit. C'est à Malte que les bateaux renouvellent leurs provisions de fruits et de légumes frais; ils y prennent aussi du charbon. J'allai me coucher pour être à même de bien employer la journée du lendemain, que nous allions passer à terre; mais mon sommeil fut troublé vers deux heures par notre arrivée dans le port : nous éteignions la chaudière et nous jetions l'ancre.

Je me levai de bonne heure, impatient de descendre. Le voyageur qui considère pour la première fois cette île fameuse, éprouve une sorte de terreur : il se sent regardé, fasciné par des yeux sans nombre, ronds, noirs, menaçants. Ce sont des canons. On demeure presque persuadé que, n'y eût-il à portée qu'un homme, si les canons partaient à la fois, il y aurait un boulet pour lui. Peu à peu, rassuré par l'idée de la paix qui règne entre la France et l'Angleterre, on admire l'art de l'homme qui renchérit sur la nature, et fait d'un rocher inaccessible une forteresse imprenable. Au milieu des vaisseaux de guerre qui abondent dans le port, glissent et serpentent de belles barques peintes de brillantes couleurs. La proue en est élevée et couronnée d'un ornement ou d'une figure. Elles ont quelque chose de la grâce qu'on attribue aux galères antiques, et sont dignes d'être changées en nymphes, comme les vaisseaux d'Énée.

Arrivés à terre, nous éprouvons un bien-être et un appétit subits ; aussi croyons-nous bien déjeuner pour la première fois ; notre dessert est composé de fruits magnifiques : oranges, cédrats, dattes, venus de Sicile ; et les vins de Syracuse et de Chypre, si perfides dans les drames romantiques, étincellent joyeusement dans les verres. Tout près de la table où la gourmandise nous retient, s'étale un lit immense, couvert d'un moustiquaire ; comme on reposerait bien après les nuits de bord, et quelle joie de dormir une heure sur la terre ! mais la curiosité secoue ces velléités de paresse. Il ne faut pas quitter Malte sans voir ce qui reste d'un passé très-rempli. Tant de peuples ont passé sur cet îlot, tant de puissances l'ont occupé avec raison, fières de tenir le centre de la Méditerranée ! Phéniciens, tyrans de Sicile, Romains, Vandales, empereurs grecs, Sarrasins, Espagnols, Angevins, Hoenstaufen, se sont succédé en cette bribe de terre. Charles-Quint la donna aux chevaliers de Saint-Jean que Soliman avait chassés de Rhodes. Bonaparte, dont nous suivons la route, prit Malte en partant pour l'Égypte ; les Anglais s'en emparèrent en 1800, et durent la rendre à la paix d'Amiens, ou la remettre au moins à la garde d'une flottille russe. Mais la catastrophe de 1815 légitima leur usurpation et les dispensa de tenir leur parole. Et maintenant l'Angleterre s'est incrustée dans ce rocher, comme à Gibraltar ; avant qu'on l'en arrache, sa puissance tombera.

L'ordre des Hospitaliers a laissé là de belles marques

de sa domination. Leur palais est encore debout; et l'église Saint-Jean, ornée de leurs tombes, conserve sur son pavé même leurs armoiries figurées en mosaïque. Il faut visiter le musée, où sont rangées les armures des grands maîtres. A voir ces panoplies montées sur des mannequins, on se croit au temps des tournois et des grands coups de lance. Au milieu de ces dépouilles, j'éprouvai une émotion bien naturelle : les noms des grands maîtres sont inscrits dans cette salle, et ils sont presque tous français; j'étais là comme dans mon pays. Mais en sortant, je vis flotter le drapeau britannique!

Les rues qui, sauf la principale, sont en escalier, à peu près comme à Sienne, donnent à la ville l'aspect original d'un vaste édifice pourvu d'étages et de paliers innombrables. On rencontre beaucoup d'hommes prévenants et de femmes bien faites : le type est beau. La population parle en général un italien plus ou moins pur et qui tourne à la *langue franque*; les savants reconnaissent dans le patois maltais des traces de phénicien et de carthaginois. L'anglais, réservé à l'administration, est généralement compris. L'îlot est inculte; à peine les fentes du rocher laissent-elles à quelques maigres plantes la place de leurs racines. On comprend avec quel orgueil national notre guide nous conduisit dans un jardin, petit et ordinaire, que l'on nomme le Boschetto. Il y a vraiment là un peu de terre; mais les chevaliers l'ont apportée de Sicile.

L'heure du départ était venue; nous reprîmes la mer, couvrant de fumée tout ce que nous laissions derrière nous. Le vent du midi s'élevait, et de gros nuages voilaient le couchant. Des vagues sombres, étroites et dures, plissaient l'eau assombrie, et le bâtiment se plaignait. Cependant, le capitaine nous rassura et rit de nos frayeurs; il paraît que le temps était beau et la nuit sans menaces. Il ne devait y avoir de tempêtes qu'en moi-même, et je pensai définitivement que je ne pourrais me dispenser de payer mon tribut à la mer. C'est ce qui arriva, et l'obscurité couvrit le ciel à temps pour me cacher à moi-même et aux autres. Je restai couché sur le pont, sans pensée, et quelquefois me souciant peu de vivre. Ma femme était près de moi et je ne la voyais pas; on m'aurait jeté à l'eau que je n'aurais rien senti : la conscience baisse avec l'instinct vital. Vers le matin, la torture intérieure cessa, et comme hébété je regardai longtemps le crépuscule, demandant l'aurore. Elle apparut enfin, assez pure, au-dessus d'une ligne plus ferme et plus anguleuse que la surface des eaux; nous étions en vue de la Crète. Ce nom jadis illustre et qui, s'effaçant de jour en jour, fait place au nom insignifiant de Candie, fut durant la matinée l'aliment de ma rêverie; je ne pourrais dire toutes les idées qui, s'associant par un fil ténu, se succédèrent en moi, depuis l'antique Minos, l'étrange Pasiphaé, jusqu'au tendre Racine qui a donné une seconde immortalité à Phèdre, la Crétoise, la victime des amoureuses fatalités. J'errais encore dans le labyrinthe infini des souvenirs, plus compliqué que l'œuvre de Dédale, quand l'île dont je rêvais n'était déjà plus, à l'horizon inondé de soleil, qu'un petit nuage pareil aux vapeurs légères dont se voilaient, sur les cimes de l'Ida, les amours de Jupiter et de Junon.

Le temps passe, mais non le malaise, qui fait de moi sa proie. La mer est devenue décidément mauvaise quoique sans danger; les repas, très-délaissés au grand bénéfice des messageries, ne manquent pas d'incidents qui font rire ceux qui le peuvent. Les plats, les assiettes, les carafes, les verres, sont soigneusement amarrés par des ficelles; tant qu'ils demeurent sur la table, ils se tiennent droits; mais la main inexpérimentée des convives les laisse tomber parfois, souvent pencher. On voit ici l'utilité pratique de l'équilibre; il faut avoir la fourchette marine, pour que la bouchée arrive à son adresse; autrement on risque de se piquer les oreilles, quand on ne menace pas l'œil du voisin; les verres donnent à boire aux gilets et au plancher bien plus qu'aux lèvres altérées. Hélas! j'aurais voulu répandre ainsi le vin en libations; je m'inondais tristement de thé, à la fois honteux et vexé, mais content au fond de voir ma femme résister au fléau et narguer le mal de mer. Chaque matin, la planche qui recouvre les bagages, et qui se trouve au milieu du bateau, à l'endroit où le roulis est le plus faible, criait sous le poids et les contorsions de tous les malheureux des troisièmes qui gémissaient et hurlaient. Encore s'ils n'eussent jeté que des cris; mais c'étaient des bruits sourds, affreux, auxquels je m'associais parfois, bien malgré moi. Puis des matelots passaient, munis de seaux d'eau et de balais qui faisaient alternativement leur office. Si l'homme est laid quand il souffre du mal de mer, au moins n'a-t-il pas la prétention d'être appelé le beau sexe. Mais la femme prise de cette torture vulgaire, se débattant comme dans les nœuds d'un serpent, souillée, perdant tout souci de la grâce et de la pudeur, voilà un spectacle qui afflige et désenchante! Pour moi qui n'avais pas le pied sûr et qui n'étais guère en état de m'aguerrir contre les mouvements subits imprimés par les flots à notre navire, je demeurais tout le jour étendu sur un banc de fer, et cramponné à la grille qui m'empêchait seule de tomber à la mer; si l'antiquité avait connu l'utilité des barreaux autour de ses galères, André Chénier n'aurait pas chanté la mort de la jeune Tarentine. Echantillon de mes réflexions saugrenues durant ces longues heures de souffrance! La nuit, je m'attachais d'un bout à un pilier qui soutenait mon lit; de l'autre j'établissais une chaise solidement fixée, de sorte que mes pieds retenus par les bâtons ne pussent sortir de la case.

Je disais avec Béranger : qu'il va lentement le navire! Aussi lorsqu'on annonça qu'avant peu nous serions en vue d'Alexandrie, je fus près de m'écrier comme le Faust de Gounod : Salut à mon dernier matin!.. de traversée, bien entendu. Encore tout endolori, je regardai avec anxiété vers le sud ; à ma gauche des raies de lumière obscure glaçaient de gris argenté l'azur très-sombre de la mer. Le gris eut des reflets rosés. L'onde, enfin, s'empourpra comme le miroir d'un incendie, et le soleil tout d'un coup, éblouissant, laissant flotter sur les vagues sa chevelure de feu, fit voir sa face puissante ; tel apparaît un plongeur qui reprend haleine ; puis il commença de gravir à ma gauche cette montée céleste qui le conduit au zénith et dont il ne se lasse jamais. C'est lui, le dieu aux cent noms, Hélios, Vulcain, Phta, le dominateur de l'Orient, en qui toutes les races royales révèrent leur ancêtre et leur origine sublime ; celui dont le règne n'a pas été interrompu encore, et qui de ses dédaigneuses clartés inonde les dynasties éphémères, les peuples périssables, les croyances successives ; et comme le temps que son cours guide emporte tout ce qui agite un moment ces pays de la sérénité impassible ! Voilà donc l'Egypte où dorment tant de morts et de vivants, où Thèbes, la reine des cités antiques, et le Caire, la merveille des villes modernes, dressent dans un ciel toujours pur leurs colosses démolis par les siècles et leurs minarets grêles d'où les heures tombent de la bouche muezzin ! Voilà l'Égypte, la terre de Sésostris et de Cléopâtre, de Méhémet et des almées ; la terre où cette puissance vague que les uns nomment providence et les autres fatalité, conduisit saint Louis et Bonaparte. Mais déjà paraît un phare, et derrière la côte très-basse, fuyante et jaune, se dressent d'innombrables moulins à vent. C'est Alexandrie.

# CHAPITRE III.

### ALEXANDRIE. LA COLONNE DE POMPÉE. LES AIGUILLES DE CLÉOPATRE.

Les passes d'Alexandrie sont difficiles; mais ce n'est pas la première fois que le *Simoïs* les franchit, et notre capitaine a soigneusement étudié le plan des bas-fonds, que M. Hommey, lieutenant de vaisseau, a dressé par ordre du vice-roi. Avant d'entrer dans le port, nous rasons un îlot pittoresque, défendu par un fort; là était jadis le célèbre phare dont parla toute l'antiquité. Plus loin c'est un promontoire nommé la Pointe des Figuiers, et terminé par le palais de Raz-el-Tin. Une multitude de vaisseaux se serre dans le port; les quais se prolongent dans la mer et s'avancent en jetées. On me montre le long du bord d'énormes bâtiments, hors d'usage, attendant sur leurs étais vermoulus que la vétusté les abatte et que l'eau les dévore : ce sont les débris de la flotte égyptienne rendue inutile en 1840 par l'intervention anglaise. Ainsi les lourds navires d'Actium, enchaînés sans doute à cette place, ont longtemps attesté la ruine d'Antoine et de Cléopâtre. Mais pourquoi ne courons-nous pas toucher le sol désiré? Une formalité nous en sépare; il faut qu'on nous visite. Nous sommes accostés par une barque d'où un employé sanitaire interroge le capitaine. Il élève en l'air une fourchette de fer qui l'isole de la contagion, et la retire chargée de dépêches où est constatée notre parfaite santé. Assurément nous n'apportons ni le choléra, ni la lèpre, ni la peste que nous gagnerions plutôt en Égypte; mais nous avons hâte de jeter notre malaise à la mer. Patience, l'employé passe nos patentes à la vapeur du vinaigre; ainsi purifiées, il ose les toucher et les lire, et nous avons enfin libre entrée.

Le navire est assailli de barques bruyantes destinées au transport des bagages; c'est un cliquetis de voix, d'offres, de couleurs et de costumes qui réjouit et confond le voyageur. Le même spectacle n'aurait pour lui aucun prix dans son pays natal; mais l'attrait de l'inconnu donne un charme à tout ce qu'il rencontre sur un rivage nouveau. Des matelots à peu près nus se sont emparés de nos caisses et de nos personnes. A terre, autre nuée de porteurs; sans le commandant, qu'aurions-nous fait? Je le suivais en me bouchant les oreilles. Nos bagages furent conduits à la douane, dont les employés me parurent assez polis; mais, notons-le ici, nous sommes entrés au cœur du royaume de Bakchis. Retenez bien le nom de ce roi qui, sous le masque de Pour-boire et Pot-de-vin, a étendu ses conquêtes jusqu'à nos climats; il porte en Italie le déguisement de la Buona mano; mais son vrai nom est Bakchis, son empire est l'Orient, c'est là qu'assis parfois sur les marches même du trône, il inspire aux fonctionnaires, aux employés, comme aux gens du peuple et aux mendiants, mille ruses plus ou moins subtiles pour recevoir sans avoir gagné. Là son nom est vénéré, appris et répété; on ne le change pas, comme dans nos pays arriérés, en Part de bénéfice et en Avantage raisonnable, en aumône. Bakchis! Bakchis! cela dit tout et se dit partout; et n'est-ce pas le fondement du commerce? Tout trafiquant n'a qu'un but, gagner sur ce qu'il achète; s'il pouvait vendre sans acheter, il aurait trouvé la clé de la fortune. Eh bien, c'est ce qui se fait là-bas. Pour un petit service, le moindre qu'il soit possible de rendre, chacun demande un fort Bakchis, le plus gros qu'il soit possible de prendre; et ce n'est pas peu dire.

L'évêque d'Agra, le commandant et moi, nous prîmes des ânes, comme si nous avions été à Montmorency; et escortés de jeunes âniers qui nous chassaient devant eux, nous traversâmes un quartier arabe. Mes yeux ne pouvaient contenir et garder tout ce qui attirait leur curiosité; c'étaient des yeux d'étranger; mais plus tard, familiarisés avec des spectacles plus beaux ou plus bizarres, ils ne donneront plus un regard à ce dont ils s'étonnent aujourd'hui. Nos montures traversèrent la place des Consuls, vaste espace entouré de palais de plâtre, pour nous déposer à l'hôtel d'Orient. Ma femme amenée par un omnibus nous y attendait.

Comme notre séjour allait se prolonger, nous cherchâmes bientôt un logement chez un particulier. A quoi bon dépenser vingt francs par jour et par personne, dans un pays où la vie serait plutôt moins chère qu'ailleurs? Une fois installés, nous eûmes le loisir de visiter la ville; car, malgré notre projet bien arrêté de pousser jusqu'à la seconde cataracte, nous ne pouvions affronter en plein été tous les feux de la zone torride. Nous étions partis comme des enfants, sans nous informer des mois favorables; le génie des voyages nous avait aveuglés; rien n'aurait été de force à nous retenir en France. Les rues étaient des ruisseaux enflammés, les places des lacs incandescents; pas un homme du pays ne se hasardait à braver les rayons cuisants, véritables flèches d'or. Quant à nous, en notre qualité d'étrangers, fiers de nous brunir la peau, nous sortions en plein jour : il est vrai que des photographes ne doivent pas fuir le soleil. Peu à peu, pénétrés de la philosophie orientale, trempés dans les profondeurs du Kief, et pour tout dire, coiffés du tarbouch, nous reconnûmes la sagesse du repos, les délices de la rêverie qui monte dans l'air avec la fumée rafraîchie du chibouk. Nous demeurâmes alors des jours entiers sur des coussins ou sur des nattes, immobiles comme l'aiguille de Cléopâtre, mais à la vérité moins grands, sinon par la pensée. Les livres qui nous initiaient aux grandeurs de l'antique Égypte nous entretenaient dans un vertige heureux, et nous dérobaient toutes les fatigues prochaines. Nous nous plaisions à construire en nous les palais et les temples; et ce travail de l'imagination, qui souvent diminue en les grandissant d'avance les spectacles que l'on va chercher, ne pouvait rien sur les granits roses de Karnac ou de Philœ. Comme un oiseau qui déployant ses ailes dit en lui-même : « D'un élan je franchirai cette montagne! » il prend l'essor et n'atteint pas la moitié de la hauteur qu'il dédaignait. Ainsi, nous le vîmes plus tard, et notre admiration s'accrut du sentiment de notre faiblesse, notre rêve restait bien en deçà de la réalité; les vestiges des Pharaons dépassent toute mesure humaine.

Memphis, Thèbes aux cent portes, n'occupaient pas seules notre pensée; les merveilles du Caire nous entraînaient aussi à des méditations pleines de grâce, et qui parfois glissaient sur une pente voluptueuse. Les harems s'ouvraient pour nous sans mystère (il est vrai que nous étions invisibles); et les mosquées, les minarets, les belles cours soutenues de colonnades, égayées de fontaines, tout ce qui a passé dans l'âme du poète des Orientales, tout ce qu'a vu et n'a pas vu Gérard de Nerval, venait nous visiter par instants. Mais n'entrons pas plus avant dans ces perspectives; elles ne sont pas impunément touchées du doigt, comme les magnificences ruinées des Rhamsès; elles perdent à être vues de trop près, et ne soutiennent pas la comparaison avec les mirages de l'imagination. La vie musulmane cache sous la splendeur je ne sais quoi de monotone; il y manque un élément, l'animation que jettent les femmes dans notre monde; le prophète a oublié une moitié du genre humain. Voici un conseil que nous donnons à tous les amis de l'Orient; qu'ils n'attendent pas pour le quitter que le charme de l'étrangeté disparaisse; surtout qu'ils ne séjournent pas six mois à Alexandrie. Et pourtant c'est encore une grande ville et qui mérite d'être étudiée; mais cé n'est plus la ville d'Alexandre, de Ptolémée et de Cléopâtre; ce n'est plus la seconde capitale du monde lettré, le chef-lieu de l'école philosophique si longtemps en lutte avec le Christianisme naissant. Plus de sophistes en toge brodée de pourpre, mais des Arabes en burnous sales, des fellahs en robes bleues. Depuis qu'Omar a brûlé la bibliothèque, la population est livrée à l'ignorance.

L'antique beauté d'Alexandrie n'a laissé que des souvenirs; les ruines y sont rares. Il n'y a plus trace de l'énorme tour que les Ptolémées élevèrent dans l'ilot de Pharos et qui attirait à elle tous les vaisseaux du monde, riches galères des proconsuls et des voyageurs, navires marchands gorgés de pourpre et d'ivoire et de joyaux. Les étages allaient diminuant, ceints d'une balustrade posée sur l'étage précédent; au sommet brillait le feu salutaire, espoir de tous les marins égarés. Quelle main l'a fait disparaître? Le temps ou les hommes! On ne sait. Il en existait encore au XIIe siècle un débris important.

Une colonne et deux obélisques, voilà ce qui reste à Alexandrie des Ptolémées et des Romains, encore l'une des aiguilles est-elle couchée à terre. La colonne dite de Pompée est un monolithe de granit rose haut de trente-deux mètres, épais de deux mètres cinquante-cinq; on remarque sur le fût un cartouche de Psammétichus II et une inscription grecque; sur le socle, un inconnu, avide sans doute d'immortalité, a écrit son nom en lettres énormes (BUTTON). C'est un préfet du nom de Pomponius qui fit dresser ce monument, sous le règne de Dioclétien ; on pense que le chapiteau a été recouvert de feuilles métalliques, car les sculptures en sont assez grossières. On ne lira peut-être pas sans intérêt comment s'y prit l'institut d'Égypte pour mesurer la colonne. Le 15 fructidor an VI (30 août 1798), on enleva un cerf-volant auquel pendait une longue ficelle ; lorsqu'il fut arrivé au-dessus et au delà du chapiteau, on l'abattit et on le sépara de sa corde qui se trouva passée sur le chapiteau comme sur la circonférence d'une poulie ; à la première corde, une plus grosse fut substituée, puis à celle-ci une troisième, assez forte pour qu'un mousse pût y grimper, et fixer autour de l'un des angles du chapiteau un moufle propre à élever tour à tour plusieurs personnes assises sur un banc suspendu. Ces dispositions exigèrent seulement quelques minutes, et MM. Lepère, Dutertre, Protain, Norry, se trouvèrent portés sur le sommet du chapiteau dont ils prirent les dimensions ; en même temps d'autres s'occupaient à mesurer la base et le piédestal, et une corde tendue du haut en bas donnait la hauteur totale. Les divers diamètres ne furent pas oubliés, et l'on vérifia les résultats par le graphomètre. (*Epreuve* n° 1.)

La colonne de Pompée domine un cimetière arabe très-pittoresque ; et, suivant les heures du jour, elle projette sa grande ombre sur les pentes de la colline. De ce lieu la vue s'étend au loin : la ville et la mer varient l'horizon du nord et du couchant ; au midi les lacs et le désert resplendissent au soleil ; on dirait des miroirs bleuâtres capricieusement enchâssés dans l'or mat. Mais le cadre est plus vaste que le tableau, et le désert à l'infini recule vers l'Occident et confine à la mer Cyrénaïque. C'est par delà cette ligne jaune et pâle que demeure Ammon-Ra, ce Jupiter des sables visité par Cambyse et par Alexandre. Aux pieds du spectateur se déroulent les sinuosités d'un beau canal qui serpente au milieu des jardins et des palais; c'est le Mahmoudieh, creusé par Méhémet-Ali et honoré du nom du sultan Mahmoud. Vers l'est, à l'horizon, du côté de Rosette, s'allonge une terre inculte. Tout près se dresse l'une des aiguilles de Cléopâtre; on en voit le sommet pointu.

C'est là, au levant, que Cléopâtre avait construit un palais pour César; mais la mer est venue, comme si elle eût voulu détruire ce témoignage de leurs amours. Elle a couvert et renversé les édifices; par les temps calmes, on distingue au fond de l'eau des colonnes qui subsistent encore. Pour orner les abords de sa demeure, Cléopâtre avait enlevé au temple du soleil, à Héliopolis, deux obélisques érigés par l'antique Mœris. L'un est bien conservé et ne vacille pas encore; l'autre est renversé, et son poids l'enfonce un peu chaque jour. On lit sur les parois des inscriptions qui parlent d'un Sésostris. Les aiguilles de Cléopâtre, comme on les nomme, sont situées au bout d'un boulevard, au bord de la mer; près d'elles se trouvent les remparts et un fort; en regardant la France, on a la colonne de Pompée à gauche. (*Epreuves* n° 3 et 3 *bis*.)

Le Christianisme qui prit tant d'extension à Alexandrie, et qui triompha si rudement de la philosophie par le meurtre de la belle Hypatia, n'a rien laissé de lui, si ce n'est des catacombes très-détériorées, et qui présentent peu d'intérêt. Je ne vois guère plus à indiquer que l'arsenal où sont relégués ces grands vaisseaux qui me frappèrent en arrivant dans le port. Le palais de Ras-el-Tin (Pointe des Figuiers) domine la forêt des mâts; ses marches descendent jusque dans l'eau et des barques de plaisance y sont amarrées. Le dehors de l'édifice n'a rien de monumental, mais l'intérieur est riche en beaux meubles et en parquets de marqueterie. On croirait qu'il peut être agréable de suivre le bord de la mer et d'y ramasser des coquillages, comme on fait dans les villes de bains, mais on y trouverait mille autres objets inattendus, immondices de toute sorte et de toute odeur que les indigènes déposent libéralement sur la plage. C'est leur offrande à la vieille Téthys.

## CHAPITRE IV.

### LE MAHMOUDIEH ; LES BAINS ; MARIOUT ; PREMIER REPAS ARABE ; L'ISTHME DE SUEZ.

Alexandrie, telle que je l'ai vue, présente une double physionomie : une moitié, turque ou arabe, contient une population nombreuse, peu propre et criarde, au milieu d'un pêle-mêle d'ânes, de chevaux, de chiens et d'hommes; des bazars, des cafés et quelques mosquées attirent les yeux des nouveaux arrivés ; mais nous attendrons le Caire pour parler des mœurs égyptiennes. Le quartier européen est bien bâti et bien aligné; la place des Consuls en forme le centre et l'ornement : le vice-roi l'a embellie de mimosas, et garnie de trottoirs et de bornes réunies par des chaînes; une usine, qu'il a créée exprès, amène l'eau à deux fontaines. C'est un grand carré long qui peut rappeler de loin la magnifique place Navone à Rome.

Les bords du canal Mahmoudieh sont la seule promenade d'Alexandrie ; il vient de la mer et passe au milieu de maisons de plaisance en longeant de nombreux palais que le vice-roi distingue par le numéro ; il sépare la ville du lac Marœotis et du désert Libyque. De grandes et belles barques le sillonnent, chargées de promeneurs oisifs ou de voyageurs qui partent pour le Caire et la Haute-Égypte. C'est là, dans les beaux jardins et sous les arbres qui bordent le canal, que l'étranger peut étudier les costumes, les voiles bleus ou blancs des femmes fellahs et des Syriennes, le *habbarah* de soie noire des Levantines ; la robe bleue, le tarbouch rouge et le turban blanc des fellahs, le turban noir des juifs et des Cophtes. A vrai dire, les femmes de haut parage sont rares dans les rues, ou bien elles sont hermétiquement renfermées dans des vêtements discrets qui déconcertent les curieux. Elles marchent, comme on sait, dans des voitures fermées et surveillées de près par des eunuques et des domestiques. Ce mystère leur est souvent favorable et leur donne plus de prix qu'elles n'en ont. Que doit donc être un trésor si follement gardé? Hélas! souvent bien peu. L'ignorance complète, la perversité stagnante ou plutôt l'absence de tout sens moral font le plus souvent de la femme des harems, en dépit de toutes ses grâces, une triste compagnie pour l'homme. Aussi les Musulmans ne voient-ils guère leurs épouses pour leur parler ; elles les ennuieraient de criailleries vaines et d'enfantillages ineptes. Elles sont du reste aussi lasses d'elles que leurs maris : si on ne les gardait, elles s'échapperaient sans doute comme les oiseaux dont on ouvre la cage : mais que feraient-elles de la liberté?

Leur distraction favorite est le bain. Nous ne parlons pas du bain européen dans une baignoire, ni du bain de mer que les requins troubleraient souvent sans les claies qui protégent les nageurs en les gênant. Il s'agit ici du bain arabe, le seul véritable et salutaire ; j'en ai pris assez pour en éprouver d'excellents effets. Des deux établissements que possède Alexandrie, je préfère celui qui est situé près de Raz-el-Tin, et je vais vous le décrire. Mais, pour mieux faire, venez-y avec moi et ne craignez rien ; vous sortirez sain et sauf.

Nous entrons dans la grande salle : c'est une large coupole soutenue par des arcades ; au milieu, un jet d'eau abondant retombe dans un bassin et répand dans l'air une fraîche moiteur ; des traverses en fer sont chargées de linge qu'on enlève à l'aide de crochets. Entre les arcades s'ouvrent en cintre brisé des niches munies de lits ; c'est là qu'on monte pour se déshabiller. Les compartiments sont parfois clos à demi-hauteur par de belles grilles de bois tourné en arabesques. Avant d'entrer chacun dans le nôtre, n'oublions pas de remettre au chef de l'établissement montre, argent et bijoux.

L'instant d'après, nous descendons de nos cabinets et nous ne nous reconnaissons pas. On nous a enveloppés de serviettes et coiffés d'un tarbouch. Traînant nos sandales de bois sur le marbre, nous passons dans l'étuve, et nous sommes suffoqués tout d'abord, comme un homme tout à coup transporté des *cascine* florentines à Ipsamboul, sous le tropique du Cancer. Mais on trouve bien vite plaisir à une transpiration continue et sans aucun danger.

Aux quatre coins de l'étuve sont des cabinets de plainpied, garnis de nattes fines, où s'étendent les délicats. Mais les Arabes se couchent simplement sur une grande assise en marbre, haute de cinquante centimètres, et qui occupe le milieu de la pièce; d'autres pierres supplémentaires sont disposées çà et là. Vous pouvez prendre ici un avant-goût du massage. Voyez ces baigneurs frottés, piétinés à outrance par de véritables artistes ; comme on leur fait tourner la tête en tous sens! comme leur dos et leur poitrine craquent sous le genou du masseur! Est-ce que vous réfléchissez ? Je vois que vous vous croyez dans un atelier de torture ; mais il est trop tard pour reculer et le bourreau se saisit de vous.

Vous êtes couché sur votre natte, résolu à une contenance héroïque; on vous frictionne vivement avec un linge de laine, et je gage que jamais en Europe, dans une baignoire, vous ne vous êtes douté de tout ce qui peut sortir de l'épiderme humain. Ici vous croyez changer de peau ; mais rassurez-vous : nul ne veut vous écorcher vif, et le frottement cesse aussitôt qu'il vous devient pénible. Le masseur vous tire ensuite les articulations jusqu'à ce qu'il les entende craquer; ne criez pas. Puis il vous presse toutes les veines et donne une impulsion nouvelle au sang. Levez-vous maintenant et asseyez-vous devant une fontaine d'eau froide. Bien : fermez les yeux et n'ouvrez pas la bouche ; surtout ne vous étonnez de rien. Quel est ce corps visqueux qui serpente sur vous? c'est seulement du savon délayé dans une filasse. Quand vous en êtes couvert, on vous arrose de la tête aux pieds avec de l'eau froide. Vous vous récriez, mais vous n'êtes pas au bout. Il faut entrer dix minutes environ dans une des piscines chaudes situées aux coins de l'étuve, devant les cabinets. Au sortir de là, vous êtes enveloppé de linge et conduit dans la grande salle où sont restés vos habits. Sur un lit qui vous attend dans votre niche, vous vous couchez ; vous prenez le café, vous fumez la pipe qu'on vous apporte. Vous séjournez là une heure environ dans un bien-être inexprimable, frais, rajeuni, hélas ! *pour trop peu d'instants* ; votre regard glisse sur les dalles de marbre et n'est pas affligé par l'éclat du jour. La lumière tombe des coupoles à travers des verres épais comme des lentilles de phare ; et le rayon solaire, brisé dans sa chute, n'arrive au baigneur qu'en vapeur inoffensive. Tandis que vous rêvez, le masseur vient de nouveau vous presser les articulations et vous essuyer définitivement. Après un petit somme, vous quittez l'établissement, allégé d'une quinzaine de piastres environ, et vous êtes un autre homme.

Voilà le vrai bain : et ne vous effrayez pas de tous les détails qu'il comporte ; les frictions et les massages sont un supplice très-doux, puisque les femmes y prennent plaisir. Elles se font souvent conduire au bain, et un grand voile flottant devant la porte indique les heures spéciales de leur présence. Tant qu'elles sont dans l'établissement, nul homme n'y peut mettre le pied.

Notre séjour à Alexandrie fut abrégé par des relations agréables dont j'ai donné quelque idée dans la préface. Mais comme elles n'ont eu d'intérêt que pour moi, je n'y reviendrai pas ici. Toutefois, le lecteur ne sera pas fâché de savoir comment je vis pour la première fois, de près,

S. A. Saïd-Pacha. Mon récit pourra, dans un voyage aussi aisé, aussi peu dangereux que le voyage d'Égypte, passer pour une aventure, ou si l'on veut, pour un épisode.

Le vice-roi possède près d'Alexandrie, en plein désert, un palais qu'il affectionne; un chemin de fer l'y conduit et n'est ouvert qu'aux personnes de sa suite. A cet endroit, qui se nomme Mariout, se rattache pour moi le souvenir de deux incidents qui ne laissèrent pas de me contrarier, comme photographe. Le vice-roi, à qui l'on m'avait recommandé, me fit l'honneur de m'appeler à son séjour favori pour faire son portrait. A peine étions-nous arrivés à Mariout, nos appareils étaient encore dans le wagon de bagage, lorsque je fus mandé. Le vice-roi descendait de ses appartements : « Vous venez faire mon portrait, me dit-il; tenez, me voilà, prenez-moi. » Je ne comptais opérer que le lendemain; mes produits secoués avaient besoin de repos; en outre, il fallait trouver un endroit propice et préparer notre installation. Mais j'eus beau me récrier; ce ne fut pas sans peine que j'obtins une heure de répit. Aidé d'employés arabes et de soldats, secondé par la bienveillance du général Natib-Pacha dont la chambre devient mon laboratoire, j'arrive à temps; par malheur l'exposition était forcément défavorable et un ouragan de sable aveuglait les assistants. Une multitude de soldats attirés par la curiosité franchissait à chaque instant des cordes que j'avais tendues; car tout se passait en plein air. Pour obvier autant que possible aux inconvénients d'une position qui me condamnait à placer le vice-roi ou l'objectif en face du soleil, j'avais voulu qu'on élevât une tente ; elle était attachée au balcon du palais et des soldats maintenaient les cordes qui l'abaissaient vers la terre. Le vice-roi prend place ; au milieu de l'opération un coup de vent trouble nos soldats, déchire la toile, et voilà le portrait manqué ; le vice-roi, qui d'ailleurs a mauvaise vue, me fait la grâce de le trouver bien et me dit : « Vous m'avez représenté sur un fauteuil, me feriez-vous bien à la tête de mes troupes ? Demain elles se rangeront en bataille et je les commanderai : disposez tout pour me satisfaire ; » et il pourvut très-libéralement à notre logement et à notre nourriture. Tout était parfaitement digne du lieu où nous étions. Nous eûmes pour voisin le chef de la musique de son Altesse, aimable compatriote dont l'entretien cordial abrégea pour nous la journée. Le lendemain à l'heure dite, le vice-roi fit ranger ses troupes et me consulta sur leur position. J'avais composé mon tableau dans ma tête, et je voulais faire des soldats un fond d'assez petite proportion, en avant duquel le vice-roi devait paraître en grand et sur le premier plan. S'il y avait eu quelque élévation dans la plaine, j'aurais pu grouper et échelonner en amphithéâtre mes deux mille modèles, artilleurs et cavaliers ; malheureusement la platitude complète du désert faisait de cette masse une seule ligne monotone. Enfin, au moment de la pose, j'indique au vice-roi la place que je lui destine ; mais il recule de dix mètres environ et va s'appuyer sur un canon, au premier rang de ses artilleurs. Aussi est-il confondu avec la ligne de bataille ; il devient, sur mon épreuve, microscopique et peu reconnaissable. Par politesse, il se déclare satisfait et me prie de lui composer un album des différents corps et armes de ses troupes ; il veut même qu'on nous prépare un atelier plus convenable, et met à nos ordres les charpentiers et les tapissiers. Le lendemain, au réveil, la première nouvelle qui nous arrive, c'est qu'il est parti avec sa cour et son armée. Le camp est levé ; quelques retardataires achèvent de boucler les derniers paquets. Tout a disparu comme par enchantement. Que faire ? allons-nous rester en plein désert, seuls et sans moyens de transport ? Le vice-roi parti, plus de vapeur, plus de convois. Le mieux est de fermer nos caisses à la hâte et de nous précipiter dans le dernier wagon ; c'est ainsi que nous fuyons sans regret le théâtre d'un de nos mécomptes photographiques.

Nous avions d'ailleurs été moins favorisés encore à Raz-el-Tin. Le vice-roi se trouvant peu disposé au moment de la pose, nous avait gracieusement envoyé son fils Toussoum-Pacha ; pour lui, il était parti pour une promenade en mer, et nous faisait dire de l'attendre. Il y avait longtemps que nous n'avions mangé, et notre estomac sonnait creux. Le palais est loin de tout restaurant ; et devant nous passaient à chaque instant des Arabes portant sur leur tête des plateaux qui sentaient bon : c'étaient les déjeuners de leurs excellences les beys, les pachas et les grands officiers. Par bonheur Zechi-Bey, Égyptien, introducteur près de Son Altesse, devina, rien qu'à nous voir, notre détresse, et nous invita sans cérémonie, demandant l'indulgence pour son modeste repas. Il trouvait en nous des convives parfaitement disposés. Nous le suivîmes dans une petite pièce assez peu digne de sa haute position ; mais de quoi ne s'accommodaient pas les gentilshommes pour demeurer sous le toit de Louis XIV ? Installés sur un de ces larges divans qui font honte à nos siéges mesquins, nous dûmes tirer d'abord quelques bouffées du chibouk hospitalier ; c'est un préliminaire indispensable. Pendant ce temps le service se faisait : un petit tabouret incrusté d'écaille reçut un plateau où fumaient des plats nombreux cachés sous des couvercles. Sur le tout était posé un tapis rond brodé en or. Avant que nous pussions découvrir les mets, des serviteurs apportèrent des aiguières de cuivre suspendues à des chaînes comme les encensoirs ; nous dûmes nous en verser le contenu sur les mains : c'était de l'eau. Enfin le tapis fut ôté et nous préparâmes nos dents. Mais notre ardeur fut déçue tout d'abord : si les plats regorgeaient, nous cherchions en vain des assiettes ; pas le moindre couteau, pas l'ombre d'une fourchette. Près de nous se tenait sur un plateau porté par un arabe, un seul et unique verre destiné à circuler de main en main. Zechi, qui est Européen d'éducation et parle bien le français, nous regardait d'un air malin ; il était content de nous offrir notre premier repas arabe.

Le menu comprenait : une pièce de bœuf rôti ; un ragoût de mouton ; plusieurs plats de légumes ; des pâtisseries fort avenantes ; des crèmes de couleur douteuse et rappelant le cold-cream. Il y avait là de quoi manger. On entama d'abord le rôti ; mon voisin de droite, un officier, retroussa sa manchette, enfonça les doigts et le pouce dans la viande et en tira des lardons qu'il nous offrit de l'air le plus naturel. Notre étonnement pour être dissimulé n'en fut pas moins grand, et il fallut tout notre appétit pour digérer ce préambule. Nous posâmes les morceaux sur notre pain dont nous fîmes des assiettes, à l'exemple des compagnons d'Énée (*Æn.* vii), et nous mangeâmes en braves.

Passons au second plat qui abonde en sauce et où il n'y a rien à découper. Que va faire notre amphitryon ? Nous attendons l'autorité de son exemple pour nous risquer sur ses traces. Chacun prend son morceau avec les doigts et trempe son pain dans la sauce, comme dit la chanson ; mais le plus étonnant était de voir la mouillette, déjà imbibée de jus, se plonger dans un plat de lait caillé, et *vice versâ*. Que voulez-vous? nous fîmes comme les autres. Le même procédé fut appliqué aux légumes. Je ne citerai, parmi eux, qu'une sorte d'estragon assez insipide et gluant à faire lever le cœur, plat fort estimé des Arabes, et que plus tard notre cuisinier tenta d'acclimater sur notre barque ; j'y mis la main une fois par curiosité et je laissai ma part aux autres, qui s'en léchèrent longtemps les doigts, on peut le dire sans métaphore.

Les pâtisseries étaient bonnes ; au moins chacun pouvait manger la sienne, vierge de mains sales. Quant à la crème je n'y trempai guère mon pain, non qu'elle n'eût une agréable odeur de jasmin, mais je l'aurais préférée comme pommade. La crème achevée, un second plateau apporta un très-beau dessert, assurément la plus agréable partie du repas ; on nous servit de bonnes confitures et des fruits du pays, bananes, pastèques, raisins, poires, pommes, dattes, réserve que nous accueillîmes avec joie. Un excellent café et un divin chibouk, tels qu'on en boit et qu'on en fume seulement en Orient, terminèrent la séance.

La cuisine arabe m'est devenue familière ; mais ce premier déjeuner me reste dans l'esprit comme un épisode d'une couleur particulière ; et si nous avons peu à peu oublié les singularités du service et les lacunes du couvert, l'accueil gracieux et la bonne humeur constante de notre hôte nous laissent un souvenir sympathique et durable. (*Epreuves* 6 *et* 7.)

Je ne quitterai pas l'Égypte sans répondre aux questions dont j'ai été assailli à mon retour : « Et l'Isthme de Suez ? Les travaux sont-ils commencés ? sont-ils terminés ? » Oui, le percement de l'Isthme est une œuvre capitale, qui s'accomplira ; oui, les travaux sont avancés, mais ils ne sont pas finis : on se trompe beaucoup si l'on croit qu'il suffit, pour unir la Méditerranée à la mer Rouge, d'ouvrir une tranchée dans l'espace qui les sépare ; il faut se rendre compte des ouvrages préparatoires exigés par cette grande entreprise. Croyez-vous, par exemple, qu'une immense quantité d'ouvriers disséminés dans le désert, puissent vivre sans boire ? De là la nécessité d'amener l'eau du Nil entre Suez et Port-Saïd. Mais supposez la tranchée faite dans toute sa longueur ? garderait-elle l'eau ? n'y a-t-il pas des passages qui exigent des constructions ? Vous voyez qu'il faut ouvrir des carrières, et tracer des routes pour amener les matériaux. Enfin, toutes ces pierres ne seront pas employées en un jour ; il se passera des années avant la fin des travaux ;

c'est dire que des habitations suffisantes doivent être préparées à cette jeunesse presque toute française, si ardente à s'enfouir dans les sables arides que ses sueurs vivifieront et qui seront fixés par un cordon de villes commerçantes. Ajoutez à ces charges nécessaires les difficultés inhérentes à l'éloignement d'Alexandrie où siège l'administration, et de Port-Saïd où commence le canal, difficultés qui diminueront par une installation à Damiette. De plus, les journaux ne vous ont pas laissé ignorer les obstacles apportés à l'entreprise par des puissances qu'une puérile envie aveugle sur leur intérêt propre. Vous savez que le vice-roi, malgré toute sa foi dans l'utilité d'un projet qui sera la richesse de l'Egypte et en fera le plus robuste des Etats musulmans, arrête les travaux quand il se sent trop harcelé, et attend, pour les autoriser de nouveau, le retour de sa tranquillité. Mais les entraves de la malveillance sont tombées aujourd'hui, et plus l'œuvre avancera, moins elles pourront se relever. De grands résultats ont été obtenus, et la première tranchée, celle qui doit former le milieu du lit, a déjà, m'a-t-on dit, dépassé la moitié du trajet. Le nom de M. de Lesseps est dans toutes les bouches; nul ne met en doute sa capacité, sa résolution inébranlable; sa bonté l'a fait appeler le père de tous ces travailleurs qu'il a de tous côtés appelés à l'une des grandes entreprises du siècle; et j'éprouve d'autant moins de scrupule à rendre cet hommage à sa popularité, que je n'ai jamais eu l'honneur de le voir.

# CHAPITRE V.

### LES SAUTERELLES. ROSETTE. PETITES RIXES. LE PONT DE CAPHERSAÏA.

Nos provisions sont faites (légumes secs, salaisons, liqueurs, tabac, plomb, café, etc.); nous avons fait choix d'un cuisinier arabe qui sait l'italien; le consulat nous a indiqué un drogman ou interprète; l'autorité nous a munis d'un cawas ou garde-du-corps. Et voici que notre barque nous emporte à travers les rames et les voiles sur l'eau polie du Mahmoudieh; c'est à notre gauche, assez loin pour qu'on n'en distingue pas les palmiers, qu'est située la petite oasis de Ramleh, très-saine, et très-fréquentée par les voyageurs. A droite, s'étend le Marœotis, vaste lac salé dont les digues ont été rompues par les Anglais; il couvre maintenant des plaines immenses, autrefois très-fertiles, et n'a plus que d'incertaines limites, sans cesse modifiées par le mouvement des sables libyques. Au milieu du lac, on voit sur de légères proéminences des traces de villes anciennes.

De place en place, quelques petits villages varient les rives du Mahmoudieh; mais le curieux doit se contenter de peu. Il fume avec mélancolie, regardant venir à lui les hameaux lointains blanchis par le soleil comme les voiles des flottilles agiles; son imagination, son désir, les revêtent par avance de couleurs orientales; de près, ce ne sont plus que de misérables masures; mais comme elles fuient, honteuses d'avoir déçu le voyageur! On se retourne, et bientôt, dans le lointain, les groupes de huttes sordides reprennent la blancheur et l'éclat que leur verse la lumière pure; alors on se dit : « Je les ai mal vues au passage, et qu'elles ont bonne grâce ! » En réalité, les maisons sont construites avec la boue du Nil; leur toit plat est fait de bambous et de cannes chargés de terre; parmi elles quelques pigeonniers se dressent, hauts et carrés, dont les murs sont piqués de branches sèches, auvents irréguliers où les pigeons se reposent.

Comme nous nous étions arrêtés pour je ne sais quoi, j'entendis soudain un tumulte inaccoutumé; il se livrait à terre un combat, homérique par les injures, mais un peu vulgaire quant aux attitudes, entre mes matelots et les gens d'un village. J'aurais volontiers regardé quelque temps la bataille si mon équipage n'avait eu le dessous; voyant les miens plier, je m'élance armé d'un revolver, accompagné du cawas. Le kourbach (martin-bâton) marche devant nous; il frappe à droite et à gauche; on entend les sanglots des omoplates et les gémissements des reins. Les femmes, montées sur les toits, jettent des cris affreux et, grattant la terre avec leurs mains, s'en couvrent la tête en signe de désolation. Enfin la victoire nous reste, et les assaillants (c'étaient des maçons qui construisaient une maison) s'enfuient de toutes parts. Une des plus mauvaises têtes nous reste entre les mains, et nous nous disposons à l'emmener avec nous pour le faire punir dans la première ville. La terreur du pauvre homme nous toucha, et il en fut quitte pour une petite correction que maître kourbach, par l'intermédiaire du cawas, lui administra sur les reins. Tout le monde m'engagea ensuite à donner quelques coups de bâton à l'entrepreneur de maçonnerie; je m'y refusai d'abord, mais lui-même me prouva si bien qu'un chef est responsable de tout désordre chez ses subordonnés, et tendit le dos de si bonne grâce, que je laissai agir la justice égyptienne; mais au premier coup j'arrêtai. Ma clémence fut admirée; ouvriers et chefs me remercièrent à l'envi de ne pas les avoir conduits à la ville; on les y aurait battus jusqu'au sang, sans les écouter; et je me serais d'autant plus reproché ce mauvais traitement, que je soupçonnais mon équipage d'avoir causé la rixe en volant des poulets.

Les talus du canal nous cachent un terrain plat qui n'offre rien de curieux; ils s'abaissent seulement pour nous laisser voir une belle rangée de mimosas qui bordent les rives et annoncent Atfé d'une lieue. Atfé est le point où le canal joint le Nil; on s'y arrête pour payer le droit de passage (70 fr. environ). On peut y visiter les turbines chargées d'élever l'eau du fleuve jusqu'au lit du canal qu'il alimente; c'est un Français intelligent,

M. Barrière, qui dirige ces machines énormes; elles sont au nombre de huit et tirent 800,000 mètres cubes d'eau par vingt-quatre heures. L'établissement est beau et les constructions donnent un démenti à ceux qui nient à l'Egypte toute initiative de travaux utiles. Le gouverneur, que j'allai voir avec mon cawas, nous reçut bien et nous fit présenter le chibouk et le café; depuis, je fus moins sensible à cette civilité de rigueur. Une heure suffit aux formalités et au passage des écluses, et nous nous trouvâmes sur le Nil, dans la branche de Rosette.

Tandis que nous admirions la majesté du fleuve mystérieux qui cache au fond de son vaste lit la fécondité de l'Égypte, Atfé, laissée à gauche et bientôt en arrière, disparaissait à nos yeux; nous descendions vers la mer et nous suivions le chemin de Rosette. Le ciel si pur d'ordinaire se troubla soudain et jaunit; une vapeur indécise et dont tous les atomes semblaient doués de vie, s'agitait au-dessus de nous. Quand le tourbillon creva, nous entendîmes sur le pont comme le bruit d'une forte grêle; mais les grêlons n'étaient pas blancs; c'étaient de petits brins verdâtres, bruns, qui rebondissaient sous nos pieds. Nous traversions un nuage de sauterelles. Les matelots balayaient à la hâte ces visiteuses incommodes : ma femme en était couverte, et il fallut faire retraite dans nos chambres pour nous livrer à une perquisition malheureusement très-fructueuse. En somme, cette petite aventure nous divertit, et nous étions presque fiers d'avoir connu l'une des fameuses plaies que Moïse infligeait à l'Égypte il y a trois mille ans. Les sauterelles sont la pluie nationale : il n'y en a pas d'autre dans ce climat toujours couvert d'azur.

Un trajet de trente-six heures nous amena en vue de Rosette. La ville est précédée d'un désert ; ce ne sont que petites collines basses et ondulées, couvertes d'un sable fin, tamisé, jaune comme de l'or. Rosette a une physionomie caractérisée, tout arabe. Les nombreuses ruines de palais du temps des croisades témoignent d'une vieille prospérité qui a duré jusqu'à la création du canal Mahmoudieh. Les maisons sont très-hautes et les mosquées très-belles ; je pus, en prenant à la porte des chaussures grossières, sans talons et qui se mettent par-dessus les souliers, entrer dans la cour qui précède la grande mosquée. C'est un espace carré qu'entoure une gracieuse galerie moresque ; au milieu est une piscine de quelques mètres, destinée aux ablutions. J'entrevis par une porte l'intérieur de l'édifice : quelques Arabes y étaient accroupis sur leurs talons, dans l'attitude de la prière et de l'extase, d'autres dormaient étendus sur des nattes ; ceux-ci parlaient d'affaires ; ceux-là se livraient à des soins corporels familiers aux singes du Jardin des plantes. Tous avaient quitté leurs sandales en entrant, et leurs pieds étaient nus ou garnis de bas et de chaussons. Les femmes ne pénètrent pas dans les mosquées ; elles sont exclues de la prière, et, chose singulière, la religion de Mahomet se soutient par la seule assiduité des hommes. Ailleurs, ce sont les femmes qui remplissent les temples.

Les jardins sont très-beaux à Rosette et l'on y voit, dans leur plein développement ces arbres et ces plantes qui s'étiolent dans nos serres. Les larges feuilles, les lancettes triangulaires, les raquettes aiguës y recouvrent des fruits magnifiques. Ces végétations verdoyantes et fortes reluisent au soleil comme des groupes de bronze.

Parlerons-nous du commerce et de l'industrie? Disons au moins que nous avons acheté à Rosette des filets de pêche très-bien organisés et d'un excellent service.

Nos compatriotes sont rares dans cette ville isolée. J'en connais jusqu'à deux : M. Jomain, qui recherche les matériaux provenant d'anciennes constructions, et formera quelque jour un curieux musée ; et M. le docteur de Brécy, médecin distingué, qui perdit à peu près la vue à soigner les ophthalmies si communes dans cet air sablonneux et cuisant, dans ce climat aux jours brûlants, aux nuits fraîches. M. de Brécy avait exploré durant quinze années les rives du Nil; sa conversation ne put donc qu'être précieuse pour des voyageurs avides de renseignements. Tout ce qu'il m'apprit me fut utile, et je regrette que les circonstances m'aient éloigné de lui; cet ouvrage y perdra beaucoup sans doute. Les lettres de recommandation qu'il me remit pour divers médecins me firent accueillir comme un ami, comme un autre lui-même. C'était un homme d'esprit ; nous avons lu de lui des vers sur le Nil, parfois heureux et toujours faciles : il nous représente le géant des fleuves,

> Mangeant quand il a faim un pays en passant.....
> Couvrant de son limon le tombeau des Apis.....
> Il va jusqu'à mêler au pied des Pyramides
> Les cendres des Français aux cendres des Lagides.
> Puis reprenant son cours, il murmure tout bas:

« Ces glorieux débris ne m'intéressent pas ! »
Les épis de froment que le fellah moissonne,
Lui plaisent beaucoup plus qu'une belle colonne.

Ici nous n'approuvons pas pleinement le fleuve ; il pourrait aimer les moissons et respecter Karnak, Louqsor, Manfalout, dont il enterre les ruines. Mais hâtons-nous, de peur que le Nil indifférent n'ajoute encore une couche de sable aux plaines qu'il exhausse.

Ce n'est pas pour les sphinx que son onde voyage.

Nous voyageons, nous, pour tout ce qu'il dédaigne. A la voile, à la rame !

Le tombeau du santon Abou-Mandour eut notre visite au retour. Il est situé sur la rive gauche du Nil, dans une position pittoresque ; c'est un pèlerinage très-fréquenté. Sa coupole, son minaret flanqué d'un vieux figuier et sa terrasse au bord du Nil, se détachent élégamment sur le fond pâle du désert. Tous nos appareils photographiques étaient préparés ; un jour favorable nous permit d'emporter en quelques minutes un souvenir durable de ce petit groupe d'édifices et de verdure. (*Épreuves* 29, 30.)

Vers le soir du second jour, à la hauteur de Fouah, le hasard nous offrit de loin le divertissement d'une grande fantasia. Illuminations, danses, musiciens, bruits de chants et vague mélopée des récits que déclamaient les conteurs, formaient un mélange confus, pittoresque, de lumière et de rumeur. Il était nuit quand nous atteignimes Atfé. Décidément, les préliminaires de notre voyage étaient achevés, et nous allions sans interruption remonter le Nil jusqu'à la seconde cataracte. Nous ne devions plus, hors la nuit, le vent et autres circonstances, rencontrer que deux obstacles : le pont de Caphersaïa et le barrage du Delta.

Caphersaïa est l'endroit où le fleuve est traversé par le chemin de fer d'Alexandrie à Suez. Les barques, toutes pourvues de mâts très-élevés, ne peuvent passer que par une seule arche garnie d'un pont tournant. Elles s'agglomèrent, attendant l'ouverture sans cesse différée. Lorsqu'elles sont réunies par centaines, devant un détroit où quatre ne passeraient pas de front, le pont s'ouvre. C'est alors qu'une lutte de vitesse s'engage entre les bateaux ; comme une nuée d'écoliers qui s'échappent de la classe par une porte trop étroite, ils se précipitent à pleine voile. Des curieux, des cawas, établis sur le pont, regardent la mêlée et ne font rien pour la prévenir ; cependant les cris, les vociférations s'entre-choquent dans l'air ; on s'aborde, les plus fortes barques enfoncent les plats-bords des plus faibles. Quand l'engorgement inévitable est trop grand, les officiers de l'administration, trop longtemps immobiles, soudain changés en énergumènes, bondissent, le kourbach à la main, sur le plancher mouvant des bateaux ; les coups pleuvent au hasard sur les réis et les matelots ; les femmes, les enfants, les vieillards ne sont pas épargnés. Le tumulte s'en accroît ; on crie, on rit, on se défend ; les équipages les plus hardis forcent le passage, et le cawas qui mettait le pied sur une *daabie* perd l'équilibre et tombe entre les rames. Pour nous, nous luttions, pleins d'un amour-propre risible, et nous renversions tout. J'étais sur mon bord, prêt à soutenir mes gens. Mais le firman que je tenais de Son Altesse et la présence de notre cawas éloignèrent de nos voisins et de nous la justice sommaire du kourbach. La part de coups que nous épargnait l'hospitalité du vice-roi ne fut d'ailleurs pas perdue. Les gardiens de Caphersaïa la distribuèrent cordialement à la foule.

Nous n'étions pas au bout des petites alertes qui variaient notre voyage et que nous étions charmés d'élever à la hauteur d'aventures. La route des cataractes est exempte de tout danger sérieux, mais il ne faut pas s'étonner qu'un Européen, l'esprit tendu aux singularités, s'exagère un peu les incidents imprévus. L'imagination s'ajoute à la réalité. Nous avions jeté l'ancre pour la nuit près d'un îlot désert et nous dormions en paix; tout à coup le plancher craque sur nos têtes; des vociférations, un bruit de lutte m'attirent sur le pont; la lune éclairait un spectacle assez triste : un pauvre diable était attaché à notre mât, ses jambes saignaient; on eût dit quelque prisonnier des peaux rouges lié au fatal poteau, ou un saint Sébastien attendant les flèches. Le malheureux gémissait, menaçait et cherchait à se dégager; autour de lui, l'injure à la bouche et le bâton à la main, nos matelots le surveillaient. Le premier étonnement passé, je me fis rendre compte de ce qui arrivait, et j'appris qu'une querelle plus ou moins futile avait mis aux prises mes gens et l'équipage d'une barque voisine. L'homme que je voyais attaché avait frappé un des miens, et on s'en était emparé pour le conduire au premier mudir, et lui procurer une bastonnade légale; le malheureux était à peine écorché, mais tout Arabe est douillet et se lamente pour une chiquenaude; j'examinai la blessure, et tout se calma bientôt; mon équipage consentit à un accommodement, et mon réis reçut poliment son compère de l'autre barque ainsi qu'un vieillard vénérable, sans doute un pilote. Les trois négociateurs s'accroupirent gravement; du café que je leur donnai et quelques cigares de Malte à deux, francs le cent lancés au milieu du groupe les ravirent, mais sans les disposer à la paix. La conférence devenait orageuse, et la querelle se rallumait, si je n'avais interposé à temps ma volonté. Tout alors s'arrangea et le prisonnier fut relâché; ses camarades l'emmenèrent en me comblant de bénédictions, sans oublier de me souhaiter le paradis de Mahomet, ce que je trouvai très-aimable. L'Européen n'est pas ici ce *chien de chrétien* qu'on honnit à Constantinople.

On va souvent bien loin, dit-on, pour trouver ce qu'on peut voir à sa porte; mais il n'y a rien dans cette réflexion qui soit contraire à l'amour des voyages; que cherche-t-on au loin? l'imprévu; et qu'y a-t-il de plus imprévu que ce qu'on voit tous les jours? C'est ainsi que je m'amusai fort à voir ces négociateurs arabes, amasser plus de mots sur un rien que nos gens de campagne et nos Normands sur un bail ou un achat. Il est vrai que la conférence ne manquait pas de poésie; le costume oriental, une langue inconnue et le clair de lune donnaient quelque tournure à une scène que les blouses, le verre de vin obligé, et le patois trop connu rendent vulgaire en nos pays.

La présence du cawas m'était décidément fort utile; on voit même qu'elle ne suffisait pas toujours à prévenir les rixes. Mes matelots étaient d'un naturel querelleur; lorsque je leur prêchais la conciliation, la dignité dans leur conduite, cette tenue enfin qui doit faire remarquer l'équipage d'un Européen patroné par le vice-roi, ils m'écoutaient religieusement, disant : « le maître est un sage, un grand sage. » Mais mon sermon glissait sur ces esprit enfantins ; chaque jour m'en démontrait l'inefficacité. Je pris le parti de marquer sur un livre les espiègleries de mon équipage, comme on fait à l'école, et j'avertis que le premier noté serait chassé et livré à la justice égyptienne. Ce procédé me réussit assez : on sait la vénération superstitieuse de l'Arabe pour l'écriture ; la page qui contient son nom possède une part de lui-même et peut influer sur son sort. La plupart des matelots eurent néanmoins une première note ; mais la crainte de la seconde adoncit la vivacité de leur naturel. C'étaient de braves gens en somme.

Bientôt parait à nos yeux le grand barrage du Nil, gigantesque digue qui contient et règle l'inondation du Delta ; et nous sommes forcés de nous arrêter pour remplir les formalités du passage.

## CHAPITRE VI.

LE VIEUX CAIRE. LES LAVANDIÈRES DU NIL. LA MALADE.

Devant nous, à gauche, passent les magnificences entrevues du Caire. Mais nous ne nous arrêtons pas. Voici Choubrah et ses jardins, le palais de Halim-Pacha, Ramleh où se tiennent en foule les *daabies* de voyage ; les plus belles barques, celles qui, pareilles à la nôtre, renferment cinq ou six pièces, une bibliothèque, et présentent les aises de la vie, sont rangées dans le port de Boulak. Boulak tient au Caire ; c'est une ville peuplée, importante, d'une physionomie arabe très-accusée. On y voit un ancien palais aimé de Méhémet-Ali ; aujourd'hui les vitres brisées livrent aux fraîcheurs des nuits les lambris somptueux et les plafonds élevés, chargés d'or et de sculpture ; dans les cours sont établis des menuisiers.

Cette île où de vastes prairies s'étendent, égayées par

quelques bouquets d'arbres, eut jadis des jardins fameux ; c'est Rhoda, qui semble avoir gardé un beau nom grec, Rhoda qui fut la terre des rosés. En face, sur la rive du Caire, le palais de Karls-el-Nil borde le fleuve ; ses vastes cours entourées de portiques servent de casernes ; quelques magnifiques sycomores en ornent les quais sans balustrade et rompent la monotonie de la blancheur. Un autre palais se montre, puis le convent des Derviches hurleurs, prêtres fantaisistes dont les exercices publics réjouissent tous les vendredis les pieux musulmans. Nous voguons toujours entre Rhoda et le vieux Caire ; le bras du fleuve se rétrécit et nous apercevons à gauche le Nilomètre où se fait tous les ans la cérémonie de la coupure du Hadig. Dans ce palais, à gauche, habitait feu Soliman-Pacha (colonel Selves), ministre de la guerre et organisateur de l'armée égyptienne. A droite, à la pointe de l'île, se dresse un palais soutenu par de grandes colonnes moresques et dont les vastes galeries extérieures conservent toujours la fraîcheur ; il est au viceroi. Des balcons sur le Nil donnent aux heureux habitants de ces demeures la vue admirable du vieux Caire et des pyramides, pointes robustes qui dépassent d'humbles villages et se détachent nettement sur le ton azuré de la chaîne libyque.

On eût dit que le regret de laisser derrière nous le Caire avait ralenti notre marche. Toute la journée du 4 décembre ne nous éloigna guère de la ville, et le lendemain nous étions encore à Massara-Adim, faubourg du vieux Caire. Attiré par un grand bazar qui borde le Nil, je descendis avec mon cawas qui me suivait comme mon ombre. Aussitôt je le vois assailli par un Arabe qui pleurait en agitant une pièce de monnaie; la foule s'ameutait autour de nous, et j'attendais, cherchant à comprendre la pantomime des deux interlocuteurs. Le marchand voulait rendre au cawas une pièce de monnaie mauvaise ou au moins douteuse. Mon drogman arriva fort à propos, et je pus m'ériger en tribunal sans appel; le cawas niait énergiquement avoir donné la pièce, et nous n'aurions pas fini, si prenant l'objet en litige et tirant de ma poche une pièce reconnue bonne et de valeur égale, je n'eusse offert au marchand de les tirer au sort. Celle qu'il contestait me resta. Je n'avais certes pas été si habile que le juge de *l'Huître et des Plaideurs;* pourvu encore que les deux parties n'aient pas derrière moi partagé le gain du procès. Pourtant la pièce douteuse fut très-bien reçue vingt lieues plus loin; et je crois qu'elle était bonne.

Le temps était beau et très-doux; il n'y avait guère à midi que vingt-deux degrés centigrades, et nous pouvions tout à notre aise contempler les rives. Dépassant un grand cimetière juif, nous atteignîmes Atérim-Nabeh où, dit-on, le prophète est venu (ce n'est pas de son vivant, à coup sûr). Nous nous arrêtâmes quelques moments devant une mosquée en ruines, près d'une belle avenue. Des femmes, rassemblées en grand nombre pour laver leur linge, animaient ce lieu verdoyant. Les unes, debout, foulaient de leurs pieds très-petits le linge qu'elles allaient blanchir et qui trempait dans l'eau; à travers leurs robes d'un bleu foncé, mais si légères qu'elles semblent un nuage, les contours de leurs beaux corps se dessinaient en lignes très-nettes. D'autres, accroupies déjà, penchées en avant, nous montraient de plus près leurs visages; elles avaient en général les lèvres épaisses, le menton et les joues gâtées par des tatouages; c'est sans doute autant par coquetterie que par pudeur qu'elles voilent le bas de leur figure; leur mâchoire inférieure est lourde; mais leurs yeux sont grands, leur front plein, leur nez bien attaché. Le soleil déjà incliné vers l'Occident accusait vigoureusement la forme développée de leurs seins fermes comme des poitrines de statues. Les retardataires portaient sur leurs têtes de gros paquets de linge; vigoureuses, élégantes, elles marchaient d'un pas dégagé, sans fléchir sur leurs jambes grêles et nerveuses. Au milieu d'elles venaient des enfants chargés de linge aussi, et je ne me rappelle jamais sans rire un petit garçon de trois ans peut-être, grave sous une charge plus grosse que lui, qui descendait le talus en relevant sa robe blanche. Ce que nous admirâmes le plus, c'était la grâce antique des jeunes filles qui venaient puiser de l'eau; sur leur tête se tenaient immobiles des vases de terre nommés *ballas*; les moins habiles d'entre elles, pour maintenir leur fardeau, appuyaient une main à leur nuque et semblaient des cariatides vivantes. Quelques-unes, honteuses d'être vues par des étrangers, relevaient leur robe pour se voiler la tête; et notez qu'elles n'ont pas de jupon! D'ailleurs, vous verrez qu'on ne s'inquiète guère ici de montrer ce qu'on cache en Europe; les filles de Nubie restent nues jusqu'au mariage. Les anneaux de métal (*hézam*) qui pendaient au nez de ces canéphores ne les défiguraient pas; une faible brise agitait le fichu (*açbeh*) qui dérobe leurs têtes au soleil. J'aimais à voir les bracelets qui chargent leurs poignets finement attachés, leurs colliers et le cercle d'or qui marque la cheville de leur jambe (*hulhal*). Leur tunique bleue (*ielech*) était parfois brodée de perles d'acier aux entournures.

La fraîcheur d'un soir encore tiède (11 degrés) ajoutait aux grâces de ce tableau ; à mesure que l'astre reprenait ses rayons, les quelques imperfections des personnages disparaissaient. Une suavité idéale régnait sur les contours plus chastement indiqués, et nous restions en extase, regrettant de ne pas savoir peindre ; car la noire photographie ne peut donner l'idée de cette lumière teintée de lilas et d'orange, et de ces robes bleues sur le sable pâle. Il fallait partir et cheminer encore avant la nuit close. A droite, la chaîne libyque serpentait, nous montrant de près parfois ses sommets déserts et arides, parfois tournant à l'horizon autour d'un village décoré de palmiers. Le jour était tombé ; mais la lune, pareille à un phare électrique, projetait ses rayons d'argent sur les six pyramides de Sakkarah. Je ne sais quelle chaleur nocturne tombait des étoiles, qui sont aussi des soleils ; mais nous ne pouvions nous lasser de respirer l'air pur et moite, et quand vers minuit le sommeil nous gagna, le thermomètre marquait 14 degrés.

Nous nous réveillons doucement au milieu d'une vaste nappe d'eau ; le fleuve élargi est ridé par le sillage de grands bateaux pleins de paille hachée qui descendent vers le Caire ; ils ont deux et trois voiles et semblent de gros oiseaux qui s'aident pour nager de leurs ailes étendues. Et nous, poussés par un vent favorable, nous hâtons notre vol; avec ses voiles agiles, notre barque ressemble à une demoiselle tombée dans l'eau et qui va s'enlever. L'effort des matelots, brouillant l'image que réfléchit l'onde, courbe en tous sens l'ombre des bouquets de palmiers, ébranle les pigeonniers carrés de Chaubac, et semble jeter dans ce reflet mobile une trombe passagère; derrière nous, fils de l'Europe agitée, la sérénité renaît et le pays reprend sa figure impassible. Près de Capheralaïa, nous laissons sur la droite l'île charmante d'El-Ouedi; devant nous, semble sortir du fleuve même la grande pyramide ruinée de Zawi; elle nous annonce la chaîne libyque d'où furent tirées toutes les pyramides, et qui s'est depuis hier éloignée de nous; on la voit cependant comme une ligne bleue. La montagne arabique ne s'est pas montrée encore.

Le lendemain, les deux chaînes se rapprochent sensiblement; elles paraissent s'élever; mais, par échappée, des cols très-bas trahissent la désolation, l'immensité pâle du désert. Près de nous passe une barque silencieuse, dont les appartements sont fermés; le drogman nous apprit qu'elle portait une malade, jeune encore et condamnée; c'est ainsi qu'une femme extraordinaire, la pauvre Rachel, demandait au Nil une guérison que lui refusaient nos froides vallées. L'Egypte est pour les médecins l'expédient suprême; il semble que la distance augmente les chances favorables, et qu'un mirage de santé reluise dans le ciel d'Orient; mais si le climat égyptien peut régénérer une organisation défaillante, ce n'est pas lorsque le dernier degré de la prostration est dépassé. Si l'eau du Nil est une panacée, pourquoi l'appliquer trop tard? Détournons notre esprit des idées tristes; peut-être, car c'est ici le pays de la *jettatura*, peut-être porterions-nous malheur à la voyageuse qui passe auprès de nous. Il vaut mieux regarder Benesouef qui s'enfuit à droite, et la masse blanche d'un château parmi les arbres verdoyants; c'est une des demeures nombreuses qui appartiennent au vice-roi; tout d'ailleurs est à lui. Le pauvre fellah qui, là-bas, pioche un coin de terre fertile sait bien qu'il ne lui restera du fruit de son labeur que ce que lui laissera le maître. La nuit l'appelle au repos; et tandis que je cherche à l'apercevoir dans le crépuscule subit, je sens que le sommeil a touché mes yeux. Le sentiment de moi-même et des autres m'abandonne et je suis livré à ces rêves qu'on ne peut se rappeler au matin.

## CHAPITRE VII.

MOINES COPHTES. LA VILLE MORTE. MARCHE A LA CORDE.
DOMAINES DU PRINCE ISMAÏL.

Les journées suivantes furent monotones ; de loin en loin quelques villages, quelques touffes de végétation se détachaient sur les pentes escarpées et nues du Djebel-Mahagah (chaîne arabique). De place en place, un chaos de rochers imitait les ruines que nous désirions tant, et trompait un peu notre faim de pylônes et de sphinx. Je descendis à Colosaneb, et j'entrai dans un café pour y voir danser une almée ; mais les poses et les mouvements grossiers annonçaient une artiste de bas étage. Je me lassai vite du spectacle que j'étais allé chercher et je rentrai dans ma maison flottante. N'allez pas ici vous désenchanter des danseuses de l'Egypte : je vous en ferai voir plus tard qui vaudront la peine d'être décrites et louées. Colosaneb touche au désert ; c'est un lieu assez mal famé. Un reis venait d'y être tué. Aussitôt après l'accident, un poste y avait été établi, et les soldats avaient attiré l'almée.

Nous voyons de loin Samalud et Djebel-Their, souvent dévasté par des trombes. Au sommet de la montagne (rive arabique), est niché un grand bâtiment délabré d'où se précipitèrent à notre approche des nuées de mendiants, si peu vêtus que j'avertis ma femme de se tenir au salon. Il y en avait de tout âge; mais le costume et la saleté étaient les mêmes. Beaucoup se jetèrent à la nage, demandant l'aumône. C'étaient des moines cophtes. Quelque menue monnaie et des bouteilles vides changèrent leurs lamentations nasillardes en actions de grâces; j'avoue que je pris plaisir à voir pour un sou les culbutes aquatiques de ces singuliers abbés. Enfin ils regagnèrent leur aire pour guetter d'autres aubaines; mais une foule de petits misérables nous suivit longtemps du bord, criant, bakchis, bakchis, et lançant à nos matelots les plaisanteries les plus obscènes. Le voisinage du couvent se faisait sentir aux environs. Nous n'emportâmes pas, comme on pense, une belle idée des villages cophtes.

Le passage resserré du Nil sous Djebel-Their nous causait quelque appréhension; mais il ne faisait pas de vent et nous avançâmes sans encombre, fendant le courant rapide. Il me prit fantaisie de tirer quelques tourterelles, et je suivis quelque temps à pied les escarpements qui nous fermaient l'horizon sur la gauche. Une bonne nuit me reposa de ma chasse. Le lendemain (11 décembre), nous atteignîmes une ville peuplée, jolie, où le vice-roi a un palais; c'est Minieh. Le pharmacien de la province, à qui j'étais recommandé, M. Rocca, voulut bien faire panser un de mes matelots qui s'était blessé : je lui garde un excellent souvenir. A Minieh commence la vaste propriété du prince Ismaïl, frère de S. A. Saïd-Pacha. Dans un charmant village qui est proche, une machine à vapeur élève les eaux du Nil pour la culture. En face, sur la côte arabique, au pied des montagnes très-voisines, s'étend une bande de terrain couverte de mimosas, de palmiers et de champs cultivés. Le soleil couchant broche d'or ces verdures variées ; les rayons obliques rejaillissent sur les feuillages polis ; le Nil semble rouler des flammes, mais des flammes sans fumées, brillantes et molles, plus semblables à la lumière sereine des demeures élyséennes qu'aux tourbillons ardents du Phlégéton infernal. Et nous glissons entre le ciel rose et le fleuve de pourpre claire, enivrés de délices fraîches, enveloppés d'or et d'azur. Un seul de ces moments heureux, où s'évaporent les soucis, où l'âme s'approche de la béatitude rêvée, rachète les jours monotones et les spectacles désolés.

Au milieu de ces belles campagnes que nous parcourûmes à pied, car le vent était contraire et nos hommes tiraient lentement la barque à la corde, au-dessus des champs de cannes à sucre, demi-cachée par les palmiers, une ville déserte attend que la chute de ses maisons la change en colline stérile. Nous ne trouvâmes pas dans les rues un être vivant : au moins, dans le château de la *Belle au bois dormant*, de jeunes pages, des chasseurs, tout un monde conservé par un sommeil centenaire, est prêt à bondir au premier coup de baguette ; la ville morte des *Mille et une Nuits* est peuplée encore de ses habitants pétrifiés. Mais ici la vie n'a pas laissé de traces; la nuit seulement quelques chacals rôdent dans les chambres solitaires. Une poignée de brigands vivait dans ces murs; les voyageurs, les fellahs étaient dépouillés, tués, sans merci et sans vengeance; tous les ordres de l'autorité échouaient. Voyant l'impuissance des moyens réguliers, Ibrahim-Pacha, fils de Méhémet, vint cerner le repaire avec une armée; il extermina toute l'engeance mauvaise : hommes, femmes, enfants mêmes; car il voulait extirper les racines du brigandage. Depuis cette boucherie, la ville désolée, morne, est abandonnée à la solitude et au temps qui feront disparaître ce témoignage d'une justice étrange et vraiment orientale. Quelques années encore, et cette extermination véridique ne sera plus qu'une légende comme le massacre des innocents, terrible et digne d'un chant lyrique. Aujourd'hui, c'est déjà un contraste sinistre avec la nature luxuriante qui se déroule à nos pieds; et nous regardons longtemps dans le flanc de la montagne les grottes sombres, peut-être rouges encore du massacre des fugitifs. (Beni-Hassan.)

A qui est tout ce que nous traversons de beau, de verdoyant? A qui ces panaches de palmiers, ces armées de cannes à sucre? ces usines, ces raffineries qui métamorphosent le jus d'un roseau en cristallisations blanches comme la neige? — Tout appartient au prince Ismaïl, au bienfaiteur, à la providence de la contrée; et voici le centre de cet apanage immense, l'île de Rauda, aussi verte que la Rhoda du Caire. MM. Catzestein, jeune ingénieur allemand, et Lambert, un Français, directeur de la fabrique de sucre, nous accueillirent cordialement, et vinrent le soir dîner avec nous : ce fut notre première réception à bord. Poulets, mouton, réserves alimentaires européennes, tout ce dont nous disposions nous permit d'offrir à nos amis une hospitalité passable. Après le festin, nos matelots leur donnèrent le spectacle d'une fantasia très-animée; nous encouragions les danses par des illuminations et des feux de bengale; le café et les cigares que je fis servir aux acteurs de la fête nocturne portèrent leur joie au comble, et ce ne fut jusqu'à minuit que chants, rires, et pas nationaux. Ainsi Antoine et Cléopâtre égayaient leurs soirées sur le Nil, bercés par la musique, immobiles au milieu des danses frénétiques. (*Epreuves* 37, 38, 39.)

Ce fut vers cette époque que nous commençâmes à exercer une sorte de presse sur tous les gens que nous rencontrions. Les deux moudirs de Minieh et de Syout que nous vîmes à Melawi, nous reçurent avec beaucoup d'égards et m'autorisèrent, en vertu du firman dont j'étais porteur, à requérir les hommes dont nous aurions besoin pour tirer la barque. Le vent était devenu tout à fait contraire et nous profitâmes de la permission.

Il est curieux pour un Européen de voir la soumission, la docilité de ces pauvres fellahs inoffensifs qui, sans humeur le plus souvent, abandonnent leurs travaux et leurs champs, pour remorquer des inconnus, et, la tâche finie, retourner chez eux quelquefois de loin, sans rémunération aucune ; ils ne demandent pas de bakchis. J'essayai d'abord de les payer; mais je sus que mon drogman prélevait sur mon argent la part du lion, ou au moins partageait avec le cheik du village qui nous amenait les hommes. Il ne leur venait donc rien d'un salaire bien mérité; nos matelots, parfaitement oisifs, les commandaient rudement, les forçaient d'entrer dans l'eau jusqu'à la ceinture pour dégager la barque prise dans le sable; nous les transportions, selon les facilités du passage, sur une rive ou sur l'autre, et là, nous les laissions sans nous préoccuper de leur retour. Ils ne se plaignaient pas; ils chantaient; seulement, arrivés aux confins de leur district, ils cédaient la corde à de nouveaux venus. A voir cette souplesse, cette absence de sentiment personnel, on conçoit les gigantesques obélisques tirés des carrières et conduits à la porte des temples; on entrevoit les multitudes craintives élevant sous le kourbach les pyramides et les colosses. Si par hasard un fellah récalcitrant refusait la corvée que nous lui imposions, le cawas, avec des matelots armés, faisait la chasse à l'homme à travers champs. Les pays de cannes à sucre étaient favorables aux rébellions, aux désertions et aux fuites; mais les terrains plats et libres, les cultures de blé, ne laissaient que peu d'espoir d'échapper. Si le malheureux jetait en chemin l'outil informe, pioche ou boyau, qui lui sert à labourer, on s'en emparait comme d'une pièce de conviction, et il était contraint de le venir reprendre sous peine de recevoir par la main du premier cheik le châtiment de sa désobéissance. Il arriva à l'un de ces fellahs rebelles de lever sa hache contre mon réis; mais il fut à l'instant désarmé et bâtonné de la bonne sorte. Je ne me rappelle jamais sans un sourire de compassion un pauvre diable, tailleur de son métier, que nous rencontrâmes plus loin. Il fut compris dans une des presses que nous exercions par nécessité; attaché à la corde, malgré ses protestations, le malheureux ne cessait de répéter qu'il avait une profession, qu'il venait d'un endroit où nous allions, et allait à un lieu d'où nous venions, qu'il ne pourrait porter à temps la commande, qu'il recevrait des coups de bâton, bien sûr. J'avais envie de lui rendre la liberté; mais mon réis contenait d'un regard mes velléités indulgentes : si je démentais mes gens, je leur retirais toute autorité. D'ailleurs je venais d'exempter de la corvée des vieillards et des enfants; le tailleur était vigoureux, il resta, et nous le ramenâmes justement au lieu d'où il était parti.

Depuis Minieh, la chaîne arabique s'élève et se rapproche. Elle a plus que l'autre de ces aspects sauvages qui contrastent avec la grande culture des cannes et des cotonniers dont sa base est égayée; sur ses premières assises, des groupes de palmiers, dégagés de l'influence humaine qui impose, même aux arbres, des formes domestiques, jettent de côté et d'autre, comme les brins d'une aigrette bien fournie, leurs fûts grêles sans maigreur coiffés de panaches immobiles. Ils poussent par bouquets resserrés du pied, et dont la tête va s'élargissant. Comme l'absence du vent nous réduisait souvent au tirage de la corde, nous suivions à pied le chemin de halage qui serpente sous la montagne et côtoye le fleuve; nous regardions, sur la rive opposée, les riches plantations du prince Ismaïl, possesseur de vingt villages entre Melawi, Minieh et Manfalout. Nous nous amarrions pour passer la nuit à quelque îlot désert; parfois, le matin nous montrait une ou deux barques, compagnes de sommeil, que leur reis avait conduites à la station connue. Mais pressés par le temps, nous partions avant elles et sans demander leur nom; le voisinage des villes laissait nos cœurs à demi fermés encore à ce sentiment de cordiale camaraderie que le voyageur éprouve pour son semblable au milieu des déserts et des ruines.

## CHAPITRE VIII.

LE DJEBEL-BOU-AFFODAH. MANFALOUT. SYOUT.

Nous avions dépassé Lamarn et Tarcout-es-Chélif. A quatre heures nous fûmes en vue du Djebel-Bou-Affodah : c'est le nom d'un des contre-forts de la chaine arabique. Le Nil, rongeant la base de la montagne, y creuse des cavernes profondes ; son lit se resserre et son courant se précipite. En avant du défilé, sur la gauche, paraissent des carrières et des ouvertures d'Hypogées. Dans les fentes des rochers, un peu de terre venue on ne sait d'où nourrit des bouquets de palmiers qui s'élancent avec grâce et légèreté du mont aux entrailles de granit. Leur verdure, couleur d'espérance, tempère la sévérité du site redoutable. Trop souvent des barques se sont brisées contre cette muraille sinueuse. Cependant la nuit tombait ; le temps calme semblait nous présager un passage heureux, et notre pilote, qui n'était pas novice, préférait l'obscurité tranquille à la brise toujours violente qui souffle tout le jour dans le détroit. D'ailleurs, il n'était plus temps de reculer; une vieille tour qui porte le télégraphe nous annonçait que nous étions engagés dans la passe difficile. Nous rasions les rochers en silence; inclinée sur nous, la montagne semblait devoir nous écraser. Dans l'ombre les saillies et les enfoncements du granit prenaient des aspects bizarres, fantastiques. Pour dissiper nos appréhensions et pour ne pas perdre le spectacle de ces formes tourmentées, nous eûmes l'idée d'allumer des feux de couleur dont nous étions pourvus. Les flammes brillantes remplirent les antres de lueurs changeantes où tournoyaient les ailes noires des grands aigles troublés dans leur repos. Mais on ne voyait pas, sur les parois austères et sèches, les stalactites bizarres qui pendent aux voûtes humides de nos grottes.

L'équipage partageait notre joie et notre enthousiasme au point d'oublier la manœuvre; et lorsque les feux moururent, le pilote perdit toute idée de la route. Ses yeux un moment éblouis, tout à coup plongés dans l'obscurité, ne distinguent plus les masses et les circonstances sur lesquelles ils se guidaient. Le courant s'empare de nous; il est notre maître et nous emporte vers les rochers. La barque pirouette sur elle-même. Les clameurs des matelots, la crainte d'un naufrage, tout ce qui peut effrayer des voyageurs amis de leur santé et de leur vie, se réunit pour troubler notre raison. Mais par bonheur nous n'eûmes du danger que ce qu'il en fallait pour fixer en notre esprit le souvenir de cette nuit.

Le réis a rétabli l'ordre ; il encourage les matelots ; la manœuvre triomphe enfin du courant et nous parvenons à nous échouer doucement sur un petit îlot. La prudence nous conseille d'attendre le jour en cet endroit. En face de nous sont ouverts ces soupiraux, ces gueules infernales dont nous avions voulu sonder les mystères, et nous avons tout le loisir de considérer ce que nous pensions ne voir qu'en passant. Les décharges répétées de toute notre artillerie se répercutent en échos très-curieux qui se heurtent dans les antres et se répondent du fond des abîmes invisibles. Cette ventriloquie grandiose, connue peut-être des oracles antiques, et le bruit que nous faisons, attirent près de nous des barques qui pensaient assister à un combat naval. Une brillante fantasia, exécutée par nos matelots, termina la soirée. Le café, les cigares, la danse nous firent pleinement oublier les véritables angoisses qui nous avaient un instant serré le cœur.

Le lendemain (dimanche 16) nous partîmes au petit jour. Le mur capricieux qui bornait la vue à gauche avait perdu pour nous beaucoup de sa majesté ; la crainte n'était plus là pour nous forcer à l'admiration. Je suivis à pied, tirant çà et là un oiseau, les pentes par degrés adoucies du Djebel, et j'arrivai à une petite vallée, au-dessous d'un village dominé par son cimetière et son église. Là s'écoule dans la paix, loin de toute commotion politique, la vie de quelques familles inconnues au monde qu'elles ignorent. Seulement, par l'ouverture de leur vallon étroit, elles voient tous les hivers passer les barques des voyageurs ; la civilisation aperçue par échappées ne leur fait pas envie et leur laisse trop souvent de mauvais souvenirs. Pour ces pauvres gens, la civilisation c'est le vol et la rapine : les matelots leur prennent tout ce qui leur tombe sous la main ; les miens comme les autres.

Je fus très-mécontent de mon équipage quand, de retour à la barque, j'aperçus quelques pots de beurre assurément non payés. Mon réis que je grondai fort se contenta de jeter le beurre à l'eau : belle réparation du dommage causé ! Dans le village que nous quittions le beurre se fait tout seul, d'une façon très-primitive et très-propre à la fois. Le lait est versé dans un vase attaché à une corde qu'un enfant ne laisse jamais en repos, et ce mouvement de pendule dégage le beurre du lait. (6 h. du matin, 8°; midi, 28°.)

Le fond de certaines religions très-antiques était le culte de la Fécondité. Faute d'en pouvoir exprimer l'essence par des figures sensibles, elles en divinisaient les instruments : de là, ces représentations si nombreuses d'organes que nous nommons, je ne sais trop pourquoi, obscènes, et dont les images se retrouvent dans les musées secrets ou dans les ruines des temples. Les Hermès, que l'Égypte transmit peut-être à la Grèce; les Caragheus, sorte de marionnettes indécentes qui amusent la populace d'Alexandrie, du Caire et de Constantinople ; les colliers que nous verrons aux almées, enfin le nom même de Manfalout sont des restes évidents du culte que nous indiquons ici. Il faut croire que les anciens habitants avaient sculpté quelque statue colossale du dieu qu'ils adoraient; peut-être encore une montagne voisine affectait-elle une forme particulière ; quoi qu'il en soit, pour l'une ou l'autre de ces raisons, la ville, dit-on, se nommait Mont-Phallus. (*Épreuve* 35.)

Quelque partisan des châtiments providentiels sera sans doute heureux d'apprendre que le Nil ronge et dévore mosquée par mosquée, boutique par boutique, lambeau par lambeau, ce qui reste de cette ville au nom impudique. Le fait est vrai ; nous n'en concluons rien. Quand nous passâmes à Manfalout, une très-grande mosquée, à demi éventrée, laissait voir sa cour, sa piscine et ses portiques inclinés ; après nous, le Nil est venu et a tout emporté ; le prophète n'a pas su garantir son temple. Le bazar, entamé l'an dernier, reste béant et prêt à suivre le courant jusqu'à la mer. Peu importe aux habitants. Leur incurie est pour nous d'autant plus singulière qu'ils n'ont que le fleuve à traverser pour exploiter les carrières du Djebel-bou-Affodah, construire des quais et réduire le Nil à son rôle salutaire. Mais le fellah indolent perd aujourd'hui son jardin, demain sa maison. Il ne répare rien ; tout sera balayé demain. Et quand il n'aura plus de toit où dormir, où aimer, où vivre ? qui sait ? le fleuve l'aura sans doute emporté avec sa femme, ses enfants, son champ et sa hutte. Sinon, il couchera en plein air jusqu'à la mort. Être ou n'être pas ! ce n'est pas une question pour lui ; en somme, après la mort il ne payera pas le tribut et ne recevra pas de coups de bâton. En attendant, il continue machinalement son travail et cherche à vaincre l'ennui, pire que la mort ; il a quelques vaches et sa femme fait d'excellent beurre qu'il nous vend. Le beurre est ce qu'il y a de meilleur à

Manfalout. Comme on en trouve peu de bon sur la route, nous prîmes la précaution d'en acheter en abondance; ma femme se plut à le saler et il se conserva longtemps. Nous recommandons au voyageur de nous imiter.

Nous étions remontés à bord, et nous regardions s'éloigner la ville insouciante à demi dévorée par le fleuve. La journée n'offrit rien de remarquable et fut tout entière employée à réprimer des velléités d'indiscipline parmi mes matelots; mon drogman était trop jeune et peut-être trop honnête ou du moins trop peu retors pour se faire obéir. Le soir, amarré au rivage d'une petite île, je me plus avant de m'endormir à considérer le très-remarquable contraste d'un couchant radieux avec les feux que nous allumions pour la nuit, et je repassai dans ma mémoire les divers tableaux où j'avais vu le jeu de plusieurs lumières, entre autres *la Délivrance de saint Pierre* par Raphaël; puis les étoiles parurent et mes yeux se brouillèrent (Midi, 28°).

Le lendemain 18, le vent nous abandonna, nous attaqua rudement même en vue de Men-Kabad. Comme nous voulions arriver avant le soir à Syout, il nous fallut déployer l'ordre du vice-roi et demander des gens pour tirer à la corde. La mauvaise volonté des habitants nous réduisit à la violence, et malgré mes ordres les plus péremptoires il y eut quelques coups donnés. Mon réis et mon cawas firent, accompagnés de quatre matelots, la chasse à l'homme, et la presse fut assez fructueuse, si bien qu'à une heure nous atteignîmes Syout.

Syout se développe magnifiquement au pied de la chaîne libyque, et ses nombreux minarets, son étendue, sa population animée, sont dignes de la troisième ville d'Égypte. La courte distance qui la sépare du Nil (2 kil. environ), ne nuit pas à sa beauté. Les maisons forment de loin des groupes harmonieux qui ressortent sur le fond terne de la montagne, et toutes les imperfections qui sont inséparables d'une ville arabe disparaissent aux yeux du voyageur. Une route délicieuse ombragée de mimosas, véritable allée de parc rafraîchie par un canal qu'elle côtoie, conduit du petit port à une espèce de porche, en avant d'une grande cour entourée de casernes. Là se tiennent les arnautes et les soldats du gouverneur. On traverse ensuite un petit bras du Nil, souvent à sec ; mais en décembre les eaux sont assez hautes et forment une belle chute. Au delà du pont, à droite, on nous montra le palais du moudir et son harem dont les murs étaient parfaitement solides.

En passant, je me le rappelle, nous entendîmes des cris joyeux et de grands éclats de rire, comme le bruit d'une pension de jeunes filles à l'heure de la récréation. C'était en effet le moment où ce singulier internat court dans les jardins et folâtre autour des jets d'eau toujours murmurants. De temps en temps une voix grêle s'élevait au milieu des rires épanouis, et tantôt laissait tomber quelques mots d'un ton de commandement, tantôt poussait de petits glapissements comme en fait une personne pincée à l'improviste. Mes gens riaient de bon cœur toutes les fois que l'accent de cette voix maigre trahissait la colère ou la douleur. C'était la voix de l'eunuque. Je ne m'apitoyai guère sur le sort de l'homme *incommodé*, comme disait une dame de la cour sous Louis XIV ; j'aurais seulement voulu avoir les yeux de ce Lyncée qui d'un regard perçait les murailles, pour voir la figure du gardien et plus encore celle des prisonnières.

Nous passâmes, et nous gravîmes une rue étroite et montueuse qui aboutit au centre de la ville. Les bazars sont vastes ; on y vend des poteries célèbres et de jolies pipes ; entre autres articles d'industrie locale, citons de très-riches broderies d'or pour harnais. Il ne faut pas quitter Syout sans visiter deux bains luxueux situés au milieu du bazar : l'un est le mieux organisé de toute l'Égypte sans en excepter le Caire ; l'autre est un reste curieux des dernières dynasties grecques ; il fut construit sous Cléopâtre.

## CHAPITRE IX.

BUFFLES. CANARDS. LES PALMIERS DOUMS. CHEIK SÉLIM.

Nous partîmes le 20 décembre, gardant pour notre retour les hypogées qui s'ouvrent au-dessus de la ville. La faveur du vent et la beauté des rives abrégeaient le chemin. Là c'était à droite l'oasis d'Aboutig, sur une éminence entre le Nil et les montagnes; c'était, vers quatre heures et demie, Mékéla, gros bourg, avec un joli port et des maisons bien construites en pisé, des palmiers, des mimosas et de grands pigeonniers carrés d'où s'échappaient à notre approche des nuées pleines de roucoulements. Plus loin un troupeau de buffles, le premier que nous ayons rencontré, s'avance dans le fleuve pour se baigner; on ne voit bientôt plus au-dessus de l'eau que des muffles humides et des fronts noirs couronnés de plantes aquatiques. Ce tableau embelli par le couchant termina la journée. Le lendemain, nous passons entre Tatha et El-Rehalg, bourg à l'air ancien, adossé comme toujours aux monts; le Nil nous rapproche d'abord de la montagne arabique; mais durant toute la fin du jour il est serré de près par les deux chaînes. Nous couchons non loin de Souaghi qui diffère peu des villages précédents : ce sont encore des minarets, des palmiers, le Nil et la montagne (libyque). Une sorte de prison de bel aspect est le palais du Mamour, magistrat qui porte un nom charmant.

Nous ne disons guère que du bien des endroits où nous ne sommes pas descendus; l'aspect en est toujours ravissant au passage. Ils ont tous au dehors le même cachet de grâce et d'irrégularité. L'intérieur a souvent moins de charme. Que diriez-vous d'une femme pétrie d'agréments, ornée de colliers et de bracelets, mais qui ne se lave ni le cou ni les mains ? voilà les villes d'Égypte. Akmin, qui nous séduisit de loin par je ne sais quel éclat que le soleil lui donnait, ne valait pas une visite; de près c'était la misère et la saleté toutes nues : la population y est d'ailleurs fort affairée et nombreuse. Au sortir d'Akmin, le Nil forme un coude très-brusque sur notre droite; il semble qu'il veuille enfoncer la chaîne libyque et se dérober à l'ombre des montagnes; mais ses deux gardiennes ne l'abandonnent pas. Elles suivent ses détours sans le violenter, contentes de le garder à vue. Il n'en réussira pas moins à leur dérober ses sources.

En foule, sur des îlots et souvent au pied des monts rongés par le Nil, se tiennent des canards très-gros et très-farouches. Je ne pus assez les approcher pour en tuer quelques-uns; la chasse la plus productive est toujours celle des tourterelles et des alouettes, et je m'y résignai; mais je promis à mes canards un peu de plomb au retour; c'était un beau gibier. Les gens du pays qui en font de grandes destructions à l'époque de la crue des eaux emploient pour les prendre vivants une ruse assez invraisemblable. Ils creusent de grosses pastèques et s'en couvrent la tête ; munis de ce casque burlesque, ils nagent ou marchent dans les champs inondés, essayant de donner à leur tête l'apparence innocente d'un melon qui descend vers le Caire. Ils arrivent tout près des canards, qui ont l'habitude de nager journellement côte à côte avec des citrouilles; et ils n'ont qu'à étendre les mains avec précaution pour saisir une paire d'oiseaux par les pattes. Tel est le tour qu'on joue chaque année aux canards du Nil, et il est toujours bon.

Je crois que cette chasse est la seule occupation sérieuse d'une sorte de congrégation cophte qui demeure à El-Saouitch dans un grand bâtiment carré. Les bons pères luttent de fainéantise et de saleté avec la populace de Menscheh, mauvaise bourgade que le fleuve emportera quelque jour.

Nous passons à quatre heures (22 déc.) sous le Djebel-El-Sérath. C'est une belle montagne dont les pieds baignés par le Nil portent, comme un bracelet d'émail blanc et vert, le gracieux village d'El-Houia. Elle se rattache à la grande chaîne par des lignes majestueuses qui semblent les gradins d'un vaste cirque éclairé par le couchant.

La nuit tombe et, vers sept heures et demie, le clair de lune nous montre sur la côte libyque les murailles de Girgeh et ses nombreuses mosquées qui tombent dans le Nil. Nous entrâmes à grand'peine dans la ville; comme elle confine au désert, les ordonnances de police y sont très-rigoureuses : à la nuit les bazars sont fermés, les maisons closes, les murs inaccessibles. Le bruit que nous fîmes réveilla les gardiens des portes, et notre firman nous sauva de la mauvaise humeur naturelle aux gens qu'on arrache à leur premier sommeil. Les rues étaient désertes, car les habitants se couchent tôt et se lèvent tard ; mais la nuit claire ne nous cachait aucune des silhouettes originales de la ville silencieuse. La lune et la solitude nous donnaient une très-haute idée de Girgeh; le lendemain les aspects fantastiques avaient disparu ; il ne fallait pas revenir. Malgré son vaste bazar, Girgeh ne peut cacher sa décadence; jadis ville favorite de Méhémet-Ali, elle languit déshéritée sous le gouvernement d'un simple mamour.

Toute la journée du 23 nous longeons la chaîne Arabique; fatigués par la monotonie de la grandeur, nous nous plaisons au bruit d'une grande foire qui met en joie tout le beau village de Nel-Samatha. Nous observons sur le bord les premiers palmiers *doums* que nous ayons vus; le *doums* a une physionomie à lui : c'est un arbre dont les branches sont terminées par de grandes lames vertes, aiguës et raides ; tout autour on voit de gros régimes de petites noix qui s'emploient en médicaments; les gens du pays en mangent. Le paysage au loin semblait couvert de gros hérissons immobiles, les dards levés.

Nous ne fûmes qu'à minuit en vue de Farschout et

nous dormîmes en attendant le jour. La matinée se trouva fraîche (6 degrés seulement), et pour nous réchauffer nous allâmes jusqu'à la ville, qui est à une heure du Nil. Tout le pays autour de nous était fertile et semé d'innombrables melons; c'est de là que viennent les pastèques tout à l'heure si fatales aux canards; nous en fîmes provision pour un autre usage. Ce qu'il y a de plus curieux à Farschout, c'est la fabrique de sucre d'Achmed-Pacha. Cependant la température s'était peu à peu élevée, et nous partîmes, fort contents de notre excursion.

Comme nous rasions la côte de près, j'aperçus en haut d'une petite éminence un homme tout nu et à côté de lui un homme vêtu. Des gens du pays chargés de ballots s'approchaient du tertre; il y avait des femmes dans le nombre. Les paquets furent déposés, et l'homme nu étendit sa main qu'on baisa. Comme cette pantomime m'intéressait j'en demandai le sens à mon drogman. « C'est Scheik-Sélim, dit-il; n'avez-vous pas entendu parler de Scheik-Sélim? un saint derviche qui met des brides aux chacals et qui traversait jadis le Nil sur de forts crocodiles? Il en prit un il y a longtemps, qui désolait la contrée, et reçut une récompense de Méhémet-Ali; depuis, les crocodiles se défient de lui.» En ce moment la barque s'arrêta et je vis que tout le monde s'apprêtait à descendre. « C'est la coutume, dit le drogman; quiconque passe en vue de Scheik-Sélim doit l'aller saluer, sous peine de malédictions et de *jettatura* funeste. Vous ferez bien de lui porter quelque argent et du tabac. Il a une seconde vue pour le tabac; quand on lui en refuse il devine où on le cache. » J'étais tout disposé à voir de près le solitaire;

puisque de tout temps les anachorètes ont été une des curiosités de la Thébaïde, je ne pouvais négliger de faire visite au successeur des Paul et des Marie Egyptienne. Il me venait même une envie de lui conter l'histoire de Siméon Stylite ; peut-être s'aviserait-il de se faire élever une colonne.

Scheik-Sélim est un vieillard respectable qui distribue aux pauvres tout ce qu'on lui donne; mais pourquoi, si près du Nil, ne se lave-t-il pas? Il est immonde, et je ne pus me résoudre à lui baiser la main ; dans la saleté qui le couvre tout un peuple végète ; et je vis à plusieurs reprises des puces sauter d'une de ses jambes à l'autre.

Scheik-Sélim soutient son rôle de saint avec une imperturbable gravité; d'ordinaire il est nu et se fait servir par un domestique vêtu, celui que j'apercevais de loin. Dans les grandes cérémonies il porte une robe de soie; mais il se hâte de retourner à ses aises, à la nudité et à la vermine : celle-ci ne le quitte jamais. J'avais hâte, on le conçoit, de me séparer d'un vieillard vénérable, à la fois si nu et si peuplé; j'obtins par une offrande convenable un assez grand nombre de bénédictions qui profitèrent, j'aime à le croire, à mon voyage. On ne doute pas en Égypte, et Scheik-Sélim vénéré sur son trône de sable est tout-puissant près d'Allah.

Ce que le drogman m'avait dit du derviche avait tourné mon esprit aux crocodiles. Pourquoi n'en avions-nous pas vu encore? L'Égypte est le pays des crocodiles. J'appris qu'ils ne descendaient guère plus bas que Farschout, et que nous pourrions maintenant en rencontrer à tout moment. Mais il n'en parut pas un de la journée ; pourtant où pouvaient-ils mieux chauffer leur large ventre que sur le sable fin d'une île très-basse que nous vîmes en face de Sébériath ? Il n'y avait là que de grosses cigognes et des serpents dont les replis avaient laissé sur l'arène d'or mat des vestiges brillants et des dessins capricieux. De temps en temps une cigogne avait faim et son grand bec piquait un serpent comme une poule un ver de terre. Puis le reptile disparaissait tout vivant dans le gosier de la commère ; la poche aux provisions qui pend au cou des cigognes s'agitait convulsivement, et tout était dit. Tout cela ne valait pas les crocodiles et leurs vastes gueules, les seules qui sachent faire jouer la mâchoire supérieure tandis que l'autre est immobile. La route était monotone, les villages rares, les rives basses, les montagnes éloignées. Nous couchâmes à peu de distance d'un lieu nommé Dirlane.

## CHAPITRE X.

#### KÉNEH. THÈBES. LES ALMÉES.

Nous approchons des merveilles de l'antique Égypte. Autour de nous se dressent les temples à demi enterrés et s'ouvrent les bouches des hypogées d'où s'échappe une haleine de bitume et de natron. Notre cœur bat, et nous sommes disposés à trouver beaux les plus hideux monstres, s'ils sont en granit et que leurs flancs portent le nom d'un Sésostris. Toutefois nos résolutions n'ont pas changé; nous ne devons nous arrêter qu'à la seconde cataracte. C'est pour cela qu'à la hauteur de Kéneh, nous laissâmes derrière nous le temple de Dendérah dont nous apercevions le sommet.

Kéneh est une ville considérable, capitale de la *Moudirie* de Thèbes; elle fabrique et vend des poteries de très-belles formes, notamment des vases poreux qu'on nomme *Bardach*. Elle est animée par le passage des pèlerins qui vont à la Mecque et des marchands qui commercent avec la mer Rouge. Une route la joint à Koséir; des dromadaires font le trajet en quatre ou cinq jours. Nous ne sommes pas tentés de traverser le désert, et nous reprenons notre navigation au milieu d'îlots et de sables à sec où pullulent les serpents et les oiseaux. Quant aux crocodiles, ils se font prier et nous n'en voyons pas encore. Un grand village chrétien, Négadeh, montre ses maisons et ses rues propres, sa petite église simple et ancienne; à côté est un couvent de missionnaires. C'est une des dernières étapes de la religion du Christ avant le Soudan. L'aspect de Négadeh est touchant. Il transporte le voyageur dans les campagnes tempérées de la France, près du clocher natal; mais ce souvenir et cette rêverie sont bientôt emportés comme par le courant du fleuve et abandonnent des esprits surexcités par l'attente des ruines Pharaoniques. On dirait que le Nil est le fleuve des âges, et qu'on remonte les siècles; comme on est loin de l'Évangile! Deux mille ans encore et il ne sera pas né. Trente et quarante siècles avant notre ère, un peuple de prêtres et de dieux vivait sur ces rives, qui ne se doutait guère qu'un dieu plus puissant les renverserait. Ah! ces dieux règnent encore sur les ruines de leurs sanctuaires, et jamais le Christ, jamais Allah, ne les ont détrônés. En vain les ascètes chrétiens ont sanctifié les solitudes, en vain Mahomet occupe les villes et les hameaux, c'est ici l'empire d'Horus et de Phta. Lorsque les gens qui passent se retournent je m'étonne de leur voir des figures humaines; pourquoi ont-ils quitté la tête d'épervier couronnée du globe et les ailes mystiques? Parais, Anubis ! amène-nous ton peuple de cynocéphales ! Mais tu attends peut-être le soir pour aboyer à la lune; le soleil ne touche pas encore l'horizon; tout à l'heure nous entendrons les chacals hurler dans les palais thébains.

Fuyez donc, charmants bosquets de la rive arabique, riches cultures ! Passez, Gamaunh et Hamamdi ! La chaîne libyque se rapproche de nous; elle grandit; elle est dans toute sa puissance. A ses pieds voici Gournah et Médinet, les colosses, le Memnonium, le palais de Rhamsès; sur la rive opposée s'étendent et se développent les immenses débris de Karnak et la salle hypostyle aux trente colonnades intérieures; nous arrivons à Louqsor. O place de la Concorde, où es-tu? Le soleil couchant jette un manteau de pourpre sur ces demeures royales, il donne aux sphinx, aux statues, une couleur de vie; les trous des murailles semblent des yeux géants qui rayonnent. Sept barques arrêtées près de la nôtre contemplent ces restes d'une splendeur enfouie dans les sables et pour jamais disparue.

Le lendemain, ne pouvant me résoudre à quitter ces merveilles sans les avoir touchées du pied, je partis de grand matin avec mon drogman et mon cawas; je parcourus Louqsor et Karnak jusqu'à deux heures, et las, ébloui, je donnai le signal du départ (jeudi 27 décembre). Il faisait chaud comme au mois de juin (29 degrés).

Hermant, l'ancienne Hermonthis, possède un beau bazar et divers établissements dirigés par un Français intelligent. C'est le centre des vastes propriétés de Mustapha-Pacha, frère du vice-roi. Les environs sont cultivés avec soin et traversés par des canaux et des routes. Les ruines d'un beau temple m'attiraient, mais je me sentais encore de ma course du matin et j'aspirais après la nuit et le repos.

Le lendemain vers neuf heures, nous nous mîmes en route; la chaleur croissait et nous pouvions avoir trente-deux degrés centigrades quand il nous fut donné de voir notre premier crocodile, encore était-il petit. Mais je rejetai bien loin l'opinion du drogman qui ne voulait voir dans mon crocodile qu'un gros lézard. Un lézard ! si celui-là n'est pas un crocodile, pensais-je, il faut donc qu'ils soient tous embaumés dans les hypogées. Mon drogman eut la bonhomie de rétracter ses doutes.

Nous arrivâmes dans l'après-midi à Esneh, et mes matelots demandèrent à y demeurer le lendemain pour faire leur pain. Quand le séjour fut accordé j'appris que le pain servait seulement de prétexte à cet arrêt prolongé. Le vrai motif était l'attrait des almées qui résident en grand nombre à Esneh. Déjà l'on m'avait offert de m'en faire voir à Kéneh, l'une des villes où elles abondent; mais mon drogman m'ayant attesté la supériorité des danseuses d'Esneh, j'avais différé un spectacle dont j'étais curieux. Ainsi le désir de mes matelots s'accordait avec le mien; et comment aurais-je refusé à des hommes qui allaient durant deux et trois mois s'enfouir avec nous dans la solitude, vivant de pain, de lentilles et d'eau, une distraction naturelle bien qu'un peu risquée?

Les almées habitent un quartier hors de la ville, à un endroit du rivage où toutes les barques s'arrêtent. Lorsqu'un voyageur est signalé, elles sortent de leurs maisons et se montrent dans toute la richesse de leur brillant costume. On ne résiste guère à leur désinvolture et à leurs gestes gracieux et l'on entre chez elles pour les voir danser. Elles vont le plus souvent nu-pieds; quelques-unes portent une longue babouche jaune ou rouge; leur large pantalon de soie est retenu par une ceinture éclatante. Un petit gilet très-ouvert rassemble, élève et soutient leurs seins nus; mais il ne descend guère plus bas que le creux de l'estomac. De son côté le pantalon ne monte pas haut; si bien que le milieu du corps est à peu près livré aux yeux, car il n'a pour voile qu'une chemise de gaze ou de tulle couleur de chair. Les reins et les flancs jouent un grand rôle dans la danse égyptienne; il leur faut donc une liberté complète. Quand les almées augurent bien de la libéralité d'un voyageur, elles louent à des marchands juifs une profusion d'ornements. Leurs bras sont alors chargés de bracelets et leurs cous de colliers composés de phallus. De leur front tombent des chaînes de médailles légères, et derrière leur tête est gracieusement jeté un petit fichu de soie à dessins brillants. Dans la journée elles portent pardessus leur costume un voile en coton blanc et quelquefois en soie noire.

La vie de ces femmes est problématique; élevées par des maîtres abjects, savantes aux poses plastiques mais incapables de tout travail, elles passent les jours à fumer la cigarette ou le chibouk et à boire le café et l'*aquavite* (sorte d'anisette plus sèche). La population qui les entoure et qu'elles amusent n'est guère en état de les payer cher. Cependant elles trouvent moyen d'afficher un certain luxe qui les met à la merci des usuriers. Les mois d'hiver ramènent enfin les voyageurs, et quelques heures de gala terminent brillamment toute une année de misère et d'expédients. Puis c'est à recommencer. Heureuses celles qui savent se ménager un faible pécule pour leur long chômage!

Mon drogman et mon cuisinier s'étaient chargés de me trouver l'établissement le plus accrédité; ils m'y menèrent le soir même; avec nous étaient mon cawas, mon reis et une partie de mon équipage que je voulais divertir. On nous introduisit dans une masure d'aspect peu engageant; au milieu d'une grande salle plusieurs femmes nous attendaient, toutes de figure assez ordinaire, mais jeunes et bien faites. L'appât d'un bakchis convenable les avait entraînées à de grands frais de toilette. Leurs costumes étaient riches, et leur orchestre, assez bruyant, se composait de cinq ou six musiciens assis à terre; quelques bougies collées le long du mur par les soins de mon drogman éclairaient la scène; sur un divan qui nous était destiné s'étalait un tapis, faible défense contre les habitants équivoques de la maison; tout était pour le mieux. A mes côtés prit place l'élite de mon personnel; j'envoyai aux almées de l'aquavite et des olives, et la danse commença.

Ce fut d'abord une série d'attitudes gracieuses; les femmes tenaient de grandes pipes et les maniaient avec agilité: puis la mimique s'anima peu à peu, et les hanches se prirent à jouer, à se tordre en mouvements énergiques et voluptueux. La partie supérieure du corps restait immobile et ne trahissait aucun effort, seulement une flamme singulière nageait dans les yeux humides. Les reins et les jambes avaient un langage plus ardent que les lèvres des orateurs inspirés ; c'était le dithyrambe de la passion charnelle. Toutes les joies, tous les raffinements de l'amour étaient figurés à nos yeux ; c'était un tableau vivant, plein de nuances, de réticences, de retards, qui donnaient au dénoûment plus de fougue et de fièvre. Tel balancement tendre était une promesse timide ; tel frémissement nerveux un appel impérieux. Puis toute pudeur était foulée aux pieds ; de brusques soubresauts, des langueurs soudaines, exprimaient ce qu'on ne peut dire, mille secrets d'amoureux combats !

Mais, qui frappe à la porte ? Ce n'est pas l'heure d'entrer. Que signifie tout ce bruit au dehors ? Qui vient troubler les danseuses au milieu de leurs transports les plus pathétiques ? Le cawas et le drogman allèrent à la découverte et me rapportèrent que des Anglais, ne trouvant point d'almées à leur goût dans les environs, avaient demandé à être introduits, et que mes Arabes les repoussaient malhonnêtement. Il fallait réparer cette impolitesse ; on courut après les visiteurs et on les ramena bientôt. Sur mon invitation, ils prirent place à mes côtés, et le cigare, le café, la jouissance d'un plaisir commun, firent de nous les meilleurs amis du monde. Les danses recommencèrent, parfois mêlées de chant et accompagnées par le bruit des castagnettes, variations toujours nouvelles sur un thème unique. Nos Anglais s'enflammaient, et l'un d'eux s'éprit violemment de l'une de ces dames. Il ne pouvait se contenir, et sa pantomime, sans être aussi savante que la leur, était au moins très-significative. A la fin de la soirée nous demandâmes à grands cris la fameuse danse de l'Abeille ; les artistes, émues par l'aquavite, ne résistèrent pas trop à notre désir, mais elles se déclarèrent gênées par la foule. Il fallut renvoyer nos deux équipages (les Anglais avaient amené le leur), et ce ne fut pas une petite affaire. Les matelots, très-friands du plaisir qu'on leur refusait, ne semblaient pas disposés à l'obéissance ; les réis n'obtenaient pas leur retraite. Notre intervention directe, soutenue par le kourbach, put seule avoir raison de la mutinerie ; ceux qui étaient de trop sortirent et se turent. Qu'était-ce donc que l'Abeille pour exciter d'une part tant de scrupule, et d'autre tant de regret? Les femmes, non contentes de restreindre le nombre des spectateurs, voulurent encore limiter la durée d'un si précieux exercice et nous prévinrent qu'elles danseraient toutes ensemble. Elles se préparaient, quand mon réis se retira, sans doute pour ne pas se faire de jaloux dans l'équipage ; nous n'étions plus que sept.

La danse de l'Abeille, que d'autres ont décrite avant moi, repose sur une fiction ingénieuse. Une abeille harcèle l'almée, l'effleure, la pique et pénètre dans ses vêtements ; lassée par la persistance de l'insecte, emportée par l'ardeur de la recherche, la danseuse ôte le petit gilet qui lui serre la poitrine et le jette à ses pieds ; bientôt c'est le tour de la ceinture ; le pantalon la suit ; enfin le dernier voile tombe et l'on éteint les lumières. Toutes ces péripéties, je l'avoue, nous réjouirent fort et amenèrent un dénoûment assez scabreux. Autant que je pus me rendre compte de ce qui se passa dans l'obscurité, la passion de mon Anglais était au comble et sa belle n'y était pas insensible. Les almées bondissaient follement autour de nous, cherchant à mériter toute notre bienveillance. Le réis de mes nouveaux amis s'était voilé la figure au moment critique ; mais ses yeux brillaient entre ses doigts comme ceux d'un chat dans la nuit.

Toute folie n'a qu'un temps ; les lumières reparurent et les femmes reprirent leurs vêtements. La fête se termina par une pluie de talaris dont il resta quelque chose entre les mains des drogmans : toutefois les artistes furent contentes de la rétribution. Le lendemain nous quittâmes cette Capoue ; le peu de temps que nous y avions passé avait tourné déjà les matelots à la paresse et à la désobéissance.

Ah ! j'oubliais mes hôtes anglais : nous nous étions quittés les meilleurs amis du monde. J'ignore leur nom ; ils n'ont pas demandé le mien. Nous ne nous étions jamais rencontrés et nous ne nous reverrons jamais.

Comme la journée du 30 décembre ne nous offrit rien d'intéressant, je passai le temps à me rappeler les séduisantes attitudes des danseuses, la richesse de leur costume, leurs scrupules et tout d'un coup leur pudeur déposée avec leurs vêtements ; ces visions chorégraphiques étaient contenues dans un coin de mon cerveau et rien n'en paraissait au dehors ; elles n'étaient que pour moi ; je les voyais à tout moment s'évanouir et renaître aussitôt avec la fumée du chibouk ; les volutes vaporeuses tournoyaient comme des écharpes flottantes. La volonté sommeillait, mais l'esprit ne dormait pas, et je me rappelle avoir esquissé en quelques heures toute une histoire de la danse depuis l'antiquité; ce n'était pas une frivole rêverie, car il n'est pas de question philosophique et religieuse à laquelle la danse ne touche. Le baladin de Molière avait raison, et Lucien aussi et Athénée, qui ne la séparent pas de la musique, de l'harmonie et du culte des dieux. Je vis clairement les danseuses célestes du panthéon indien, les prêtresses de Babylone, les bayadères; David devant l'Arche : mais les hommes qui dansent sont presque ridicules; et je me retournai vers les chœurs des muses, des nymphes et des grâces. Les temples de Chypre s'ouvrirent à mes yeux, tandis qu'un ballet sacré réjouissait la déesse. Dans l'Ionie, dans les îles de l'archipel, les colléges d'hétaïres se livrèrent devant moi à leurs exercices gymnastiques; et quand je revins aux bords du Nil, j'avais fait le tour du monde ancien sans perdre de vue cette science sacrée de la danse. Là enfin et du temps d'Horus ou de Sésostris, florissaient des congrégations de femmes chargées d'attirer et d'initier les peuples au culte de la Volupté féconde. Les almées ont perdu le nom et le costume qu'elles portaient en ces âges reculés; elles ignorent leur origine et à quelle tradition elles pourraient se rattacher, mais elles en ont conservé l'emblème, et leur collier phallique est un héritage certain des religions disparues, religions qui célébraient la fertilité terrestre, la multiplication du genre humain, le principe de la vie, dans un temps où les sages et les puissants n'avaient pas inventé encore le culte de leurs propres vertus et de leurs facultés divinisées.

# CHAPITRE XI.

### ASSOUAN. LA PREMIÈRE CATARACTE.

J'avais passé du rêve au sommeil et peut-être du sommeil au rêve.

Voici que le jour se lève fraîchement, colorant de teintes rosées les courbes et les aspérités de la chaîne arabique. L'ombre de la montagne s'étend jusqu'à nous et la crête seule est éclairée. Le vent redevenu favorable nous emporte au delà d'Eddomarieh ; mais il plisse violemment le Nil qui se révolte ; la barque se balance comme sur mer et nous éprouvons une réminiscence, heureusement vague, de notre traversée. L'émotion ne dura qu'un moment ; le Nil s'habitua au vent et nous au roulis. La matinée était froide et le ciel couvert. Le soleil, un moment apparu, ne pouvait percer une brume bleuâtre qui faisait du ciel une vaste coupole de verre dépoli.

A onze heures et demie (31 décembre), nous entrevîmes, à trois kilomètres du Nil, Edfou, sur la rive libyque, cachant son temple aux yeux comme un trésor et n'en laissant paraître que deux pylônes imposants. Vers cinq heures Silcilis était devant nous. C'est une carrière fameuse où sont nés bien des colosses et bien des sanctuaires ; oui, ce granit a fourni des dieux à une civilisation puissante. Dans ce lieu tient presque toute l'histoire de la haute Égypte. Voici encore un souvenir : ce rocher taillé en forme de champignon grossier servait de soutien à une chaîne qui barrait le fleuve au temps des invasions éthiopiennes, il y a bien quatre mille ans.

Le vent est bon, nous passons ; le Nil se resserre entre des roches escarpées dont les fentes et les anfractuosités nourrissent une végétation rabougrie. Sur les buissons de petits oiseaux assez ordinaires s'ébattaient par millions ; on eût dit des fruits sans nombre attachés aux branches. Notre passage effraya ces multitudes volantes et le ciel en fut obscurci ; l'ombre des volées se dessinait sur l'eau en grandes taches comme s'il y eût eu des nuages sur nos têtes. Quelques coups de fusil en tuèrent des centaines qui tombaient dans le Nil comme des grains de sable. Un peu plus de soleil, et nous aurions pu dire que les alouettes nous tombaient du ciel toutes rôties. Notre gibier pour être menu n'en fut pas moins trouvé excellent, et nous recommandons les rochers de Silcilis aux gourmets qui sont friands de petits oiseaux. Les survivants ne cessèrent de voltiger en groupes pressés au-dessus de leur demeure habituelle ; et leurs cris, leurs frémissements dans l'air étaient pareils au bruit de la vapeur qui s'échappe.

Vers le soir, dans un crépuscule d'or qui s'éteignit soudain, se dressa au-dessus de nous sur la rive arabique le temple de Comombos. C'est le seul qui soit à la fois attaqué par le Nil et le sable. Ses pylônes suspendus sur l'eau sont rongés incessamment et le désert monte à l'assaut de ses colonnades. Le clair de lune qui succède aux dernières lueurs du couchant teint de pâleur azurée ce que le soir empourprait tout à l'heure, et le spectacle ne fait que changer de beauté. Elganeh, où nous couchons, s'étend, comme beaucoup d'autres villages séduisants, sur la rive arabique au milieu des palmiers, des doums et des mimosas. Les arbres poussent jusque dans l'eau, et le balancement de la barque donne à leurs noires silhouettes une ondulation qui se traduit en lignes argentées.

Assouan, Assouan! ville des cataractes, tout autour de nous t'annonce et te vante. Les grandes masses des monts, les espaces de sables pâles, les roches, sentinelles avancées des chutes et des rapides, nous causent des palpitations enthousiastes. Assouan, nous te désirons et le vent nous repousse; nous te cherchons et un rocher nous coupe le chemin! Au milieu des villages réfugiés dans les anses escarpées, nous avançons avec précaution et lenteur; le jour va plus vite que nous, le soleil baisse, il tombe et nous jetons l'ancre jusqu'au matin. Le vent, les rochers, le fleuve, n'étaient pas seuls à retarder notre marche; la plupart de nos matelots, nés à Assouan ou dans les villages prochains, s'éclipsaient par intervalle pour aller voir leur famille; j'accueillais bénignement leurs prétextes divers : décès de parents, intérêts de cœur, acquisitions nécessaires ; mais j'étais désespéré de la lenteur et j'attendais impatiemment le grand jour du passage (2 janvier).

En route! au milieu d'une végétation magnifique qui semble venir au-devant de nous de roche en roche, côtoyant des îlots et des bas-fonds de granit, nous remontons un courant rapide; mais c'est surtout quand nous avons dépassé les ruines d'un ancien couvent de Saint-Georges, vers neuf heures du matin, en face d'Éléphantine, île fameuse aujourd'hui couverte d'une verdure épaisse où se cachent les ruines, c'est surtout devant Assouan même et au moment de tourner un coude qui nous en sépare, que l'eau et le vent se conjurent pour nous arrêter. Enfin, au fond d'une sinuosité du fleuve, nous entrons dans le canal qui mène au port d'Assouan. C'est l'antique Syène. Arrivés vers deux heures, nous cédons aux prières des matelots qui demandent un peu de répit ; non qu'ils aient désormais plus de travail, car un équipage nouveau et spécial doit exécuter le passage des cataractes; mais ils ont tant de parents à voir! (7 heures du soir, 14 degrés centigrades.)

La journée du 3 janvier fut consacrée à des opérations préliminaires. Nous eûmes à traiter avec le réis des cataractes, et notre firman nous rendit quelques services; nous invoquâmes aussi un *wékil* du consul français à Kéneh, qui nous avait accueillis avec courtoisie.

Avant de continuer le journal de notre voyage nous mettons sous les yeux des lecteurs quelques lignes d'un voyageur qui nous a précédés. On pourra juger jusqu'à quel point, entre lui et nous, les sites ont changé de figure.

« Au-dessus d'Éléphantine, dit-il, le terrain est escarpé ; on est obligé, si l'on veut remonter le fleuve, d'attacher des cordages des deux côtés de la barque, comme on attelle un bœuf ; après quoi l'on se met en marche ; si la corde casse, la barque descend emportée par la force du courant. On navigue ensuite pendant quatre jours ; et dans cette partie le Nil est sinueux comme le Méandre ; on parcourt douze *schènes* en suivant ses détours, et l'on arrive à une plaine unie dans laquelle le fleuve coule autour d'une île dont le nom est Tachompso. Immédiatement au-dessus d'Éléphantine, la contrée est habitée par les Éthiopiens ; toutefois une moitié de l'île est peuplée d'Égyptiens. Plus loin, il faut débarquer et continuer sa route sur la rive pendant quarante jours, car le Nil est semé de rochers qui s'élèvent à pic et d'écueils à fleur d'eau... »

Le voyageur qui parle ainsi est Hérodote, et il a vu et fait ce qu'il raconte.

Le 4 à dix heures nous quittons Assouan et nous franchissons la première porte des cataractes. A notre droite s'éloignent lentement des inscriptions pharaoniques qui tapissent les bords d'Éléphantine ; à gauche se montre une mosquée en ruines sur un haut promontoire. Nous ne sommes plus dans l'Égypte proprement dite et nous nous figurons que les climats ont changé avec les noms. Les maisons nubiennes semblent plus propres, les habitants plus vifs et plus intelligents ; quant au sol, il est le même, plus riche peut-être. Des masses de granit noir, humide et luisant, nous entourent comme un troupeau de buffles pétrifiés dans des attitudes diverses. Celles qui présentent les aspérités les plus saillantes nous servent souvent de points d'appui; plusieurs de nos hommes montés sur une petite embarcation portent de gros câbles solidement attachés à la barque et vont, souvent à la nage, les amarrer aux rochers. On tire, et le courant est coupé; notre progrès est lent et sûr. Mais si par malheur la corde rompait, si les attaches étaient mal combinées, la barque emportée par le fleuve et laissant ses débris sur les écueils retournerait vers Assouan; peut-être n'y arriverait-elle pas. Mais la grandeur du spectacle ne permet pas de songer au péril. Il faut dire aussi que l'adresse et l'expérience des matelots rassurent le voyageur; les accidents sont ici non pas rares, mais sans exemple; comme on n'a rien à déplorer, on n'a rien à craindre.

Au pied du premier de ces rapides qu'on nomme les passes de la cataracte nous trouvons le réis spécial et tous ses compagnons. C'est une nuée de sauvages d'un noir clair; leur peau semble un crêpe ajusté sur une étoffe rougeâtre. Demi-nus, ils poussent de grands cris de bien-venue et se mettent à l'œuvre. Millimètre par millimètre, nous avançons, gardant avec énergie ce que nous conquérons à grand'peine. Le soir qui vient nous défend de nous aventurer; nous avons franchi une passe et c'est assez pour aujourd'hui. Aussitôt que la barque solidement amarrée peut résister à tout effort du fleuve, nous sommes accablés de félicitations sur l'heureux début d'un voyage difficile; tous nos Arabes et nos Nubiens nous exhortent à remercier Allah qui a écarté de nous les dangers imminents. On voit bien qu'Allah n'est ici qu'une personne interposée, et ce n'est pas à lui que vont nos offrandes. Les compliments de l'équipage ne sont qu'une demande de bakchis; politesse pour politesse; pour monnaie de singe (il y en a beaucoup dans le pays), bonne monnaie bien sonnante. Je m'exécute sans broncher; il est si doux de faire des heureux ! Et puis j'espère, grâce à mon firman et à ma libéralité, faire en deux jours le trajet qui en coûte quatre et cinq à bien d'autres. Tous nos matelots de renfort se retirent avec acclamation et vont passer la nuit chacun dans son village. Nous demeurons isolés entre deux chutes mugissantes, mais pleins de confiance dans nos ancres et dans nos cordes.

Le soir nous montons sur les rochers voisins pour contempler le chaos qui nous environne, et nous rêvons. Au reste, notre imagination n'a que faire, la lune prend soin de nous composer des tableaux fantastiques. Ces roches hautaines, noires comme les gens du pays, ne sont plus des masses de granit; nous y voyons un peuple de titans engloutis par une catastrophe diluvienne, enchaînés par les pieds au fond des eaux; ce sont eux qui ont construit les palais de Louqsor et de Karnak; eux qui creusaient dans les montagnes les temples d'Ibsamboul. Ils coupaient dans le granit même ces blocs énormes qui sont devenus des sphinx, sculptant la pierre comme un pâtre découpe une figure dans un brin de buis. Les moins habiles se contentaient d'équarrir les obélisques avec quelque grand couteau que nous retrouverons un jour, puis d'une main assurée ils les posaient en équilibre ; amusements de géants ! Et peut-être quand ils ont senti venir leur dernière heure, peut-être d'une haleine puissante encore ont-ils eux-mêmes jeté bas leurs jouets, comme les enfants soufflent des châteaux de cartes ! Maintenant captifs, ils luttent contre le fleuve qui les garde, mais ils ne peuvent le saisir corps à corps. Ils sont condamnés, débris de races disparues, à la muette contemplation du manége de pygmées humains, leurs frêles successeurs. Et nous les narguons, ils ne nous arrêtent pas. Mais voyez comme la lune leur met des manteaux blancs, des suaires argentés ; il pleut des étoiles dans le miroir flottant, et des draperies étincelantes ondoyent autour de ces ombres grandioses. Adieu, héros ; à demain, roches noires.

Nos sauvages, vêtus de leurs plus légers costumes, sont à leur poste dès l'aube, et dans l'après-midi nous nous trouvons au-dessus des trois passes qui nous restaient à franchir. La dernière, El-Kébir (puisqu'elle a un nom nous la personnifions), nous opposa la plus vive résistance ; et cependant elle était harcelée par deux cents Arabes qui, disséminés dans les rochers, tenaient nos cordages et nous hissaient à force de bras. Elle est couchée en travers du fleuve qui est resserré dans un espace d'une trentaine de mètres ; pareille à une Naïade endormie, elle refuse de se déranger et repousse avec énergie notre proue.

Le trésorier du temple de Minerve à Saïs causant avec Hérodote lui décrivit un lieu qui ne peut être qu'El-Kébir ; mais il s'en faisait une singulière idée. Selon lui, entre la ville de Syène en Thébaïde et celle d'Eléphantine, s'élèvent deux montagnes à pic nommées Mophi et Crophi. Entre elles les sources du Nil jaillissent d'un abîme sans fond. La moitié des eaux descend en Egypte du côté du nord, l'autre moitié en Ethiopie du côté du sud. Une expérience de sondage tentée par le roi Psammitique ne réussit pas, et plusieurs milliers de brasses d'un câble très-lourd ne purent trouver le fond du gouffre. On voit ce qu'il y a de fabuleux dans l'opinion de cet Egyptien du cinquième siècle avant notre ère ; mais n'y reste-t-il pas un reflet de la vérité ?

El-Kébir forme une barre d'un mètre et demi de haut, et comment une pauvre barque peut-elle avec sa voile et sa quille gravir une telle hauteur ? Pourquoi n'y a-t-il pas là quelques écluses ? Enfin nous atteignîmes le sommet de la chute ; nous n'avions plus à monter, il ne fallait pas redescendre. Heureusement nous nous trouvions pour quelque temps dans des eaux paisibles et nos yeux se reposaient avec amour sur une charmante touffe de verdure qui grandissait peu à peu, laissant voir des pylônes, des colonnes et des temples ; c'était l'île de Philæ, l'un de mes rêves, plus belle que ses mirages, asile qu'on ne quitte pas sans regret, paradis où chaque voyageur caresse une heure au moins le projet d'un établissement durable, quitte à se laisser le lendemain emporter pour jamais ailleurs par le courant des jours. Nous n'y fîmes cette fois qu'une visite sommaire, mais nous aurons au retour le loisir de l'aimer à notre aise et d'en parler.

C'est à Philæ que je me séparai momentanément de

mon réis ordonnaire, Essen. Il était d'Assouan et je ne pus lui refuser un congé. Son successeur me demanda 900 piastres, environ 150 francs pour me conduire à la seconde cataracte et me ramener à Philæ. Si sa connaissance du patois nubien me fut utile, j'eus souvent lieu de regretter Essen plus connu et plus respecté des matelots.

## CHAPITRE XII.

LA VILLE PERDUE. LE TROPIQUE DU CANCER. LA NUBIE.

Les deux chaînes de montagnes, très-rapprochées ici, ne laissent à la culture qu'une bande étroite. A leurs pieds s'abritent quelques villages, comme Elbab ; sur un sommet, les murs d'un grand couvent suivent en serpentant les aspérités des roches; plus loin c'est une vieille mosquée en ruines, à mi-côte, dont les portiques vacillants plient sous des cintres inclinés. Elle est inhabitée ; mais tous les ans les populations riveraines s'y assemblent pour ouvrir le Beïram. Je me fais dire les noms des hameaux qui passent : ici Koulédo juché dans la montagne à l'entrée d'une petite gorge; là Maharaka et ses pylônes. La rive libyque, pendue à la montagne fauve comme une frange verdoyante, nous offre une promenade délicieuse ; la température qui s'élève de jour en jour atteint 27° centig. à 3 h. 1/2 et ne descend pas au-dessous de 18 (9 h. du soir, — 6 h. du matin).

Partout des ruines ; ces bords déserts ou à peine habités furent le centre même de l'empire égyptien, lorsque les *Hyksos* refoulèrent jusqu'à Thèbes les dynasties nationales ; près de nous paraissent des débris presque effacés vers Kardassi ou Kartas et les grandes ruines de Kalabsché. Vers le milieu du jour, la vallée qui s'était élargie se resserre, les montagnes se relèvent brusquement et étreignent le Nil avec amour dans les gorges de Taphis. Le fleuve dédaigneux glisse entre leurs bras noirs, comme Hippolyte fuyant les baisers de Phèdre ; il s'échappe et son courant impétueux ronge les roches à pic. Au loin, lorsqu'on a gravi un rocher très-élevé, on voit dans un labyrinthe de montagnes des colonnes se détacher vivement sur l'horizon enflammé. La tradition en fait les ruines d'une ville inconnue qu'un pouvoir mystérieux entoure d'un cercle infranchissable. Nul ne l'a touchée du pied ; les voyageurs que les ravins et les précipices n'ont pas effrayés se sont égarés dans les replis du dédale. Comme l'enfant qui tourne sur lui-même, ils ont perdu l'orientation et se sont découragés. Nous ne tenterons pas la fortune capricieuse ; il arrive que la curiosité inassouvie est un plaisir. Quelle gloire pourtant si nous prenions d'assaut la ville fantastique ! Eh ! qu'y trouverions-nous ? Comme ailleurs, des temples, des palais et des chacals ? Laissons-lui le charme de l'inconnu.

Abou-Hor gagnerait plus qu'elle, à coup sûr, à être ignoré ; c'est un lieu très-ordinaire et pourtant célèbre ; le cancer y passe, le cancer, *animal fantastique, céleste écrevisse* aux serres ardentes, à la carapace enflammée, qui brûle tout sur son passage et dont l'haleine est comme la vapeur du fer rouge. C'est ainsi que je me plaisais à me figurer le tropique ; mais les poëtes m'avaient trompé. J'eus beau regarder autour de moi, je n'aperçus ni trace d'incendie, ni écrevisse, à moins que deux ou trois scorpions errant dans la poussière fussent les descendants du cancer mythologique ; la nature reposait dans un calme parfait sous de charmants ombrages, et l'air tiède respirait des aromes indécis ; rien n'est plus tempéré que la zone torride. Il est vrai que nous étions en hiver et qu'il faisait chaud comme en été ; je me promis de ne pas revenir au mois de juillet. (10 heures du soir, 19 degrés.)

Nous étions en bonnes relations avec les indigènes ; ce sont des natures très-inoffensives, quoique fières ; et notre sécurité au milieu d'eux allait jusqu'à supprimer nos gardes de nuit. Les Nubiens sont tout à fait indépendants, ils ne donnent rien au gouvernement que par la force ; le poignard qu'une courroie attache à leur bras, leur arc en bois de fer et un bouclier en peau de crocodile sont les marques et les gardiens de leur liberté. Avec cette apparence guerrière, ce sont de vigoureux cultivateurs ; ils disputent au fleuve à mesure qu'il décroît le limon fertile qui suffit à quatre moissons. Ne croyez pas qu'on laboure ; on se contente de semer le blé par pincées dans des trous peu profonds, et la nature fait le reste.

On conçoit qu'un climat si favorisé n'impose pas aux Nubiens la gêne des vêtements ; aussi n'ont-ils pour la plupart sur eux que leurs armes et leur peau nègre ; de loin on les croirait en tenue de bal, sauf la cravate blanche et notre queue d'habit. Les femmes ont des vêtements d'une coupe assez bizarre. Elles se teignent les lèvres et tressent leurs cheveux en mille petites nattes qu'elles ne refont pas tous les jours; des Egyptiennes les trouveraient indécentes pour laisser voir le bas de leur figure.

La langue a changé comme les coutumes et les costumes; l'arabe n'est plus de mise ici et mon drogman y perd son latin. C'est le réis nubien qui le supplée désormais, heureux d'augmenter ses appointements dans les transactions avec les naturels. Notre nouvel interprète jouit de tous les prélèvements et de tous les avantages attachés à ses fonctions, et tout le monde est content. C'est lui qui se charge de payer ce que nous achetons, du beurre assez mauvais et peu appétissant, des œufs, des poules, des moutons même. Rien n'est bien cher; mais si nous voulons un bouillon, un rôti, un filet, nous tuons un bœuf; il nous revient à 25 francs et au-dessus, à 40, selon sa force. Un mouton vaut de 4 à 7 francs.

Du 8 au 12 janvier, notre navigation ne présenta rien de remarquable, non qu'il n'y eût à voir sur les bords du Nil, mais nous avions remis les excursions et les photographies au retour. La température était régulière : 14 à 17 degrés le matin, 30 à 32 vers midi, le soir 7-15-19. Le fleuve solitaire ne portait plus ces grandes barques pleines de paille hachée dont la voilure est si pittoresque; quelques daabies seulement nous croisaient. Les montagnes étaient loin; les villages, assez rapprochés, ne se composaient guère que de quinze ou vingt huttes de terre couvertes d'un toit plat en branches de palmier. Devant les cabanes, à Dolcé par exemple, étaient rangées de grandes amphores où se garde le blé. Les habitants paraissaient plus farouches, et malgré notre prudence nous ne pouvions empêcher quelques rixes où le couteau jouait trop aisément. De belles ruines passaient devant nous à Dandour, à Ghirscbe; en face de Keyati se dresse le temple de Pselcis avec ses pylônes bien conservés et son portique de dix colonnes.

Notre marche était fréquemment arrêtée par des jetées en pierres brutes qui s'avançaient jusqu'au milieu du fleuve. Étaient-elles destinées à élever le niveau du Nil aux époques d'inondation? C'est probable, car on leur prêterait difficilement un autre usage; si les naturels pêchaient, on pourrait les croire faites pour arrêter le poisson; mais on n'en trouve pas à vendre dans ces parages; et pour en manger nous étions obligés de les pêcher nous-mêmes avec des lignes ou les filets de Rosette. Quoi qu'il en soit, ces digues forment des courants très-rapides; il arrive que la barque tirée à grand'peine jusqu'à la pointe saillante ne peut la franchir; on exécute alors un demi-tour en entraînant les cordes et on redescend à quelques centaines de mètres. Un peu avant Séboua nous fûmes abandonnés du vent. Le désert borde l'eau; l'aridité et la désolation habitent les rivages; des amas de pierres calcinées, fendues soit par le temps, soit par le soleil des tropiques, jonchent au loin l'étendue des sables. Un cataclysme a peut-être frappé ces contrées et nous voyons les éclats des montagnes qu'a soulevées un feu intérieur. Nous dûmes nous arrêter de bonne heure pour ne pas coucher trop loin de tout lieu habité; les villages devenaient rares et l'homme craint la solitude. Ce ne fut que le samedi 12, vers dix heures du matin, que nous atteignîmes les ruines peut-être trop vantées de Séboua et la fameuse avenue de Sphinx réduite à deux statues entières; la place des autres est marquée par des tas de pierres.

Vers trois heures, la mauvaise volonté du vent nous décida à faire valoir notre firman et à recruter des aides dans un village prochain. Nous fûmes accueillis par une complète rébellion; les chefs du lieu refusaient tout service. Notre cawas qui avait à cœur de faire respecter les ordres de son maître s'élance avec un petit nombre de matelots armés. Nous attendons non sans inquiétude le résultat de l'expédition; les querelles dont nous avions été témoins récemment ne nous donnaient pas bonne opinion de la docilité des indigènes. L'absence de nos hommes se prolonge; nous les voyons parfois aller et venir dans les maisons, enfin ils disparaissent. Je laisse ma femme sous la garde du réis et de deux matelots et je descends avec ce qui me reste de monde. Nous sommes armés jusqu'aux dents et nous tâchons de prendre un air guerrier. Sur la route, la population s'enfuit devant nous. Soudain un coup de fusil retentit. L'effet produit sur mon escorte et sur les habitants fut prodigieux; les femmes et les enfants montèrent sur les toits, se couvrirent la tête de terre et nous accablèrent de malédictions. J'avoue que je craignais un accident et peut-être une bataille douteuse; à quelques pas j'entendais une dispute violente. Enfin, je vis venir nos hommes poursuivis par une multitude de criards; ils traînaient avec eux un prisonnier. C'était le cheik qu'ils menaient devant moi pour lui faire comprendre la témérité de sa conduite. Je réussis à calmer d'abord par les ordres les plus violents l'exaspération des miens, et les conférences commencèrent. Le coup de fusil avait été tiré au hasard et sans effet, et l'irritation des deux parts tomba promptement. Une partie de la population m'avait suivi pas à pas jusqu'à la barque où ma femme, très-inquiète, faisait charger toutes les armes. Notre attitude énergique à la fois et conciliante imposa quelque respect à ces natures sauvages, et quand je déclarai formellement que je renonçais à requérir des hommes, le cheik m'offrit de lui-même le concours qu'il m'avait refusé. Craignait-il quelque dénonciation et un châtiment postérieur? je ne sais, mais il mit tous ses concitoyens à ma disposition. Cette population naguère hostile, devint notre meilleure amie. Le café et vingt-deux mauvais cigares offerts habilement terminèrent gaiement le petit mélodrame qui nous avait causé une véritable angoisse. Rien n'y avait manqué : mystère alarmant, présages de bataille, cris des femmes, mêlée imminente. Et tout finit par des chan-ansons, comme dit Beaumarchais. On voit que les Nubiens, pour bonnes gens qu'ils sont, ne manquent pas de vivacité ; je crois que leur contact gâtait mes matelots. Depuis Philæ, j'étais souvent obligé d'intervenir moi-même dans les querelles nombreuses qui avaient lieu à bord. L'autorité du réis provisoire était trop éphémère pour maintenir l'ordre et je me reprochais souvent d'avoir laissé Essen à Assouan.

## CHAPITRE XIII

DIVERTISSEMENTS A KOROSKO. LES SAKIEHS. DERR.

Vent contraire, villages rares, cultures larges de quelques toises, montagnes élevées bordant le Nil à pic ; rien de plus jusqu'à Longa. (Dim. 13.) L'une des nombreuses gorges de la chaîne arabique nous réservait un spectacle assez nouveau. A une très-grande hauteur, pareille à une longue fourmilière avançait lentement une nombreuse caravane attachée aux flancs de la montagne. Avec une lunette, je voyais nettement à travers l'air pur et transparent tous les détails caractéristiques. Les chameaux lestes et pleins de solennité semblaient des bas-reliefs saillants à peine sur leur fond de granit. Ils portaient tout : bagages, hommes, femmes et enfants dont la tête dépassait le bord des vastes paniers ballottés sur les maigres côtes des montures. Où allait tout cela ? Au Caire. Le voyage en valait la peine assurément ; mais le

Nil me semblait infiniment plus doux, malgré ses rapides, que cette route âpre et mal tracée. J'éprouvais le sentiment de bien-être dont parle Lucrèce, devant des fatigues qui m'étaient épargnées. Cependant cette chaîne vivante s'allongeait courageusement, reliant peu à peu l'un à l'autre les rares palmiers du chemin et s'avançant vers l'horizon du nord.

Le soir, vers sept heures, nous fûmes à Korosko, mauvaise bourgade de Barbarins (nom des habitants et de leur langue), très-insignifiante mais très-fréquentée; c'est de là que partent les caravanes pour gagner Kartoum par le désert d'Atmour-Béla-Ma. Les voyageurs vantent, je ne sais pourquoi, le Kan de Korosko, terrain carré, clos de murs en terre, où le commerce du soudan apporte de nombreux ballots.

J'avais promis à mes matelots une petite distribution de café et de cigares dans un des bouges nombreux qui s'intitulent cafés; d'ailleurs il faut toujours s'arrêter à Korosko. Je n'eus pas trop à me repentir de ma condescendance : on me conduisit à une noce, spectacle dont j'étais fort curieux. J'entrai donc dans un tourbillon de saleté, de poussière, de cris et de ténèbres. Hommes et femmes, à ce que je crus voir, paraissaient pleins de joie. Une danseuse du pays faisait tête à plusieurs groupes de danseurs qui s'avançaient vers elle avec des gestes équivoques. Elle répondait à leurs attitudes par des poses provocantes et significatives; la pantomime s'animait vraiment et parlait. Pour n'avoir pas la grâce des almées, la Nubienne n'en respirait pas moins la volupté; son grand vêtement bleu traînant à terre découvrait ses épaules et sa poitrine luisante et noire ; les nattes de sa chevelure, ornées de verroteries, se choquaient avec un gazouillement cristallin. Par malheur, cette personne séduisante exhalait une odeur nauséabonde ; elle était tout empestée par la graisse de mouton qui sert de pommade aux jours de toilette. C'est le cas de dire ici que, depuis notre entrée en Nubie, jamais un matelot ne descendit à terre pour une nuit, sans rapporter le lendemain à bord une infection toute semblable au parfum qui se dégageait de la danseuse.

J'avais apporté avec moi des feux de Bengale. Au moment le plus échevelé, à l'heure la plus frémissante, la plus enivrée, j'éclairai la salle tout d'un coup. Les lueurs bleuâtres couraient sur le chaos de têtes noires, et la robe de la ballerine ne semblait plus qu'une vapeur autour de ses belles formes sombres. L'effet produit, j'exécutai gravement ma sortie, et je passai pour un grand magicien ; j'en veux croire les applaudissements de cette multitude bigarrée, chatoyante comme une vision d'Hoffmann.

Le café paraîtra bien terne après la noce, et si je ne racontais naïvement mes aventures, si petites soient-elles, laissant à chaque fait son jour et son heure, j'épargnerais au lecteur la fin de notre soirée. Le café, situé au bord du Nil, et très-primitif, avait pour murailles ces nattes qu'on fabrique à Korosko avec la paille du maïs et les feuilles de la canne. Une lampe fumeuse et nos *fanous* (lanternes) jetaient leurs reflets blafards sur quelques habitués environnés de fumée.

Le lendemain matin, mes matelots, qui goûtaient l'oisiveté, me demandèrent avec instance la journée pour boire de la bière du pays. Je les accompagnai par curiosité. Le café où nous entrâmes est bâti dans une gorge sauvage, à l'entrée d'un grand ravin qui a dû être un bras du Nil; il me parut mieux construit que le premier, mais tout aussi équivoque, sinon plus. Deux affreuses sorcières, noires comme de l'encre, en faisaient les honneurs; et l'une d'elles, la maîtresse de la maison, chargée de bijoux et de bracelets en défenses d'éléphant, réunissait sans doute à ses fonctions visibles des attributions occultes. La bière, faite de blé fermenté dans l'eau, fut apportée dans de grandes amphores de terre cuite, dont le col était couronné d'un liquide épais et jaunâtre. C'est un hideux breuvage, à le voir du moins, mais non pas à en juger par l'accueil que lui fit mon équipage. Au grand ébahissement des buveurs, je refusai d'y goûter; quant à eux, je ne serais pas cru si je disais le nombre de jarres qu'ils vidèrent dans leur gosier. Ce n'étaient qu'amphores nouvelles et rasades que je contemplais bouche béante. Enfin, ma lassitude l'emporta sur mon admiration. Je prononçai la clôture sans la mettre aux voix : on avait bu vingt-cinq francs de bière. Ainsi, ces hommes qui vivent d'eau et de lentilles, pour lesquels le café est l'une des plus grandes nécessités, n'avaient pas hésité, tant ils trouvaient ce breuvage admirable, à lui sacrifier tout ce qu'une telle somme leur eût procuré de bien-être. Au départ, il y eut des cris; on était altéré encore, et ce ne fut que vers dix heures du soir que je pus réunir tout mon monde à la barque.

Le lendemain 15, nous eûmes grand'peine à gagner

Amada, dont nous apercevions depuis longtemps les ruines très-mal conservées ; nous dûmes même arrêter un moment ; le vent était toujours très-contraire, et je prévoyais clairement que le trajet d'Assouan à Ouadi-Alfa, qui se fait d'ordinaire en sept ou huit jours, nous coûterait une quinzaine environ.

La population, depuis Korosko, prend une physionomie plus accusée. Mais la force et l'énergie des Nubiens n'exclut pas l'intelligence ; ils disputent à la montagne et au fleuve les moindres parcelles de terre végétale. Les mœurs sont douces et l'autorité des cheiks me semble assez respectée ; au moins notre firman n'éprouve nulle part de résistance. De village en village des coureurs détachés en avant portent la nouvelle de notre arrivée, et au point désigné nous trouvons notre relai d'hommes pleins de bonne volonté. Ils ont vraiment besoin de courage, car leur marche est entravée à la fois par le vent, les roches à fleur d'eau et les saignées que font au Nil de nombreuses sakiehs.

Les sakiehs sont des machines très-simples, munies d'un appareil analogue à la roue des bateaux dragueurs. Elles prennent en Nubie des proportions énormes ; on dirait des espèces de forts avec des plates-formes en bois de palmier. Sur ces terrasses très-élevées, le conducteur des buffles ou des bœufs qui font tourner la machine, passe sa vie assis sur une traverse au-dessus de l'attelage ; et là, tout en excitant ses animaux, il se livre au kief oriental et rêve le paradis de Mahomet, à moins qu'il ne chante des airs délicieux, tels que Félicien David en a rapporté du désert. Le calme insouciant de ces flgures bronzées, qui nous regardent passer, sans nous voir peut-être, est un des amusements de notre route.

A dix heures du soir, nous atteignons Deer, résidence d'un Nazer fort peu poli. Ni la présence à mon bord du drapeau égyptien, ni la visite de mon cawas, ne l'empêchèrent de s'enfuir avant mon arrivée. Il craignait sans doute la dépense ordinaire du café et du tabac. Il n'a pas emporté bien loin son impolitesse, car je mis plus tard la main dessus, à Assouan, et je lui fis comprendre qu'un voyageur recommandé par le vice-roi mérite certains égards auxquels lui seul avait manqué. Ce pays de Deer ne m'a pas laissé de bons souvenirs ; les gens de la ville sont de véritables oiseaux de proie. Beaucoup d'Anglais sans doute ont passé là, et tout, surtout en l'absence du Nazer, s'élève à des prix inabordables. Les poulets, si communs et si dédaignés, les moutons, sont ici des bêtes de prix. Certain lapin, soi-disant de garenne, et qu'on voulait faire passer pour lièvre du désert, nous fut fait douze francs. J'ai tout lieu de croire que ce petit animal vit encore, à moins que sa valeur ait baissé avec sa jeunesse et ses grâces. De retour à la barque, nous trouvâmes une grande et belle almée aux formes hardies, au costume bizarre et alléchant; mais il était trop tard, nous voulions partir de suite. Nous donnâmes seulement à la belle fille le plaisir de visiter nos appartements ; ma femme n'était pas non plus fâchée de la voir. L'étonnement naïf de l'almée devant tous les ustensiles, tous les meubles nouveaux pour elle, nous fit rire un instant, et nous la mîmes à terre avec un petit bakchis. Nous laissons derrière nous le fameux temple de Deer, creusé dans le roc à deux pas de la ville, et dont les peintures murales exciteront notre admiration au retour. Nous ne pouvons nous arrêter plus longtemps : Ibsamboul est si loin encore.

Allons, debout, matelots paresseux! voilà longtemps que le jour a paru. Ils se frottent les yeux et ne peuvent se décider à quitter le sommeil pour le travail, le rêve pour la réalité. On dit que l'habitude de dormir en plein air engourdit ainsi presque tous les Égyptiens. Mais je parais, on s'éveille et nous partons.

## CHAPITRE XIV.

IBSAMBOUL. OUADI-ALFA. LA DEUXIÈME CATARACTE.

Les deux rives présentent toujours le même aspect de richesse pittoresque; ici elles sont bordées de rochers à pic, là de palmiers épanouis dans leur grâce native, ou de champs cultivés qui ressemblent à des jardins. Partout se dressent des sakiehs où abondent les buffles et les bœufs, partout des îles et des îlots verts ou jaunes, selon que le Nil les revêt de limon ou de sable. Parfois des pierres entravent la navigation. Les ruines abondent; nous passons successivement devant les murs délabrés d'un vieux château en briques cuites, nommé Castanoble, puis en face d'Aniby et de ses vestiges antiques. Le château d'Ibrim couvre de ses débris le sommet d'un vaste rocher; derrière, la montagne est percée d'hypogées, et une brusque vallée nous découvre un cimetière abandonné depuis des siècles. Que dire des alternatives de vent et de calme absolu, de chaleur et de froid matinal? Nous nous éloignons du tropique et nous sommes en janvier. Tant que le soleil se cache, le thermomètre reste entre quatre et sept degrés; sitôt qu'un rayon le touche, il monte à vingt-cinq. Le 17, sur deux bas-fonds à fleur d'eau, nous vîmes deux superbes crocodiles de sept à huit mètres de long. Ils avaient l'air de dormir tranquillement; mais à notre arrivée ils s'émurent et plongèrent. L'un deux, plus paresseux, nous laissa voir de près ses formes gigantesques; il rampait vers le Nil, développant, plein de confiance, son dos noir cuirassé d'une armure impénétrable. Cette journée n'était pas perdue, car j'avoue que je conservais des doutes sur le crocodile rencontré naguère, et je croyais, c'était une de mes désillusions, faire tout le voyage sans en voir un véritable. Patience; quand nous reviendrons, la chaleur les rendra plus inertes et moins vigilants; nous en verrons, car il y a vraiment des crocodiles en Égypte.

La soirée fut orageuse à bord. Un matelot, oubliant les lois de la discipline, voulut donner sur un passage contesté une opinion contraire à l'avis du réis; il s'ensuivit une altercation très-vive. Le réis nous demanda formellement le renvoi du matelot, et le respect de la hiérarchie allait nous forcer à congédier un de nos favoris, le plus robuste de nos hommes, celui qui n'hésitait jamais à porter nos appareils photographiques dans les lieux les plus escarpés, s'il n'avait consenti à des excuses suffisantes. Je fus heureux de la réconciliation; d'une part, je tenais à mon athlète; de l'autre, je voulais sauvegarder la discipline, qui est de première nécessité sur une route où le voyageur est à la merci de l'équipage.

Le 18 vers midi, nous apercevons la montagne d'Ibsamboul, mais nous n'y arrivons guère avant cinq heures. Le village est situé sur la rive arabique; les temples, creusés dans le roc sur l'autre bord: le petit regarde couler le fleuve à ses pieds; le grand, plus éloigné, plus majestueux, est enterré à demi par le désert, et les sables obstruent son entrée. Le cheik d'Ibsamboul nous accueille avec une grande courtoisie et ne veut rien accepter pour les provisions dont il nous comble; mais nous lui offrons en échange de la poudre, du plomb, du riz, du café et de la bougie. Ce cheik est un Turc fort riche et qui vit largement au bout du monde; tous les matins il vient à son divan, établi sur les bords du Nil, exercer l'hospitalité envers les voyageurs. Sa bienveillance pour nous mérite d'être louée; il ne se contenta pas de nous accompagner à cheval jusqu'aux ruines d'un tombeau pharaonique à quelque distance d'Ibsamboul; il pourvut à la rapidité de notre voyage, et requit pour nous des hommes par exprès. En nous envoyant l'adieu le plus cordial et le souhait d'un prompt retour, il hocha la tête et s'écria : Qu'Allah vous garde du Kamsin! puis il piqua des deux, comme s'il fuyait un fléau imminent. Le kamsin, frère ou sosie du simoun, est un vent lourd, ardent, poudreux, qui abat le courage, engourdit les intelligences et met le voyageur à la merci du bédouin pillard. Allah ne nous en garda pas; le cheik l'avait sans doute prié trop tard. La matinée avait été chaude (22° à 6 heures); vers deux heures le thermomètre monta subitement à 42°. Aussitôt nous nous sentons suffoquer et nous rentrons dans les chambres. En vain nous fermons toutes les issues; notre domicile, notre air et nos poumons sont envahis par une poussière impalpable. Et que font nos matelots? Comme nous ils se couchent et s'engourdissent. Ce ne sont plus que des masses inertes et incapables de tout mouvement. Le prophète lui-même commanderait la manœuvre, il ne serait pas obéi. Pour comble, les riverains refusent de nous remorquer. Ce n'est que vers le soir que nous pouvons nous traîner sur le fleuve jusqu'à Kosko, et là nous faisons nos dispositions pour la nuit (19 janvier). Nous étions à peine remis de notre asphyxie et les rives nous semblaient sinistres; les rochers levaient leur tête au-dessus du Nil, quelquefois dominés par un vieux château fort (Kela-Adda), ou des ruines de mosquées. La solitude régnait, sablonneuse et monotone, à peine variée par quelques pics sauvages. Tout annonçait le voisinage d'Ouadi-Alfa et les approches de la seconde cataracte. Le chemin qui nous reste à faire nous présentera, non plus des ruines bien conservées, mais des débris qui peuvent exercer les antiquaires, par exemple à Artinoke. Du reste, on a pu voir que de Philæ à la seconde cataracte, les monuments, plus anciens peut-être que partout ailleurs, n'ont pas laissé de ces masses imposantes qui immortalisent Karnak et Louqsor. Ils reprendront quelque valeur lorsque nous en parlerons plutôt en historien qu'en voyageur.

Le djebel d'Ouadi-Alfa se montre de loin sur la rive libyque au milieu d'une plaine sablonneuse; le bord opposé a repris pour un moment toute sa parure d'arbres, de verdure et d'oiseaux. Les masures misérables du village, l'aspect triste du désert, ne répondent guère à l'idée que tout voyageur se fait du terme définitif de son chemin. La conception d'un voyage est pareille au plan d'un drame ; l'intérêt doit croître avec la distance parcourue. Mais la nature capricieuse se joue des règles de l'art humain et ne sait pas composer ses paysages ; elle est belle par hasard, et par hasard insignifiante. Toutefois, avant d'accuser la nature, attendons le spectacle de la seconde cataracte.

Pour le moment, divers soins, des visites indispensables, nous arrêtent au village ; notre excursion dernière serait d'ailleurs impossible par le vent qui règne encore. Le soir, nous sommes heureux de trouver un photographe amateur qui nous a précédés avec sa famille ; et des relations aussi agréables que passagères abrègent nos heures oisives. Le lendemain matin de nombreuses barques sillonnèrent le Nil ; c'était le cortége du prince Auguste de Suède. L'officier d'ordonnance qui accompagnait le noble voyageur est de mes amis. Présenté par lui, je reçus le meilleur accueil. Le prince eut le bon goût de me vanter les charmes de la France et le courage de nos soldats, qu'il venait de rencontrer en Syrie. Enfin, il m'invita à dîner. On fêtait l'anniversaire de sa naissance. La gaieté la plus communicative présida au festin et attira sur les bords les habitants ébahis. La fête se termina par des hourras et des toasts chaleureux à notre royal amphitryon. Le vice-roi ne fut pas oublié et c'était justice : la barque qui nous portait, le repas même qui nous réunissait joyeusement, tout nous était fourni par sa munificence. S. A. Saïd exerce une hospitalité digne de lui envers les hôtes éminents qui mettent le pied en Egypte. A peine débarqués, il leur envoie un officier distingué, une suite, des barques et des bateaux à vapeur. Il désigne d'avance les palais où il veut les recevoir et les défrayer de toute dépense. Tout est prévu, et leurs désirs, à peine exprimés, sont aussitôt satisfaits.

La journée du lendemain fut consacrée au prince qui nous demandait gracieusement quelques photographies où il retrouvât fixés ses souvenirs d'Ouadi-Alfa. Nous nous séparâmes de lui avec une cordialité qui n'excluait pas le respect que nous lui devions, et il daigna nous rendre les nombreux saluts de notre artillerie.

Tout animés encore par ces réjouissances qui avaient fait diversion à notre isolement accoutumé, nous partîmes par terre pour la cataracte ; j'étais accompagné de matelots en grand nombre, du cawas, du drogman et d'animaux à longues oreilles. Peu à peu les impressions gaies faisaient place à la fatigue et à l'atonie. Nous suivions la rive libyque, sablonneuse, aride ; au loin, le désert plat et pâle s'étendait, par moment taché de blancheurs qui indiquent la place où quelque dromadaire, quelque voyageur peut-être, a été dévoré par les panthères, achevé par les chacals ; les os dépouillés et blanchis par le soleil brillent comme de l'ivoire, jusqu'au jour où ils grossiront de leurs débris pulvérisés les sables du désert. Ah ! que la terre nous appartient à bon droit ! Depuis que nous mourons, le sol qui nous porte et nous nourrit n'est plus fait que de cendre humaine.

Une marche pénible de deux à trois heures nous conduit à une éminence qui tout d'un coup nous place au-dessus même de la cataracte. C'est un ensemble immense et terrible : peut-être l'art y trouvera moins de beautés que dans le chaos harmonieux de la première cataracte ; peut-être ces amas sans raison de roches noires, les unes voilées de verdures maigres, les autres nues, ce bouleversement qui réduit le Nil à mille ruisseaux tourmentés, impraticables, disent-ils moins à l'âme que les parois luisantes et gigantesques du détroit d'El-Kébir. Ils disent moins, ils disent plus aussi : là est le terme de la puissance humaine : par delà, il y a bien le Darfour et Kartoum visité des caravanes. Il y a des rois et des esclaves ; il y a des êtres noirs qui parlent un idiome misérable ; mais y a-t-il des hommes encore ?

Comme les chaînes de montagnes sont basses et fuyantes, l'horizon s'enfuit dans une profondeur monotone qui a peut-être vingt lieues ; la vallée que nous dominons présente le visage même de la désolation. Pas un de ces petits filets par lesquels le Nil humilié s'échappe entre les roches ne peut porter de barque ; par eux l'imprudent voyageur serait tordu comme par un serpent ; ils s'agitent, brillent et luttent en vain. Les bras plus calmes et plus larges n'ont pas moins de perfidie ; ils sont sans issue. On me dit qu'au temps des inondations quelques barques téméraires se risquent au milieu de ces précipices ; mais le spleen le plus mortel, la plus folle présomption, peuvent seuls se jouer à cette épreuve. (*Epr.* 168, 169.)

Nous voici au bout de notre excursion, ici commence notre voyage véritable ; nous allons explorer l'Egypte, et des profondeurs séculaires des hypogées gagner par une lente descente les âges historiques, l'ère chrétienne, l'Islam enfin. Si, nous détournant de la cataracte mugissante, et nous élevant en esprit au-dessus de ce mont qui nous porte, nous jetons vers le nord un regard pénétrant, quel spectacle immense, quels apogées et quelles décadences, quelles majestueuses alternatives nous présentera la vie d'un peuple qui, mêlé à toutes nos origines, au fond même de nos croyances, a vécu dans la plénitude de sa gloire à l'heure où nous végétions sur les cimes des montagnes, dans les forêts d'Asie, disputant les glands et les racines, disputant notre vie aux bêtes immondes ou féroces ! Voyez ces villes enfouies, buvant les eaux salutaires du grand fleuve ; ces temples, et ces tombeaux orgueilleux où les morts croyaient vivre encore tant que leurs corps embaumés conservaient la forme humaine. Perspectives éblouissantes, millions d'êtres portant les obélisques, rois conculcateurs des peuples et conquérants de l'Asie ! Voilà ce qu'il nous faut évoquer dans le sable et le granit, ce que nous allons au moins rêver. Nous nous réveillerons au Caire ; et sous les colonnettes grêles des galeries, nous laisserons les souvenirs du monde antique s'envoler avec les fumées du chibouk.

# APERÇU HISTORIQUE.

## I.

### THÉOCRATIE.

Nous allons entrer dans l'Égypte ancienne, en décrire les ruines, et assigner, d'après Champollion et ses successeurs, des dates approximatives aux monuments. Sur chaque pierre nous rencontrerons des noms de rois pour la plupart inconnus à nos lecteurs. Si nous pouvions parcourir dans un ordre chronologique la série des palais et des temples, nous laisserions aux œuvres de chaque règne le soin d'en raconter la gloire ; mais nous voyageons au hasard, nous laissant aller au cours de l'eau qui, sans souci des dates, nous emporte des plus antiques Pharaons aux derniers proconsuls romains et confond les temps et les civilisations. Il nous paraît donc utile de placer au seuil même de notre édifice irrégulier, une galerie des rois, comme nous en verrons à Karnak ; nous passerons en revue toutes ces figures, nommant les principales et abandonnant les autres à l'oubli qu'elles n'ont pas su prévenir. Qu'on ne s'attende donc pas à un résumé complet de l'histoire égyptienne; il s'agit ici d'un aperçu spécialement destiné à notre livre. On y trouvera des éclaircissements sur les faits et les époques mentionnés par notre récit, d'après les monuments que nous avons visités. Nous ne ferons point parade d'une science qui ne convient ni à ce voyage ni à nous-mêmes; tout ce que nous dirons sera fondé sur les opinions les plus vraisemblables et les plus autorisées.

L'Égypte, comme toutes les nations, a parcouru deux périodes, l'une fabuleuse et à qui les traditions sacrées assignaient une durée de quarante-deux mille ans, l'autre historique ou du moins purement humaine, qui dure encore et dont les commencements remonteraient au cinquante-huitième siècle avant notre ère. La Chine n'a pas de plus profondes origines; l'Inde seule accumule, mais sans les justifier, des chiffres aussi formidables. Nulle part ailleurs l'histoire, même légendaire, ne débute avant le vingtième siècle. Que sont les six mille années de la Genèse, l'antiquité des patriarches, devant l'imagination des pontifes égyptiens? C'est à eux, en effet, seuls dépositaires de l'autorité et de la science, qu'il faut attribuer ce nombre énorme et arbitraire de 42,000 ans, à peine dépassé par les hypothèses des plus hardis géologues, lorsqu'ils cherchent à fixer les commencements de notre terre; encore sont-ils loin de reporter à pareille distance l'apparition de l'humanité; c'est qu'ils ne sont que des savants et non des prêtres avides d'enraciner leur puissance au fond même d'une éternité. D'ailleurs, comme la théocratie seule avait constitué la société égyptienne, le clergé thébain se faisait aisément croire d'une population dont il flattait l'orgueil; est-ce que toutes les races d'hommes ne se sont pas prétendues autochtones?

Sur les bords du Nil, comme aux rives du Phison, du Gange ou du Tibre, l'âge d'or fut le règne des dieux. Phta (Héphaistos ou Vulcain) gouverna douze mille ans; les trente mille autres années sont dévolues à Phré (Hélios ou le soleil). On peut voir dans le choix de ces noms, le signe d'une croyance traditionnelle à l'origine ignée du monde. Phta sera le feu primitif, le feu du chaos qui, jaillissant en étincelles bientôt refroidies, a formé les astres et leurs systèmes. Phré est la lumière séparée des ténèbres, dégagée du crépuscule primitif et fixée en un centre fécond; c'est l'apparition du soleil et de la vie; l'époque où le milieu atmosphérique en ses modifications successives évoqua diverses formes dont les plus anciennes ont disparu, dont l'homme est la moins imparfaite et la dernière. Nous ne prêtons pas au clergé égyptien des idées si précises; mais il nous est permis d'analyser ses doctrines et d'y retrouver le fond commun à toutes les religions de l'antiquité, à toutes les mythologies, où les personnages sont les masques d'hypothèses philosophiques. Notons en passant qu'il n'est pas une religion qui n'ait divinisé le fait même de la naissance de l'univers connu; pas un dieu qui ne soit l'univers lui-même, autrement dit l'infini ou un aspect de l'infini, enfermé dans une personne distincte, c'est-à-dire dans une enveloppe finie; or, y a-t-il un compromis entre l'infini et le fini? Est-on à la fois l'un et l'autre?

Question qu'il suffit de poser et qui fait bien du tort à Phta et à Phré.

Ce fut pendant la longue domination des dieux que le sol même de l'Egypte se forma, et que les embouchures du Nil, accumulant les sables, élevèrent le Delta au dessus de la mer; sur la terre nouvelle et jusque dans les profondeurs de la grande vallée, un peuple vint de l'Orient, apportant avec les coutumes d'une vieille race dite *Chamitique* ou *Kouschite*, le culte du feu, de l'abîme, de la fécondité, de la beauté et de l'amour, doctrines au moins aussi vraies que les religions extérieures qui placent les destinées et le gouvernement de la terre en dehors d'elle-même; bientôt d'ailleurs la lumière céleste, Phré, fut honorée à l'égal du forgeron souterrain, Phta, et leurs caractères différents, leurs pouvoirs, concourant au même but, se trouvèrent unis et compris dans une idée générale et un nom qui devint rapidement plus dieu et plus grand que le leur : c'est Ammon-Ra.

Les plus puissants États se constituèrent à Thèbes (Oph ou Tpé, le Ciel), et à This et, de leurs capitales, rayonnèrent jusque dans la noire Ethiopie, si bien que le gouvernement des prêtres, dès longtemps aboli en Egypte, se continua à Méroë. La théocratie, bienveillante pourvu qu'elle ne soit pas combattue, établit dans ces temps reculés les lois et les mœurs les plus favorables à sa propre conservation. Toute-puissante, elle trouva le monde parfait et, de bonne foi peut-être, résolut de le fixer, sans songer qu'elle le condamnait à une pétrification inévitable. Tout fut à jamais réglé : les hommes durent succéder, de père en fils, à la profession de leurs aïeux; prêtres, guerriers, commerçants, agriculteurs, artisans de toute espèce furent enchaînés, les uns au pouvoir, aux honneurs, aux richesses, les autres à la servitude et à la pauvreté; l'écriture emblématique, l'art chargé d'entraves, n'eurent pas la permission de se modifier dans le sens de la clarté et de la beauté. Rien de plus triste au fond, de plus affreux, que cet arrêt absolu du progrès dans une grande nation; rien de plus exécrable que l'entreprise de ces pontifes : leur œuvre, qui a pesé sur toute la durée de l'empire pharaonique, écrasa le peuple jusqu'à l'apathie, livra l'Egypte aux Grecs, aux Romains, aux Arabes et aux Turcs; le fellah d'aujourd'hui est l'homme selon le cœur du clergé d'Ammon-Ra. Mais à ne voir que la solidité de la machine, la force des rouages, l'éternité du joug, il faut reconnaître dans la constitution que les prêtres donnèrent à l'Egypte une des conceptions les plus grandioses et les mieux combinées de l'esprit humain. Les révolutions et les guerres n'en purent ébranler les bases, pas plus qu'une tempête, une bataille ou le pied d'un passant, ne détruit les immuables habitudes des fourmis et des abeilles. Lorsque la caste militaire se révolta contre l'autorité sacerdotale, tout au plus prit-elle la première place; car les rois crurent de leur propre intérêt d'emprunter au clergé quelques-uns de ses priviléges, l'intimité avec les dieux et le caractère pontifical; il n'est pas un palais de Pharaon qui ne soit un temple ou n'en renferme plusieurs; pas une cérémonie publique où le roi n'officiât à l'autel d'Ammon. Rien ne fut donc changé par l'avénement du pouvoir laïque, si ce n'est les relations du pays avec les régions voisines ; l'esprit d'aventure inhérent à l'armée emporta les soldats égyptiens et à leur suite les dieux et les idées dans toutes les parties du monde ancien. Cette diffusion s'accomplit en des temps encore fabuleux pour nous autres peuples japétiques, à peine descendus des plateaux de la haute Asie ; à mesure que les Pélasges s'avancèrent en Europe et que les Hellènes s'emparèrent de la Méditerranée, l'influence égyptienne recula, comme un reflux sans marée, et rentra dans sa terre natale ; peu à peu elle remonta le Nil jusqu'à la seconde cataracte et fit place à la réaction grecque et romaine ; seulement le sol avait été ensemencé profondément et pour toujours ; les germes nouveaux ne purent fleurir et croître comme dans les régions neuves de la Gaule et de l'Italie. Cinq mille ans avant notre ère, les destinées de l'Égypte étaient faites.

## II.

### DYNASTIES LÉGENDAIRES.

Il paraît que Thèbes aux cent portes dominait la haute Égypte depuis un nombre d'années incalculable, lorsque le guerrier Ménès originaire de This, vers 5867 avant Jésus-Christ, s'éleva contre l'oppression sacerdotale. On ne peut guère savoir s'il soumit la grande ville et y fit reconnaître sa royauté; le mieux est d'en douter : car il ne s'y établit pas, et, descendant le Nil pour trouver sans doute des populations moins anciennes et plus faciles au changement, il construisit Memphis à l'origine même du Delta. La capitale nouvelle grandit rapidement et fut le berceau ou le siége des dix premières dynasties; mais sa position, sur le passage de tous les conquérants, lui assurait tôt ou tard une complète destruction; et tandis que les monuments thébains sont presque tous debout, Memphis n'est plus signalée dans la plaine que par des nécropoles.

On attribue au successeur de Ménès le palais de Memphis et un ouvrage d'anatomie, sans doute un nouveau procédé d'embaumement qui ne nous a pas conservé sa momie parcheminée. La première dynastie semble avoir présenté des alternatives de crimes, de pestes, de famines, ce dont nous prenons peu de souci ; et ne croyez pas que nous allions vous citer tous les noms bizarres que la tradition conserve et ne recommande pas. La seconde dynastie réglementa le culte de trois animaux sacrés, le bœuf Apis, le bœuf Mnévis et le bouc, adorés à Memphis, à Héliopolis et à Mendès. Ils étaient consacrés à Osiris, à Phré et à Mendès ou Ammon générateur, le Pan des Grecs ; de victimes ils passèrent bientôt dieux et rendirent des oracles. Il est probable que leur entrée dans le panthéon égyptien précéda l'ère historique ; les antiques croyances que nous avons signalées avaient depuis des siècles dévié vers le fétichisme.

La loi qui ouvrit aux femmes la succession royale et qui fut en vigueur jusqu'à la conquête romaine est une œuvre de la seconde dynastie. Et elle n'est pas plus étonnante que la loi dynastique elle-même ; qu'importe en qui se personnifie le droit divin? Homme et femme ne sont-ils pas également conduits par Ammon-Ra?

La troisième dynastie éleva les pyramides de Sakkarah et de Daschour, les plus antiques monuments connus. L'opinion la plus probable en fait des tombeaux. Un esprit ingénieux a pensé que ces masses de pierre avaient pu être posées sur le sable pour l'arrêter, comme un morceau de marbre retient des papiers prêts à s'envoler ; mais les momies et les débris funèbres qui en-

combrent la plaine de Sakkarah ne peuvent guère
laisser de doute sur la destination des pyramides.
(5318-5121.)

A la troisième dynastie se rattache le souvenir d'une
guerre contre les Libyens ; c'étaient des peuplades disséminées à l'occident de la grande vallée, dans les oasis et
jusqu'aux bords de la Méditerranée. En s'éloignant de la
côte et des rares terrains habités, on trouvait un pays
sans eau, couvert de sables, repaire des bêtes farouches :
« énormes serpents, lions, éléphants, ours, aspics, ânes
cornus, monstres à tête de chiens (prototypes d'Anubis),
d'autres sans tête et ayant les yeux à la poitrine, à ce
que disent les Libyens, » et une multitude d'autres êtres
souvent fabuleux. « Au-dessus du séjour des bêtes fauves, dit Hérodote, est le désert sablonneux qui s'étend
de Thèbes d'Égypte aux colonnes d'Hercule. » Des races,
des tribus, des hordes au nom bizarre, aux mœurs sauvages, vivaient à l'état nomade le long des Syrtes, aux
lieux où furent jadis Cyrène et Carthage et depuis Tunis, Alger, Tétuan.

A l'ouest de l'Égypte, à la hauteur de Thèbes, on
comptait : les Ammoniens d'abord, peuple rassemblé
autour de la fontaine du soleil qui est glaciale à midi,
bouillante à minuit ; près d'eux les Garamantes, chez qui
les bœufs paissent à reculons, de peur d'engager dans la
terre leurs cornes recourbées en avant ; ensuite les Troglodytes, les plus agiles des hommes, mangeurs de serpents, de lézards, de reptiles : « ils n'ont point comme
ailleurs de langage, mais de petits cris semblables à
ceux de la chauve-souris. » Les Garamantes leur donnent

la chasse en chars à quatre chevaux; les Troglodytes sont proches parents des singes dont se nourrissent les Gyzantes, nation peinte en vermillon. Enfin sous une montagne, haute, étroite, circulaire, que les gens du pays nomment la colonne du ciel, demeurent au milieu de tertres de sel des tribus qui maudissent le soleil dévorant et le poursuivent d'outrages : là il n'y a pas de nom particulier pour chaque individu; hommes et femmes s'appellent tous Atarantes ou Atlantes.

Une autre couche de peuples couvre des territoires rapprochés de la mer. Les plus éloignés, près des Hespérides, ne laissent pousser qu'une touffe de cheveux à l'occiput et rasent le reste; d'autres se tondent la tête à gauche seulement. Ici, les jeunes filles avec des plumes engluées pêchent de la poudre d'or dans les lacs; là, elles conduisent les chars de guerre; les hommes récoltent du miel. Aux frontières d'Égypte, Hérodote a visité les Adymarchides, les Nasamons, les Lotophages et quelques autres. Ceux-ci tirent leur nom de leur nourriture; avec le lotus ils fabriquent aussi une boisson. Chez les premiers « les femmes laissent croître leur chevelure et, quand elles prennent un pou sur elles-mêmes, elles le mordent par représailles : les Libyens sont les seuls chez qui l'on trouve un tel usage. » Avant leur mariage, elles sont conduites au roi qui prend celle qui lui plaît : c'est le droit du seigneur. Elles portent à la jambe un anneau d'airain, marque de servitude; ailleurs ce sont des anneaux de cuir, un par amant nouveau, « et celle qui en a le plus est jugée la meilleure. » Les Nasamons ont chacun plusieurs femmes et en usent tous en commun;

quand ils ont planté un bâton devant eux, comme un hermès, ils s'unissent à une femme. Le mari, la première nuit des noces, n'a pas plus de droit sur l'épousée que les autres convives; et tous apportent un cadeau le lendemain. Les Nasamons laissent leurs troupeaux sur la côte durant l'été et montent vers le sud pour récolter des dattes dans le pays d'Augila; « ils recueillent aussi des sauterelles, les font sécher au soleil, en font une sorte de farine et en saupoudrent le lait qu'ils boivent. » Les Nasamons prennent les morts à témoin, ils adorent les mânes; et pour expliquer leur culte on conte ce qui suit : Les Psylles étaient limitrophes des Nasamons et voici comme ils périrent; le souffle de Notus avait desséché l'air et le sol; toute la Syrte était dévorée par la sécheresse. « Ils délibérèrent, et d'un commun accord ils marchèrent en armes contre Notus; arrivés au désert de sable, Notus souffla de plus belle et les ensevelit tous. » C'est leur pays qu'habitent les Nasamons, et de là les honneurs qu'ils rendent aux sépultures. D'ailleurs, les dieux les plus familiers aux Libyens étaient le soleil, à qui les Ammoniens élevèrent le temple fameux d'Ammon, et la mer, adorée sous deux figures qui rappellent assez Neptune et Pallas *Tritogenis*. Il est à croire que les Égyptiens, aisément vainqueurs des Ammoniens, des Nasamons et des Adymarchides, leur imposèrent certaines idées et leur en prirent quelques-unes.

La quatrième dynastie produisit un livre sur les choses sacrées, fort estimé bien qu'il fût l'œuvre d'un roi impie, et les grandes pyramides de Giseh, dont l'âge moyen peut être fixé à quatre mille ans avant le Christ, les quarante siècles de Napoléon. Souphi, l'auteur même du livre liturgique, serait le fameux Chéops; mais il faudrait peut être rejeter Céphren à la cinquième dynastie et l'assimiler à Céphrès ; quant à Mycérinus, les conjectures restent ouvertes sur le nom royal qu'il a porté. Comme la science moderne ne possède aucune certitude sur ces trois princes à qui sont attribuées par la tradition les trois grandes pyramides, nous aurons recours au récit d'Hérodote : les prêtres égyptiens lui ont fourni de curieux détails dont la confusion chronologique n'altère pas la vraisemblance.

Chéops donc signala son avénement par la clôture des temples et l'interdiction des sacrifices. Il consacra son règne à se préparer une tombe creusée sous les premières assises de la montagne libyque, et isolée au milieu d'une île souterraine. Cent mille hommes, relevés tous les trois mois, travaillaient dans le roc; les uns extrayaient les pierres de la chaîne arabique, d'autres établissaient un vaste chemin destiné au transport des matériaux, le reste taillait les chambres funèbres. Le tout fut achevé en dix ans; mais Chéops en regardant suer son peuple avait conçu et décidé un plus long ouvrage. Il voulut qu'un mont factice surmontât son tombeau. La grande pyramide coûta vingt années d'efforts nouveaux; quadrangulaire, aussi haute que large, toute en pierres de trente pieds parfaitement ajustées, elle s'élève jusqu'au faîte en gradins égaux. Il paraît que sur chaque marche une machine était construite, qui portait les matériaux au degré immédiatement supérieur. Les ouvriers consommèrent pour seize cents talents d'aulx, d'oignons et de persil. Chéops, dit-on, manquant d'argent, mit sa fille à la tête d'une maison de débauche ; fille bien digne d'un tel poste, car elle eut l'idée d'exiger de chaque homme une pierre et de dresser avec ces présents singuliers la petite pyramide qu'on voit au milieu des trois grandes. Notons en passant que des légendes semblables se retrouvent à Babylone et aussi à Rome où la courtisane Flora légua sa fortune à l'État ; elles se rapportent toutes au culte antique de la Nature féconde dont il reste tant de traces dans les religions qui reconnurent depuis pour principe l'Éther lumineux, sous les noms d'Indra, Ammon-Ra ou Zeus ; il faut croire par conséquent qu'elles ont été inventées ou arrangées lorsqu'on eut besoin de rejeter au rang de superstitions purement humaines de vieilles traditions symboliques.

Céphren, frère de Chéops, au moins en dépravation, construisit la seconde pyramide, sur le même plateau que la première, mais moins haute. Le premier gradin était en pierres marbrées d'Éthiopie. L'intérieur ne recélait ni tombes ni canaux souterrains.

Les Égyptiens commencèrent de se reposer sous Mycérinus ; la pyramide qu'il a laissée est loin des proportions de la précédente. Elle fut attribuée à la munificence de la courtisane Rhodope. Cette opinion, dont Hérodote lui-même reconnaît la fausseté, peut nous donner la date probable du mouvement religieux qui substitua définitivement l'adoration du Ciel, du principe fécondateur, au culte de la Terre ou du principe fécondé. En effet Rhodope, femme célèbre de Naucratis, aimée du frère de Sapho, vivait au temps du pharaon Amasis. Son nom et sa patrie et les dix broches en fer qu'elle envoya à Delphes, pour cuire les taureaux sacrifiés, semblent trahir son origine hellénique. Naucratis, la seule ville d'Égypte ouverte aux étrangers, eut de bonne heure une population grecque. L'histoire de Rhodope et de la troisième pyramide, eu égard à ces considérations, peut indiquer encore le moment où l'influence grecque se fit sentir dans la basse Égypte; autrement pourquoi les prêtres de Memphis ou d'Héliopolis, qui la contèrent à Hérodote, l'auraient-ils admise au nombre des traditions sacrées.

Tout n'est pas dit sur Mycérinus; il passe pour avoir aimé sa fille et l'avoir ensevelie dans une belle génisse de bois doré, couverte d'une housse de pourpre. Hérodote a vu cette tombe singulière à Saïs : la vache était grande, agenouillée; entre ses cornes brillait le disque du soleil; dans une chambre voisine vingt grandes femmes nues en bois représentaient les concubines royales. Durant une certaine fête, la vache dorée était conduite en procession. La fille de Mycérinus avait demandé de voir le soleil une fois tous les ans. Ce jour-là, les Égyptiens se frappaient en l'honneur d'un dieu qu'Hérodote ne veut pas nommer. La vache et les statues sont bien certainement des images de la déesse Hator et de ses compagnes; quelques traits du récit semblent rappeler le mythe de Proserpine. En somme, il s'agit ici encore du culte voluptueux de la Fécondité; la pratique en plaisait à Mycérinus, plus dévot à la lettre qu'à l'esprit : pour doubler un nombre fatal d'années qu'un oracle lui accordait encore, il fit de la nuit le jour, et ne cessa de se livrer aux plaisirs; il pensait que le temps du sommeil arrivait assez vite.

Nitocris (qui aime ou qui célèbre la déesse Neith), la plus belle et la plus distinguée des femmes de son temps, profita la première de la loi qui admettait les femmes à la royauté. Une vengeance la rendit furieuse : son frère, comme plusieurs rois de la sixième dynastie, était mort assassiné; elle invita les meurtriers à un grand festin dans une galerie souterraine; puis, railleuse digne des Caligula et des Néron, lorsque le vin manqua dans les coupes elle ouvrit une écluse, et le Nil coula dans la salle du banquet. Nitocris, inventant pour elle-même un genre de mort ingénieux, se précipita dans une chambre remplie de cendre et s'étouffa sans douleur.

Cinq dynasties passent inaperçues; Achtoës, de la neuvième, fut dévoré par un crocodile. Il n'est peut-être pas trop tard pour rappeler que le vieux Ménès se laissa jadis enlever par un hippopotame, animal consacré à Typhon; c'est comme si un chrétien était emporté par Satan.

La douzième dynastie (3700-3400) a jeté un grand éclat; mais ses œuvres ont péri; il nous reste d'elle quelques bijoux, quelques fragments dont la beauté nous donne des regrets; nous en avons gardé plusieurs noms : un Amménémoph dont la statue a été récemment découverte à Tanis par M. Mariette; un autre tué par ses eunuques; Sésostris le vieux dont les conquêtes et les courses triomphales à travers l'Asie ont grossi les trophées de Rhamsès III, le Sésostris de l'histoire. Ainsi plusieurs Hercule se sont réunis pour former un dieu.

8.

Enfin Labarès, auteur du fameux labyrinthe dont la Crète dut à Dédale une pâle imitation. Hérodote a vu et décrit ce palais composé de palais, les cours, les galeries, les trois mille chambres à deux étages, les sculptures innombrables. Il n'a pu pénétrer dans les souterrains où sont ensevelis des rois antiques et des crocodiles sacrés. Le labyrinthe existait encore au temps de Strabon.

Nous sommes entrés dans le domaine de la certitude historique, et les débris d'édifices de la douzième dynastie retrouvés dans les murailles de temples et de palais postérieurs ne peuvent laisser aucun doute sur son existence et sur sa gloire. La treizième et la quatorzième, celle-ci originaire de Skôou dans la haute Égypte, s'endormirent dans la splendeur qui leur était léguée; la suivante fournit un roi fameux, Osymandyas, dont le tombeau a été décrit par Diodore de Sicile. L'édifice entier avait dix stades : un grand *atrium* conduisait à un péristyle soutenu par quinze statues d'animaux. Plus loin, dans une cour d'entrée, on voyait un colosse dont le pied dépassait sept coudées, et de chaque côté, ne venant pas à ses genoux, deux femmes, le tout d'un seul bloc sans fissure et sans tache; un inscription disait : Je suis Osymandyas, roi des rois. D'autres figures encore précédaient un péristyle plus grand que le premier et tout couvert de sculptures guerrières, marches d'armées énormes, combats acharnés, victoires sur les Bactriens. Le roi accompagné d'un lion s'élance à l'assaut d'une ville; on lui mène des captifs mutilés; il rentre à Thèbes en triomphe. Au milieu du péristyle un vaste autel de belle pierre ; trois portes, celle du milieu flanquée de deux cariatides ; une salle soutenue de colonnes, ornée d'un grand nombre de statues en bois ; une galerie sur laquelle ouvrent de nombreux appartements ; une bibliothèque annoncée par cette devise : Remède de l'âme. Tout autour des pièces sans nombre, les images de tous les dieux, des peintures d'animaux sacrés et domestiques. Enfin, au-dessus du sépulcre même où se voit le cercueil du roi, un cercle d'or de trois cent soixante-cinq coudées, épais d'une, où sont inscrits les jours, un par coudée, le cours des astres et les accidents célestes appliqués par l'astrologie aux fortunes humaines. On a retrouvé ce temple, ce palais, ce tombeau, à Médinet-Habou, sur la rive libyque. C'est le *Memnonium*, plus justement appelé *Rhamseion*, reconstruit ou achevé par Sésostris.

## III.

### LES HYKSOS.

La seizième dynastie (2270) eut d'heureux commencements ; l'un de ses rois, Osortasen, éleva l'obélisque d'Héliopolis et construisit à Béhéni (Ouadi Alfa) le temple d'Horammon. Aménémeh étendit son empire en Ethiopie ; mais tandis qu'il tournait les yeux vers le midi, il n'entendit pas gronder au nord le grand mouvement des peuples qui descendaient alors des plateaux de la haute Asie. Quelques races d'origine douteuse, les Scythes, croit-on, refoulaient dans leur migration les Sémites depuis peu établis dans l'Asie Mineure et la Syrie ; les envahisseurs et les fuyards formaient des hordes confuses qui ne savaient où se répandre ; les moissons ravagées ne pouvaient plus suffire aux nomades de la Palestine et de l'Arabie Pétrée. Abraham le patriarche, poussé par la famine et la crainte de ces rois au nom bizarre qu'il vainquit depuis, vint à la cour d'Aménémeh, faisant passer Sara pour sa sœur : on sait que le Pharaon mit la femme de son hôte dans son harem, et ce qui en résulta. Le fait est qu'il fit reconduire avec honneur Abraham et Sara jusqu'à la frontière ; et son mal disparut. Ce fut sous le règne de son successeur Timaos ou Concharis que l'invasion, après avoir mis à feu et à sang Sodome, Gomorrhe et les villes maudites, chassant et entraînant à la fois Hébreux, Arabes, Syriens, se précipita sur l'Égypte. C'était alors que Notus, aujourd'hui nommé Simoun, devait souffler sur le désert et ensevelir les barbares ; adieu les merveilles de la douzième dynastie, ces temples, ces palais, ces colosses que ne cessaient d'élever les rois ; ce fut un ravage immense, une destruction totale et dont rien ne s'est sauvé que les pyramides et l'obélisque d'Héliopolis. Timaos périt en combattant. Les étrangers ne s'arrêtèrent que devant la première cataracte ; il est même douteux qu'ils aient jamais solidement occupé Thèbes ; sans doute graduellement repoussés par la dix-septième dynastie indigène qui s'était réfugiée avec les principales familles à Eléphantine, à Philæ, dans la Nubie, ils ne régnèrent que dans la moyenne et la basse Égypte.

L'histoire appelle ces nomades Pasteurs ou Hyksos ; Flavius Josèphe leur donne une origine hébraïque, et Champollion retrouve dans ce qui nous reste d'eux la physionomie des Scythes. La dernière opinion doit prévaloir, mais il ne faut pas abandonner l'historien juif ; il a pris seulement la partie pour le tout. Nul doute que les Hébreux, faible groupe de tribus errantes, aient pu être apportés en Égypte par le tourbillon barbare : ainsi les aquilons voyageurs font voler devant eux un nuage de sauterelles. D'ailleurs la race de Jacob ne tarda pas à se faire sa place au milieu des conquérants. Joseph, celui de la Bible, esclave dans le palais du troisième roi Hyksos, Apophis, s'éleva par son intelligence au poste de premier ministre : c'est une des fortunes qui contrarient l'opinion générale qu'on arrive par les femmes ; Joseph parvint malgré la femme de Putiphar. Sitôt maître du gouvernement, il attira sa famille, son peuple, et leur assigna des terres. Il sut préserver de la disette et des troubles intérieurs un pouvoir sans cesse exposé aux attaques des anciens maîtres et aux invasions de hordes nouvelles. Les rois pasteurs, tout en prenant Memphis pour capitale, vivaient le plus souvent à Avaris, ville qu'ils avaient rendue inexpugnable pour y parquer leur armée. Avaris, selon M. de Rougé, n'est autre que Tanis dont on a retrouvé les ruines au village de Sân. Là on faisait face au désert et on fermait les portes du pays. Quatre sphinx d'un travail énergique, récemment tirés du sable en cet endroit, semblent être un spécimen de l'art auquel avaient pu atteindre les Pasteurs durant une période de deux cent cinquante-neuf ans. De révolutionnaires ils commençaient à passer conservateurs ; ils reconstruisaient ce qu'ils avaient abattu, dédiant seulement les temples à leur dieu Sutek, mais ne dédaignant pas le vieux titre de fils du soleil, lorsqu'une restauration nationale les rejeta en Asie.

Les souverains légitimes s'étaient maintenus dans la Nubie et ne cessaient d'inquiéter leurs vainqueurs. Tous,

Aménemdjoms et Osortasens, luttaient sur leur frontière sans cesse agrandie. Enfin Ahmosis, à la tête d'une armée de quatre cent quatre-vingt mille hommes, descendit le Nil jusque dans la basse Égypte, en reconquit toutes les rives, et enferma le roi Pasteur Assès dans la citadelle d'Avaris. Son fils Aménophis acheva l'œuvre de la délivrance et inaugura la dix-huitième dynastie. Les Hyksos capitulèrent; les chefs et l'armée durent évacuer l'Égypte; peut-être les incorpora-t-on dans l'armée. Quant aux populations nouvelles on ne les expulsa pas; nous les retrouvons encore dans certaines familles du Delta, hautes, trapues, dont les jambes épaisses contrastent avec les fuseaux du fellah maigre et svelte. Furent-elles traitées en captives plus qu'en sujettes? C'est ce qu'il est permis de penser d'après le sort des Hébreux, demeurés dans leurs terres de Gessen entre Héliopolis et Bubaste.

## IV.

### LES RHAMSÈS.

La dix-huitième dynastie, Thébaine comme les sept qui la précèdent, ouvre, l'an 1722 avant le Christ, une période prospère qui dura 348 ans. C'est l'apogée de la puissance égyptienne; il semble que l'énergie nationale, réveillée par cette rude épreuve des Hyksos, s'élance à la conquête des pays d'où sont sorties tant de calamités; que les dieux indigènes se vengent de l'intrusion de Sutek; enfin que l'art, trouvant table rase, prend un plus libre essor et se hâte d'effacer la trace des ruines. La suite de ce livre glorifiera suffisamment cette ère magnifique à laquelle appartiennent presque tous les grands vestiges qui ont résisté au temps; on ne trouvera ici qu'une nomenclature. Aménophis I et sa femme, Nofré-Ari, d'origine éthiopienne; Toutmosis I qui commence à construire Médinet-Habou, Toutmosis II et sa sœur

Amensé, la seconde femme qui ait régné sur l'Égypte, rendent au trône des Pharaons sa première splendeur.

Amensé avait épousé en secondes noces Aménenthé dont le nom et le visage se retrouvent fréquemment à côté des siens, lorsque toutefois ils n'ont pas été biffés et martelés par le fils du premier mari de la reine, qui fut roi après elle. Il paraît que Mœris ou Toutmosis III, comme on l'appelle également, fut jaloux de l'autorité de son beau-père; fait pour les grandes choses, il s'indignait de ne pas gouverner sous le nom de sa mère. Il n'occupa le trône que douze ans; mais par ses œuvres il règne encore; Médinet, Karnak, Esneh, Edfou, Ombos, Memphis, Éléphantine, ressentirent les effets de sa munificence et de sa piété; il dédia des temples à tous les dieux de la paix. C'est lui qui, transformant en lac les étangs du Fayoum, régla les inondations du Nil et fertilisa une grande province. Nous l'avons rencontré au seuil même de l'Égypte; les aiguilles de Cléopâtre datent de son règne. Le plus ancien manuscrit connu, un papyrus vénérable de trois mille cinq cents ans, témoigne encore de la civilisation égyptienne au temps de Mœris; c'est un contrat de vente qu'on dirait rédigé par un de nos notaires.

Aménophis II acheva ce qu'avait commencé son père; Toutmosis IV termina le temple d'Amada et vainquit les Libyens toujours las du désert, toujours prêts à chercher au prix de leur vie l'air et la verdure. Aménophis III est le Memnon des Grecs; il ouvrit les carrières de Silsilis, embellit Philæ, Éléphantine, Thèbes; nous verrons à Louqsor son palais, entre Médinet et Gournah son colosse, la fameuse statue parlante qui soupirait au point du jour et que tant d'anciens dignes de foi ont entendue et vénérée. Tous les rois égyptiens devenaient dieux après la mort et l'étaient presque de leur vivant; mais il y a des degrés dans la divinité; Aménophis avait atteint l'un des plus hauts. Sa gloire fabuleuse s'était répandue et transfigurée; fils de l'Aurore, grand architecte, il combattit sous les murs de Troie quatre ou cinq cents ans après son règne : peut-on être plus immortel? Son fils Horus continua Louqsor et porta durant vingt-six glorieuses années son nom royal et divin à la fois; puis il alla rejoindre son parrain Horammon, et de Horus terrestre il fut transformé en Horus lumineux et resplendissant. Tmahumot, reine ou régente, gouverna aussi habilement que notre Anne de Beaujeu, jusqu'à la majorité de son frère Rhamsès I$^{er}$.

La série des Rhamsès commence et nous sentons venir Sésostris. Quinze Rhamsès, à peine séparés çà et là par quelques noms moins célèbres, vont se succéder jusqu'à la fin de la vingtième dynastie et durant plus de quatre siècles; la splendeur et la personnalité de la nation égyptienne sont toutes dans ce nom éteint depuis trente-deux siècles. Avant Rhamsès, l'histoire n'enregistre qu'avec doute, malgré le témoignage des monuments, les règnes et les conquêtes des Pharaons. Après Rhamsès, l'Égypte ne s'appartient plus, elle est livrée aux prêtres qui ont profité sans doute des bienfaits des rois pour les renverser, aux Éthiopiens, aux Perses, par-dessus tout aux Grecs. Rhamsès est fils d'Ammon, favori de Phré, soleil de justice; sans cesse inspiré par les dieux, il assiste à leurs conseils, jouit de leurs entretiens, partage leurs autels et leur donne sa figure humaine. Les dieux sont son âme et il est leur forme; il y a en lui tout un pan de ciel. Pareil à une constellation *qui enferme dans sa chaîne brillante un cercle d'azur*, il demeure immobile au zénith, jusqu'à la catastrophe dont tout astre craint la venue. Certes les années de sa longue carrière ont jeté un éclat varié, intermittent; mais, comme dans les systèmes célestes, il y a dans les familles de rois des centres et des satellites; ce sont toujours des astres.

Rhamsès I$^{er}$ ne régna que neuf ans; ajoutant sa pierre à l'œuvre de sa dynastie, il continua Louqsor. Ménephta I$^{er}$, son fils, construisit le palais de Gournah qu'on nomme encore le Ménephtéon; son tombeau, l'un des plus magnifiques de la vallée des rois, a été découvert et décrit par Belzoni. Deux de ses fils régnèrent après lui, Rhamsès II et Rhamsès III qui fut Sésostris. Les grottes de Beni-Hassan et l'obélisque de Paris conservent le souvenir du premier et de ses conquêtes en Asie et en Afrique; son frère, qui avait combattu sous lui, monta sur le trône et inaugura par une guerre en Arabie un règne de soixante-huit années. (1571-1503).

Vainqueur de l'Arabie, Rhamsès III le Grand soumit la Libye qui remuait derrière lui et menaçait de l'arrêter dans ses projets lointains. Il inonda l'Éthiopie de soldats; une flotte de trois cents vaisseaux lui assura la possession des deux côtes. Six cent mille fantassins, vingt-quatre mille cavaliers, vingt-sept mille chars de guerre, composaient son armée : avec une telle force en main comment résister au génie des conquêtes? Jupiter lui-même ne peut se résoudre à laisser dormir ses tonnerres. Sésostris envahit le monde; monta-t-il vers le nord par la Syrie? se dirigea-t-il d'abord à l'orient contre l'Assyrie, la Perse et l'Inde? Sur sa route on pourrait longuement disserter; qu'il nous suffise de signaler ses traces. Les bas-reliefs et les peintures dont il couvrit ses palais nous le montrent à la fois aux rives du Gange, au bord même de l'océan Indien, puis dans la Bactriane, auprès de la mer Caspienne. Il pénétra chez les Scythes et ne s'arrêta qu'au Tanaïs; enfin il s'empara de la Thrace et des Cyclades.

Son expédition ne fut qu'une promenade triomphale de sept années ; elle ne lui rapporta, en dehors de la gloire, que la nourriture de ses soldats, le butin, les prisonniers et les tributs; les peuples qu'il avait traversés se refermèrent derrière lui, comme fait un bataillon percé par un boulet. Mais il laissa dans l'air bien des idées égyptiennes; sur les champs de bataille arrosés de son sang bien des souvenirs germèrent et portèrent des fruits. Le Sphinx se plut dans les montagnes de la Thrace ou de la Thessalie et descendit jusqu'à Thèbes; l'Asie Mineure surtout et toute la côte de Syrie et de Phénicie gardèrent le globe ailé de Phta, et l'on a récemment trouvé dans ces terres mal connues encore des bas-reliefs, des statues informes, qui trahissent une imitation grossière du style égyptien.

Sésostris de retour employa ses prisonniers à des travaux de tous genres. C'est ainsi que la guerre lui donna les moyens d'illustrer la paix. Il étendit la terre cultivable par des canaux; il éleva au-dessus du niveau de l'inondation des villes et des chaussées. Une muraille ferma l'Égypte orientale, de Péluse à Héliopolis; le palais de Louqsor, commencé sous le règne précédent, fut continué; à Karnak, la salle hypostyle sortit de terre. Médinet, Gournah, Deer, Séboua s'enrichirent de colosses et de pylônes. Un vaste tombeau, de bonne heure dévasté, entra dans les profondeurs du granit à Biban-el-Molouk; enfin la montagne d'Ibsamboul fut taillée en temples gigantesques. La basse Égypte ne fut pas plus négligée que la haute; le temple de Phta à Memphis dut à Rhamsès le Grand des embellissements qu'Hérodote a décrits; mais il n'en reste rien aujourd'hui et nous n'en parlons pas.

On fixe à la quarante-deuxième année de ce règne la fuite des Hébreux commandés par Moïse; mais il est permis d'émettre un doute. Ne trouverait-on pas à une autre époque des circonstances qui s'accordassent mieux avec le récit biblique? Sésostris a régné vingt ans encore après l'aventure de Moïse; il n'a pas été noyé dans la mer Rouge. L'histoire ne parle pas d'une épidémie qui aurait frappé d'une mort subite tous les premiers nés; les fameuses plaies n'ont laissé de marques nulle part. Il est vrai que les traditions s'altèrent et s'enflent démesurément, et qu'il est facile à un écrivain qui flatte sa nation d'entourer ses origines de merveilles. Il est vrai encore que les miracles de Moïse et d'Aaron ne surprenaient pas Pharaon et n'étaient pas au-dessus de la magie égyptienne; car l'Écriture avoue qu'ils furent parodiés à s'y méprendre par les devins du roi, et il est très-probable que les chefs hébreux en avaient surpris le secret dans quelque cérémonie religieuse. Il se peut aussi que Moïse n'ait pas vu Sésostris et se soit adressé à un simple gouverneur de province; on expliquerait ainsi comment Sésostris n'a pas été noyé dans la mer Rouge. Mais à quelque moment qu'il ait eu lieu, le départ des Hébreux est un fait certain : demeurés en Égypte après les Hyksos, ils furent en butte à toute l'animosité d'un peuple qu'ils avaient pour leur part opprimé; les plus durs travaux tombèrent sur eux; et comme ils croissaient et multipliaient, le gouvernement, craignant leur nombre, eut l'idée d'exterminer leurs enfants mâles; ne fallait-il pas en finir avec cette engeance vivace? et ne détruit-on pas les lapins qui menacent les récoltes? Les malheureux résolurent de s'enfuir et de reprendre au besoin la vie nomade qu'ils avaient oubliée : je ne pense pas qu'on ait fait beaucoup d'efforts pour les retenir, et les troupes lancées sur eux et si aisément englouties songeaient moins à les arrêter qu'à les écraser en masse; car ils étaient un danger aussi bien dehors que dedans.

Sésostris laissa vingt-trois enfants mâles et sept filles; ce fut son treizième fils qui lui succéda sous le nom de Ménephta II; la reine Thaoser, fille de Ménephta, gouverna jusqu'à la majorité de son frère Ménephta III.

Une courte invasion d'Hyksos mit fin à la dix-huitième dynastie; mais bientôt la dix-neuvième, sortant de l'Éthiopie où elle s'était confinée, se manifesta par le règne magnifique de Rhamsès IV Meïamoun, digne successeur de Sésostris. Nous verrons son palais et son gynécée à Médinet, son tombeau dans la vallée des rois. Il conquit Chypre, la Phénicie, la Syrie et la Médie; puis, rentrant en Égypte par Péluse, il chassa son frère révolté, Armaïs, et reconquit le trône. Sous son règne la marine de l'Égypte prit un grand accroissement et domina dans la Méditerranée (1473-1418).

Rhamsès V eut une longue et heureuse carrière; aussi sa sépulture est-elle l'une des plus riches et des plus complètes qu'on puisse voir à Biban-el-Molouk. Car les rois, dès leur avénement, commençaient leur tombeau. Rhamsès VI, VII, VIII ne nous ont laissé que leur nom. Rhamsès IX (Thouôris, Protée?) fut contemporain de la guerre de Troie. La vingtième dynastie (1279-1101) vit la fin des Rhamsès; au dernier, Rhamsès XV, appartient le temple de Kons à Karnak. Des dissensions dont l'histoire n'a gardé qu'un souvenir confus mirent le pouvoir dans les mains des prêtres-rois Pahor-Amonsé et Pihmé; après eux, Thèbes perdit le privilége d'enfanter les familles régnantes. La vingt-et-unième dynastie est originaire de Tanis-Avaris, l'ancienne capitale des Hyksos. Faut-il voir dans ce nom un témoignage du long séjour des étrangers en Égypte et d'une nouvelle conquête, au moins politique, des populations envahissantes sur la race indigène? C'est ce que ne nous apprennent pas les règnes obscurs qui se succèdent pendant cent trente ans. L'éclat et la renommée étaient passés d'Égypte en Judée; David et Salomon qui brillaient alors à l'Orient étaient les véritables héritiers de la gloire des Rhamsès.

## V.

### MENACES A L'ORIENT.

La vingt-deuxième dynastie, originaire de Bubastis en basse Égypte (la ville de Pacht), releva le prestige du trône pharaonique. L'un de ses membres, Sésonch ou Sésonchis, le Sésac de la Bible, donna asile à Jéroboam menacé par Salomon; à la tête d'une armée innombrable il s'empara de Jérusalem. De nombreux bas-reliefs qui existent encore à Karnak confirment ici le récit hébreu. Les successeurs de Sésac paraissent, comme lui, avoir réuni le souverain pontificat à la puissance royale. L'union des deux pouvoirs dut affaiblir l'un et l'autre; au moins voyons-nous Bocchoris, fondateur et seul roi de la vingt-quatrième dynastie, renversé par une invasion éthiopienne (762-718).

Les rois éthiopiens (vingt-cinquième dynastie) ne furent pas sans gloire. Le premier, Sabacon, après avoir brûlé vif le pauvre Bocchoris, semble avoir montré une grande sagesse et une piété qui se traduisit en riches monuments. Sévéchos, peut-être le même que Sabacon, défendit le roi d'Israël Osée contre Salmanasar; l'Égypte, de plus en plus menacée par les empires orientaux, était devenue l'alliée nécessaire de la nationalité juive ; il fallait qu'elle pesât de toute sa force sur sa frontière de Péluse. C'est ce que comprit le roi Taharaka; son image et son nom ont été martelés par des dynasties postérieures, mais l'impartialité nous commande de louer son énergie et sa politique. Il soutint le roi hébreu Ezéchias contre Sénachérib et conquit, dit-on, tout le nord de l'Afrique jusqu'aux colonnes d'Hercule.

Une dynastie Saïte, vers 670, mit fin à la domination éthiopienne. Elle contient deux ou trois noms célèbres : Psammétichus I<sup>er</sup> qui s'entoura de Cariens et d'Ioniens et dont l'armée, jalouse des mercenaires attirés en Égypte, émigra tout entière en Éthiopie; Néchao II qui, d'abord vainqueur et meurtrier du roi juif Josias, éleva au trône de Juda un prince tributaire, Éliachim, puis battu et rejeté en Égypte par Nabuchodonosor, perdit la Syrie. Ce Néchao unit par un canal la Méditerranée à la mer Rouge (cent vingt mille hommes périrent dans les travaux); il conçut de grandes entreprises pour la prospérité de son pays; mais nul plus que lui n'eut de part à la ruine de l'Égypte. Si au lieu de s'emparer de la Syrie, il l'eût défendue à l'exemple de Sabacon et Taharaka, s'il eût affermi le royaume de Juda au lieu de l'ébranler, peut-être aurait-il détourné pour jamais les dangers d'une invasion orientale. Apriès fit à peu près les mêmes fautes que lui. Vainqueur des Phéniciens et des Cypriotes, il porta un tardif secours à Sédécias et ne put empêcher la prise de Jérusalem par les Assyriens; les Juifs vaincus se réfugièrent en Égypte malgré les lamentations de Jérémie.

Hérodote conte d'Amasis, successeur d'Apriès, des particularités qui peuvent être vraies; nous les rapportons pour donner quelque idée du dernier grand règne des dynasties nationales. Car sans tenir compte de quelques restaurations éphémères, nous arrêterons ici l'histoire véritablement égyptienne de l'Égypte.

Une guerre malheureuse contre les Grecs de Cyrène avait soulevé une révolte militaire; Apriès chargea l'un de ses généraux, Amasis, de la réprimer. Celui-ci, couronné par l'armée, marcha contre son bienfaiteur. Comme un envoyé du roi lui donnait l'ordre de le suivre, il se souleva sur ses étriers, fit un bruit et dit : « Pour Apriès. » Cet Amasis avait été mal élevé; c'était, avant sa fortune, moins qu'un viveur et qu'un débauché : quand l'argent lui manquait, il volait. « Souvent ceux qui l'accusaient le conduisirent à l'oracle du lieu; plus d'une fois l'oracle le convainquit, quelquefois il échappa. » Dès qu'il fut roi, car il vainquit Apriès à la bataille de Momemphis, il cessa d'honorer les dieux qui l'avaient absous; au contraire il vénéra ceux qui l'avaient convaincu de vol. On voit qu'Amasis, avec moins de grâce, avait quelque chose du scepticisme d'Alcibiade. D'un bassin d'or où il se lavait les pieds il fit faire un dieu; et, convoquant ceux qui lui reprochaient sa vie passée, il leur révéla l'origine de la statue qu'ils vénéraient, les antécédents du dieu, comme diraient certaines gens. « Je ressemble à ce bassin, dit-il ; jadis voleur, je suis roi, il faut m'honorer. J'étais d'or ; la couronne purifie ! » Il avait la repartie ingénieuse ; sans négliger les affaires, qu'il expédiait vivement dans la matinée, il passait le jour et la nuit en orgies : « Ceux qui ont un arc, répondait-il aux censeurs, le tendent lorsqu'ils veulent s'en servir et le détendent quand ils s'en sont servi. »

Amasis fut un grand roi. Il entra résolûment dans la seule politique intérieure qui pût sauver l'Égypte ; il s'allia avec Crésus, avec les Grecs, les Cyrénéens, avec tous les ennemis naturels du grand empire qui s'élevait à l'orient. Il aima surtout les Grecs et enrichit leurs temples, sans oublier les sanctuaires de Phta et de Neith à Memphis et à Saïs. La prospérité de l'Égypte, l'état de paix et de splendeur où la maintenaient des lois sages et une administration éclairée, attirèrent Solon qui cherchait partout les éléments de la constitution athénienne.

## VI.

#### L'ÉGYPTE GRECQUE.

Cet éclat, pareil au jet d'une flamme qui va s'éteindre ou à ces rayons qui dorent les champs avant un orage, fut changé par l'invasion perse en une nuit profonde. Amasis mourut à temps pour sa renommée; Psamménit son fils, vaincu et pris par Cambyse, vit l'Égypte foulée sous les pieds d'un fou furieux, les colosses jetés bas, les villes décimées, mutilées, incendiées (524). Cambyse, traînant à sa suite Crésus et Psamménit, riait au nez de Phta dans son temple, donnait à Apis des coups d'épée, et se fardait avec du sang; on sait la fin de ce scélérat, son désastre dans les déserts d'Ammon, sa chute de cheval en Syrie et sa mort. Après lui, Darius Ier organisa l'Égypte au plus grand profit de la Perse; il en fit la sixième satrapie et lui imposa un tribut considérable. Le canal de Péluse à la mer Rouge fut achevé ou plutôt abandonné sous son règne.

Sa mort fut le signal d'une révolte comprimée par Achéménès, frère de Xerxès Ier. Artaxerce eut aussi à combattre une rébellion d'abord victorieuse et soutenue par les Athéniens. Enfin Amyrthée, originaire de Saïs, enleva l'Égypte aux lieutenants de Darius Nothus ; il forme à lui seul la vingt-huitième dynastie (404). En 398, une famille Mendésienne monta sur le trône et s'allia avec Lacédémone contre les Perses ; Achoris est le plus connu de ces princes éphémères. La ville de Sébennitus fournit une dynastie, la trentième, courte aussi (377-339) et qui ne vécut que par le secours du fameux Agésilas, roi de Sparte. Nectanèbe Ier repousse les Perses commandés par Pharnabase. Tachos veut envahir à son tour ; mais tandis qu'il s'avance en Phénicie, Agésilas l'abandonnant à sa folle entreprise proclame et soutient Nectanèbe II. C'est le dernier roi indigène ; trahi par ses alliés les Phéniciens, abandonnés par les Grecs, il fuit devant le Perse Darius Ochus et disparaît en Éthiopie.

La seconde conquête perse ne fut pas solide (339-332). Elle ne fit que préparer l'Égypte à la domination d'Alexandre le Grand. Mais nous entrons ici dans l'histoire grecque, et nous aurions trop à dire si nous voulions raconter des événements assez connus d'ailleurs. Alexandre fonde Alexandrie ; le règne nominal de son fils est constaté par quelques monuments. Ptolémée-Lagus inaugure en l'an 324 la dynastie des Lagides qui va durer jusqu'à la conquête romaine. Nous nommons seulement ses successeurs : Philadelphe (ami de ses frères ; il les vainquit tous deux) ; Evergète qui rappelle Sésostris par ses expéditions en Asie ; Philopator (ami de son père ; il l'empoisonna); Épiphane, gouverné durant sa minorité par Agathocle, par Tlépolème et par Aristomène, allié de Rome contre Antiochus, cruel et débauché; Philométor, cinq ans prisonnier de Séleucus; Evergète II, un moment associé à la puissance royale du vivant de son prédécesseur, meurtrier de son pupille et surnommé bientôt Kakergète et Phiscon (le ventru); Soter II, de temps en temps détrôné par son frère Alexandre; Alexandre II, protégé de Mithridate, puis de Sylla, roi qui renia son royaume en le léguant au peuple romain; Dionysos ou Aulètès (Bacchus ou joueur de flûte) qui règne par la grâce de la République romaine et recommande ses héritiers à l'indulgence de ses maîtres; enfin la fameuse Cléopâtre, sœur et femme de Ptolémée, maîtresse de César et d'Antoine, celle qui s'appliqua un serpent au sein pour se punir de n'avoir pas fasciné Auguste vainqueur! Joignez à cette liste rapide des Bérénices, des Arsinoës, d'autres Cléopâtres, toutes belles, ambitieuses, perfides; joignez une atmosphère de parfums, de voluptés, de crimes, de servitude, la civilisation grecque dans toute sa grâce, dans toute sa corruption, et vous aurez une faible idée de cette période vertigineuse qui jeta l'Égypte engourdie des mains brutales des Perses aux mains solides des Romains.

Avant de passer dans l'ère chrétienne, il est bon de donner ici un aperçu du progrès que firent en Égypte les idées grecques et de montrer le caractère original de l'ère Alexandrine. Nous avons négligé les faits; mais c'est pour réserver quelque place aux doctrines et aux talents qui ont illustré les règnes monstrueux des Phiscon, des Dionysos et des Cléopâtre.

Hérodote nous fait voir que l'Égypte et la Grèce ne rompirent jamais des relations dont l'origine se perd dans la nuit des temps. L'invasion des Sésostris en Asie semble s'être terminée par un retour offensif jusque dans la Thrace et la Macédoine ; le fabuleux Cécrops, suivant l'une des routes ouvertes par les conquérants, pénétra dans le pays pélasgique et y porta la civilisation. Dès lors peut-être une sorte de fusion, d'échange moral, rapprocha vaguement la Grèce et l'Égypte. Il faut qu'elles se soient mutuellement initiées à leurs mystères religieux ; les épreuves d'Éleusis reproduisaient des cérémonies égyptiennes ; le mot inexpliqué Konx, prononcé par le Héraut sacré le soir du dixième jour, offre une analogie frappante avec le nom de Kons, fils d'Amon-Ra et troisième personne de la Triade céleste. D'autre part, Hérodote pense que le culte et la représentation d'Hermès phallique appartenaient aux Pélasges ; il serait curieux que les Égyptiens eussent emprunté quelque chose aux mystères de Samothrace, et que les Cabires fussent l'original du moderne Karagheuz.

Selon une tradition autorisée, un roi de la dix-neuvième dynastie aurait été indirectement mêlé à la guerre de Troie ; il aurait retenu, pour la rendre à son époux, la belle Hélène jetée à Canope par un naufrage ; Ménélas ne la trouvant pas à Ilion vint la chercher à Memphis. Homère, pour n'avoir pas adopté cette légende, ne l'a pas complétement écartée ; il admet, dans l'Iliade même, que Pâris enlevant Hélène fut poussé par les vents jusqu'à Sidon en Phénicie ; dans l'Odyssée, il conte qu'Hélène fille de Jupiter possédait une liqueur bienfaisante que lui donna Polydamne, fils de Thos d'Égypte ; ailleurs, il prête ces paroles à Ménélas : « Malgré mon impatience de revoir ma patrie, les dieux me retinrent encore en Égypte où j'avais négligé de leur sacrifier de complètes hécatombes. »

Le roi qui retint Hélène renvoya Pâris et ne l'épargna que pour respecter une loi généreuse qui défendait de tuer les étrangers ; sa sagesse fit de lui un dieu ; et comme il régnait dans la basse Égypte, peut-être même dans l'île de Pharos, la fable lui donna la juridiction sur les troupeaux de Neptune et tous les monstres marins. On a reconnu Protée, que les probabilités historiques assimilent à Rhamsès IX, appelé aussi Thouôris par Manéthon : nous ne prétendons pas expliquer l'incertitude de ces noms ; nous ne savons pas rétablir la forme égyptienne si défigurée dans Protée ; mais nous constatons dans ces lambeaux d'histoire les traces de rapports directs entre l'Égypte et la Grèce.

La colonie grecque de Cyrène, fondée vers le VIIe siècle sur la côte de Libye, ne fut pas longtemps sans se heurter ou se mêler à l'Égypte. Elle eut à combattre le roi Apriès, appelé par les Libyens qui étaient à demi sujets des Pharaons. Le roi Amasis fit avec elle un traité d'alliance et lui dut la plus chère de ses femmes, Ladice, dont Hérodote conte la singulière aventure. Le contact de Cyrène ne tarda pas à adoucir la barbarie des tribus voisines qui adoraient une déesse analogue à Minerve sur les bords du lac Tritonis ; la plus belle de leurs vierges, dans une cérémonie publique, se parait d'un casque corinthien et d'une armure grecque. De leur côté, les Cyrénéens consultaient l'oracle d'Ammon, et tous les peuples comme eux reconnaissaient la véracité du Jupiter des sables.

Les dieux grecs n'étaient pas négligés par Amasis : Minerve, à Cyrène et à Lindus (Rhodes), reçut de lui plusieurs portraits peints ou sculptés. Le temple de Lindus avait, croyait-on, été bâti par les filles de Danaüs, alors qu'elles fuyaient les fils d'Égyptus; Amasis voulait consacrer par des présents cet antique souvenir. Son amitié pour Polycrate valut aussi à Junon de Samos deux images de sa personne, en bois, qu'Hérodote vit encore « dans le grand temple, derrière la porte. » Quand les Amphictyons décrétèrent la reconstruction du temple de Delphes détruit par un incendie, Amasis offrit mille talents, et les Grecs domiciliés en Égypte, vingt mines d'argent.

On voit que l'influence grecque avait crû de siècle en siècle. Dans le courant du sixième, au temps de Cyrus, d'Amasis et de Pisistrate, les Ioniens de Chios, de Téos, Phocée et Clazomène; les Doriens de Rhodes, de Cnide, d'Halicarnasse et de Phasélis; les Eoliens de Mytilène, les Eginètes, les Samiens et les Milésiens, occupaient Naucratis sur l'une des bouches du Nil; ils y avaient établi l'entrepôt de leur commerce; des temples élevés par eux et à leurs frais introduisaient en Égypte le culte des dieux étrangers. Mais Junon, Apollon, Jupiter, s'associaient aisément à Saté, Osiris, Ammon, etc. Dès lors s'établit entre la hiérarchie des triades et le panthéon grec un parallélisme qui devait par des rapprochements successifs aboutir à une fusion des deux systèmes divins.

Tous les dieux eurent deux noms; et lorsque Hérodote visita les prêtres d'Héliopolis il sut d'eux que Phré était Hélios, Phra Héphaistos, Satè Junon, Isis Cérès, etc. Isis ressemblait aussi et surtout à Diane, à la vache Io; Apis rappelait le déguisement de Jupiter en taureau. Bacchus et Jupiter, selon Hérodote, étaient adorés jusqu'à Méroé en pleine Éthiopie. Enfin, toutes les fables religieuses se pénétraient assez pour qu'on ne puisse aujourd'hui distinguer la nationalité de leurs éléments. Il est probable qu'aux temps où Cambyse envahit et ravagea l'Égypte, les Grecs étaient en grand nombre dans le Delta. Naucratis avait d'abord été pour les commerçants étrangers ce qu'est Canton en Chine, un marché exclusif; longtemps le reste de l'Egypte avait été fermé; si quelque navigateur remontait les bouches du Nil, il devait jurer que ce n'était pas volontairement et retourner à Naucratis, à l'entrée de la bouche Canopienne. Mais il n'en pouvait plus être ainsi dès le temps d'Apriès, qui avait une armée de mercenaires ioniens et cariens. Sous Amasis, le génie expansif de la Grèce ébranlait les barrières d'une société toute hiérarchique, confinée en elle-même et prête à la décadence.

L'occupation des Perses et les guerres médiques lui ouvrirent définitivement l'Égypte; les Athéniens les premiers secondèrent les efforts du parti national; ils s'avancèrent jusqu'à Memphis et engagèrent avec les Perses une lutte longue et désastreuse; mais les revers ne les lassèrent pas, et ils envoyèrent au roi Achoris un de leurs meilleurs généraux, Chabrias; un peu plus tard, Agésilas fit de l'Égypte le centre de son plan militaire contre les Perses; il fut pour beaucoup dans l'avénement au trône de Nectanèbe second. Des Grecs commandaient alors toutes les armées des barbares.

En présence de tous ces faits, légendaires ou historiques, il faut avouer que le génie égyptien ne demeura pas longtemps sans mélange ; qu'une stricte affinité le rapprocha par degrés de l'esprit hellénique ; que la conquête persique, dévastatrice et stupide, ne fut accomplie qu'au profit de l'influence d'Athènes ou de Sparte; enfin, qu'au moment de la fondation d'Alexandrie et quand la dynastie Lagide monta sur le trône, l'Égypte appartenait déjà moralement au monde grec, qui bientôt engloba l'Italie, malgré l'apparente domination des Romains et la concentration des pouvoirs politiques dans la main du sénat et des Césars.

## VII.

L'ÉCOLE D'ALEXANDRIE.

Cette pénétration de l'Asie et de l'Afrique par la Grèce fut-elle assez réelle, assez durable, pour rendre la force et la vie à des peuples émoussés qui avaient fait leur œuvre et qui sont, encore aujourd'hui, destinés à languir jusqu'à une régénération indéfiniment retardée? Non certes; et surtout en Asie, la domination des lieutenants d'Alexandre fut, malgré des splendeurs passagères, trop agitée et trop superficielle pour produire une transformation féconde : d'ailleurs les bouleversements inouïs des empires et des peuples asiatiques auraient suffi pour éteindre à jamais une civilisation plus solide. L'Égypte n'a pas non plus été épargnée par les invasions et les calamités; cependant les Grecs, il faut le reconnaître, avaient tout fait pour la renouveler, l'enrichir; au moins avaient-ils arrêté la décadence rapide d'un peuple qui, largement répandu au dehors sous les Rhamsès, s'était peu à peu replié dans l'isolement et l'immobilité; durant quatre siècles, sous leur influence ou leur gouvernement direct, l'Égypte fut riche et pleine de lumières jusqu'à devenir la métropole philosophique et littéraire du monde. Leurs arts y pénétrèrent, et s'ils gardèrent, malheureusement je crois, par respect pour des types consacrés, la roideur des attitudes et l'incroyable pauvreté des contours, on ne peut leur refuser d'avoir rendu aux figures un peu de cette grâce majestueuse qui brillait sur les bas-reliefs du temps de Sésostris, et suppléé à l'énormité par la mesure et les proportions. La belle époque égyptienne ne fut sans doute jamais égalée, mais l'époque grecque des Ptolémées est une renaissance qui doit être glorifiée.

Soter, le premier des Lagides, fonda l'école d'Alexandrie, ouvrit son palais aux philosophes qu'il attirait de tous les points du monde et les chargea d'amasser une bibliothèque, bientôt riche de sept cent mille volumes. L'École n'était pas un bâtiment où une trentaine de professeurs parlent devant les gradins, c'était la Grèce lettrée tout entière chassée d'Athènes par les dissensions politiques, et réfugiée dans Alexandrie; c'étaient des hommes tels que Théocrite et Philétas; tels que Cnésidème, Sextus l'empirique, Potamon, Ammonius Sakkas, initiateurs de la grande secte qui brilla dans les premiers siècles de notre ère avec Plotin et Porphyre; les critiques Démétrius de Phalère, Zénodote et l'éditeur d'Homère, Aristarque; pour la géographie, Ératosthène et Strabon; Hérophile et Érasistrate, grands médecins;

parmi les mathématiciens, Euclide, Apollonius de Perga, Diophante; enfin des astronomes, Timarque, Aristille, Hipparque et Ptolémée, avant tous un Aristarque plus ancien que le grammairien, et qui, 250 ans avant notre ère, fut accusé d'irréligion pour avoir soupçonné le mouvement circulaire de la terre.

Nous aurions négligé l'un des éléments de l'école Alexandrine si nous ne disions un mot des Juifs qui depuis longtemps connaissaient le chemin de l'Égypte. Ils avaient à Alexandrie une synagogue, centre d'une population exilée que grossirent incessamment les persécutions syriennes et les guerres intestines de la Judée; c'est de là que sortit la traduction dite des Septante, commencée dès les temps de Ptolémée Soter et continuée jusqu'aux premiers siècles de notre ère; la plus ancienne version est assurément celle du Pentateuque. Au milieu d'une ville de neuf cent mille âmes, l'émigration juive ne put conserver les traditions d'isolement qui sont le fond de la race; ses savants, Aristobule et Philon, écrivirent en grec; avec la langue ils adoptèrent les idées. Au moins le système hébreu de la Kabbale ne diffère-t-il pas notablement de la philosophie mystique des grands panthéistes alexandrins.

La période romaine présente assez peu d'intérêt, quant aux événements. C'est une suite d'années obscures, rarement prospères, sans cesse traversées par des révoltes et troublées par l'ambition des proconsuls. Cornélius Gallus, nommé préfet d'Égypte par Auguste, se fit traiter à l'égal des Pharaons et pilla Thèbes, comme Verrès la Sicile. Disgracié, il se tua en exil. Sous le préfet

Pétronius, Candace, reine d'Éthiopie, s'empara d'une partie de la vallée du Nil; mais elle fut chassée, poursuivie jusqu'à sa capitale et forcée de se reconnaître tributaire. Il y aurait un curieux chapitre à faire sur l'intervention éthiopienne en Égypte depuis la vingt-cinquième dynastie qui vint de Méroé à Thèbes et à Memphis, et cet Hergaménès qui, du temps de Philadelphe, mit fin au pouvoir des prêtres et conquit la Nubie, jusqu'à la reine Candace, sorte de négresse amazone, peu soucieuse de l'empire romain.

Sous la préfecture d'Ælius Gallus, Germanicus fit un voyage en Égypte; il fut étonné de la grandeur des monuments thébains. Déjà *Tpé*, *Oph*, la ville céleste, abandonnée par les Ptolémées, négligée par les Romains, avait pris cette majesté des choses mortes qui plane encore sur ses ruines. Les prêtres d'Ammon, de Mout et de Kons marchaient bien en procession solennelle dans l'avenue des sphinx; ils disaient les paroles consacrées; mais l'apparence de vie religieuse pouvait se comparer à une roue qui tourne et va s'arrêter. Ammon, grand bélier aux cornes d'or, fermait des yeux fatigués d'avoir veillé sur le monde; et les cérémonies machinales de pontifes sans foi berçaient son dernier sommeil; toutes les fins de religions se ressemblent. Le culte des dieux adorés depuis soixante siècles durait toujours, favorisé par l'indifférence des philosophes ou leur haine contre le christianisme naissant; bien des temples furent fondés et réparés par Auguste, Tibère, Claude, Néron, les Antonins, Caracalla. Mais ce qui vivait dès lors, ce n'étaient plus de vains noms! De la fusion des génies égyptien, grec et juif, car les Juifs formaient à Alexandrie un parti puissant qui ne laissait pas les préfets en repos ; de cette fusion sortait une philosophie, nommée à tort ou à raison Panthéisme, où parmi des erreurs sans nombre germaient les croyances de l'avenir ; et n'avait-elle pas des racines antiques ? L'Inde ne l'avait-elle pas cultivée ? Les dieux de l'Égypte et de la Grèce n'en avaient-ils pas tiré leur vie factice ? Un moment étouffée par le moyen âge, elle revit pour ne jamais s'éteindre. Au cinquième siècle de notre ère, elle eut ses martyrs. C'est toi que je veux dire, belle Hypatia, philosophe et mathématicienne, assassinée par un fanatique !

Que sont auprès de telles pensées des noms inconnus : Balbillus, Tuscus, T. Alexandre, Marius Turbo ? Du temps de ce Turbo, Adrien vint en Égypte et fonda Antinoë pour honorer le nom d'Antinoüs. Avidius Cassius, Pescennius Niger, un moment empereurs ; Caracalla livrant Alexandrie au pillage ; la paix rétablie par Alexandre Sévère ; le passage de Zénobie victorieuse et vaincue ; Firmius, un marchand, prenant la pourpre ; Alexandrie habituée à la révolte, au carnage, par l'élévation éphémère de ses préfets, Probus, Saturninus, et le châtiment que lui infligea Dioclétien ; la colonne de Pompée élevée par Pomponius ; Julien cherchant à restaurer la religion égyptienne ; les chefs-d'œuvre antiques mutilés par le patriarche Théophile, et les chrétiens plus hostiles à l'art que les barbares Hyksos ou le fou Cambyse ; une conquête persane, bientôt rejetée en arrière par Héraclius ; enfin l'Égyptien Makaukas appelant peut-être Amrou, lieutenant d'Omar ; Alexandrie prise après quatorze mois de siége (641), reprise, démantelée. Voilà les noms et les événements qui surnagent, voilà tout ce qu'on peut sauver d'une période confuse et déplorable; et maintenant nous entrons en pleines ténèbres. Voyez cette fumée que le vent du sud pousse au-dessus de la Méditerranée et qui mire dans l'azur ses volutes empestées; elle s'en va vers la Grèce, vers l'Italie, vers la jeune Gaule dont elle couvrira le ciel pendant huit longs siècles, jusqu'au jour où elle sera balayée par le souffle de la Renaissance. Cette fumée, c'est la science du monde antique jetée aux vents, la lumière changée en incendie; c'est la bibliothèque d'Alexandrie qui brûle.

# LIVRE II.

## L'ÉGYPTE ANCIENNE.

### CHAPITRE PREMIER.

IBSAMBOUL. PHRÉ. LES CROCODILES.

De retour à Ouadi-Alfa, nous trouvâmes quelque changement dans la voilure et le gréement de la barque. Nous ne descendrons pas le Nil à pleine voile comme nous l'avons remonté; la prudence veut que nous présentions au vent le moins de prise possible. On a donc démonté la grande vergue pour l'attacher au niveau du pont; et la petite, qui était à l'arrière, l'a remplacée. Les rames, dont on ne se sert jamais en montant, sont prêtes à la manœuvre, et les matelots préparent sur le pont les trous donnant dans la cale où ils s'asseoiront pour manier en cadence les longs bras de la daabie. Tous les préparatifs achevés, nous quittâmes Ouadi-Alfa sans regret (23 janvier); n'oublions pas un mot à l'adresse du Nazer, à chacun son dû : c'est un personnage dépourvu d'urbanité et de politesse; n'en attendez pas un *salam*.

Nous n'avons pas conduit le lecteur à des ruines qu'a visitées Champollion le jeune, auprès d'Ouadi-Alfa. Elles ne présentent à l'œil aucun relief intéressant; mais la science historique ne doit pas les négliger; on y retrouve l'antique ville égyptienne de Béhéni et un temple d'Horammon élevé par Osortasen, roi de la seizième dynastie, et restauré par trois rois prédécesseurs de Sésostris. Béhéni maintenait dans l'obéissance les populations qui vivent entre les deux cataractes. Au delà, vers le sud, l'autorité des Pharaons, malgré quelques ruines (Semné) où leurs noms se voient encore, semble avoir été précaire, intermittente, traversée par les expéditions des chefs éthiopiens. L'importance et la véritable splendeur de la Nubie égyptienne peuvent être placées entre les années 2500 et 1500 avant notre ère. Elle fut à son apogée lorsque les rois nationaux, chassés par les Hyksos, perdirent un moment jusqu'à Thèbes aux cent portes et se retranchèrent à Philæ, derrière la première cataracte. La reconnaissance de la dix-huitième dynastie entretint la prospérité de la Nubie, même après l'expulsion des barbares et le rétablissement de l'empire pharaonique. Mais la barque s'arrête; il est temps que nous quittions l'histoire et l'érudition; nous y reviendrons par échappées.

Nous couchâmes près d'Artinoke; du temple ancien qui s'élevait en ce lieu il ne reste que la base, heureusement munie d'hiéroglyphes qui peuvent en indiquer l'âge aux savants. Sur ces vestiges sont les ruines d'un édifice en terre cuite, mosquée ou église, sans doute construit par les destructeurs du monument vénérable.

Un terrain sablonneux varié d'éminences vertes entoure indifféremment ce double souvenir, prêt à enterrer chaque jour ces dieux qui se sont succédé. Entre nos diverses opérations photographiques nous prîmes, comme des enfants, plaisir à jouer avec le sable, tant il est fin et attrayant. C'était d'ailleurs l'unique distraction que nous offrît le pays, et nous eûmes le temps de l'épuiser; car le vent contraire, paralysant les efforts de nos rameurs, semblait vouloir nous reconduire à la seconde cataracte. Nous fûmes contraints de nous arrêter jusqu'au soir à Artinoke. Ce fut seulement à la tombée de la nuit que l'équipage, vaincu par mes instances, consentit à lutter contre une brise par degrés affaiblie. (*Pet. épreuves*, 167.)

Mais le travail de nuit se fait toujours à contre-cœur; quand je m'éveillai nous n'étions encore qu'à Adendham; les matelots, malgré les couvertures dont ils s'enveloppent, étaient transis; comme ils se plaignaient du froid, je leur reprochai la paresse qui leur nuisait à eux-mêmes : il est certain que par une nuit fraîche (6 à 8 degrés) il était dans leur intérêt de ne pas rester les bras croisés. Ma démonstration, quoique sans réplique, fit peu d'effet sur ces natures sans ressort; tout le jour ils se montrèrent peu dispos; les chants qui animent la manœuvre n'étaient pas soutenus et les rameurs multipliaient les repos qu'on est obligé de leur accorder.

Vers midi, nous atteignîmes Kéla-Adda dont les ruines imposantes rompent la monotonie d'un paysage aride. C'est un château pris d'assaut ou détruit par un tremblement de terre; de la colline où gisent ses débris la vue s'étend au sud sur une vaste étendue jaune et déserte ; des pics nombreux, hauts et abrupts, se pressent comme une caravane immobile jusqu'aux horizons du Soudan ; au nord-est apparaît le djebel d'Ibsamboul près duquel nous voulons nous arrêter quelques jours. A nos pieds s'étend un grand cimetière dont les coupoles ont pour la plupart été respectées ; je passai la soirée au milieu des tombes, accueillant sans les chercher les pensées austères qui se tiennent dans l'air au-dessus des morts oubliés.

Le lendemain (26 janv.), dès six heures du matin, nous commençâmes à tout disposer pour emporter une image satisfaisante de Kéla-Adda. Notre chaloupe eut quelque peine à transporter nos appareils à un endroit convenable ; le Nil, embarrassé d'écueils à fleur d'eau, nous causa même des appréhensions très-justifiées par la violence de son courant et le désordre de ses vagues. Peut-être voulait-il nous convaincre que le vieux château avait été visité par un cataclysme et non par la guerre. Est-ce que la main des hommes aurait pu donner à ce lieu un aspect si désolé? Est-ce que la passagère furie d'un assaut aurait troublé pour des siècles un fleuve si puissant?

Nos opérations n'étaient pas encore familières à l'équipage. A nous voir braquer l'œil de nos chambres noires sur le Nil et les ruines, nos matelots croyaient que nous explorions le fond de l'eau et la base de la colline, pour y découvrir, par une seconde vue sans doute, des trésors immenses que la tradition soupçonne dans toute cavité, sous toute pierre, chimériques richesses que le sol d'Égypte renferme et ne montre jamais. Aussi les vœux des matelots n'étaient-ils pas favorables à notre réussite, et je crois que leur inquiétude ne cessa qu'en nous voyant repartir les mains vides. Ils ne se doutaient pas que nous avions ce que nous étions venus chercher.

Le soir, notre barque jeta l'ancre au pied d'Ibsamboul ; mon sommeil fut obsédé de rêves monstrueux envoyés sans doute par le dieu Phré à ceux qui visitent ses sanctuaires.

Phré, le soleil, fils de la nuit, expression poétique tournée en divin emblème, est l'un des plus nobles personnages du panthéon égyptien, l'un des trois ouvriers du monde, et le chef d'une des premières triades célestes. Chaque dieu est adoré dans une région qui lui est propre ; Phré, suivant Champollion, a placé le siége principal de son culte à Ibsamboul ; c'est lui qui réside dans le grand temple ; le petit est consacré à une déesse puissante, Hator. Hator et Phré allaient donc être nos introducteurs dans l'antique empire des Pharaons ; avides de nouer avec eux des relations à la fois intimes et respectueuses, nous conçûmes le projet, sans doute méritoire à leurs yeux, de déblayer leurs demeures incessamment obstruées par le sable.

Sans perdre de temps, nous nous attaquâmes à la façade du grand temple ; par l'entremise du Kachef dont le lecteur n'aura pas oublié la bonne volonté pour nous lors de notre premier passage, nous obtînmes, moyennant quarante centimes par homme et vingt centimes par enfant, le concours de deux cents travailleurs. Quelques mesures donneront l'idée du travail que nous osions entreprendre. La façade est longue de quarante-quatre mètres et haute de quarante-trois ; et les quatre colosses qui la soutiennent ont, tout assis qu'ils sont, trente-sept mètres cinquante ; or le premier est enseveli jusqu'aux épaules, le dernier jusqu'aux genoux. L'entrée, qui mesure bien neuf mètres, est presque entièrement bouchée par le sable qui descend d'une petite gorge à gauche.

La besogne commencée avec ardeur languit bientôt. Cependant nous nous ingénions à créer pour la masse des sables que nous détachons une descente facile vers le fleuve ; un moment nous espérons n'avoir qu'à pousser ; tout va rouler ; un grain entraînera l'autre. Mais, grande déception, la chute du sable se trouva entravée par d'énormes blocs de pierre ; l'un des colosses, brisé depuis des siècles, jonchait le sol de ses débris et semblait s'opposer à une entreprise qui dérangeait son sommeil.

Après deux jours consumés en efforts presque stériles, nous reconnûmes notre faiblesse et nous résolûmes d'accroître le nombre de nos ouvriers. C'était le cas d'exhiber mon firman et de requérir des hommes au nom du vice-roi. La promesse d'un dédommagement pécuniaire et par-dessus tout l'appât d'une paire de pistolets à deux coups qui seront le prix de sa complaisance décident le Kachef à m'appuyer de son autorité. Nous convenons que les colosses seront dégagés jusqu'à une certaine hauteur, et il me donne parole. Il joint ses travailleurs gratuits à ceux que j'ai loués, les encourage éloquemment et préside lui-même à l'ouvrage.

Je n'épargne rien pour hâter le déblayement ; les cigares en perspective, le kourbach en permanence triomphent de la mauvaise volonté. Le nerf d'hippopotame en main, je me multiplie sur le dos des traînards. Ici l'on détache le sable à grands coups de pioche ; là, on le pousse avec les pieds jusqu'au rivage. Alerte, alerte, vous qui vous reposez ; il faut remonter et redescendre, Kourbach vous le dira. A vrai dire, mon aspect peu rébarbatif rassure plutôt qu'il n'épouvante ; toutefois j'obtiens par mon activité et ma surveillance des résultats considérables. Je dirige moi-même les mouvements et je les règle par le chant. Les airs du pays consistent en un mot ou une courte phrase prononcée d'abord par le chef et répétée par l'ensemble des travailleurs. *Sallaleh!* crie le patron, toujours avec des variantes bizarres ; *sallaleh!* répondent les ouvriers avec les mêmes fioritures. Pour moi, je substituais au terme usuel toutes les expressions que pouvait me suggérer la lenteur des fellahs ; ainsi je chantais : f.... paresseux! ou, mille tonnerres! ou bien encore, gare les coups! et le chœur répondait par des *sallaleh* différemment modulés ; c'était comme un risible concert de jurements. Quelques indigènes, familiarisés avec tout ce que le français a d'énergique, comprenaient mes injures quoique dérobées par la mélopée nationale ; bakchis, bakchis, criaient-ils, et reprenant le même air, je vociférais : *bakchis mafich* (pas de bakchis), *kourbach-bakchis.* La foule, parfaitement éclairée sur mes intentions, revenait alors à son monotone et varié *sallaleh! sallaleh!* Nous chantâmes ainsi deux jours entiers ; et je doute que Phré se fût, de longtemps, trouvé à pareille fête.

Le matin du cinquième jour, j'eus enfin la joie de prendre mesure au mollet d'un colosse; six mètres de circonférence! Ce bel échantillon des proportions de l'homme dans l'antique Égypte ne faisait qu'accroître mon ardeur et mon désir d'un déblayement total. Par malheur les hommes étaient las et le Kachef ne put rien obtenir d'eux; à vrai dire, il ne me seconda pas comme il le devait et comme le méritaient mes promesses. L'on verra tout à l'heure que nos relations s'étaient aigries peu à peu. Lorsqu'il demanda la somme convenue, en me déclarant que ses gens refusaient de travailler désormais sans une solde, je protestai que je garderais l'argent jusqu'à la complète prestation du travail promis. Mais j'eus beau lui reprocher son manque de parole et lui faire honte d'un péché si rare chez les Arabes, le menacer d'informer le vice-roi de l'inertie de ses agents; qu'il fût las de moi (je ne l'étais pas moins de lui), ou qu'il sentît son autorité s'émousser sur le découragement de ses hommes, il ne fit plus rien pour moi. Le pauvre homme reconnut son infraction à notre marché, renonça à l'argent promis et prit congé de nous : ses yeux cependant avaient peine à se détacher des pistolets qu'il désirait de toutes ses forces, et qui restèrent inflexiblement attachés à la cloison de notre arsenal.

C'est ici le cas de rejeter sur lui mon désappointement et de conter comment il se paya du bon accueil qu'il nous avait fait une quinzaine avant. Aussi bien nous sommes fâchés maintenant, et tant pis pour lui si j'atténue ici la bonne opinion que j'avais donnée de lui plus haut. Dès qu'il sut notre arrivée il vint nous voir avec une suite nombreuse; nous l'accueillîmes en ami. Toute la journée il fuma ou plutôt ils fumèrent mes cigares et burent mon café. Le soir, il parut tellement compter sur mon dîner que je les invitai tous; j'avoue que mon hospitalité avait un but intéressé et que, dans mon esprit, elle m'assurait le concours du Kachef. Le lendemain matin de bonne heure, il revint, mû, disait-il, par l'affection et la curiosité; je ne pouvais lui refuser mon café et mes cigares; mais, à moins que mon inquiétude ne vît double, son cortége avait grossi. Aux heures des repas, même confiance dans ma générosité : comment ne pas lui faire les honneurs de ma table? il partit tard et revint à l'aube; pour le coup cet homme s'appelait Légion! il tenait à me présenter tous les fainéants de son village. Mon cuisinier, voyant décroître les provisions, se désolait et passait du désespoir aux malédictions. J'étais bien résolu pour cette fois à faire comprendre à mon hôte que j'avais besoin de solitude. Il me prévint; car l'heure du déjeuner arrivant, comme j'oubliais de l'inviter, il s'assit et mangea; les siens l'imitaient. Désormais je me sentis vaincu; ma barque fut la proie des intrus dévorants et je connus une des plaies d'Égypte; malgré mon hospitalité passive, on pense que mes manières passèrent rapidement de la cordialité à la froideur et que je fus très-heureux, une fois le marché rompu, de garder ma paire de pistolets.

Grugés par les parasites, nous fûmes menacés par les crocodiles; ces derniers, très-nombreux à Ibsamboul, faisaient d'ordinaire leur sieste sur un îlot situé à quelque deux cents mètres des temples. Par intervalle et pour nous désennuyer, nous leur envoyions des balles, comme des enfants jettent aux passants des noyaux de cerises. Le plomb rebondissait sur leurs écailles et parfois s'y aplatissait; pour eux, ils faisaient parade du flegme le plus imperturbable et du sommeil le plus impassible. La vérité est qu'ils ne dormaient que d'un œil; la chaloupe se détachait-elle de la barque, ils plongeaient soudain; nous essayâmes en vain de les cerner. Notre Kachef voulut bien nous enseigner un moyen ingénieux de les prendre au dépourvu. Il s'agissait de creuser la terre à l'un des endroits qu'ils préfèrent, de recouvrir le piége de planches minces et de sable, d'attendre avec prudence et caché dans l'eau jusqu'au cou l'heure de leur sieste, et de les tuer dans la première surprise de leur chute. Mais cette ruse de chasse nous parut à bon droit moins profitable que dangereuse et nous remerciâmes notre ingénieux ami. Nous nous contentions d'avoir l'œil aux crocodiles et de les déloger toutes les fois qu'ils se montraient; mon équipage veillait sur moi avec une sollicitude gênante : je ne pouvais mettre le pied hors de la barque sans être accompagné; aucune circonstance ne m'exemptait d'une suite bien armée et animée des meilleurs sentiments. Qu'on se figure le spectacle grotesque dont j'étais en de certains moments le centre et le héros! Un petit épisode gaiement terminé justifia cette surveillance; notre cuisinier, l'homme le plus grand et le plus fort de l'équipage, faillit être victime de son imprudence. On sait que les Arabes ont pour habitude, au matin, à midi et le soir, de faire leurs ablutions au bord du fleuve. Or le cuisinier en question s'était éloigné de quelques pas et, religieusement accroupi, se livrait à la prière et aux pratiques pieuses, lorsqu'un énorme crocodile, celui sans doute que la légende nomme le moudir d'Ibsamboul, sortit de l'eau en bâillant. Notre homme n'eut que le temps de se réfugier derrière un rocher et il entendit nettement les mâchoires de son ennemi se refermer sur le vide. Je ne vous peindrai pas le désappointement du crocodile (il dut se rompre quelques dents, tant il était sûr de sa proie!), mais bien la frayeur du pauvre cuisinier que ses jambes portaient à peine. Nous ne savions ce que signifiait son trouble et nous l'interrogions vainement; lorsqu'il put parler il nous conta la terrible apparition de cette gueule géante, gouffre armé de scies comme les oubliettes du moyen âge, et l'œil fascinateur du monstre se félicitant d'avance du succulent morceau qu'il avait choisi : il me fit comprendre en un instant le pouvoir pétrifiant de la tête de Méduse. Son récit, fait avec toute l'originalité d'un Arabe qui écorche le français et un choix d'expressions extraordinaires, est encore présent à mon esprit. Pour lui désormais, il ne passait pas une poutre sur le fleuve, que ce ne fût un amphibie.

La rapacité du Kachef, la déception du crocodile, les chants des travailleurs, la chute du sable dans le Nil, mille incidents aujourd'hui oubliés, animèrent notre séjour à Ibsamboul. La journée du jeudi 31 janvier fut signalée par l'arrivée de deux barques; un Anglais, M. James Douglas, montait la première : il nous accueillit fort bien sans présentation et nous offrit le thé. Je me rappelle que le beurre des sandwiches était rapporté par lui du Canada : au moins il me le dit et je le crus. L'autre daabie portait un pavillon qui nous fit battre le cœur; nous sommes cosmopolites, certes, et faciles aux mœurs de tous les pays, mais partout et toujours la vue des couleurs françaises nous cause une émotion fière. De toute notre artillerie nous saluâmes nos compatriotes, et ce ne fut d'abord que joyeuses fusillades : ensuite vinrent les plus cordiales relations. Ma femme, depuis longtemps sevrée de toute communication avec des personnes de son sexe et de son monde, trouva dans la barque nouvelle des dames fort aimables et qu'elle regretta depuis. Mon plaisir ne fut pas moins grand que le sien, et j'eus en outre une satisfaction d'amour-propre : mes travaux de déblayement, si incomplets qu'ils fussent, ne laissèrent pas que d'être appréciés. Le plus enfoui des colosses du grand temple était dégagé jusqu'aux genoux ; la porte avait cessé d'être tout à fait obstruée ; on pouvait juger des proportions extérieures et pénétrer dans les salles souterraines.

Les deux temples sont entièrement creusés dans le granit de la montagne ; il n'y a pas une pierre rapportée. Les mesures que nous avons données plus haut pour la façade du grand temple montrent ce qu'il a dû coûter d'efforts, de temps et d'hommes peut-être. L'œil est attiré d'abord par les quatre géants assis, les mains sur leurs genoux, qui sont, selon Champollion, des statues de Rhamsès le Grand, notre Sésostris, l'homme le plus illustre du XVI° siècle avant notre ère. L'Égypte est pleine encore de sa gloire ; nous le trouverons partout et nous rapporterons de lui plusieurs portraits photographiques.

Deux contre-forts taillés, comme les colosses, en plein granit terminent et délimitent la largeur du temple. La porte d'entrée est surmontée d'un cartouche intaillé dans le mur; une grande corniche où sont sculptés trente dieux assis couronne l'édifice énorme. Au-dessus, la montagne s'élève, toiture digne de la maison. Par le haut de la porte, un crépuscule pénètre dans les salles intérieures; la première est soutenue par huit piliers où s'adossent huit colosses, huit Rhamsès de $8^m 50$. Derrière cette galerie se développent sur les murailles, en sculptures bizarres, les conquêtes et les victoires de Sésostris en Éthiopie. Ce ne sont que longues jambes ouvertes en compas, bras minces et durs tendant l'arc, guerriers de profil avec l'œil de face, épaules saillantes et pointues, enfin tout ce qui dans l'art égyptien nous étonne et nous répugne d'abord : les sculpteurs de cette splendide époque se sont absolument refusés à imiter la nature, non qu'ils ne la connussent, mais le respect de la tradition leur liait les mains. O tradition, que d'inepties se commettent en ton nom! Lorsque le spectateur a pu écarter ces pensées, par malheur trop vraies, il admire la finesse du travail, l'expression variée des types et la pureté des lignes du visage. Toutes les singularités puériles se dissipent comme ces traits sans raison qui dans une esquisse voilent la pensée de l'artiste, et la force, la beauté, la gloire de ces armées, de ce peuple, de cette cour, revivent et se colorent sur les grands bas-reliefs grisâtres. Champollion le jeune (*Lettres sur la Nubie*, pag. 132-134) a décrit les six grandes compositions de la première salle, et nous lui renvoyons le lecteur curieux; car nous ne sommes pas au bout des galeries et des sculptures. Nous traversons plusieurs chambres, toutes ornées d'allégories historiques, et le sanctuaire montre enfin à nos yeux ses quatre gardiens assis, Ammon-Ra, le père des dieux, Phré, Phta, et Rhamsès, compagnon des trois démiurges.

A la suite du grand temple est le petit, dédié à la déesse Hator-Vénus par Nofré-Ari, femme de Sésostris. Rien de plus naturel : les modèles d'un roi sont la puissance et la lumière; la religion d'une femme et d'une reine est la beauté féconde; également ouvert dans le roc, mais plus près du Nil qui coule parallèlement à sa base, le temple d'Hator présente une façade longue de 33 m., haute de 18 ; il est décoré de six colosses debout de 12 m. environ, chacun flanqué de deux statues qui lui viennent au genou. Entre chaque groupe se dresse un contre-fort très-orné; nous n'atteignîmes la porte qu'après dix minutes d'efforts dans un sable friable où nos jambes se débattaient désespérément. A côté du petit temple, un bas-relief taillé dans la montagne représente un prince ou un gouverneur nubien qui offre à Sésostris l'emblème de la victoire. Personne que nous sachions ne l'a reproduit; il n'y a là rien d'étonnant : tout Ibsamboul est peuplé d'hiéroglyphes. (*Grandes épreuves :* 34-37. *Petites :* 165-166.)

Nos travaux photographiques avaient consumé deux journées, 1ᵉʳ et 2 février; mais les beaux résultats obtenus étaient faits pour nous consoler du retard. Tout ce qu'une chambre noire peut prendre de la réalité, relief, ombres puissantes, chaleur même des terrains et des granits dorés par le soleil, nous l'emportions avec nous, et nul doute que, sur nos épreuves, on ne pût tailler dans quelque montagne française la copie des deux façades. Pour les merveilles intérieures, si le jour permettait de les considérer, il n'était pas assez puissant pour les détacher de la muraille.

Nos opérations furent égayées par un incident que nous devons noter ici malgré sa puérilité ; il met dans tout son jour la naïveté égyptienne. Nos appareils avaient singulièrement réduit la grandeur des temples, et nous sentions la nécessité d'un point de repère qui en indiquât tout d'abord les proportions colossales. La longueur de nos procédés ne nous permettait pas de songer à la pose d'un être vivant ; c'est pourquoi nous confectionnâmes un mannequin de moyenne taille, vêtu à l'européenne et coiffé d'un chapeau où nous eûmes l'idée d'écrire un nom de baptême (Abou-Sembil). Tout le monde dormait quand notre compère fut amarré sur le pont à une place que nous lui assignions pour ses heures de loisir. Le lendemain, grande stupéfaction de l'équipage ; on entoure Abou-Sembil ; la curiosité l'emporte sur la frayeur ; on lui prend les mains qui sont glacées par le froid de la nuit, on ne peut les réchauffer ; il ne répond pas aux paroles les plus amicales. Enfin, malgré son silence obstiné, peut-être même à cause de sa placidité constante, il devint le meilleur ami des matelots, et pas un ne passait devant lui sans l'appeler par son nom et lui adresser un geste affectueux. Désormais, même pour nous, surtout pour nous qui l'avons fait, Abou-Sembil existe ; toujours prêt à garder les poses les plus malaisées sur les genoux des colosses qu au pied des obélisques, il nous rend des services éminents récompensés par de nombreux portraits. C'est maintenant un homme comme un autre; il vit en photographie.

## CHAPITRE II.

IBRIM. DERR. AMADA. SÉBOUA. MAHARAKKA. DAKKEH.
KIRCHEH. DANDOUR.

Nos adieux à Ibsamboul ne furent pas sans émotion ; on ne se sépare pas volontiers, pour toujours peut-être, d'un lieu où l'on a laissé un peu de soi-même. Combien de nos rêves et de nos pensées restaient dans les salles intérieures, entre les piliers sombres, combien voltigeaient dans l'air autour des colosses! Après nous, le sable reviendra, jaloux des Rhamsès, et montera patiemment à l'assaut de leurs têtes sereines. Longtemps, sur la terrasse de ma daabie emportée par le courant, je tournai les yeux vers les temples que la rive sinueuse me dérobait, me rendait tour à tour.

Nous allâmes coucher à une faible distance d'Ibrim où des ruines diverses devaient nous retenir quelques heures (dim. 3 février). Sur une éminence qui domine le Nil à pic, d'où la vue embrasse le désert coupé seulement par une bande de terre verdoyante qui borde la chaîne libyque et que nourrit le fleuve aux détours capricieux, un château s'élève, croulant, inhabité, voué à une destruction totale. L'importance qu'avait conservée ce lieu, même sous la domination arabe ou turque, s'évanouit chaque jour. La vie de l'Égypte a sans cesse tendu à descendre le Nil, à se concentrer entre Memphis et Alexandrie, entre Suez et le Caire. Au-dessous du château, une chapelle grecque dont on distingue encore les arcades et l'abside, n'est guère mieux conservée que deux temples dont les colonnes et les chapiteaux jonchent partout le sol. Dans la montagne s'ouvrent quatre excavations nommées spéos qui attestent l'antiquité d'Ibrim, jadis Primis; les bas-reliefs et les statues qui les décorent représentent des rois et des dieux. Prime, génie du lieu, et Saté, que Champollion rapproche de Junon, y reçoivent Toutmosis I^er, Mœris, fils de la reine Amensé, Aménophis II et Sésostris. Le quatrième spéos est particulièrement dédié à Hermès tête d'épervier. Sur les parois du second et du troisième, des princes nubiens présentent au roi des tributs ou des impôts, choses autrefois confondues, et que les peuples orientaux ne savent pas distinguer encore. (*Petites épreuves :* 164.)

Deer ou Deeri, capitale de la Nubie, où nous abordâmes vers deux heures (4 février), possède un temple, ouvrage de Sésostris, dédié à Ammon-Ra et à Phré. Des peintures aussi fraîches qu'au premier jour représentent des scènes allégoriques; elles datent sans doute des Ptolémées comme les statues d'Isis qui sont toutes le portrait d'une reine Arsinoé. Le temple est creusé dans le roc. A quelque distance est le temple d'Amada, précédé d'un *pronaos* que soutiennent douze piliers carrés couverts de sculptures, et quatre colonnes. C'est Mœris qui l'a fait construire et dédié à Phré, l'esprit du soleil; il est d'un beau style et l'emporte sur le temple de Deer. Nous aurons plus d'une fois à remarquer que la sculpture, sous le règne de Sésostris, perdit quelque chose de sa finesse. La quantité remplace la qualité. Les lettres de Champollion sur l'Égypte et la Nubie donnent sur Deer et Amada des détails abondants et techniques; le lecteur fera bien de s'y reporter. (*Petites épreuves* : 163.)

La route, assez ordinaire, ne nous apprit rien de nouveau sur les mœurs et le pays; toujours le sable et les palmiers; toujours les montagnes serpentant à nos côtés ou gagnant les horizons lointains; quelques crocodiles noirs et grisâtres sur les îlots solitaires; des chants d'oiseaux ou les refrains monotones, charmants, insaisissables, qui s'échappent des sakiehs et des chadoufs. Entre Deer et Korosko, une barque anglaise nous apprit en passant la triste aventure d'un jeune lord qui, malgré les drogmans et ses amis, s'était baigné dans la première cataracte; son corps emporté par le courant invincible, broyé par les écueils, n'avait été retrouvé que le lendemain; plus tard, à Louqsor, je vis une grande pierre qu'on envoyait à Korosko pour la tombe de l'imprudent nageur. Je pense qu'un Anglais seul, et des plus excentriques, pouvait se flatter de lutter contre le Nil furieux. La victime d'El-Kébir allait rejoindre dans le cimetière européen de Korosko une dame anglaise que la médecine avait envoyée dans ces lointaines régions. Peut-être un romancier broderait sur cette double mort quelque roman d'amour désespéré; il saurait encadrer dans le paysage austère, éclatant et triste, la fin de deux amants qui n'ont pu vivre l'un sans l'autre et qui rêvent l'union dans le tombeau. Ah! pauvres morts! que disent de ces espérances les vers qui vous défigurent.

Ces idées mélancoliques nous poursuivirent tout le jour, étendant sur Korosko un voile que ne pouvait percer la douce chaleur du soleil : le village était près de nous déjà que nous ne le voyions pas encore, et ses maisons basses se confondaient avec la couleur grise des collines qui les dominent. Ce n'était plus le Korosko des caravanes, le lieu plein de bruit où nous nous mêlions naguère à la joie d'une noce nubienne, où nos matelots s'enivraient de bière nationale. (*Petites épreuves :* 162.)

Je ne sais si la torpeur où nous étions plongés nous abusait sur les distances ; mais Séboua nous parut bien plus loin de Korosko que ne le veulent les cartes anglaises (map of Egypt, by lt-colonel Leake of the r$^l$ artillery); toutefois j'ai lieu de croire que, malgré leur exactitude ordinaire, elles ont commis ici une légère erreur. Un jour et une nuit nous suffirent à peine pour atteindre Séboua.

Toute la Nubie est pleine de Sésostris ; c'est lui encore qui a dédié aux dieux solaires Phré et Phta (Héphaistos) l'hémispéos de Séboua, c'est-à-dire une demi-caverne, un temple dont le sanctuaire est creusé dans le roc et dont le pronaos, construit en pierre de taille, se détache et s'avance hors de la montagne. Le sable en interdit aujourd'hui l'entrée, mais le conserve intact; disons en passant qu'il ne faut pas toujours médire du sable : il est plutôt un gardien incommode qu'un destructeur ; s'il avait enfoui l'avenue de sphinx à laquelle Séboua doit son nom, les colosses chaque jour démolis et les pylônes qui se dégradent d'un progrès lent et sûr, on aurait au moins l'espoir de retrouver dans sa fraîcheur première un des beaux monuments de l'Égypte : ce serait un autre Herculanum, plus vénérable par l'âge. Mais le désert n'a fait son œuvre qu'à moitié : l'avenue est réduite à cinq sphinx ; les sculptures des deux pylônes sont informes et les colosses qui veillaient à la porte gisent épars autour de leurs bases. Quant au temple, dont les murs et le plafond semblent solides encore, il est fermé au profane ; les divinités qu'il recèle sont faites à la nuit et ne se soucient guère d'être rendues à la lumière. Elles dorment là, sans pensée, comme des momies indifférentes, sous leur pâle suaire, au pied des petites collines rocheuses qui s'échelonnent jusqu'à l'horizon occidental. (*Petites épreuves :* 161.)

Le 7 février, de bonne heure, nous quittâmes la vallée des Lions, comme les indigènes appellent Séboua, cherchant quelque débris plus favorable à la photographie.

Le temple de Maharakka, postérieur et inférieur à la plupart des édifices nubiens, nous fournit cependant un motif pittoresque. Ses ruines ressemblent à ces châteaux que les enfants construisent avec des cubes de bois et qui croulent d'un côté ; au couchant toutes les colonnes avec leurs chapiteaux sont renversées ; mais les pierres sont tellement intactes qu'un architecte n'aurait qu'à les replacer l'une sur l'autre. Une cour entourée de colonnes a résisté au temps; dans les pièces du fond se voient des peintures médiocres et qu'on peut rapporter au Christianisme. Un escalier tournant, dont l'arbre porte encore quelques marches vacillantes, montait au sommet de l'édifice; c'était par là sans doute qu'un antique sacristain allait sonner la cloche (elle n'était pas inventée!) A quelques mètres du flanc oriental, on nous fit remarquer les restes tout à fait informes d'un temple plus ancien dont les matériaux ont été employés peut-être à la construction du nouveau. (*Grandes épreuves :* 33. *Petites épreuves :* 160.)

Le soir du même jour, nous nous arrêtâmes à Dakkeh jadis nommée Pselk ou Pselcis. Tot en était seigneur et y avait deux temples : l'un, élevé par Mœris, n'a laissé que des débris insignifiants; tout auprès est le pylône du second, œuvre d'un conquérant éthiopien, Hergaménès roi de Méroë. Si l'on en croit Diodore, cet Hergaménès délivra son pays du gouvernement théocratique. Il paraît que le clergé éthiopien, réuni en collége dans le temple d'Or à Méroë, était le maître absolu des rois; les comdamnât-il même au suicide, il était obéi. Cette excessive puissance lui avait appartenu sans doute de tout temps; c'était peut-être un legs de l'antique théocratie thébaine. L'Éthiopie ne fut jamais subjuguée, malgré les victoires de Sésostris et de quelques Ptolémées; bien au contraire, elle imposa une dynastie à l'Égypte. Il est probable que vers le huitième siècle avant le Christ, le pouvoir exécutif était, comme l'influence morale, entre les mains du grand prêtre; en effet, Sabacon et ses successeurs réunissaient à la royauté le souverain pontificat. Depuis, les prêtres déposèrent la cuirasse, heureux de confier à un chef militaire la défense de leur paresse. Les rois leur obéirent deux cents ans; mais Hergaménès ayant reçu l'ordre de se tuer, préféra vivre. Il se trouva donc dans l'obligation d'assiéger le temple d'Or et de massacrer ses maîtres. Cela se passait au temps de Ptolémée Philadelphe. Lorsque Hergaménès se fut délivré de la tutelle sacerdotale, je ne sais quelles considérations, sans doute cette politique qui croit gouverner les peuples par la religion, l'amenèrent à adorer, à redorer ce qu'il avait brûlé. Il rendit à Tot son sanctuaire à cette condition, que Tot, inventeur de l'écriture, n'enseignerait pas à ses fidèles des principes contraires à l'ordre et à la sainteté du gouvernement absolu. Cet Hergaménès, dans sa jeunesse, avait été libre-penseur; il continua de l'être dans la maturité de l'âge, mais pour lui-même; il comprit que sa liberté dépendait de l'esclavage universel, et il se fit sceptique. Je te salue, Tot, seigneur de Pselk, et toi, Hergaménès, allié de Tot, tous deux prudents et victorieux! Puisse votre souvenir habiter longtemps encore ces pylônes solides et les dix colonnes de ce portique. (*Petites épreuves :* 150.)

A Kircheh, ou Girfhussein, nous retrouvons Sésostris qui nous avait abandonné tout un jour; mais ce n'est pas sans peine : il faut marcher une heure environ dans le sable, pour atteindre le temple souterrain qu'il a dédié à Phta. La façade de l'hémispéos, tout ce qui était construit à l'extérieur, a presque entièrement disparu; aussi la photographie est-elle ici insuffisante : elle indique à peine par la puissance de ses ombres les profondeurs souterraines qui succèdent aux portiques habités par des couples de statues. Trois salles de différente grandeur, dans lesquelles s'ouvrent de chaque côté des portes ténébreuses, pénètrent avant dans la montagne; elles n'ont pas été épargnées par la dévastation. La première, la grande, est soutenue par six piliers d'où sortent à demi six informes colosses; sur les flancs, huit niches renferment chacune trois figures assises. Dans la seconde, on voit deux pilastres carrés couverts d'intailles; au fond de la troisième, qui est le sanctuaire, quatre personnages assis président aux sacrifices. Une pierre qui est là recevait le sang des victimes. Les portes latérales conduisent sans doute à des souterrains profonds où les initiés croyaient trouver les divinités infernales; nous n'osâmes nous risquer dans une nuit peuplée d'oiseaux silencieux et de reptiles qui laissent sur la pierre des vestiges humides et lumineux. Toutes les parois que nous pûmes éclairer de nos torches sont décorées de bas-reliefs aussi nets que les colosses sont informes; mais nous n'avions pas assez de connaissances spéciales pour en expliquer les détails; le héros en était toujours le victorieux Rhamsès. D'ailleurs, le froid qui nous gagnait dans ces cavernes, hâta notre départ; jadis peut-être l'influence de Phta, dieu du feu, s'y faisait sentir : elle a disparu avec son culte. Au dehors, nous trouvâmes une température printanière (29 degrés à midi).

Dandour nous offrit le spécimen complet d'un temple égyptien élevé au temps d'Auguste; c'est à Dakkeh que nous avions, pour la première fois en Nubie, rencontré des traces de reconstruction romaine. Les conquérants anciens de l'Égypte ont eu le bon esprit de ne pas lui imposer leur art et leurs dieux ; ils se sont bornés à reconstruire sur les emplacements consacrés des temples à peu près semblables à ceux qui s'étaient écroulés. Si Cambyse n'avait pas détruit tant de monuments pharaoniques, les Grecs et les Romains n'auraient jamais fait que restaurer les édifices maltraités par le temps. L'intolérance qu'on leur a reprochée à l'égard du Christianisme fut purement politique, et répondit du reste à l'intolérance de la religion nouvelle. On comprend que les dieux païens aient défendu leur vie contre un ennemi ; mais entre eux, ils se rapprochaient et se faisaient volontiers part de leurs honneurs. Jupiter et Ammon, Apollon et Phré, Phta et Vulcain, fraternisaient aisément. Auguste s'était bien gardé de détrôner Osiris qui règne à Dandour ; il lui avait, avec les ruines de son sanctuaire ancien, bâti une demeure nouvelle. (*Petites épreuves :* 157.)

Ce qui reste du temple domine le Nil et ne déplaît pas au voyageur ; mais la position fait plus pour ces ruines que le style des sculptures : la belle époque est loin de nous, les bas-reliefs n'ont rien que d'ordinaire. Une grande terrasse, dont les soubassements atteignent le fleuve, a porté jadis des propylées qu'on devine à leurs débris. Un petit *propylône* est resté debout, à vingt mètres environ en avant du temple ; les dimensions du *naos* sont très-restreintes ; un porche de deux colonnes les précède ; derrière, et adossé à la muraille, un *sèkos* très-étroit formait à lui seul l'appartement secret du dieu. Il ne faut pas aussi croire qu'Osiris fût un bien haut personnage dans la hiérarchie divine ; malgré sa célébrité, ce n'était qu'une des formes les plus humbles du grand principe lumineux ; dieu vulgaire, populaire, il était d'autant moins mystérieux, d'autant plus répandu. De là sa renommée.

## CHAPITRE III.

KALABSCHÉ. KARDASSI. DÉBOUD. KNOUFIS ET MALOULI.

10-13 Février. (Matin, 16-18°; midi, 31°; soir, 21°.)

Ce rocher, devant lequel nous passons, je le reconnais pour l'avoir gravi; c'est de là qu'on voit la ville perdue que nul n'a jamais atteinte. Le courant rapide des gorges de Taphis nous emporte vers Kalabsché; au milieu des sycomores vénérables, s'élèvent d'immenses amas de pierres : on dirait que la montagne a répandu ses entrailles jusqu'au fleuve. Autour des ruines, s'étale un village rampant et sale dont les habitants sont querelleurs et sauvages. Il y a peu d'années, le recrutement ne s'y fit pas sans effusion de sang. Dix des soldats chargés de la presse furent tués à coups de fusil. Eh! comment ces gens, qui n'entendent pas la langue du nord, iraient-ils de bon cœur défendre un gouvernement lointain? N'est-ce pas assez de payer chaque année le tribut? Rien ne les intéresse que le champ où ils sont nés, les femmes qu'ils aiment et la nonchalance dans la liberté. (*Petites épreuves* : 154.)

Comme nous abordions, une multitude de marchands nubiens nous assaillit, vantant les divers objets de leur commerce, loques souvent indignes d'être touchées du doigt. Ce sont des poignards, des flèches, des kourbachs, et surtout des ceintures de jeunes filles. Les Nubiennes restent nues jusqu'au mariage. Elles portent pour tout vêtement la graisse dont elles s'inondent et une très-mince bande d'étoffe nommée ceinture de virginité. Vers dix ou douze ans, elles quittent ce symbole d'innocence, qui devient une curiosité pour les Européens. Nous n'avions que faire des marchandises, très-surfaites, que l'on nous présentait, et nous débarquâmes à la hâte nos appareils photographiques.

Le temple de Kalabsché, un des beaux monuments de la Nubie, est construit sur une échelle immense. Une magnifique chaussée en pierres de taille, munie d'un parapet, et qui commençait au Nil, conduit à une porte percée dans un pylône géant. Le sable n'a pu emporter cette route solide. Derrière le pylône s'étend un espace jonché de grands débris : c'étaient de vastes propylées ; pas une colonne aujourd'hui n'en est restée debout. La façade du pronaos se tient encore avec ses quatre colonnes, ses portes, ses murs d'appui, chargés de sculptures où abonde l'emblème du soleil. Posons vite la chambre noire : demain peut-être le pronaos aura suivi à terre les colonnades des propylées ; mais non : tout cela chancelle depuis des siècles ; ce n'est pas d'hier que les pierres sont délitées et les chapiteaux écaillés, que les entablements et les corniches s'inclinent sur le vide. Nous avons le temps d'entrer dans le naos, d'en étudier les nombreux bas-reliefs et les peintures éclatantes. Un amas de pierres obstrue l'entrée du sèkos qui, autant que nous avons pu l'entrevoir, est insignifiant. Sauve qui peut! un morceau de granit vient de tomber à nos pieds; regagnons l'air libre et respirons sous la coupole bleue, au risque des aérolithes! Notre crainte, bien que puérile, ajoute à l'effet de ces ruines et nous égare dans les escaliers et les couloirs spacieux. Une double enceinte construite en pierres énormes entoure le temple comme une forteresse. (*Petites épreuves* : 155.)

Le dieu de Kalabsché est Malouli, que les Grecs prononçaient Mandouli, fils d'Horus et d'Isis, et composant avec eux une des nombreuses triades terrestres dont l'image et le modèle étaient au ciel dans la suprême coéternité d'Amon-Ra, Mout et Kons. Les dieux mâles pouvaient être à la fois pères, frères, maris et fils, et résumaient en eux toutes les forces de la famille. La série indéfinie des triades leur permettait d'y jouer tous les rôles. Leurs noms changeaient, mais non leurs attributs principaux; aussi est-il facile, au moins en théorie, de simplifier la religion et de la ramener à la triade première. Dans les cinquante bas-reliefs qui donnent la généalogie de Malouli au milieu de tous les jeux d'une imagination symbolique, un indice persistant, c'est l'identité de Malouli avec Kons; il a les mêmes insignes et le même costume. Tout ce qui le distingue est le titre de seigneur de Talmis (aujourd'hui Kalabsché). Au sujet des attributions locales de Malouli et des autres dieux, nous pourrions nous égarer en des problèmes insolubles; pourquoi la hiérarchie divine, au lieu de simplifier la religion par la suppression de noms devenus synonymes, a-t-elle compliqué le culte à plaisir? C'est sans doute qu'elle n'a pu s'établir autrement; qu'elle a trouvé dans chaque tribu, dans chaque nome, une idole, un fétiche, des pénates qui portaient déjà un nom; que, ne pouvant les chasser, elle se les est rattachés par un réseau subtil dont le vulgaire n'avait pas de souci, et qui conciliait l'unité religieuse avec la diversité des croyances. C'est ainsi que Malouli est demeuré seigneur de Talmis, et qu'il est devenu fils d'Isis et d'Horus.

C'est ainsi que Knoufis ou Knef, dieu de Beit-Oually, admet dans son sanctuaire Ammon-Ra dont il n'est plus que la forme secondaire. Il demeure près de Malouli dans un spéos à triple porte que lui a construit le frère de Sésostris; on entre chez lui par un pronaos qui de chaque côté s'appuie sur deux colonnes. Des sculptures très-curieuses entourent le naos et le sanctuaire; on y voit Ammon-Ra, sans doute approuvé par Knoufis, accorder toutes sortes de prospérités à Rhamsès II, seigneur du monde.

Quittons un instant le monde des dieux pour vous entretenir de simples contrariétés qui nous advinrent sur le Nil. Comme le vent nous poussait violemment vers les roches de Kalabsché, le réis provisoire refusa d'avancer; il ne pouvait répondre de la manœuvre au milieu d'un courant très-connu pour sa rapidité. Force nous fut donc de nous arrêter à l'entrée de la passe; après tout, nous tenions à notre barque et à notre vie. Le second, dont la femme demeure à Taphis, demanda et obtint aisément un congé de quelques heures : il promettait de revenir avant le soir.

Mais le vent était depuis longtemps tombé, le soleil touchait à l'horizon, et l'absent n'était pas de retour. Je résolus de ne pas l'attendre et j'enjoignis au réis de lever l'ancre. Cependant les matelots, privés de leur chef immédiat (quelle idée maudite d'avoir laissé mon réis à Assouan!), commencèrent de crier famine. Ils manquaient de pain et le second devait en rapporter. Décidé à partir, je livrai nos provisions ; quelle brèche y firent quatorze grands diables efflanqués, c'est à quoi je ne puis penser sans douleur ; leur ventre se remplissait à vue d'œil. Pour moi, je me promenais d'un air joyeux, n'osant les rappeler à la modération ; ils me récompensèrent de ma bonne humeur apparente par des confidences que me traduisait le drogman ; c'est d'eux que je sus d'où venaient la prudence et la temporisation du réis provisoire : sa connaissance du dialecte barbarin faisait de lui notre intermédiaire avec les marchands et lui assurait tous les bénéfices qui d'ordinaire appartiennent au drogman ; le désir du gain ralentissait sa marche. Aussitôt que l'équipage eut repris assez de force pour lutter contre les dangers du passage, le réis donna le signal à contre-cœur.

A peine au milieu du défilé, pris de flanc par un vent contraire, nous tournons sur nous-mêmes ; la barque impuissante à se gouverner décrit des cercles effrayants qui la rapprochent de gros blocs noirs dressés hors de l'eau. Nos hommes perdent la tête et la ruine paraît imminente : déjà grandissent les écueils, déjà nous entrons dans leur ombre et nous sommes en leur puissance. Les clameurs de l'équipage n'expriment pas plus de terreur que notre silence. Tout d'un coup, le rocher était sur nous et nous sentions le froid de la pierre, tout d'un coup nous arrêtons; nous reculons vers la seconde cataracte, et un choc nous avertit que nous échouons; nous étions sauvés. Voilà ce qui s'était passé : un matelot, éclairé par le danger imminent, avait retrouvé sa présence d'esprit; sans consulter le réis, il avait déployé la voile et, du vent notre ennemi, fait notre allié le plus efficace. La brise, plus forte que le courant, nous rejetait en arrière et nous ramenait au lieu de notre ancrage.

Je n'osais guère faire de reproche au réis, dont j'avais dédaigné l'opposition formelle; toute ma colère se déchargeait sur le second dont l'absence était impardonnable en un pareil moment. En effet, je n'avais pas de reproches à me faire; il était naturel, le vent tombé, que je voulusse partir; ce n'était pas à moi de diriger la barque. La nuit soudainement nous avait enveloppés, et j'enrageais de perdre le spectacle du défilé que je comptais examiner en détail. Retrouver le second était difficile; il avait pris la chaloupe et un matelot. Enfin, un Nubien de bonne volonté, séduit par l'appât d'une vingtaine de piastres, se décide à se jeter dans le fleuve et à couper le courant. Tandis qu'on cherche notre fugitif, nous attendons la fin de la bourrasque.

Un clair de lune magnifique avait succédé à la première obscurité de la nuit; et, le vent s'étant calmé sur les onze heures, nous acceptâmes la proposition du réis qui, pour se relever dans notre esprit, offrait de tenter le passage. Nous n'étions pas sans appréhension; mais l'heureux début de notre course nous rassura pleinement, et nous demeurâmes toute la nuit sur le pont, jouissant des délices profondes de la sérénité et de la vitesse. Les rochers passaient comme des spectres; sur leurs flancs, l'eau rapide se brisait en plaintes sonores : le murmure du fleuve n'était pas ce bruit de grelots joyeux que fait un ruisseau sur des cailloux polis; ce n'était pas non plus le sanglot de la vague jetée violemment contre le bord; c'était je ne sais quoi de tendre et de solennel qui se liait à l'harmonie de la nuit pure. On eût dit le soupir de la terre étreinte par le ciel; l'azur flottait sur l'onde et sur la rive; notre atmosphère grossière s'était dissipée : elle avait fait place à l'haleine subtile de l'éther insaisissable. Que l'homme est peu de chose, perdu dans ces crépuscules grandioses! Mais, sans lui, de quoi serviraient les merveilles et qui les comprendrait? Hélas! en perce-t-il jamais les ténèbres transparentes? Il mesure les distances et les orbites des astres, il compte les mondes, mais il ne saisit pas la raison de leur existence; un de plus ou de moins, que nous importe? Pourquoi ces formes se sont-elles dégagées des chaos solaires? Quand y retourneront-elles, et où sera l'homme? Ces doutes stériles, ces idées aujourd'hui vulgaires, trois mille ans avant nous tourmentaient l'antique Égypte. Elle s'est arrêtée au seuil de l'infini; elle y a posé, comme une sentinelle, la statue de la destinée inconnue, une femme voilée qui ne veut rien dire. Silence donc! imitons la prudence des sages; car nous entrons dans le royaume d'Isis; Isis la mystérieuse règne à Kardassi, à Déboud; elle règne à Philæ.

Kartas ou Kardassi possède un petit temple qui lui est dédié. Il en reste une porte entre deux colonnes dont les chapiteaux montrent quatre têtes à larges oreilles, et un portique, un pronaos peut-être, représenté par quatre colonnes que relie une vaste architrave. A côté de ces ruines élégantes, un temple plus vaste n'a laissé que quelques vestiges d'enceinte et une porte assez bien conservée. En arrière, la montagne garde encore en sein les excavations d'où l'architecte a tiré les matériaux de ces édifices. A travers les colonnes, au loin et par-dessus le Nil caché dans un pli surmonté de verdure, on voit fuir les ondulations faibles de la chaîne arabique.

Le vieux château d'Abdoum au sommet d'un rocher sauvage attire un instant nos yeux; mais nous ne nous arrêtons pas; le temple de Déboud ou Débouddé nous réclame; Atharramon, prédécesseur ou successeur immédiat d'Hergamènès (voir Dakkeh), l'a dédié à Ammon-Ra et subsidiairement à Osiris et Isis. Dans le sanctuaire gisent les débris d'un mauvais naos monolithe en granit rose, du temps des Ptolémées; les ruines des temples en attestent l'importance. (*Petites épreuves*: 152, 153.)

La violence du vent contraire, en ralentissant notre marche, nous permettait d'observer la population. Il nous sembla que les Nubiens n'avaient plus cette physionomie intelligente, active, que nous remarquions plus haut. C'étaient partout des guenilles et des mendiants. La culture négligée laissait aux végétations libres et inutiles de grands espaces qu'elle n'eût pas perdus aux environs de Korosko; les épis étaient clair-semés, les champs maigres. Nous cherchions en vain ces belles sakiebs qui s'avancent dans le fleuve pour lui prendre ses eaux et féconder les terres ; le paysage monotone, la navigation difficile, la discorde la plus futile et la plus violente à bord, tous les ennuis, se réunissent pour donner à Philæ qui s'approche plus d'attrait et de séduction. Là nous aborderons demain, après soixante-douze jours de Nil ; là, nous vivrons à terre et nous prendrons des forces pour la fin du voyage. Aussi reconnaissons-nous avec joie des masses de granit qui bordent le fleuve ou se lèvent du fond des eaux ; elles viennent à nous comme des messagères, et quand nous les avons dépassées, se réunissent dans l'éloignement et semblent nous interdire le chemin d'Ibsamboul. Nous nous couchons de bonne heure pour abréger l'attente et nous nous confions au courant.

# CHAPITRE IV.

### PHILÆ.

(Matin 16-18°; midi 27-33°; soir 19-21°.)

Rien n'est si grand, vous le verrez, que Louqsor et Karnak; rien n'est fait pour inspirer des idées solennelles comme Biban-el-Molouk, cimetière des rois; mais rien n'a plus de grâce que l'île de Philæ. C'est la perle du Nil. Les siècles ont bien en partie saccagé les ornements dont elle fut enrichie ; mais la nature ne lui refuse ni les palmiers luisants, ni les aloès de bronze; tout ce que le sol de l'Afrique produit de vigoureux et de verdoyant réjouit l'oasis déserte. Autour d'elle, ces rochers noirs, polis par le frottement de l'eau, surmontés d'arbres gracieux, semblent les casques des guerriers qui l'habitaient du temps des Hyksos. Le fleuve a déposé un peu de limon; une graine est tombée du bec d'un oiseau ; des germes semés par le vent se sont attachés au granit, et la vie, signalant sa victoire, agite son vert panache. Une brise salubre tempère en la remuant la chaleur de l'air moite et pur : c'est le souffle d'El-Kébir; sans cesse rafraîchie par une poussière humide, cette haleine insaisissable voltige au-dessus du Nil et vient expirer sur le sein de Philæ. Aux abords de ce climat heureux, s'amollissent et se fondent les plus violentes ardeurs de la zone torride ; jamais le Cancer céleste n'étend ici ses pinces qui brûlent la terre et dessèchent les feuillages. C'est le pays du printemps éternel; une attraction l'environne; le voyageur se hâte d'y aborder et s'en détache avec peine. Las de la vie banale des grandes villes, dégoûté des pluies du nord, il serait doux de bâtir dans ce paradis, sous le ciel le plus pur et le plus éclatant, loin des importuns, la maison de Socrate, à moins qu'un sanctuaire restauré ne pût servir de demeure : il s'agirait seulement de ne pas troubler le génie du lieu. Une petite colonie s'établirait promptement. Quelques saignées féconderaient vite un terrain si bien disposé pour la végétation. Le maïs et les cannes à sucre se mêleraient à la verdure des arbres. Aux heures de repos, on regarderait couler le Nil sans rides, comme une vie heureuse; et le bruit adouci de la cataracte, pareil au bruit lointain des agitations mondaines, bercerait notre sommeil paisible. Mais un choc léger interrompt notre rêverie, nous touchons terre. (*Grandes épreuves* : 29. *Petites* : 109, 121, 141, 143, 146.)

Devant nous se dresse un vieillard pauvrement vêtu, le magicien qui garde l'île enchantée, le fidèle cicérone d'Isis et d'Hator. Son nom est Abdallah; il vit des libéralités de ceux qui passent; encore l'avidité des drogmans le prive-t-elle des deux tiers de son salaire. Tous les matins, une femme ou un jeune garçon, à cheval sur un tronc de palmier flottant, laissant pendre ses jambes au risque d'attirer le crocodile, apporte d'un hameau voisin la nourriture du solitaire : quelques dattes, du riz, des lentilles et, les jours de fête, le plus maigre des poulets. Abdallah ne se plaint pas ; il n'a que la peau sur les os et ne s'en porte que mieux. Le fait est que notre présence, accueillie par ses bénédictions, jeta quelque trouble dans sa santé. L'abondance des mets ne lui valait rien ; chaque jour amenait une indigestion dont il nous remerciait, en attendant la suivante. Il serait tombé malade à la longue et notre départ lui a profité.

Philæ déserte est habitée par un monde de souvenirs ; les perfides Arsinoés, les Bérénices chevelues, les voluptueuses Cléopâtres, habillées en déesses, donnent leur figure à Isis, à Hator ; le nez pointu du sceptique Tibère se profile sur les murailles. Puis les premiers Chrétiens, les Musulmans, succédant aux Romains, ont laissé des traces de leur passage. Enfin nous, Français, nous lisons sur quelque pierre une page glorieuse de notre histoire. Desaix a mis le pied dans notre île, envoyé par l'homme fameux qui, dans ses belles années, rêvait la rénovation de l'Orient par les idées françaises. Philæ se tient là, au milieu du fleuve, comme une grande barque éternellement à l'ancre, pour recueillir tous les noms, toutes les idées, qui flottent dans ses parages et qu'emporterait le temps. Elle s'étend du nord au sud, opposant à la rapidité du courant invisible sa proue immobile, un promontoire terminé par une haute roche. Un solide parapet ou quai de pierre l'entoure et la met à l'abri des inondations. Vers l'ouest, pareille à une chaloupe à flot, une autre île se tient tout près d'elle; on la nomme Béghé. A droite, c'est-à-dire au levant, s'ouvre un désert qui conduit à Assouan. Au nord, on aperçoit la blancheur des rapides et les passes étroites, d'un vert profond. Détournons les yeux ; c'est sur le dos poli de ces couleuvres que nous glisserons jusqu'à Syène ; alors nous serons loin de Philæ. Pourquoi le monde ne finit-il pas à cette colline jaune qui ferme l'horizon du nord? Jouissons du loisir que nous nous sommes préparé jusqu'au jour où le Nil qui décroît déjà menacera de ne plus nous porter. Il nous laissera bien un mois de paix et d'étude. Nous avons établi notre tente sur un pylône élevé; notre réis ordinaire, Essen, qui nous a tant manqué, est de retour; et la discipline, ramenée avec lui, nous promet des aides dociles dans nos travaux photographiques.

Longue de 370 mètres, large de 240, l'île présente une superficie de 130,000 mètres carrés environ, dont 15,000 seulement sont occupés par des ruines apparentes; quant aux débris informes, indifférents, on en compterait autant que de grains de sable. Des monuments sacrés qui ornaient Philæ, car elle était aimée par les dieux autant que par les mortels, il ne reste plus que deux temples et une colonnade. Des chrétiens iconoclastes ont passé là; ils ont brutalement frappé à la face les conceptions du génie égyptien qui n'a cessé de briller durant quatre mille années, au temps que le Christ n'était pas né. Sous les meurtrissures du marteau et les entailles de la hache, l'expression et le relief des sculptures disparaissent, mais les lignes sont restées, protestant contre la destruction. Isis, d'ailleurs, est immortelle et ne tombera dans la foule des traditions vaines que le jour où sera résolu le problème des destinées. La lèpre a succédé à la mutilation. Sur ces murs sculptés et peints des couleurs les plus vives, sur ces pavés où traînait la calasiris des pontifes et des prêtresses, le fellah est venu appliquer sa boue, sa vermine et la fiente de chameau qui sert de charbon à sa cuisine ; dessus, dedans, autour, il a établi son infecte maison de terre. Mais ce pauvre ignorant a moins démérité des artistes que l'intolérant destructeur ; il a souillé d'une enveloppe informe, mais il a conservé les restes précieux que nous admirons aujourd'hui.

Peut-être un savant voudra dédaigner les ruines de Philæ, à cause de leur âge relativement récent : aucune ne remonte au delà du quatrième siècle avant notre ère; cependant nous les aimons, nous, autant pour elles-mêmes que pour le site qu'elles décorent. S'il est vrai que l'époque des Rhamsès ait vu s'élever la plupart des colosses et des édifices grandioses, l'avénement des Ptolémées fut le signal d'un réveil célèbre dans les lettres et les arts. Ce que les temples perdirent en énormité, ils le gagnèrent en mesure et en grâce. Nous abandonnerons plus volontiers au dédain des égyptologues les restaurations romaines ; mais l'influence grecque, moins brusquement imposée à l'architecture pharaonique en a modifié les traditions, sans en altérer l'esprit, sans en frapper les œuvres d'une empreinte étrangère. C'est ainsi qu'à Philæ, le temple d'Isis, construit par Ptolémée Philadelphe, se relie parfaitement au temple d'Hator, élevé près d'un siècle avant par Nectanèbe I*er*, l'un des derniers rois de race nationale; n'était-il pas juste que les Grecs, après avoir emprunté à l'Égypte des dieux et des idées, lui rendissent un peu de la splendeur qu'ils lui devaient? Et comment la science ne serait-elle pas reconnaissante envers les Ptolémées et l'île de Philæ? C'est à Philæ que Belzoni trouva l'inscription bilingue où les noms de Ptolémée et de Cléopâtre, écrits en hiéroglyphes pareils à ceux de l'*inscription* de Rosette, permirent à Champollion le jeune d'établir la présence des caractères phonétiques dans l'écriture égyptienne, et amenèrent la découverte de la langue.

Si l'on commence la visite de Philæ par la pointe sud et la côte occidentale, on trouve d'abord un petit obélisque sans pyramidion, dont les faces unies ne paraissent pas avoir jamais reçu d'intailles hiéroglyphiques.

Tout auprès sont les ruines d'un temple d'Hator-Vénus, ouvrage du règne de Nectanèbe I*er* (370 ans avant notre ère). Des recherches intelligentes en rendraient, je crois, la restauration facile; mais l'état où il est ne peut qu'empirer (*Grandes épreuves*, 26, 38, 42; *petites*, 110, 112, 113, 122). C'est un édifice hypæthre, c'est-à-dire à ciel ouvert; les chapiteaux sont formés par des têtes de femmes dont les oreilles ressemblent à des plumes. Des voyageurs ont eu l'idée d'en arracher plusieurs, sans songer qu'ils compromettaient la solidité de la construction. Pour nous, contentons-nous de saluer Hator, déesse de l'amour, qui partage avec Isis, déesse du mystère, la souveraineté de Philæ. Hator, plus ancienne qu'Isis, et comme elle un des noms du principe féminin, du Féminin éternel, dirait Gœthe, porte sur une tête humaine, tantôt l'épervier solaire ou la dépouille d'un pintade et une couronne de fleurs bleues, myosotis d'Égypte! tantôt le disque rouge et les cornes de la génisse. Quelquefois elle s'affuble d'une tête de vache, ainsi le veut la symbolique; ailleurs elle prend la figure entière d'une vache, animal qui lui est consacré. Les attributs d'Isis sont à peu près les mêmes. Toutes deux ont des rapports avec Vénus, avec Cérès, avec la vache Io. Elles semblent dire à leurs adorateurs : vous voyez sur notre tête l'emblème de la lumière; nous savons le secret de la fécondité et des destinées humaines; mais ne cherchez pas à nous le ravir! Nous avons des cornes pour le défendre de la curiosité profane. Jouissez de la vie, ô mortels!

Un propylée assez étendu, mais conçu dans des proportions modestes pour ne pas nuire aux édifices qu'il relie, succède au temple du sud et se dirige vers le nord-ouest. Il est formé de deux colonnades de longueur inégale et qui ne s'avancent pas dans le même plan; Philæ et Louqsor présentent plusieurs exemples de ces déviations architectoniques, caprices de quelque artiste revenu des beautés de la ligne droite, expédients peut-être inspirés par les mouvements du terrain ou la grâce des perspectives. La divergence progressive des deux galeries du propylée a un double effet; elle atténue l'erreur d'optique qui élève et rétrécit les objets à mesure qu'ils fuient vers l'horizon; et elle laisse voir parfaitement les pylônes du temple d'Isis. La colonnade occidentale se compose de trente-trois colonnes et se prolonge à l'ouest entre les édifices et le Nil. Vers le milieu de la galerie, un escalier descend dans le sol et débouche au bas des remparts; l'entrée inférieure en est souvent cachée par les eaux, pour peu que la crue dépasse le niveau ordinaire. Les fûts sont couverts de figures intaillées; la variété des chapiteaux est remarquable : il n'y en a pas un qui ressemble à l'autre. De l'autre côté, on ne compte que seize colonnes plus négligées; la galerie s'arrête, au nord, devant un petit sanctuaire presque entièrement comblé, dédié à Imoutph-Esculape, fils de Phta et d'Hator. (Colonn. est, *grandes épreuves :* 17 *bis*, 18, 22, 24, 27, 43. *Petites :* 31, 111, 114, 115, 117, 120. Colonn. ouest, *grandes épreuves :* 20, 21. *Petites :* 116, 118, 119, 134, 175.)

Tout rappelle ici Auguste, Tibère et Claude. Leurs têtes romaines attachées à ces grands corps raides qui appartiennent aux sculpteurs égyptiens, accompagnées des attributs sacrés, accueillies par des dieux locaux et suprêmes, décorent les colonnes et les murailles. L'entrée fut pour eux aussi facile dans le panthéon d'Ammon-Ra que dans l'Olympe de Jupiter. On sait d'ailleurs qu'il est peu de peuples qui n'aient placé dans les régions célestes les héros et les rois. Nous-mêmes, que faisons-nous de nos morts vertueux? des dieux ou peu s'en faut, des bienheureux, des saints, des anges. Il est vrai qu'Auguste et les autres sont aussi loin que possible des saints; mais leur sceptre, image du kourbach primitif, heurtait trop impérativement la porte des temples pour se voir interdit l'accès des niches sacrées. Quelles religions n'ont pas su s'accommoder avec les puissants?

Les pylônes datent de Ptolémée Philométor. Leur fondateur, sous la figure d'un géant qui rassemble d'une main vigoureuse les chevelures de plusieurs pygmées, couvre leur façade élevée; l'artiste l'a représenté au moment où il offre des prisonniers à Isis et à Horus. Les pylônes, hauts de 17<sup>m</sup> 70, sont réunis par une porte de 9<sup>m</sup>. En avant et presque encastré dans ces masses, se cache un petit propylône élégamment sculpté, reste d'un temple consacré à Isis sous Nectanèbe et peut-être détruit par les Perses. (*Petites épreuves :* 125, 127.) Parmi les monceaux de débris que nous venons de traverser on distingue encore des lions à demi mutilés. L'escalier qui, traversant diverses pièces, conduit au sommet des pylônes, s'ouvre sur une cour située derrière eux; les degrés en sont encore praticables, mais quelques vides conseillent la circonspection.

Le pylône occidental est percé d'une porte particulière. A l'entrée du pylône oriental, sur la paroi intérieure, une inscription est gravée qui n'a rien d'hiéroglyphique : j'étais pour ma part fort étonné de savoir lire sur les monuments égyptiens. Le lecteur ne sera pas plus embarrassé que moi. Voici le texte, facile à déchiffrer :

« L'an vi de la République, le 13 messidor, une armée française, commandée par Bonaparte, est descendue à Alexandrie. L'armée ayant mis, 20 jours après, les Mamelouks en fuite aux Pyramides, Desaix, commandant la première division, les a poursuivis au delà des cataractes où il est arrivé le 13 ventôse de l'an vii. Les généraux de brigade Davoust, Friant et Belliart; Donzelot, chef de l'état-major; Latournière, commandant l'artillerie; Epper, chef de la 2ᵉ légère. Le 13 ventôse an VII de la République. »

Voilà qui vaut bien des hiéroglyphes; Bonaparte n'est-il pas un Sésostris? Mais sait-on si la pierre de Philæ gardera longtemps les traces de nos gloires républicaines? Déjà la malveillance a gratté quelques noms, et une main patriotique a écrit ces mots à effet : « une page d'histoire ne doit pas être salie. » Assurément l'auteur de cette remontrance aurait pu d'un style pompeux ajouter quelques phrases, quelques vers peut-être, sur le néant des empires. Il aurait montré l'impassible Isis dévorant toutes les renommées, et ce pouvoir occulte, aveugle, incompris et inintelligent, devant qui s'élèvent et s'écroulent les œuvres humaines. (*Grandes épreuves* : 17. *Petites* : 124, 126, 133.)

Mais nous, dépassant les pylônes, continuons de marcher au nord-ouest. Nous trouvons un espace vide, sorte de place irrégulière dont les côtés sont formés chacun par le portique resté debout d'un édifice ruiné. Cette cour est terminée par deux nouveaux pylônes hauts de 14 m. 50, bâtis sur un rocher. Une inscription gravée dans le granit de leur base naturelle en rapporte la construction à Ptolémée Evergète II, qu'on voit, dans de grands bas-reliefs, dédiant le temple à Isis et à Horus. (*Petites épreuves* : 128.)

Les édifices latéraux dont les ruines longent la cour étaient consacrés à Hator et à Isis qui vient d'enfanter Horus. Le premier, à l'occident, est perhypæthre et remonte au règne de Ptolémée Éphiphane; on y voit des bas-reliefs d'Auguste et de Tibère. Le second, à l'orient, se composait de plusieurs pièces ; des sculptures fort intéressantes rappellent Ptolémée Philométor et Tibère ; celles qui décorent la galerie sur la cour sont particulièrement curieuses. (*Grandes épreuves :* 21. *Petites :* 129, 132.)

Les seconds pylônes précèdent le pronaos du grand temple d'Isis : C'est un péristyle imposant, bien conservé, soutenu par dix belles colonnes élancées, jadis couvertes de peintures dont on devine encore les couleurs. Sur la façade, une inscription italienne apprend au voyageur qu'en 1841 Grégoire XVI a consacré de nouveau ce temple au Christianisme. En la lisant, je me souvins des chapelles mesquines dont un zèle mal inspiré a bordé l'arène immense du Colysée. Toutes les religions passeront en vain sur l'Égypte ; elles ne pourront l'enlever au dieux antiques. Tant qu'une statue à tête de chat, d'épervier ou de crocodile, restera debout dans les ruines, tant qu'un sphinx gigantesque et paisible dressera au-dessus du sable sa tête au sourire mystérieux, Ammon-Ra et Phré régneront sur les bords du Nil et gouverneront ses eaux. Ici, Osiris avait son tombeau. Ici l'on adorait encore Isis dans la seconde moitié du sixième siècle chrétien ; ce n'est pas avant le septième que la Bible a été traduite en copte. Et ne croyez pas que les idées modernes aient pénétré les cœurs ; elles n'y ont jeté que des superstitions et des habitudes machinales. Est-ce que d'ailleurs ces fellahs inoffensifs et sauvages, ces enfants rongés de vermine, ces femmes qui, dans leur pudeur risible, relèvent leur robe pour dérober leur figure aux passants. Est-ce que ces populations clair-semées sont les habitants véritables de l'Égypte? Détrompez-vous : ce qui vit, ce qui peuple cette terre, ce sont les ruines, les momies, les ombres. Ne savez-vous pas que, selon la foi des pontifes, l'âme et la vie n'abandonnent pas les corps embaumés avant qu'ils tombent en poussière? Et peut-être une étincelle électrique suffirait-elle à réveiller ces endormis. (*Petites épreuves :* 135, 170.)

Derrière le pronaos aux dix colonnes, s'ouvrent plusieurs pièces dont les murailles sont ornées de bas-reliefs précieux. Toutes les sculptures y représentent des offrandes aux dieux et fourniraient des modèles excellents aux artistes pour les vases, les attitudes, les costumes en usage au troisième siècle dans les sacrifices et les cérémonies religieuses. Je leur recommande surtout, entre le pronaos et le naos, une grande paroi où un Ptolémée, tourné en vrai Pharaon, long, mince, fort d'épaules, et manœuvrant les deux bras en même temps, prend l'un après l'autre sur un grand dressoir placé derrière lui une foule de présents qu'il destine à Isis. Il est d'une gaucherie et d'une noblesse admirables. Il ne détourne pas de la déesse son œil de face sur sa tête de profil; ses longues jambes sont ouvertes en compas; et ses grands bras, d'un mouvement symétrique et infaillible, vont du dressoir à Isis et d'Isis au dressoir. Le sanctuaire n'offre rien de curieux, qu'une niche à épervier en granit rose. La plus belle partie du temple est assurément le pronaos; nous ne pouvions nous lasser d'admirer les colonnes où l'élégance grecque s'unit à la grandeur pharaonique,

Les seconds pylônes et le pronaos sont séparés par une cour où est le bas-relief dont nous venons de parler. Sur le côté de cette cour, un couloir conduit au Nil; au milieu à peu près, un escalier bien conservé monte au sommet du second pylône occidental. Mais avant d'atteindre le haut, on peut entrer dans différentes salles ouvertes sur les paliers, et qui servaient sans doute d'officine aux embaumeurs; l'odeur du natron et du bitume en a si bien imprégné les murs qu'on y respire encore un air vicié; nous dûmes abandonner une de ces pièces que nous avions convertie en laboratoire. Sur ce pylône nous avions établi notre tente. Avant nous, des fellahs y avaient construit des huttes, aujourd'hui abandonnées, heureux de se dérober à toute tentative du Nil et des bêtes malfaisantes.

Pour ne rien oublier dans cette cour où le lecteur ne reviendra plus, mentionnons une inscription gravée dans l'un des murs par l'Institut d'Égypte, et qui constate la position de Philæ à 24°, 11′, 34″ de latitude et à 30°, 34′, 16″ de longitude orientale de Paris. Notre thermomètre, comme pour ajouter à ces chiffres un commentaire, marquait à midi, dans le courant de février, 33 degrés centigrades. Un magnifique soleil favorisait nos travaux et poussait le relief des monuments au fond de nos chambres noires.

Lorsqu'on sort de la cour par le couloir de l'ouest, on débouche en face de Béghé, sous une colonnade séparée du Nil par les débris du temple dont le portique forme la galerie occidentale de la grande cour. Parmi les ruines, on remarque une sorte de portique dont la base présente un singulier caprice architectural. Les assises semblent avoir été taillées en couches demi-circulaires ; et l'on ne peut en expliquer les courbes par une dépression postérieure du terrain ; car la face en est d'aplomb, et les lignes des joints se correspondent rigoureusement. C'est d'ailleurs une singularité devant laquelle je décline ma compétence.

En longeant les murs extérieurs toujours couverts d'hiéroglyphes et de figures, on regagne les premiers pylônes, ceux de Ptolémée Philométor, et si, au lieu de reprendre la grande colonnade qui nous ramènerait à la pointe sud de l'île, nous passons à l'est au pied du petit propylône de Nectanèbe I, nous arrivons, à travers des traces nombreuses de constructions anciennes, au temple hypæthre d'Isis. C'est cette belle salle à jour, soutenue par quatorze colonnes, qui, posée sur une haute terrasse, domine le Nil à l'est et attire invinciblement les yeux ; un charmant bouquet de palmiers l'accompagne. Construite au temps de Trajan et de Nerva, mais inachevée, elle a traversé seize siècles sans vaciller et porte encore fièrement son architrave énorme. Champollion le jeune n'en parle pas ; il lui faut des Pharaons, de vrais Rhamsès ! On y entre à l'occident et au levant ; près de la porte orientale est placée une pierre semblable à un dolmen, et qui servit sans doute aux sacrifices. (*Grandes épreuves :* 15, 16. *Petites* : 137-140.)

Nous laissons sur la gauche un petit *Mammisi* consacré à Hator pour la délivrance d'Horus. Cet édifice, d'une forme assez gracieuse, est presque enfoui dans les décombres ; à peine voit-on les deux colonnes de son péristyle et les bas-reliefs du sanctuaire tout noircis par les feux des voyageurs qui établissent en ce lieu leur cuisine et leur cheminée. (*Petites épreuves* : 136.)

Devant nous, presque à l'extrémité nord, l'eau brillante du fleuve nous apparaît sous les arcs de trois portes cintrées. C'est la première et la seule fois que j'aie vu l'arcade en Égypte. On dit que ces ruines sont les restes d'un temple romain, plus moderne que le temple hypæthre; ou d'un arc de triomphe, car la porte centrale est plus élevée que les autres; ou d'une caserne, bâtie par Dioclétien lorsqu'il fortifia l'île. Appuierons-nous l'une de ces opinions? peu nous importe, et nous ferions bon marché des cintres romains, s'ils ne se détachaient à la fois sur des massifs de verdure et sur l'eau chatoyante. Un escalier délabré descend jusqu'au fleuve. (*Petites épreuves* : 142.)

Entre ces débris et le mur de fond du grand temple d'Isis, des fondations ruinées s'élèvent à peine au-dessus du sol; ce ne sont que fragments de dieux mutilés, sans têtes ou sans jambes selon la grandeur de la pierre et le vide qu'elle pouvait remplir. Ainsi l'on retrouve des bas-reliefs romains dans les murs du moyen âge. Ces décombres ont été vainement relevés par un architecte chrétien; peut-être même avait-on détruit pour édifier. Mais l'église peu solide a moins vécu que les temples ses voisins.

Quelques mots sur Béghé, île sacrée de Snem et jadis rivale de Philæ, ne déplairont pas à l'ombre de Champollion, non à cause des ruines d'un temple élevé par Philométor, mais, sous cet édifice qui a deux mille ans seulement, on retrouve avec des yeux d'égyptomane des restes plus étendus et moins visibles qui portent une date plus vénérable. C'est un ouvrage d'Aménophis II, successeur de Mœris et ancêtre de Sésostris. Le fabuleux Memnon, Aménophis III, s'est aussi occupé des deux îles; et sur l'un de ces rochers qui partout sortent des eaux, une inscription constate son passage lorsqu'il alla combattre les Ethiopiens. (*Grandes épreuves : 32. Petites : 145.*) Le temple de Philométor est dédié à Knoufis ou Knef et à Hator. Knef, dont nous rencontrerons souvent le nom, est l'une des formes d'Ammon; c'est l'intelligence créatrice, le germe de l'univers, cet œuf primordial connu aussi des Brahmanes et qui renfermait le feu de la vie, l'éternel mouvement. Knef est ainsi logiquement le père de Phta. Voilà ce qu'ignorent les peuples de ces contrées; peut-être ne l'ont-ils jamais su. Toutes les religions glisseront à jamais sur leur indifférence. Et de quelles conversions ne se contentent pas les missionnaires qui s'aventurent dans le Soudan !

De l'autre côté de Philæ, sur la rive arabique, au lieu où s'embarquent les visiteurs des îles, est établi un hospice chrétien, dont la propreté est remarquable dans ces climats où les insectes pullulent. Je trouvai là des natures vénérables, des hommes détachés de tout intérêt temporel. Les uns, pleins d'ardeur et d'enthousiasme, brûlant de conquérir des âmes à l'humanité, partent pour ces pays où les hommes ne s'élèvent guère au-dessus du léopard ou du castor, animaux de proie et constructeurs de huttes, aussi étrangers à toute idée morale qu'un aveugle au soleil. D'autres, blanchis déjà et brunis à la fois par les fatigues de la prédication, touchés en voyage par le tropique dévorant, ébranlés aussi par l'inutilité de leur dévouement, sages revenus des jeunes espérances, mais préservés par leur foi d'un découragement complet, reprennent dans le repos quelques forces et respirent la brise du Nil. Avant de retourner aux sables cuisants que souffle le désert, à l'assaut de consciences inertes, à la mort enfin solitaire et obscure, ils élèvent des enfants du Soudan qui les aiment comme des pères. Il semble que dans ces pays torrides l'âge amène l'idiotisme et l'hébètement. Les années qui précèdent l'adolescence sont le seul instant favorable à l'éducation de ces pauvres créatures à face presque humaine. Au moins les négrillons que je vis au couvent me parurent-ils très-intelligents. Pendant mon séjour à Philæ, privé depuis dix semaines de toute civilisation, je me plaisais à entretenir les missionnaires, et parmi eux j'ai gardé des amis.

Quelquefois je partais de l'hospice et, tournant la cataracte, je gagnais Assouan par le désert. La route traverse des ravins désolés où le Nil a peut-être passé jadis. C'est un chaos de rochers géants. Le premier, taillé en siége grossier, est fameux sous le nom de trône des Pharaons. (*Grandes épreuves* : 14.) Ces formes bizarres sont revêtues d'inscriptions que Champollion a lues pour moi. Ici, c'est une victoire de Toutmosis IV, l'an VII de son règne; là, une Panégyrie célébrée lors de la soumission des Éthiopiens. Et ces petits oiseaux dessinés au trait, ces singes accroupis, ces hommes un genou en terre au milieu de globes ailés, d'yeux et d'emblèmes inconnus, que disent-ils? Ils parlent, qui de Mandoupht, nommé aussi Smendès (21° dynastie), qui de Néphrotph (29°); ou bien ils chantent les louanges de Knef démiurge et de Saté la véridique, divinités de la cataracte.

On se demande comment ces dithyrambes mystérieux, ces prières hardies qui ont escaladé des rochers inaccessibles, ont pu rester des vingtaines de siècles en équilibre au-dessus du chemin. Car les caprices d'un cataclysme, les fantaisies d'un déluge sans doute, ont donné au granit des attitudes qui doivent lasser son inertie. Des pierres énormes sont posées au faîte des montagnes sur des bases tellement étroites que, sans leur poids, le Kamsin, vent des sables, les emporterait dans ses trombes. A côté de ces masses périlleuses, sur des pics, on voit des habitations informes où les modernes Santons imitent les austérités stériles des premiers anachorètes. Leurs nids attachés aux anfractuosités des roches les plus hautes, sont visités seulement des aigles et des vautours, surtout lorsque la mort, passant par hasard dans ces régions qui semblent repousser la vie, renverse l'ascète impassible et le livre aux éléments destructeurs.

Dans ces gorges du désert, à la nuit tombante, se dressent des légendes épouvantables. Des êtres malfaisants, *Affrits* et *Djinns*, y voltigent d'une aile silencieuse : ce ne sont pour les esprits forts que des chauves-souris; mais l'Arabe les voit; leur nom prononcé le terrifie. Lorsque les rayons horizontaux du couchant projettent sur les pentes orientales du ravin les ombres démesurées et bizarres du versant opposé, l'imagination timide du fellah y rêve des démons. Au reste, qui n'a pris les buissons du chemin pour des groupes de voleurs, et le fanal d'une voiture lointaine pour l'œil d'un loup cherchant pâture? Le fait est que le site convient aux brigands; y gagneraient-ils leur vie? tout est là. Il paraît qu'un nègre de la race des Cacus et des Cercyons habitait il y a cent ans ces repaires, et rançonnait à la chute du jour les voyageurs attardés. Mais Hercule passa, c'est-à-dire la justice, et le nègre fut exécuté. A en croire la terreur superstitieuse, il n'est pas mort; il vivra plus vieux que Mathusalem et méritera le nom de patriarche du crime. Tous les soirs ses embuscades sont dressées, et sa massue apparaît, trahie par le clair de lune : c'est l'ombre d'un obélisque ébauché jadis et qu'on n'a pas détaché de la montagne.

Souvent lorsque nous revenions tard, soutenu par la présence de mon escorte, je lançais mon cheval au galop pour distancer mes compagnons. Les uns, montés comme moi, avec un zèle qui ne me trompait pas, se maintenaient à mes côtés; les autres, qui étaient à pied, poussaient des cris touchants et me suppliaient de ne pas les abandonner. Si un voleur avait paru, pas un n'aurait couru à mon secours; tous seraient tombés à plat ventre. Heureusement, jamais les ombres ne prirent corps, et je passai, à ma grande satisfaction, pour maître d'un talisman qui conjurait les maléfices du Grand Nègre.

Nous ne nous lassions pas de Philæ; cependant notre départ était proche. Le Nil, montant chaque jour vers le soleil en vapeurs invisibles, découvrait les bas-fonds de sable où se plaisent les crocodiles, les serpents et les oiseaux; chaque jour le réis nous pressait de ne pas attendre que la cataracte desséchée nous fermât le chemin du Caire. Et chaque jour nous reculions. La barque était lavée, remise à neuf, riante ; nous avions photographié toutes les pierres ; mais on inventait sans cesse quelque cause de retard.

Il se passait peu de soirs où je ne montasse, pour voir coucher le soleil, sur le rocher qui s'élève à la pointe méridionale de l'île ; et là, disant adieu à l'horizon, je me liais plus étroitement encore au tableau que j'allais perdre. Mes yeux se reposaient, au delà des sinuosités de la cataracte, sur la colline dorée qui semble une frontière du monde ; à ma gauche s'étendait Béghé, couchée entre ses rochers énormes ; à droite sonnait la cloche de l'hospice ; à mes pieds, Philæ montrait ses temples, son ossuaire de statues et de colonnes. Les derniers rayons détachaient des pylônes les grandes figures anguleuses qui tendaient vers moi leurs bras symétriques. Le rêve commençait à transfigurer la réalité. Une voix souveraine daignait m'appeler ; chargé de présider à la restauration de Philæ, j'en faisais un jardin et un musée. Un monde de travailleurs, libéralement placé sous mes ordres, aplanit le sol encombré, dégage les bases des édifices, rend aux chefs-d'œuvre leurs proportions et jette au Nil les huttes des fellahs. Le vieil Abdallah seul aura une petite maison. Des artistes, de jeunes savants, président au déchiffrement de nos richesses épigraphiques, restituent aux bas-reliefs et aux peintures leurs couleurs éclatantes, consolident la pierre qui menace et même, d'après de sérieuses études, rétablissent le fragment qui s'est détaché. N'oublions pas l'eau qui circule, les arbres qui poussent, et le café pris à l'ombre des mimosas. Tous les soirs, des fantasias brillantes réjouissent les voyageurs qui se reposent dans notre île fortunée. Dans le silence de la nuit se déroule un chant singulier, phrase exquise et mélodique, insaisissable et cependant toujours répétée par le conducteur de la sakieh voisine, sur la rive arabique. Ainsi le rossignol chante invisible, et il a raison, puisque son plumage ferait tort à sa voix. Peu à peu la chanson est entrée dans le monde imaginaire qui m'environne; c'est maintenant une hymne aux gardiennes de Philæ. Dans l'apothéose du couchant apparaissent des portiques brillants, des forêts de colonnes repeintes, projetant dans le Nil des réseaux d'ombres entremêlées. Dans les jardins sacrés se promènent Isis et Hator, déesses et femmes qui se cachent pour être vues. Les constellations réfléchies dans les eaux sont des processions de flambeaux agités par les prêtres et les néophytes. Je ne suis déjà plus spectateur; coiffé du *pschent*, traînant sur les dalles de granit les franges d'or de ma tunique de byssus, je marche d'un pas cadencé vers l'autel; vainement mes voisins, dont j'imite mal les gestes hiératiques, cherchent-ils à m'éloigner du sanctuaire. Hator me sourit; Isis me fait signe; le petit Horus même semble me connaître. La lune éclairait ces visions et leur donnait une vie crépusculaire; mais elle se couche et tout retombe dans la nuit.

Adieu fantômes aimés, colonnades, pylônes; adieu, Philæ! Peut-être la fortune, réalisant une part de mes désirs, me ramènera dans ce coin de la terre, pour l'embellir et l'aimer plus encore. Mais déjà le temple bypæthre s'enfuit vers le midi ; car le réis est venu, il nous a suppliés au nom d'El-Kébir, et déjà nos avirons rident le Nil, comme les pattes d'un gros scarabée tombé à l'eau. Les approches de la cataracte effrayent mes projets qui s'envolent et vont m'attendre sans doute aux rives qui les ont vus éclore. Les chants monotones des matelots ont cessé ; notre cœur se serre à mesure que le défilé se rétrécit et que le courant augmente ; et partout règne le silence.

# CHAPITRE V.

### LA CATARACTE. ASSOUAN. COMOMBOS.

Ce fut devant le village de Chellal (*petites épreuves :* 144), une demi-heure après notre départ de Philæ, que la rapidité croissante du courant nous avertit du voisinage de la cataracte. Les eaux, qui sont très-basses à ce moment de l'année, se précipitent à travers les roches et les îlots de sable vers une gorge étroite aux parois escarpées et capricieuses. C'est là que nous conduisaient la force du fleuve et l'habileté de nos matelots, dont le nombre était triplé; il s'agissait, pour ne pas manquer le passage, de suivre fidèlement le fil de l'eau. A l'entrée du défilé, la barque rentre ses rames comme l'insecte qui fait le mort; le gouvernail n'agit plus. Nul ne parle et l'on n'entend que le bruit des chutes. Des hommes se tiennent sur les flancs, prêts à lancer de grandes gaffes contre les écueils en cas de déviation brusque; je n'avais pas, je l'avoue, grande confiance en leur secours, et les perches me semblaient de faibles armes contre la vigueur du fleuve et la rigidité du granit. Pendant trois minutes environ dont j'ai compté toutes les secondes, la barque, lancée comme une pièce de bois à la dérive, poussée tantôt à droite, tantôt à gauche par les sinuosités du courant invisible, traversa l'écume et les vagues. Ma femme, réfugiée dans le salon pour éviter le contact d'une foule de naturels peu vêtus, voyait souvent les flots dépasser l'ouverture des fenêtres; mais les murs liquides un moment découpés dans l'eau par notre sillage ne se refermaient que derrière notre poupe et s'écroulaient en poussière. Pour moi, cramponné au grand mât, je regardais passer les rochers. La proue s'enfonçait dans les vagues et se relevait comme un cheval qui secoue sa crinière; l'eau couvrait le pont. La tradition populaire ne constate aucun naufrage en ce lieu, surtout dans les conditions de prudence où nous nous trouvions; toutefois, mon cœur ne laissait pas que de battre violemment. Devant nous, au bout du détroit, une masse noire semblait élever une barrière sans issue, et nous courions tête baissée vers une porte close. Le rocher approche, je serre le mât plus tendrement. Mais un remous subit détournant notre proue nous porte, par un demi-tour de flanc, dans un vaste bassin paisible; la cataracte était franchie. Que ne pouvions-nous recommencer ce passage émouvant ! Mais aurions-nous éprouvé encore cet effroi assez rapide pour ne pas laisser d'empreinte et qui se résout en un moment de délivrance et de calme délicieux? (*Grandes épreuves* : 30. *Petites* : 123, 147, 148, 150.)

Au silence inquiet a succédé la joie la plus extravagante. Arabes à peine couverts de haillons, Nubiens vêtus de leur peau, témoignent leur gratitude au ciel qui n'en peut mais. Allah ne sait auquel entendre, mais le voyageur doit répondre pour Allah. Je suis d'avance remercié du bakchis qui est encore dans ma poche ; et tout en m'abandonnant aux serrements de main et aux félicitations, j'entends voltiger sur l'accompagnement du darabouk et du tambour de basque ce mot du poëte Horace : « Tu seras engagé par les vœux des mortels; » c'est-à-dire : n'imite pas les dieux de mauvaise foi qui se dérobent aux chaînes de la prière ; ne sois pas de ceux pour qui l'action de grâces anticipée est une quittance avant payement.

Au milieu des cris et des danses, le vieux réis des cataractes, suivi de ses compagnons, s'avance d'un air contrit pour nous faire ses adieux. Après le ballet, la péripétie attendrissante. Les talaris, le café, les cigares furent distribués en abondance ; j'y ajoutai (dans l'intérêt des bonnes mœurs) quelques vêtements. Mais bientôt le partage du butin excita sur le pont un véritable orage. Pour nous dérober aux difficultés d'un arbitrage épineux et aux démangeaisons contagieuses de cette fourmilière, nous dûmes faire retraite dans nos appartements et placer le cawas en faction devant les portes. Les querelles se seraient prolongées, je crois, jusqu'à la nuit, si je n'avais ordonné de jeter les mutins hors de la barque ; ensuite on balaya le pont, et je me risquai hors des chambres.

Notre route cependant se poursuivait parmi les belles

roches de granit rose et noir que nous avions admirées en montant. Une échappée soudaine, et qui nous causa quelque émotion, découvrit à nos yeux la séduisante Philæ, bientôt disparue dans les plis du désert. La nuit tombait déjà, et nous couchâmes à Ghésireh. Dès le matin, j'allai visiter la nécropole de Syène, située à l'entrée septentrionale du désert d'Assouan. (*Petites épreuves :* 149.) C'est un lieu sauvage couvert de tombeaux déjà vieux et de coupoles plus modernes; les rochers qui le bornent du côté de la cataracte portent des inscriptions pharaoniques et des traces de constructions relativement récentes. Les environs nous offrirent quelques vues dignes d'être emportées. Vers le soir seulement nous atteignîmes Assouan. Les chants des matelots, entremêlés de ah! gutturaux et prolongés, les décharges multipliées de notre artillerie, annoncent à grand bruit notre arrivée. Considérez qu'Assouan est la première ville que nous voyons depuis que nous l'avons quittée; malgré notre amour pour les sables jaunes, les temples de granit, les villages déguenillés de la Nubie, nous saluons joyeusement cette apparence d'humanité civilisée.

La réparation de quelques avaries ayant demandé deux jours, nous les consacrâmes à une tournée archéologique (5 et 6 mars). L'empire des Pharaons qui eut tour à tour dans ces parages son centre et sa frontière n'y a pourtant laissé que de faibles vestiges. Un temple de Knoufis et de Saté appartient à l'époque de Nerva; encore les emprunts des architectes arabes le rendront-ils sous peu invisible; c'est ainsi que s'en sont allées de vastes constructions dont les assises s'avancent jusque dans le lit du Nil : elles ne remontaient pas non plus à une grande antiquité. Leurs voûtes à jour servent d'abri aux chacals, et leurs escaliers qui descendent dans le fleuve offrent des bancs aux crocodiles.

On ne peut quitter Assouan sans visiter l'île qui lui fait face, Éléphantine, l'ancienne Ebôu; là demeuraient les Ichtyophages, mangeurs de poisson qui, ne reconnaissant pas la divinité du crocodile, s'en nourrissaient à charge de revanche. C'est par eux que Cambyse, avant de se heurter aux sables pénétrants du désert éthiopien, envóya demander au roi de Méroë un tribut et son amitié. Sans Hérodote, on ne saurait rien de cette ambassade; on ignorerait même que cette île, aujourd'hui verdoyante, a été une grosse ville et la clé de l'Égypte. On y voit les débris méconnaissables de deux temples; l'un, du temps d'Alexandre, était dédié à Knoufis, Saté et Anouké-Vesta. Il n'en reste que les montants de granit où s'attachaient les portes de métal. D'autres ruines rappellent les noms de Mœris, Mandoueï et Rhamsès le Grand. Dans certaines parties de l'île, des restes de quai se sont transformés en terrasses de verdure; ils paraissent soutenir les groupes de palmiers grêles, inclinés vers l'eau. (*Température :* 10°-27°-22°. *Petites épreuves :* 151.)

Le jeudi 7 mars nous quittâmes Assouan, accompagnés d'une petite guenon qui nous mordillait les mains. Ses grimaces et ses gloussements aigus, changés à force de caresses en ronflements de plaisir, abrégèrent pour nous une route pénible et lente. Nous n'atteignimes Comombos (rive arabique) que le lendemain à midi, et nos travaux photographiques nous y retinrent quelques jours. Qui le croirait? la pluie, phénomène si rare dans ces latitudes tropicales, et qui ne peut être expliqué que par la présence des voyageurs européens, la pluie, tiède il est vrai, et telle que peuvent la faire 34 degrés de chaleur, nous surprit et retarda notre départ : car nous ne voulions pas quitter un des beaux monuments de l'Égypte sans emporter des épreuves complètes. D'ailleurs, si nous retournons jamais le voir, nous n'en retrouverons peut-être pas la moitié; chaque année, la base en est sapée, et des pierres s'en vont dans le courant des inondations déposer peut-être au fond de la Méditerranée le nom de Toutmosis troisième. Ne sera-ce pas là l'origine de bien grandes erreurs, lorsqu'un cataclysme pareil au déluge aura fait des pays habités l'océan, et du lit des mers le séjour d'une humanité renouvelée? Déjà l'eau a détruit les doubles pylônes, les propylées et les escaliers magnifiques qui précédaient le temple ; aussi pourquoi avoir défié le Nil? La grandeur du site aura séduit l'architecte; il aura compté sur le poids de ses constructions pour fixer la colline et rompre la violence du courant. Mais eût-il bien raisonné d'un côté, de l'autre il n'échappait pas au perpétuel travail du désert. Aujourd'hui le temple semble être rentré dans son piédestal; les masses accumulées grain à grain, poussière à poussière, ont comblé les grandes salles et déjà touchent le plafond.

Le lieu élevé que couronnent les belles colonnes de Comombos était sacré de toute antiquité. Plusieurs inscriptions attestent que la reine Amensé, mère de Mœris, y éleva des édifices. Mœris lui-même contribua à la construction du mur d'enceinte en briques crues. Nous devons ce qui nous reste aux Ptolémées Épiphane, Philométor, Évergète II. Quelques bas-reliefs rappellent les temps de Soter II et de Cléopâtre-Coccé. Comombos, jadis Ombos, était le chef-lieu du dernier nome égyptien ; la province de ce nom confinait à la Nubie ; mais laissons la ville jetée au Nil par les Arabes et les Mamelouks ou par les siècles, et occupons-nous du temple.

Un grand pylône, suspendu au-dessus du fleuve, précède un pronaos magnifique : c'est un péristyle décoré de quinze colonnes géantes dont les chapiteaux supportent une imposante architrave. Les murs et les plafonds étaient couverts de peintures qui ont résisté au sable et au soleil ; seulement elles se détachent aisément par larges plaques. Elles étaient appliquées sur un mastic très-dur et très-poli ; nous en avons rapporté quelques échantillons pour les soumettre à la science. Peut-être la chimie trouvera-t-elle le secret de l'or et de l'azur qui enrichissent les plafonds d'Ombos.

Au fond du pronaos, deux portes donnent accès dans un double temple. C'est une disposition assez fréquente et qui s'explique par la réunion des divinités locales à la grande hiérarchie. Les pénates des villes et des provinces, englobés dans le système général qui se rattache à Ammon-Ra, n'abandonnèrent pas leur demeure ; ils la partagèrent seulement avec les dieux suprêmes. Cette division n'était pas apparente au dehors ;

à l'intérieur, un mur coupait l'édifice dans sa longueur et formait deux appartements complets dont l'un, le plus honorable, était destiné aux maîtres. N'était-ce pas là une hospitalité bien entendue? chacun avait ainsi son sanctuaire et pouvait recevoir les visites particulières sans incommoder son voisin. C'est ainsi que le dieu Haroéri (le soleil), la déesse Tsonénoufré et leur fils Pnevtho, seigneurs d'Ombos, laissent la place d'honneur, les chambres d'amis, à Sévek-Ra ou Souk (Saturne à tête de crocodile), Hator-Vénus et Kons-Hor, noble triade qui, de gré ou de force, est venue rogner leur part d'offrandes. On entre en rampant dans quatre pièces ornées de bas-reliefs et d'hiéroglyphes. Un petit mammisi, commémoratif de l'accouchement d'une reine Cléopâtre, était double comme le temple. On y voyait sur les murailles la naissance de Kons-Hor et de Pnevtho, offerts sans doute pour modèles et pour patron à l'enfant royal. Les deux mères, Hathor et Tésonénoufré, étaient représentées avec les traits de la reine; c'était un commencement d'apothéose. Le mammisi d'Ombos est presque complétement détruit; celui d'Hermonthis nous fournira plus de détails.

Avant le départ, nous ne manquâmes pas de monter sur le faîte du temple, pour voir l'horizon immense dont les monts lointains font un cirque et, comme un grand serpent bleu taché d'émeraude et d'or, le Nil sinueux avec ses îles arides ou verdoyantes se déployant sur les sables pâles. Nous avons vu cela hier, nous le verrons demain; mais se lasse-t-on de voir la mer, et la solitude égyptienne n'a-t-elle pas l'immensité de l'Océan?

A nos pieds, autour de nous, les débris du grand mur d'enceinte jonchaient la terre; plus bas, vers le fleuve, une tour dont l'escalier est visible encore semblait le centre de ruines effacées dont l'esprit cherche en vain les formes primitives. (*Grandes épreuves :* 13. *Petites :* 103 *bis.*)

Les chacals sont les seuls habitants d'Ombos, et ils y pullulent; chaque jour des enfants nous en apportaient de petits. Nous en élevâmes jusqu'à cinq. L'un d'entre eux eut les honneurs d'une éducation particulière et illustra le nom de Comombos, que nous lui donnâmes. Il folâtrait comme un jeune chien au milieu de l'équipage; nous le lâchions dans les heures désœuvrées, et il nous distrayait par son agilité. Quelquefois, il est vrai, lorsque le naturel reprenait ses droits, les accès de gaieté tournaient à l'exaltation; les jambes nues des Arabes portèrent des traces de ses jeunes dents. Ce favori acheva le voyage avec nous et mourut subitement au Caire d'un abcès au cœur : l'air natal, les festins de cadavres dans le désert, la liberté enfin, tout ce qui fait vivre les chacals lui avait manqué. Aujourd'hui, soigneusement empaillé, il orne le haut d'un meuble, aussi inoffensif que les chiens peints à la porte des maisons romaines.

Pour les quatre autres, que nous avions enfermés dans deux *caffas* superposées (cages en palmier), leur odeur nous avait contraints de les reléguer dans la chaloupe. Nous étions encore à Ombos, quand une nuit d'orage faillit submerger la petite embarcation et noya deux de ses passagers, ceux du rez-de-chaussée. Les habitants du premier étage demeurèrent sains et saufs; mais, de peur d'un second bain terminé peut-être par la mort, ils rongèrent les barreaux de leur cage et prirent la clef des champs la veille de notre départ. C'est ainsi qu'ils évitèrent d'être empaillés.

# CHAPITRE VI.

### SILSILIS. EDFOU. ESNEH. HERMANT.

Quand la pluie et le mauvais temps nous eurent permis d'emporter de Comombos des épreuves suffisantes, nous reprîmes notre route aquatique, par une température tout européenne, 9° le matin et 24° dans la journée, 18° le soir. Vers trois heures de l'après-midi (12 mars), nous atteignîmes Silsilis dont nous apercevions déjà le djebel. Nous fûmes accueillis, comme deux mois auparavant, par les gazouillements innombrables de ces petits oiseaux qui habitent les buissons et ressemblent à des fruits sur la branche. Des pythagoriciens y verraient les âmes des millions de travailleurs morts en ce lieu même dans les carrières ou écrasés par les immenses matériaux qu'ils transportaient dans toute la Haute-Egypte. De Silsilis sont sortis les colosses, les obélisques et les temples ; ces deux escarpements rocheux qui resserrent le Nil sont percés d'excavations qui pouvaient contenir tous les prisonniers ramenés par Sésostris des cent pays qu'il dompta ; la pierre y est taillée, évidée comme les tas d'argile où les enfants creusent des maisons. Dans ces galeries, des taupes humaines ont consumé leur vie et leurs forces ; et ne pensez pas qu'on les payât. On pouvait les tuer, on les laissait mourir ; n'y avait-il pas là quelque clémence ? Mais ces malheureux ne souffrent plus et nous pouvons sans scrupule écarter le souvenir de leurs maux pour admirer les ouvrages. (*Petites épreuves :* 107.)

La plupart de ces cavernes meurtrières ont été consacrées à des dieux, comme si l'ironique piété des Pharaons eût voulu offrir au ciel les sueurs, les larmes de leurs sujets. En tout temps les puissants ont détourné au profit de leur gloire les mérites et les travaux d'autrui.

Trois ouvertures, décorées chacune de deux colonnes, attirent d'abord les yeux quand on vient d'Assouan : les Pharaons Onsiréi, Rhamsès II et Sésostris, les ont consacrées au dieu du Nil, que l'on nomme Api-Moou. A quelques mètres se trouve le rocher taillé en forme de champignon, où une reine fit, dit-on, attacher une chaine de fer pour barrer le fleuve. C'est un grand pilier coupé dans le roc, au sommet duquel déborde et surplombe une énorme pierre brute. L'effet en est bizarre. Il ne porte aucune inscription, et on ne sait vraiment à quoi il a pu servir. Peut-être les ouvriers de Silsilis y trouvaient-ils un abri contre le soleil, lorsqu'un moment de loisir leur permettait de venir respirer l'air libre. (*Petites épreuves :* 108.)

Une série de spéos destinés à recevoir des corps embaumés remonte aux Rhamsès des dix-huitième et dix-neuvième dynasties. Une grande inscription qu'on y voit date de la vingt-deuxième année de Sésonchis, le Sésac de l'Écriture. Le fond des spéos est occupé par des dieux informes, ou plutôt des animaux divins qui président à quelque cérémonie funèbre, singes ou chacals, ministres et compagnons d'Anubis. On en voit d'analogues au musée de Paris.

Ce qu'il y a de plus précieux à Silsilis, c'est une galerie fort étendue, commencée sous Horus et consacrée à trois chefs de triade, Ammon-Ra, Api-Moou et Sévek; les parois en sont couvertes de stèles qui portent de nombreux noms de rois, de fonctionnaires et d'êtres mythologiques. Champollion le jeune, auquel nous renvoyons (Lettre XII, p. 186), dit que ce spéos est un musée; il en donne une description minutieuse, intéressante, mais qui ne convient pas à la brièveté de notre ouvrage.

Nous n'avons parlé ici que de la rive libyque ; l'autre, moins praticable et moins curieuse, présente des inscriptions et des ouvertures de carrières.

Comme on voit, la morale et l'histoire ont plus de part aux réflexions qu'inspire Silsilis, que l'art proprement dit; il y a en ce lieu quelque chose de terrible et de mystérieux, il n'y a rien de beau. Ces murs gris, austères, conviennent merveilleusement à l'ennui ou à l'extase de l'ascétisme ; c'est là qu'apparaîtrait à des imaginations chagrines tout le néant de l'homme. Un Bossuet dirait que des générations ont travaillé à faire un peu de vide dans un bloc de grès, et d'une phrase il réduirait en poussière notre orgueil humilié.

Le hasard voulut que le Ramadan, époque du grand jeûne musulman, s'ouvrit le jour même où nous visitions Silsilis; nos Arabes ne mangeaient ni ne fumaient tant que le soleil était au-dessus de l'horizon. Ils attendaient le soir avec une impatience qui ne peut guère se comparer qu'à l'attitude du lion en cage vers l'heure des repas. Aussitôt l'astre disparu, la contrainte et la réserve de la journée font place à la gaieté, à la folie; jamais chute de roi n'a été célébrée par plus de danses et de chansons. Silsilis, parfaitement approprié à la circonstance, leur déplaisait moins que tout autre lieu ; resserrés qu'ils étaient entre deux montagnes, ils voyaient leur ennemi, le soleil, paraître plus tard et disparaître plus tôt; le temps du jeûne en diminuait, car, s'inquiétant peu de l'astronomie, ils se règlent sur le lever et le coucher apparents.

Nous profitâmes du Ramadan pour imposer à notre équipage la mortification d'une marche forcée à la rame; et vers minuit nous jetâmes l'ancre à quelque distance d'Edfou. L'ancienne *Apollinopolis magna*, séjour d'un dieu solaire, valait bien qu'on lui consacrât une journée entière. Un temple est le seul reste de cette ville au beau nom. Il est situé sur la rive libyque, à une certaine distance du fleuve; le peu de profondeur ne permet pas d'aborder en face du village qui cache presque les ruines aux yeux. Il n'est pas de la belle époque égyptienne, mais il est de la belle époque grecque ; c'est d'ailleurs un des édifices les plus considérables et les plus intacts de la vallée du Nil. (*Grandes épreuves :* 12. *Petites :* 104, 106, 156.)

Le naos et le côté droit extérieur, commencés sous Philopator, continués par Épiphane, furent terminés aux temps d'Evergète second ; le pronaos et le côté droit des propylées datent de Soter II. Tout le côté gauche appartient en général à Philométor. Les sculptures rappellent les règnes de Cléopâtre-Coccé, Soter II, Ptolémée-Alexandre I et sa femme Bérénice. Le temple est consacré à une triade qui est en partie nouvelle pour nous : Har-Hat, Hator et Har-Sont-Thô, le Soleil, la Beauté, l'Amour. A ne prendre que l'idée gracieuse de cette allégorie divine, le voyageur est charmé déjà de voir naître l'Amour, si beau lui-même, de parents si beaux. Mais le mythologue n'a pas moins de plaisir à philosopher quelque peu sur cette triade séduisante. Har-Hat, comme Har-Phré, Har-Oéri, Har-Sont-Thô et d'autres encore, est un dieu lumineux ; c'est Hermès Trismégiste, la forme primordiale de Tôt, la sagesse divine, l'esprit d'Ammon-Ra ; quatorze bas-reliefs, dans le pronaos d'Edfou, l'assimilent au soleil ; il a, comme cet astre, son lever et son coucher ; ses formes symboliques correspondent aux douze heures du jour. Le nom d'Apollinopolis magna prouve que les Grecs le confondaient avec Apollon. Hator est le principe humide que la flamme du Soleil vivifie. Hator conçoit naturellement de Har-Hat un fils qui est né de lumière et de désir ; et cette incarnation de l'Hermès céleste est l'Amour, maître de l'harmonie dans le monde.

Les pylônes d'Edfou sont, croyons-nous, les plus hauts

qui existent en Égypte; c'est donc une sorte de devoir de monter à leur sommet : la vue est magnifique. Ils ont trente-quatre mètres d'élévation et sont reliés par une vaste porte. Leurs masses imposantes dominent et écrasent le mince village qui végète à leur ombre. Derrière eux, des propylées de trente-deux colonnes conduisent au pronaos, péristyle de dix-huit colonnes énormes. Les murs sont chargés de sculptures; de chaque côté de la porte d'entrée, on remarque intérieurement deux petites cellules qui sembleraient des loges de gardiens, mais elles sont trop bien sculptées; ce sont, sans doute, des niches d'animaux sacrés. Le naos est décoré de douze colonnes; sur les flancs s'ouvrent des pièces donnant dans une galerie qui entoure tout le temple. Deux chambres, situées derrière le naos, aboutissent au sékos où l'on voit une chambre monolithe en granit noir et vert, destinée sans doute au séjour d'un dieu ou d'un oiseau divin. Cette chapelle a 5 m. de haut et 2 m. 70 d'épaisseur. Dans l'une des salles du côté droit se trouve l'entrée d'un petit temple où Champollion le jeune ne semble pas avoir pénétré; sans doute le sable obstruait alors le passage. On y monte par quelques marches qui forment un perron et, se continuant sur le flanc droit, conduisent à une série d'appartements habités autre fois par un collége sacerdotal. Deux colonnes forment pronaos devant le sanctuaire.

Le temple entier, long de 170 m. environ, est entouré d'un mur énorme et très-élevé, chargé d'hiéroglyphes et de bas-reliefs; sur l'un des côtés de l'enceinte, à la hauteur du pronaos, se détachent deux énormes têtes sculptées, semblables aux gargouilles de nos édifices gothiques.

Le talent et la persévérance de M. Mariette ont fait de ces constructions immenses une merveille de propreté et de splendeur. Dans l'intérieur, on marche sur les dalles mêmes qu'ont foulées les pontifes d'Hermès; les décombres du dehors, déjà attaqués, auront bientôt disparu. Nous espérons que les travaux de déblayement s'étendront jusqu'à un petit édifice, situé à quelques mètres en avant des pylônes, et qu'on aperçoit à peine au fond d'un entonnoir d'immondices. Des bas-reliefs et des peintures très-fraîches le recommanderont à la sollicitude du savant archéologue. C'est un mammisi ou, pour mieux dire, un Typhonium; c'est-à-dire qu'il rappelle la victoire de Har-Oéri, forme secondaire d'Har-Hat, sur le génie du mal, d'Apollon sur Python, de la lumière enfin sur les ténèbres; les chapiteaux portent l'image de Typhon, monstre au ventre démesuré. Dans l'intérieur est figurée la naissance d'un Ptolémée : nous savons que tous les mammisi sont destinés à rappeler l'heureux accouchement des reines. Ici, comme ailleurs, la famille royale a donné ses traits à la famille divine qui la représente et la symbolise. On voit donc Har-Hat considérant la délivrance d'Hator, et la naissance de son fils Har-Sont-Thô.

Le vendredi 15 mars, nous passâmes devant El-Kab, l'ancienne Eléthya; nous renvoyons le lecteur à la douzième lettre de Champollion. El-Kab n'avait pas assez d'importance pour nous arrêter, et nous arrivâmes le soir à Esneh.

On ne se douterait pas qu'Esneh renferme un temple grandiose ; d'abord pris au passage par les almées, nous n'avons parlé de rien autre ; puis, le temple, situé au centre de la ville, est entièrement encaissé par les habitations. Un grand mur de terre, presque appliqué à sa façade, ne le laisse apercevoir que par une porte bâtarde. Au bas d'une pente bordée de momies, de bandelettes et d'ossements, un misérable escalier en boue séchée, d'un aspect pittoresque, conduit au pronaos qui sert de magasin à blé : seule ressemblance du temple avec nos églises abandonnées. Lorsque Champollion voulut l'étudier, il le trouva encombré de coton, obstrué de murs et de crépis en limon. Malgré tous les obstacles, à l'aide d'échelles et souvent de chandelles, il put déchiffrer les inscriptions et les sculptures, en fixer l'âge et en déterminer l'importance. Son examen ne fut pas favorable à l'opinion mal justifiée qui faisait d'Esneh le plus ancien monument de toute l'Égypte ; c'en est au contraire le plus moderne. « Les bas-reliefs et les hiéroglyphes sont d'un style tellement grossier et tourmenté qu'on y aperçoit du premier coup d'œil le point extrême de la décadence de l'art. » Le pronaos a été commencé par Claude, la dédicace tracée sur la porte en fait foi ; la corniche et le premier rang de colonnes rappellent Vespasien et Titus. Domitien, Trajan, Antonin, Hadrien, Marc-Aurèle, Commode, Septime-Sévère, firent tous travailler au pronaos ; leurs noms et leurs figures abondent sur les murailles et les colonnes. Les traces de martelage qu'on remarque en certains endroits remontent à Caracalla ; assassin de son frère Géta, il proscrivit sa mémoire et détruisit partout son nom. En pleine Thébaïde comme sur l'arc-de-triomphe élevé à Rome vers la même époque, Géta fut impitoyablement rayé des bas-reliefs et des inscriptions. Mais Caracalla oublia d'effacer les ratures ; sa folie ne lui permit pas de voir que ces mutilations dénonçaient son crime au lieu de le cacher. Sous son règne le plafond du pronaos s'enrichit d'un très-beau zodiaque à peu près aussi important que celui de Dendérah. Le naos ruiné est du temps d'Épiphane. Un peu plus au nord, une construction d'Evergète I$^{er}$ a laissé des vestiges qui attireront un savant; mais le voyageur préférera s'asseoir à l'ombre grêle des palmiers et des sycomores près du tombeau insignifiant de Sidi-Abdallah-el-Mérabbeth. (*Petites épreuves :* 32.)

Champollion a singulièrement rabaissé l'antiquité du temple d'Esneh; mais il ne lui a pas ôté son aspect solennel, les grandes lignes de son architrave, la majesté de son pronaos, où vingt-quatre colonnes hautes de dix-huit mètres s'élancent d'un seul jet du sol au plafond. Nul doute aussi que ce lieu ne fût de tout temps consacré ; les Ptolémées et les Césars n'ont fait que réparer ou reconstruire. Ce dieu à tête de bélier, verte, cornue, surmontée du disque et du serpent Uræus, cette déesse au pchent tronqué d'où sort un *lituus*, sont les antiques souverains de Sné, Knef et Neith. Remarquez l'inconstance de Knef; tout à l'heure époux de Saté, il est ici le compagnon de Neith ; il est infidèle comme le Zeus hellénique. Pardonnez-lui : la mythologie transforme en incestes et en adultères de pures combinaisons d'idées.

Esneh est la transcription du nom antique Sné ; les

Ptolémées le changèrent en *Latopolis*, ville de Latone. La divinité locale était sans doute dans le principe Bouto, mère ou nourrice des dieux, que l'on peut assimiler à la Nuit primitive d'Orphée et d'Hésiode, au Chaos qui renfermait tous les germes, ou mieux encore à ce qu'Aristote appelait le Possible; la carnation verte que lui ont donnée les peintres et les deux crocodiles placés près de son sein la font connaître pour une puissance de l'abîme et des ténèbres. Mais comment les Grecs ont-ils rapproché de cette figure sombre la riante Latone, maîtresse de Zeus? C'est que Latone tenait dans la mythologie primitive une place très-haute, et qui convenait à la mère des deux lumières, le soleil et la lune, Apollon et Diane; or Bouto unie à Phta avait enfanté Phré, qui n'est autre que le soleil; Bouto, nourrice des deux enfants d'Isis, Horus et Pacht ou Bubastis, avait, pour les dérober à Typhon, rendu flottante l'île de Chemnis, autre Délos.

Le nom et la figure de Bouto ne se retrouvent plus à Esneh; mais la divinité qui lui a succédé représente les mêmes idées d'antiquité, de grandeur et de fécondité; c'est Neith, coiffée de la dépouille d'une pintade ou d'un vautour, le corps peint en jaune, portant les signes des deux sexes, Neith qui disait, pareille à l'Adjti Védique : « Je suis ce qui a été, ce qui est, ce qui sera. Nul n'a soulevé le voile qui me couvre; le fruit que j'ai enfanté est le soleil. » Elle résidait dans la partie supérieure des cieux et ressemblait à Minerve-Athéné s'élançant de la tête de Jupiter. Émanation d'Ammon, elle ne faisait qu'un avec le dieu suprême. Principe femelle, elle s'unissait au grand principe mâle Knef, esprit d'Ammon. On voit que Neith, Bouto, Isis, peut-être Mout et Hator, d'une part; et de l'autre, la Nuit, Minerve, Latone, Diane, Cybèle, Vénus, étaient les conséquences, les faces diverses d'une seule idée, les attributs ou les noms personnifiés d'une même divinité.

Ah! quand M. Mariette passera-t-il à Esneh? quand déblayera-t-on les dalles, qui peut-être existent encore? J'aurais aimé à voir danser les almées entre ces colonnes magnifiques, comme des papillons s'ébattent autour de grands arbres couverts de clématite en fleur. J'aurais cru assister aux cérémonies, aux fêtes religieuses de la vieille Égypte. Il n'en faut pas douter, bien qu'Hérodote attribue tous les soins du culte à des hommes, des colléges de danseuses sacrées venaient dans les temples de Neith ou d'Hator représenter par des attitudes voluptueuses l'union mystique du Ciel et de la Terre. Toutes les religions ont eu de ces contrastes; et partout l'on a vu les idées les plus sublimes rendues par la pantomime. N'a-t-on pas voulu expliquer les vivacités du Cantique des Cantiques par les extases d'une âme absorbée dans l'infini? Est-ce que les bayadères de l'Inde, si dissolues, ne représentent pas les jouissances que le dieu suprême accorde aux mortels qui l'adorent et le comprennent.

La violence du vent, combinée avec le goût de nos matelots pour certaines distractions qui sont du pays et dont nous avons plus haut donné l'idée, nous retint à Esneh jusqu'au dimanche 17 mars. Le lendemain de bonne heure nous levâmes l'ancre; mais après quelques coups de rames il fallut nous arrêter pour toute la matinée. A côté de nous des marches en bois descendaient vers le Nil; c'était l'escalier d'un palais du vice-roi. Nous eûmes l'idée de monter, et l'on nous ouvrit gracieusement les jardins; le temps se passa donc mieux que nous ne l'avions craint, et j'avouerai que le retour du vent sauva seul le reste des oranges, des abricots et des pêches; tant nous avions profité de la permission qu'on nous avait donnée de cueillir et de manger les fruits du vice-roi!

Nous arrivâmes le lendemain à Hermant, jadis Hermonthis, où se voient les ruines gracieuses d'un mammisi. Quoiqu'il faille marcher trois quarts d'heure dans les terres pour atteindre ce petit édifice, on fera bien de ne pas le négliger. Son importance historique est grande; car il est destiné à rappeler la naissance et la royauté éphémère de Ptolémée-Césarion, fils de Jules César et de Cléopâtre. Les parents et l'enfant sont représentés par le dieu Manthou (Mandou-ré, Mandoulis, Malouli), la déesse Ritho et le petit Harphré, qui forment la triade de rigueur. Toutes les inscriptions et les offrandes sont faites au nom de Ptolémée-Césarion et de sa mère Cléopâtre; le règne de cet enfant n'eut jamais de réalité, et à peine dura-t-il assez pour que le mammisi fût achevé; quelques-unes des colonnes qui forment pronaos n'ont pas été sculptées. La cella est divisée en deux pièces; l'une, très-petite, présente de curieux bas-reliefs. Ammon-Ra, accompagné de Souan, la Lucine égyptienne, assiste à l'accouchement de Ritho; l'enfant est remis par la sage-femme divine à une nourrice et à une berceuse; l'allaitement et l'éducation du dieu nouveau-né sont figurés ailleurs; la reine Cléopâtre est toujours présente et regarde avec plaisir l'apothéose de ses voluptés et de ses adultères. Plus loin, sous la figure de Ritho, soutenue par Souan, elle est présentée aux grands dieux, Ammon, Mandou-César, Sévek-Saturne et Phré; le petit Césarion partage à son tour les honneurs divins avec le petit Harphré. Vingt-quatre femmes qui représentent les heures figurent à la fois l'horoscope de Césarion et la marche céleste de Harphré, qui n'est autre que le jour. (*Grandes épreuves :* 11. *Petites épreuves :* 101-103).

Voir le sceptique César déguisé en dieu égyptien, voir Césarion dont la destinée rappelle, avec moins de grandeur il est vrai, l'éphémère royauté de Napoléon II, voir enfin cette Cléopâtre, Vénus terrestre qui séduisit deux hommes tout-puissants et qui, trahie enfin par ses charmes, mourut pour rester à jamais reine et belle dans l'histoire, n'est-ce pas de quoi donner au petit temple d'Hermonthis l'intérêt qui pourrait lui manquer au point de vue de la masse et de l'antiquité? La route n'est pas mauvaise, et l'on trouve à la grande exploitation de Mustapha-Pacha des chevaux vigoureux, mais un peu plus durs que le dos du Nil.

Le paysage aussi est agréable; en avant des ruines, le tombeau d'un obscur Santon arrondit sa coupole parmi les sycomores et les mimosas aux feuillages grêles.

Plus riches de quelques photographies et la tête pleine d'histoire romaine, nous regagnons la barque et nous descendons vers Louqsor. Fermons ici ce chapitre.

Nous avons à nous recueillir avant de fouler le sol où fut Thèbes aux cent portes. Les Hyksos et les Perses, qui ont pu renverser dans toute l'Égypte et jusqu'en Nubie les monuments pharaoniques, ont reculé devant la destruction de Thèbes : mais ce n'est pas au respect, c'est à l'impuissance des barbares que nous devons ce qui nous reste de Karnak, de Louqsor, de Médinet; le granit a bravé le fer et le feu. Regardez : le Nil a coulé; voyez venir à vous ces temples et ces palais !

# CHAPITRE VII.

### THÈBES. DIEUX. TEMPLES. PONTIFES.

L'origine de Thèbes ne doit pas être cherchée dans les temps historiques. Des milliers d'ans avant qu'un chef militaire fondât Memphis pour asseoir un gouvernement nouveau sur un sol à peine formé, Thèbes florissait déjà sous les lois des pontifes. En face de la naissante capitale, elle demeura la plus grande ville du monde antique. Le commerce de l'Orient, si l'on en croit Homère, y accumulait des richesses innombrables. Ce fut le centre où convergèrent les routes et les caravanes de Koséir sur la mer Rouge, de Méroë au fond de l'Éthiopie, enfin de Carthage, la reine de la Méditerranée. On y voyait des entrepôts de toutes les industries; les architectes, les peintres, les émailleurs, les statuaires concouraient à la parure des habitants, à la splendeur des édifices. Thèbes, confiante dans ses dieux, attendait que des maîtres nés dans ses murs lui rendissent le prestige de la puissance souveraine ; le retour des rois (vers 3762 av. notre ère) y fut signalé par d'admirables constructions, dont les débris ont servi de matériaux aux temples et aux palais où se perd aujourd'hui le voyageur. Les ouvrages de Sésostris l'ancien (xii⁰ dynastie), et tout ce qu'entassa de pierres peintes et sculptées une longue suite de siècles, furent saccagés par les Hyksos ; mais Thèbes semble avoir promptement rejeté dans le Delta les hordes étrangères ; elle ne cessa de fournir à la haute Égypte et à la Nubie des rois nationaux (xvii⁰ dynastie), qui luttèrent vaillamment, au midi contre les Éthiopiens, au nord contre les envahisseurs. Enfin Aménophis, chef de la dix-huitième dynastie, mit fin à la tyrannie des nomades et rétablit l'empire des Pharaons.

Quelles ne furent pas alors les prospérités de Thèbes ! Les Rhamsès, réparant ses ruines, la couvrirent de monuments prodigieux élevés par les prisonniers de guerre ; ce fut comme une fondation nouvelle. Dans une enceinte de quarante-huit kilomètres, se pressaient les portiques énormes, les palais, les maisons de quatre et cinq étages ; le luxe de la vie mondaine venait se sanctifier dans les temples ; des dieux dorés, des prêtres comblés d'honneurs, se prêtaient aux réjouissances publiques, aux fêtes, et accueillaient les rois triomphateurs. Mais l'orgueil des victoires fréquentes, la sécurité des princes divinisés de leur vivant, menèrent peu à peu le gouvernement et le peuple à la paresse et à la léthargie. La gloire de Thèbes commença de pâlir après la vingtième dynastie; la ville qui depuis deux mille ans (3762-1272) était le berceau des Pharaons, ne fut plus que leur tombe. Immense nécropole, elle cessa de produire la vie; et son éclat, décroissant d'âge en âge, se réduisait à cette lueur mystique, à cette auréole des villes saintes, invisible aux profanes.

Toutefois elle ne cesse de dominer par sa renommée ses rivales éphémères de la basse Égypte, Tanis-Avaris, Bubaste, Saïs, Mendès, Sébennytus, d'où sortirent les dernières dynasties nationales. Jusqu'à la conquête grecque, les rois viennent lui demander la consécration religieuse de leur pouvoir, et réparent ses édifices; tous tiennent à honneur de graver leur nom sur ses murailles à côté des Aménophis, des Ménephta, des Rhamsès: le conquérant éthiopien Sabacon, dévoré de jalousie, prit la place de Sésostris dans les inscriptions de Louqsor. Les Ptolémées, sans abandonner le soin des monuments thébains, habitèrent Alexandrie et firent de Memphis leur capitale religieuse. Les préfets romains, occupés dans le Delta par les révoltes des juifs et les agitations des chrétiens, n'avaient pas le loisir de remonter le Nil. Si la haute Égypte est pleine des ouvrages et des noms des Césars, elle l'a dû à la recrudescence du polythéisme mourant. Dès le premier siècle de notre ère, la Thébaïde est déserte; Strabon, Germanicus, Hadrien, beaucoup de voyageurs plus ou moins illustres, la visitent en curieux pour admirer les vestiges de Karnak, ou bien pour témoigner qu'ils ont entendu soupirer Memnon. O triste colosse! tu te plaignais dans la campagne solitaire représentant des vieilles gloires, tu déplorais leur perte. L'esprit de l'antique Égypte agonisait en toi ; maintenant il est mort, et c'est pourquoi tu ne te lamentes plus ! Mais peut-être, ô statue de roi, en voyant que ni religions, ni civilisations nouvelles, n'ont chassé les ombres royales et divines qui errent aux rives sacrées du Nil, peut-être t'es-tu consolée !

Ici est le panthéon où tous les mythes se rassemblent et se serrent autour du trône d'Ammon. Le moment est venu d'entrer dans le sanctuaire ; ne nous préparerons-nous pas par quelques instants de méditation à la présence des dieux ? Et Thèbes ne nous fermerait-elle pas ses cent portes, si nous ne tenions en main la clef des doctrines dont elle fut l'arche sainte ? Arrêtons-nous sur le seuil, comme des néophytes, et demandons à être initiés.

Rien n'est venu de rien ; raisonnement qui s'est présenté tout d'abord à l'homme, incertain de son origine et de sa fin. Une substance indéfinie préexiste aux formes : les Indiens lui ont donné le nom d'Aditi ; pour Hésiode, la Terre a produit toutes choses et enfanté le Ciel ; en Égypte, Neith, que nous avons adorée à Esneh, est ce fond commun, ce chaos des germes.

L'homme, étant pour lui-même le point de comparaison le plus noble, appliqua de bonne heure à la substance primordiale des qualités et des apparences humaines. C'est ainsi que Neith, pour donner naissance à l'univers, dut être pourvue des deux sexes ; et plus tard, réduite à l'état de déesse et de femme, elle les conserva parmi ses emblèmes. L'idée d'un Être androgyne se retrouve en Grèce dans la fable d'Hermaphrodite et dans les rêves de Platon.

La conception d'un fils, qui n'est autre que le monde manifesté, révèle dans l'Être complet la fusion du principe mâle et du principe femelle; de là une division naturelle, une séparation entre le père et la mère. Il parut commode à l'esprit de dessiner dans les vagues espaces de l'abstraction deux personnes unies par le désir et se reproduisant dans une troisième; la famille humaine transfigurée devenait ainsi son propre type; l'homme ne montait dans le ciel que pour s'y trouver lui-même.

Ainsi, en Égypte comme ailleurs, l'homme flatté dans son orgueil a réduit l'infini à son image. Il n'a pas réfléchi que la personne, matérielle ou non, est nécessairement distincte, bornée, et ne se connaît elle-même que par le contact de personnes ou d'objets étrangers. Il n'a pas vu que la condition de l'infini est de ne pouvoir se distinguer, puisque rien ne lui est extérieur; que l'infini personnifié est un mot vide de sens; qu'il n'y a enfin aucun rapport entre l'existence absolue et les manières d'être d'une vie limitée dans l'espace et le temps.

Déjà la triade céleste est formée; elle va se multiplier par ses attributs en une série sans fin de familles qui rentrent l'une dans l'autre et remontent à la première. La triade elle-même se fond dans l'unité. Que de chemin pour revenir au point de départ! C'est qu'on fait tout au monde pour éviter ce retour logique.

La Substance, que nous appellerons Neith, se traduit par la triade : Ammon, Mout et Kons.

Ammon, principe mâle, considéré dans sa chaleur, est Phta ; dans sa manifestation lumineuse, il est Phré ; dans son intelligence, il est Knef ; dans sa force génératrice, il est Mandou. Ces noms peuvent être des dieux distincts ou se combiner entre eux : Ammon-Phré ou Ammon-Ra (Ammon-Soleil) ; Ammon-Knef ou Knoufis ; Mandou-Phré ou Mandou-Ra, etc.

Mout, principe féminin, comme primordiale, est Neith ; comme durable, Bouto, conservatrice des êtres ; comme féconde, elle est Hator ; comme éternelle, Isis, qui préside aux cérémonies funèbres.

Kons, troisième personne, prend les noms de Tôt, Har-Hat, Har-Ka, Har-Phré, etc.

Ces trois classes de divinités s'unissent par des hymens innombrables et englobent dans leur vie simultanée tous les génies locaux, tels que Api-Moon, dieu du Nil, et Souk à tête de crocodile, image des inondations fécondes, personnage analogue au Saturne du Latium. Souk associé à Phré devient Sévek-Ra, époux d'Hator. Les deux dernières triades sont : Osiris, Isis, Horus ; Horus, Isis, Mandou-Ra. Mandou étant lui-même Ammon générateur ferme enfin le cercle des familles divines, et tout le système se résume en un seul nom : Hor-Ammon. Le seul Typhon échappe à la grande hiérarchie ; c'est un singe difforme et le seul représentant du Mal.

Nous avons vu que, par le hasard des mots, le principe femelle, Neith-Mout-Bouto-Hator, est antérieur au principe mâle. Mout porte le titre de mère et femme d'Ammon ; Horus est fils et mari d'Isis. Pareillement dans Hésiode, la Terre s'unit au Ciel qu'elle a enfanté. Aussi jamais un dieu n'épouse-t-il sa fille, et la troisième personne est toujours mâle ; les déesses n'ont pas de père. Cependant l'homme, dominateur de la femme sur la terre, ne pouvait lui laisser dans le ciel une prérogative dangereuse. O puérilité de la sagesse ! C'est ainsi qu'Isis, le dernier nom donné au principe féminin, eut un frère, Osiris, et une fille, Pacht. La grande Neith devint une émanation d'Ammon, comme Athéné sortant du front de Zeus. Dès lors le principe mâle prend librement la direction du monde, et les institutions humaines ne trouvent plus de contradiction dans la philosophie.

Une fois tous ces dieux intronisés, il fallait pourvoir à leur costume, régler les préséances et le culte. Ils portent tous la croix ansée, symbole d'immortalité, et le sceptre terminé, selon le sexe, par une fleur de coucoupha ou de lotus. Leurs insignes particuliers sont empruntés à tous les règnes et choisis d'après des analogies qui n'existent plus pour nous.

Ammon occupe la droite des sanctuaires ; il a sur le front deux longues plumes droites qui rappellent les excroissances de Moïse. Le disque solaire, le *ment*, mesure et emblème de fertilité, le serpent Uræus à la gorge enflée, les cornes de bouc, se combinent pour caractériser ses divers noms : le corps d'Ammon-Ra est bleu, celui d'Ammon-Knef ou Nilus est vert. Il porte souvent une tête de bélier, parfois quatre ; on dit alors qu'il est criocéphale ; quelquefois encore il ne garde rien d'humain et prend la figure entière d'un bélier. C'est le déguisement de Zeus fuyant les Titans. M. du Laurier a vu au Louvre un Ammon batracocéphale, à tête de grenouille. Le serpent barbu a aussi l'honneur de représenter le dieu suprême.

Les pintades, les éperviers, les vautours jouent un grand rôle dans la coiffure des déesses ; c'est quelquefois tout un échafaudage haut comme l'édifice capillaire de Marie-Antoinette. Le disque et les cornes reviennent partout, sans compter les colorations diverses, les têtes d'oiseaux et de quadrupèdes.

Peu à peu les animaux, à force d'avoir servi d'emblèmes et de victimes, devinrent dieux ; nous en nommons quelques-uns au hasard. Le bélier c'est Ammon ou Knef ; on l'adorait particulièrement à Thèbes. A sa mort on l'enterrait dans une chambre sacrée. Le bœuf c'est Apis ou Phta, nourri à Memphis ; et encore Mnévis ou Phré, seigneur d'Héliopolis. Le bouc, c'est Mandon, Ammon générateur, encensé à Mendès. Le chacal est Anubis, dieu funèbre ; le cynocéphale, Tôt ; le crocodile, Souk, Sévek-Ra ; l'hippopotame, Typhon. Passons aux oiseaux. L'ibis est Tôt ; le vautour, Neith ; l'épervier, Tôt encore, ou Phta, ou Phré, ou Horus, ou Hator. Les sphinx sont des béliers ou des lions à tête humaine. Derrière les dieux marchent les parèdres, sortes d'écuyers qui portent les attributs ; enfin les pontifes morts et les rois.

A ces milices célestes, le clergé tout-puissant joignait son armée. Voyez passer en rangs pressés les grands prêtres, les prophètes et archiprophètes, les scribes des victimes, les hiérogrammates, les hiéracophores, les flabellifères, les officiers et les soldats de ces légions en robes blanches. Sur la poitrine des uns brillent des scarabées d'émail ou des *bari* mystiques ; ceux-ci ont revêtu la calasiris traînante, ou jeté sur leur tunique la peau de panthère aimée d'Osiris. Et tous ceux qui portent sur l'oreille droite un roseau à écrire? Ils viennent d'ajouter aux livres de Tôt quelque lumineux commentaire ; celui-ci compose un traité sur le disque de Phta ; celui-là rêve sur les cornes d'Ammon ; un autre touche à des questions brûlantes : il fixe la couleur, l'épaisseur et l'étoffe de la robe d'Isis. La vie de ces prêtres est fort occupée : jeunes, ils apprennent à manier les ustensiles sacrés. Parvenus à certaines fonctions, ils président aux épreuves, et elles ne sont pas pour eux sans danger : je ne sais plus à la porte de quel dieu ils se donnaient des coups de bâton. D'autres fois ils promènent, en l'honneur du dieu Bouc ou de la déesse Génisse, de petits automates impudiques : Hérodote rougit beaucoup de prendre plaisir à ces fêtes. Les vieux ont pour mission de cacher ce qu'ils ont appris. N'oublions pas un de leurs devoirs les plus importants : ils s'épilent et se rasent avec soin, car les dieux craignent la contagion des bêtes parasites.

Arrêtons-nous ; peut-être nous écarterions-nous de la gravité qui convient au sujet. Toutes les petitesses de la décadence religieuse, tous les ridicules de cette caste réduite à curer les bestiaux divins, doivent s'effacer devant la profondeur des origines et la majesté des débris.

Thèbes en ruines, Thèbes en poussière, est encore habitée par ses dieux. Fut-elle jamais la ville des hommes? Son nom même, *Tpé*, qui veut dire ciel, n'apparaît-il pas comme le signe de ses destinées? Patrie des êtres imaginaires, des conceptions philosophiques revêtues de formes singulières, région surnaturelle où habitaient les types de la puissance, de l'ordre suprême et de toutes les qualités humaines divinisées, Thèbes était le ciel sur la terre. Elle vivait, elle s'élevait par les idées ; par les idées elle a péri, et non par les événements et les hommes. Son histoire est celle de son maître Ammon, de ce peuple à têtes de bélier, de chacal, d'épervier ou d'ibis qui, les jours de fête, porté sur des barques dorées, dominant le front des multitudes, s'avançait glorieusement dans les avenues d'obélisques. Est-ce que Phta, l'infatigable ouvrier, ne l'a pas bâtie de ses mains enflammées? est-ce que l'œil bienveillant de Phré n'a pas éclairé sa naissance? Et lorsque l'antique Horus, le dernier des princes célestes, eut remis le gouvernement aux pontifes, ne sut-elle pas, animée d'une vie propre, braver l'abandon de dix familles de rois! Ammon et les autres, par des concessions vaines, eurent bientôt rabaissé l'insolence des chefs militaires ; ils les accueillirent dans leurs temples, sur leurs autels mêmes, et, s'emparant d'eux pleinement, ils les conduisirent dans les batailles, les inspirèrent dans la paix ; ils furent leur âme. Par malheur les dieux, immuables comme le granit dont ils sont faits, las de leurs postures hiératiques sans pouvoir ni vouloir en changer, se retirèrent peu à peu dans leurs sanctuaires ; ils laissèrent le gouvernement des esprits aux animaux symboliques, aux bœufs et aux chats sacrés. Que pouvaient ces bêtes vénérées contre le mouvement qui pousse l'humanité d'Orient en Occident, contre la diffusion des idées grecques et romaines? D'un coup de lance-Cambyse détruisit le prestige d'Apis; et les voix sans nombre des sophistes platoniciens, chrétiens et juifs, couvrirent les miaulements désolés de Pacht. Sérapis, dieu-momie couché dans un riche cercueil, dernière transformation d'Osiris, fut l'image fidèle de la léthargie de l'Égypte. La fondation d'Alexandrie avait porté à Thèbes le coup mortel. La science et les arts de la Grèce établis au bord de la mer, à portée de toutes les idées nouvelles, tuèrent la science et les arts sacrés, mystérieux, confinés dans un désert immobile; mais ils ne tentèrent pas d'en faire disparaître les restes; ils laissèrent dans le sol les racines mortes : auraient-ils pu les arracher ? elles bravent le travail des siècles.

# CHAPITRE VIII.

### THÈBES-LOUQSOR.

#### I. PALAIS D'AMÉNOPHIS ET DE SÉSOSTRIS.
(*Petites épreuves* : 38-43.)

La vallée du Nil s'élargit pour contenir les ruines de Thèbes ; encore la ville antique débordait-elle sur les premières assises des montagnes occidentales, et vers les gorges de Biban-el-Molouk où sont les sépultures des rois. Médinet et Gournah sur la rive droite, Louqsor et Karnak à l'orient, forment un majestueux ensemble que l'armée de Desaix a salué de cris enthousiastes. A part quelques maisons isolées vers Gournah et le bourg de Louqsor, ce vaste espace est solitaire. On débarque sur la rive arabique, devant un amas de huttes pour la plupart misérables ; ce ne sont que rues étroites, maisons de boue construites sur les décombres, pareilles aux végétations malsaines qui garnissent les pieds des vieux chênes ; ici les arbres sont des colonnades et des obélisques. Après un moment de contemplation, les superfétations et les immondices ont disparu; l'esprit a comblé les vides; et les lignes des édifices se développent aux yeux.

En partant du midi, l'on rencontre d'abord le palais d'Aménophis III. Il ne diffère en rien, au premier aspect, d'un magnifique temple. Des propylées formés de quarante-quatre hautes colonnes conduisent par deux galeries à un pronaos que soutiennent trente-deux colonnes encore; plus loin s'ouvre un sèkos pourvu d'une niche et accompagné de deux salles : deux triades y font leur demeure : Ammon-Ra, Mout et Kons, et leurs manifestations secondaires, Ammon-Générateur, Tamoun et Harka. Le fond du temple est muré; il confinait au palais proprement dit et s'y reliait sans intervalle. Le roi, comme les empereurs de Constantinople à Sainte-Sophie, pouvait y entrer à toute heure par des portes particulières et jouir de l'entretien des dieux, quand il ne les recevait pas chez lui dans quelque chapelle.

Le palais, grand édifice, décoré de trente et une colonnes, renferme une longue série de chambres que Champollion le jeune a décrites avec soin; on y voit d'intéressants bas-reliefs. Sur le faîte, les ingénieurs chargés d'enlever l'obélisque de Paris ont établi une construction qui s'appelle encore la maison de France. N'avons-nous pas nous-même dressé notre tente sur un des pylônes de Philæ? Aménophis s'était réservé dans l'une des dernières salles un oratoire pour ses dévotions de chaque jour; il est représenté sur les murs dans toutes les attitudes de l'adoration. A cette chapelle s'en rattache une autre plus moderne et qui porte, en forme de dédicace, l'inscription suivante : « Restauration faite par le roi cher à Phré, approuvé d'Ammon, fils du Soleil, seigneur des diadèmes, Alexandre, en l'honneur de son père Ammon-Ra, gardien des régions de Oph ; il a fait construire le sanctuaire nouveau en pierres dures et bonnes, à la place de celui qui avait été fait sous la majesté du roi-soleil, seigneur de justice, fils du Soleil, Aménophis, modérateur de la région pure. » Voilà qui aurait fait envie à Louis XIV ; bien qu'il soit ici question, non d'Alexandre le Grand, mais de son fils enfant, au nom duquel gouvernèrent un moment Séleucus et Ptolémée.

Quatorze colonnes énormes et telles que nous en verrons dans la salle Hypostyle s'élèvent près des propylées qui ont été notre point de départ et joignent le palais d'Aménophis à celui de Rhamsès le Grand, qui n'est construit ni dans le même plan ni dans le même axe. Mais ces déviations ne nous choquent pas plus ici qu'à Philæ. Quatre pylônes formaient l'entrée ; les deux premiers sont détruits, mais les autres, reliés par de hauts murs, dominent encore une vaste enceinte ornée de quatre-vingts colonnes. Des colonnes toujours! autant que de peupliers sur le bord de nos champs. En avant et au nord se dressent deux autres pylônes plus grands, vraiment gigantesques ; le propylône qui les reliait a été détruit. Ils sont précédés, gardés pour mieux dire, par quatre colosses assis, hauts de dix mètres ; que serait-ce debout ? Huit yeux de granit, toujours ouverts, regardent fixement le pâle horizon ; ils ont une portée surhumaine et lisent les destinées au fond des cieux.

C'est ce qui donne à ces personnages royaux tant de sérénité en face du sable qui déjà gagne leurs flancs. Devant le colosse oriental, comme si ce guerrier, son œuvre accomplie, eût planté sa lance en terre en l'honneur de la paix suprême, se dresse un obélisque majestueux dont le nôtre fut jadis le pendant.

> Il veille, unique sentinelle
> De ce grand palais dévasté,
> Dans la solitude éternelle,
> En face de l'immensité.
>
> Il regarde un pilier qui penche,
> Un vieux colosse sans profil,
> Et les canges à voile blanche
> Montant ou descendant le Nil.
>
> TH. GAUTIER.

Tandis que son frère, exilé « entre un faux temple antique et la chambre des députés, » grisonne dans notre air brumeux, il ignore le froid sous son manteau d'hiéroglyphes et d'intailles savantes ; l'ennui lumineux de l'Orient conserve son granit rose ; fidèle au souvenir et à l'intention de celui qui l'a posé devant son palais, il répète à chaque siècle qui passe : « Le seigneur du monde, soleil gardien de la vérité, approuvé par Phré, a fait exécuter cet édifice en l'honneur de son père Ammon-Ra, et lui a érigé ces deux grands obélisques de pierre, devant le Rhamséion de la ville d'Ammon. »

Les murs des deux grands pylônes sont complétement

couverts de très-bonnes sculptures. Elles représentent
les campagnes de Sésostris dans le pays des Schéto,
Scythes ou Bactriens; le roi et plusieurs de ses vingt-
trois fils poursuivent l'ennemi en rase campagne, montés sur des chars; ils assiégent et prennent des forteresses, des villes indiennes peut-être : car un nom effacé
à demi laisse encore lire.... *apouro*, terminaison qui se
rencontre souvent dans le Bengale et le pays du Gange
(Hastinapoura, Delhi, la ville des éléphants; Sinhapoura,
Singhapore, la ville des lions). Ici des espions expirent
sous le kourbach, là des ambassadeurs ennemis sont reçus dans le camp égyptien, et Sésostris leur dicte les
conditions d'un traité. C'est la huitième année du règne
de Rhamsès le Grand, qui défile devant nous en triomphe.

## II. UN MARIAGE A LOUQSOR.

Qui croirait que la vie mesquine et vulgaire puisse
végéter à l'ombre de ces grands souvenirs? D'Aménophis
et de Rhamsès, le fellah prend peu de souci; il a pour eux
une faible reconnaissance lorsqu'ils lui procurent les
bakchis des voyageurs; mais que lui importent ceux qui
ont été, ceux qui seront? Quel rapport entre sa misérable existence et la splendeur des rois ? Il s'élève si peu
au-dessus de la terre qu'il n'a guère de peine à y rentrer; de longs jours de peine ou de paresse ennuyée,
quelques heures joyeuses, et l'éternel repos; telle est la
destinée de ces pauvres gens. Nous avons déjà donné

une idée de leurs chants pénétrants, écrits dans des tons inconnus, et qui se développent en modulations étranges et douces à notre oreille. Nous avons décrit leurs fantasias. On les a vus empressés à saisir toute occasion de rire et d'oublier ; mais c'est aux mariages qu'éclatent surtout leur gaieté naturelle, leur humeur hospitalière et leur goût pour les réunions nombreuses.

Il y avait environ quatre mois qu'un de mes matelots, Mahmoud Garboueh, s'était fiancé en passant à Louqsor. Son mariage naïvement annoncé avait, durant tout le trajet, fourni contre lui des armes aux plaisants de l'équipage ; son impatience amoureuse qui croissait avec l'absence était une source inépuisable de quolibets, un peu épicés parfois, et tels qu'on en trouve dans la *Lysistrata* du vieil Aristophane ; sans remonter si haut, on sait les cérémonies burlesques et les grosses finesses qui précèdent et accompagnent chez nous les noces villageoises. De retour à Philæ, Mahmoud ne pouvait se contenir. Toutes ses pensées se tournaient vers Louqsor ; il demandait sans cesse à courir en avant. Au risque de passer pour le complice des railleurs, je me montrais inexorable ; Mahmoud, l'heureux homme, était sans rival à bord pour la force et l'énergie ; on comprendra qu'il me fût précieux. La veille seulement de notre arrivée, je lui permis de partir la nuit et de voler où son désir l'appelait.

Le mariage en Egypte n'est pas, d'ordinaire, un acte public et rigoureusement constaté par la loi. Quand le futur et les parents sont d'accord, quand la somme que le mari paye toujours aux parents et même à sa femme est stipulée et convenue (la femme n'apporte pas de dot), on procède à la célébration du mariage devant deux témoins. Quelquefois la déclaration en est faite au cheik ou au cadi, mais c'est une formalité le plus souvent négligée. On voit que dans une telle union, sans garantie ultérieure, la femme n'est guère qu'une esclave achetée. Lorsqu'on n'en veut plus, on la renvoie. Cette facilité peut plaire à quelques débauchés ingénieux et riches : riches ou pouvant disposer d'une somme que la cupidité des parents proportionne à l'apparence de l'acheteur. Gérard de Nerval, pris de la fantaisie du mariage égyptien, reconnut qu'en fait de folie, la plus sage était d'acheter une Abyssinienne au bazar ; ses présentations chez des indigènes, qui le prennent pour un général, ses remarques sur les petites Égyptiennes, enfin ses déboires avec son esclave, forment la partie la plus originale et la plus amusante de son *Voyage en Orient*. Mais notre matelot nous attend.

Le jour choisi pour le mariage était un vendredi. Une grande tente dressée, comme c'est l'usage, devant la maison, était depuis deux jours déjà le rendez-vous de tous les amis. Des bancs ou *kaffas* et des tapis avaient été apportés en grand nombre ; c'est là que s'assirent les invités. Pour moi, je m'installai sur une estrade d'honneur, garnie de tapis et de coussins et dressée à mon intention. J'avais à mes côtés un Français, de passage à Loûqsor et qui désirait voir la cérémonie.

L'heure de la prière arrivée, le marié suivi de tous ses parents se rendit à la mosquée ; ensuite il revint devant la maison de sa fiancée pour recevoir les invités.

Son retour fut le signal des fantasias, des chants et des danses : beaucoup de lanternes éclairaient vivement le lieu de la fête. L'orchestre bruyant était excité et accompagné par les salves répétées dont les Arabes rehaussent toutes leurs réjouissances : toute mon artillerie avait été mise à contribution. Par moments, des chants plus doux et des rires enfantins se mêlaient à la grosse joie de l'assemblée : c'est que, dans la maison même, et séparées des hommes par quelques portes, les amies de la mariée et les parentes du mari célébraient l'heureuse soirée et chantaient en leur langue : Hyménée ! hyménée ! Leurs voix entendues ainsi nous donnaient des regrets ; mais le plus grand charme des filles de l'Orient est le mystère qui les dérobe aux yeux ; il valait mieux entendre que voir. Ces dames faisaient la cuisine, et leurs petites mains tournaient les sauces qui allaient nous être servies.

En effet, lorsque le café et le chibouk eurent circulé quelque temps, des viandes et des pâtisseries furent apportées dans de grands plats devant les groupes affamés. Nous eûmes l'honneur du tabouret et du plateau ; on nous envoya les mets les plus recherchés ; mais à peine eus-je goûté du bout des doigts, ma curiosité se trouva satisfaite amplement, et je me rejetai volontiers sur des galettes de pain blanc qu'on avait faites à la barque. Après le repas, les danses recommencèrent.

A une heure avancée de la soirée, les invités se formèrent en procession ; escortés d'hommes qui portaient des *machallah*, ils firent le tour de la ville, recrutant sur leur passage toute la population oisive ; le cortége démesurément grossi ne revint à la maison qu'après de nombreux circuits. Tout le monde alors avec anxiété attendit le succès d'une épreuve préalable, fort importante ici, et qu'il ne nous est pas permis de décrire (ainsi dirait le pudique Hérodote) parce que nous n'y assistions pas. En Égypte, comme partout, la pureté de la jeune fille est son plus grand mérite; c'est ce que les parents de Louqsor vantent et vendent au mari ; c'est donc le point qu'il s'agit de constater d'une manière authentique et officielle. Dans nos pays raffinés, une opération si délicate est confiée seulement au secret de la chambre nuptiale. Les femmes ici, chose bizarre, sont chargées de l'accomplir en présence de l'époux et des parentes de la mariée.

Enfin Mahmoud sortit, accompagné des matrones; accueilli par des acclamations et des détonations répétées de fusils et de pistolets, riant, dansant presque, il montrait son doigt enveloppé d'un mouchoir teint de sang. Il s'adossa fièrement au mur et les invités défilèrent devant lui ; tous lui prodiguaient les félicitations les plus chaleureuses et, chacun selon sa fortune, lui mettaient dans la main quelques pièces de monnaie. A la grande satisfaction de la famille, je m'exécutai comme les autres ; j'allai à l'offrande, et je fus heureux de contribuer à l'aisance momentanée des époux.

Le marié, quand la collecte fut terminée, rentra dans la maison ; il en sortit immédiatement, portant dans ses bras sa femme, une enfant de dix ans au plus. Encore suivi des matrones, escorté de loin en loin par les hommes, il gagna le bord du Nil et déposa son fardeau à terre ; puis, prenant dans sa bouche un peu d'eau, il l'insuffla aux lèvres de sa femme et revint joyeux à la maison nuptiale. Personne ne le suivait plus. Le lendemain, on promena en public le mouchoir ensanglanté; on le montra dans tous les quartiers, et le plus grand respect fut dès lors acquis à l'épouse de Mahmoud.

# CHAPITRE IX.

### THÈBES-KARNAK.

Tout est prêt pour le départ. Nous allons nous établir dans les ruines de Karnak. Avant le jour, tout ce qui est nécessaire à un campement : provisions de bouche, tentes, lits, tables, siéges, appareils photographiques, nombre effrayant de caisses, s'étage sur les bosses de onze chameaux. Derrière ces pyramides irrégulières s'avancent avec résignation douze ânes qui nous portent, nous et notre suite : car le drogman, le cawas et le réis sont de trop grands personnages pour aller à pied. Quant à un guide-cicérone, vraie lèpre qui s'attache aux voyageurs, et à quatre matelots que nous emmenions, ils avaient eu le cynisme de demander des montures pour une heure de marche. Les chameliers, au moins un par bête, augmentaient notre escorte et lui donnaient l'apparence d'une colonie qui émigre vers des pays inconnus.

J'oubliais deux malins singes, descendants de ces Troglodytes qui peuplaient la Libye, et les cinq chacals encore au complet ; ils n'étaient pas déplacés, car j'ai lu dans Hérodote que deux chacals conduisaient le prêtre au temple d'Isis. N'allons-nous pas d'ailleurs exhumer le passé ? Et n'est-il pas juste que les animaux du funèbre Anubis soient présents à notre entreprise ?

La caravane, mêlant ses silhouettes mobiles aux grandes ombres régulières des colonnades antiques, s'allonge aux rayons du soleil levant sur le chemin foulé jadis par les processions sacrées. Les champs cultivés succèdent un moment aux champs de ruines ; cependant nous rencontrons çà et là de grands talus formés de débris qui s'en vont en salpêtre. La voie solennelle, aujourd'hui perdue dans les cannes à sucre et les palmiers, reliait Karnak au pylône septentrional de Louqsor ; elle était bordée dans toute sa longueur de sphinx monolithes. On en compte encore cent douze répartis sur un espace de deux cents mètres ; le troupeau complet se composait donc au moins d'un millier. Karnak se dresse et grandit ; il s'avance, il nous enveloppe et nous sépare du monde des vivants. Kons, assis dans son temple, nous regarde étonné de ne pas recevoir l'encens qui lui est dû ; mais nous reviendrons vers lui. Longeant la grande piscine d'eau salée, nous passons entre la salle Hypostyle et la galerie des Colosses : nous atteignons enfin, du côté de l'orient, une cour adjacente au logis des prêtres. Ce lieu nous parut propice à une installation. Quelques heures de travail suffirent à nous préparer des abris, et le drapeau tricolore arboré sur un point élevé indiqua notre prise de possession. Autour de nous, à toutes les issues, des gardiens sont chargés d'entretenir les feux qui nous préserveront des visites nocturnes. Mais nul ne viendra nous disputer notre demeure, gardée par une terreur superstitieuse.

Nous-mêmes, esprits forts d'Europe, nous ne considérions pas sans appréhension ces masses imposantes et ces mystérieux dédales. L'inquiétude ne fut pas étrangère aux insomnies de nos premières nuits ; peu habitués au sommeil en plein air, le seul que l'extrême chaleur nous permit, nous fermions un instant les yeux pour les rouvrir au moindre bruit : c'était le vol d'une affreuse chauve-souris, un aboiement lointain ou le cri des chats sauvages ; alors Pacht, la déesse féline, démasquant soudain ses rayons, nous enveloppait d'un crépuscule d'azur ; elle s'élevait entre deux obélisques, pareille au disque symbolique entre les cornes d'un dieu. L'ombre d'une statue tombait brusquement sur moi. Il arrivait souvent qu'un mauvais rêve ajoutât ses bizarreries à la réalité ; alors je m'éveillais tout à fait, cherchant en vain à me rassurer contre des bas-reliefs ou des colonnes inoffensives. Je me levais pour aller toucher mes fantômes ; les Arabes de garde, adossés aux murailles, dégageaient de leurs grands manteaux blancs leur main armée d'un long bâton et, me reconnaissant, disaient Allah ! puis ils se replongeaient dans les délices de l'immobilité. Pour moi, la fraîcheur m'invitait aux promenades solitaires. Je me perdais entre les vastes colonnes de la salle Hypostyle, comme Gulliver dans les blés géants ; absorbé dans une méditation indécise, mais sérieuse comme la nuit, je comparais les clairs de lune splendides à nos pâles soleils, et toutes les occupations mesquines de notre vie passée à la belle ardeur de nos travaux photographiques. Bientôt nous en vînmes à un calme d'esprit, à une sécurité qu'ignore le Parisien le plus confiant dans la police ; nous dormions sur nos lits de camp, à la belle étoile, mieux que dans notre barque bercée par le Nil.

## I. LA SALLE HYPOSTYLE.

Tout le jour nous parcourions Karnak, cherchant des points de vue et Champollion en main. Cette partie de Thèbes occupait cent trente hectares clos d'une enceinte en briques crues, visible encore par endroits ; ce qui nous reste n'est pas le dixième de ce qui a péri ; toutefois, la multitude des édifices qui encombrent le territoire de Karnak nous défend de laisser au lecteur le charme de l'imprévu. Nous aurions l'air de vouloir le perdre, et nous ne pourrions peut-être pas nous retrouver nous-mêmes. Nous ne viserons ici qu'à la clarté. Partis de l'extrémité septentrionale, au point le plus éloigné de Louqsor et le plus rapproché du Nil, nous nous avancerons avec prudence, nous arrêtant quelquefois pour jeter un coup d'œil en arrière et grouper nos descriptions ; c'est ainsi que nous pourrons rejoindre sans encombre devant le temple de Kons, dit temple du Sud, la grande allée de sphinx et le chemin de notre barque.

Les traces d'un vaste perron, de nombreux fragments qui ont appartenu à des statues de béliers, indiquent encore le sens et la dimension d'une avenue qui finissait au bord même du fleuve; elle s'avançait à soixante mètres environ de l'enceinte et la traversait entre deux pylônes dont les ruines se confondent avec le mur en briques crues. Ces pylônes, hauts de 43 mètres 50 centimètres sur 113 de long à la base, ont été élevés par Rhamsès V Méiamoun, chef de la xix° dynastie. A leurs pieds, deux tas de pierres représentent deux figures colossales de leur fondateur, qui les décoraient du côté du Nil. Sur l'une des parois intérieures, une inscription française rappelle notre courte domination et constate les latitudes et les longitudes de plusieurs villes d'Égypte. Mais laissons tout souvenir moderne; que le présent et les préoccupations de notre âge soient pareilles aux sandales que l'Arabe dépose à la porte des mosquées.

Les pylônes forment l'entrée d'une cour très-vaste construite vers le ix° siècle seulement avant notre ère par une dynastie de rois originaires de Bubaste; Sésonchis ou Sésac, le premier des Bubastites, a fait sculpter au fond, à droite, sa victoire sur les Juifs et la prise du roi de Juda Roboam. La cour renferme deux édifices d'une époque antérieure; à gauche, près de l'entrée, un temple d'Osiris dû à Ménephta II, fils et successeur de Sésostris; à droite, un temple dédié à Ammon-Ra par Méiamoun. Du premier on ne voit que la façade à demi enfouie; le second, plus important, montre encore ses propylées soutenus par seize piliers ornés de colosses, les huit colonnes de son pronaos et un sanctuaire complétement obstrué.

Ce qu'il y a de plus récent dans cette cour, ce sont douze énormes colonnes dont une seule est aujourd'hui debout ; on pense qu'elles étaient surmontées de statues symboliques, béliers, ibis, éperviers, chacals, et n'ont jamais porté d'architrave. On les attribue au roi éthiopien Taharaka, dont Nectanèbe fit partout marteler les images ; Psammétique et Philopator en augmentèrent le nombre ou en renouvelèrent les ornements. Elles conduisent à de seconds pylônes qui font face aux premiers et terminent la cour. Il existe en outre deux sorties latérales, et la porte de droite est formée par quatre colonnes. (*Petites épreuves :* 77, 78, 172.)

Les seconds pylônes, plus anciens que les premiers et presque écroulés, sont précédés de deux colosses frustes et méconnaissables. Ils occupent la place de monuments antérieurs aux invasions des Hyksos. Sésostris a conservé par des inscriptions les noms des premiers constructeurs (2300 avant le Christ) ; ce sont les Pharaons Binotris et Amou-Touonk (voyez le remarquable et magnifique ouvrage de M. Horeau).

Les pylônes de Sésostris se relient par un vaste propylône à la salle Hypostyle. Une forêt symétrique de hêtres ou de chênes séculaires ne donnerait pas l'idée de ces trente rangs de colonnades parallèles. Quel arbre atteindrait le diamètre, la hauteur même des douze colonnes formidables qui s'élèvent dans l'axe de la salle ? les chapiteaux monolithes qui ne les écrasent pas terrifient l'imagination ; jamais masses plus énormes n'ont été établies pour l'éternité. Quels épais feuillages dessineraient sur le sol les ombres opaques, nettes, anguleuses que projettent les architraves? La lumière cependant lutte avec les ténèbres et les pénètre à demi : des parois vivement frappées par un rayon, se détache un peuple de bas-reliefs; et des hiéroglyphes innombrables montent comme un tourbillon de grêles scarabées à l'assaut des murailles et des fûts prodigieux. L'œil ébloui par le contraste du jour et de l'obscurité, par les reflets, les formes chimériques, la multitude des pensées qui errent dans ces demeures muettes et se cachent derrière chaque pilier, l'œil se ferme et demande grâce. Oui, des foules inconnues passent autour de l'imprudent qui se risque au milieu de ces solitudes; il semble qu'où beaucoup d'hommes sont venus il reste un peu d'eux-mêmes, je ne sais quoi de mystérieux qui obsède l'esprit et, dans le silence absolu, parle des choses passées; c'est une rumeur confuse pareille au bruissement du sang dans les artères, un chœur aux paroles variées et insaisissables; c'est l'écho lointain des multitudes qui se réunissaient en ce lieu, convoquées pour les panégyries. Mais que se passait-il dans ces galeries entremêlées? Chaque nome y avait-il sa place et ses dieux? et quelle voix pouvait commander au milieu de ces colonnes qui devaient détourner ou briser les voix? Il est probable que les dispositions intérieures avaient un autre but, un objet plus immédiat que notre étonnement et notre admiration; mais les âges en ont emporté le secret.

La salle Hypostyle, commencée par Ménephtha I, a été continuée par Rhamsès II, achevée par Sésostris; et, fût-elle l'unique ouvrage de ces trois rois, elle suffirait à illustrer leur mémoire. Mais sera-ce vraiment à ces conquérants, à ces victorieux, que s'adresseront nos louanges? n'est-ce pas plutôt aux artistes aujourd'hui inconnus qui ont conçu cette merveille? et n'y aura-t-il pas ici quelque pitié pour ces myriades humaines qui ont versé leur sueur sur ces pierres magnifiques?

La sortie est digne de l'entrée : elle est formée par deux très-grands pylônes parallèles, dont les ruines éparses bordent le chemin de Louqsor. Mais les ombres s'allongent; ne nous attardons pas à considérer les jeux des rayons horizontaux. Dirigeons-nous vers cette fumée légère qui trace un dessin gris sur le bleu lilas de l'orient; les appartements des prêtres, où nous demeurons, sont séparés de nous par des palais et des débris qui barrent le passage. Les chacals vont rôder. Voyez, le soleil descend; l'horizon empourpré l'engloutit, et une teinte dorée, fugitive, marque seule le lieu de sa chute. La nuit nous enveloppe. (*Grandes épreuves* : 6-10, 41, 44. *Petites épreuves* : 48-54, 59-76, 173.)


II. LA GALERIE DES COLOSSES. LE PALAIS DE MŒRIS.


Debout, le jour a paru. Un disque ardent s'élève au-dessus des ruines; la vapeur rose qui l'entoure lui fait deux grandes ailes. C'est l'emblème des dieux lumineux, le globe ailé !

En avant des pylônes sud-est de la salle Hypostyle, deux obélisques en granit rose, dont l'un couvre le sol de tronçons anguleux, nous maintiennent dans la bonne direction; sans eux, nous risquerions de nous perdre parmi les monticules de ruines. Ils ont été dressés par la reine Amensé, de la dix-huitième dynastie, qui se faisait appeler : le roi du peuple obéissant, la fille du Soleil. Celui qui est debout, le plus beau de tous ceux qui subsistent en Egypte, a trente mètres de hauteur.

Deux autres, dont on voit d'ici la pointe élancée, marquent le milieu d'une grande enceinte carrée, oblongue, ouvrage attribué à Toutmosis V. D'ordinaire, les obélisques sont dressés sur un simple dé de pierre; ceux-ci ont pour piédestaux de solides massifs qui assombrissent le jour. Ils sont plus anciens que l'édifice. Autour d'eux se développe une galerie intérieure d'une conception grandiose : soixante-deux énormes statues en soutiennent les piliers. C'était sans doute une salle d'attente : les courtisans perdus dans l'ombre des colosses n'osaient médire du maître dont l'image était partout; le Pharaon Toutmosis leur paraissait aussi grand par la puissance que le sculpteur l'avait fait par la stature. Nous nous sentîmes gagnés nous-mêmes par une terreur respectueuse; mais le délabrement des cariatides en était cause : leur main, au passage, aurait pu tomber un peu brusquement sur nos têtes. Bien que familiarisés avec eux par de nombreuses visites, nous respirions mieux hors de leur portée. Ils nous poursuivent jusqu'à la sortie; quatre d'entre eux flanquent encore deux chambres enclavées dans les deux petits pylônes qui portaient les gonds de la porte. C'est ici le palais des Mille et une Nuits, où Zobéide rencontre un peuple pétrifié ! (*Petites épreuves :* 58, 84, 171, 176.)

La galerie des Colosses est traversée du nord-ouest au sud-est par le grand axe de Karnak. Le passage à ciel ouvert qui, bordé par les piédestaux des obélisques, la coupe en deux parties à peu près égales, serait le prolongement d'une ligne venue du Nil par la grande travée centrale de la salle Hypostyle. Elle est accompagnée de deux cours parallèles qui communiquent par des couloirs aux chambres des pylônes ; chacune de ces dépendances était décorée de six belles colonnes dont il ne reste que les fûts.

Plus loin, dans le même axe, une cour jonchée de débris, sans doute un pronaos, précède un temple de granit rose, annoncé par deux obélisques de même matière et de grandeur médiocre. Le temple est couvert des sculptures les plus fines, et les plafonds tombés qui en obstruent le sèkos conservent des traces de couleurs éclatantes et de vives dorures ; il sépare deux séries de chambres nombreuses où l'on pénètre par deux entrées situées dans le pronaos. Nous sommes ici chez nous ; bien souvent le soir, nous traversons cet oratoire où vous voyez une petite estrade qui supportait jadis un dieu ; cet escalier intact nous conduit à une plate-forme d'où l'on peut contempler Karnak inondé de rayons ; c'est là que nous prenons le café au milieu d'une auréole. Si nous regardons vers le Nil, ce ne sont que masses d'ombre accentuées par des traits de flamme, grêles images d'obélisques projetés jusqu'à l'horizon de l'orient ; tournés vers la montagne arabique nous jouissons d'un spectacle plus magnifique : c'est la lumière qui s'empare des surfaces et l'ombre qui dessine les contours ; le jour s'attache à tous les débris. Quand la nuit s'élance, on entend le frémissement de son vol, on jouit de sa fraiche haleine ; son vaste réseau d'azur, broché de pâles étoiles, se déploie et tout d'un coup enveloppe l'univers. Quel plaisir alors, de demeurer longtemps en repos, en silence, dans les ténèbres transparentes !

*Mais sommes-nous las déjà ? Nous parlons du soir,* lorsque l'ombre ramassée au pied des colonnes et des aiguilles marque le milieu du jour. Le soleil brûlant d'avril ruisselle sur nous comme un fleuve qui tombe du haut d'un mont ; il imprègne de feu nos tarbouchs et dépose une nouvelle couche de hâle sur nos visages brunis. Il faut cependant franchir un assez grand espace où abondent les vases, les chapiteaux, les pattes de sphinx, les tronçons de dieux en granit ou en albâtre. Partout se retrouvent Ammon, Moût et Kons : ici trois têtes, là six genoux. Un amateur d'hiéroglyphes passerait sa vie dans ces débris. Pour nous, l'extrême chaleur nous conseille de chercher un refuge.

Nous arrivons à une belle galerie qui continue la série des édifices orientés du nord-ouest au sud-est. Elle servait de portique au palais de Mœris. Trente-deux piliers carrés et vingt-quatre colonnes la soutiennent. Moins extraordinaire que la salle des Colosses, elle a plus d'antiquité et plus d'importance historique. Trois des parois présentent aux yeux quatre rangs superposés de personnages assis ; il y a là soixante rois, qui tous ont près d'eux leur nom ; quelques-uns sont des seizième et dix-septième dynasties; mais la plupart appartiennent à des temps presque fabuleux. Aux deux extrémités de la composition, Mœris est debout, séparé de ses ancêtres par une table chargée d'offrandes qu'il leur présente tour à tour. On voit tout ce que la science peut tirer de cette galerie des rois, où rien n'est postérieur à la fin du xviii° siècle avant notre ère.

Une des nombreuses pièces qui la suivent est appelée la chambre du roi ; Mœris y a demeuré sans doute, et bien d'autres après lui. Un chaos de colonnes détruites fait pendant à la cour de décombres que nous avons tout à l'heure traversée; aucun indice ne fixe précisément la destination du lieu. Était-ce quelque péristyle ou une grande salle de réception ? Nous rencontrons ensuite les débris de vastes pylônes entièrement ruinés; plus loin, un petit sékos orné de colosses qui représentent Toutmosis IV et sa femme ; et, à une vingtaine de mètres, au milieu d'un terrain vague, un autre sékos soutenu par des statues de Sésostris ; enfin, un propylône complétement nu et qui, se reliant à la grande enceinte, terminait au sud-est ces immenses demeures divines et humaines. (*Petites épreuves :* 79, 80, 177.)

Ne négligeons pas le colossal propylône élevé à trois ou quatre cents mètres vers le nord par Ptolémée Évergète. Il n'est pas indigne des colonnades et des galeries d'un Rhamsès ou d'un Toutmosis. Ses riches sculptures sont parfaitement intactes; mais ni son avenue de sphinx criocéphales, ni ses colosses en granit rose, ni les magnifiques propylônes qui, se rapprochant du palais de Mœris, conduisaient à des édifices encore visibles pour l'archéologue; rien de ces splendeurs n'a résisté au temps.

### III. LE TEMPLE DE KONS.

Nos travaux photographiques sont terminés; ils ont réussi à merveille : La salle Hypostyle surprise par un rayon dans l'axe de sa grande colonnade; le propylône d'Évergète qui semble une porte triomphale; les salles des colosses et des rois; les grandes aiguilles roses; ces trésors des siècles sont tous là, enfermés dans cette caisse. Le vent peut les balayer demain, et quel vent ! Fixés sur un verre fragile, ils vivront à jamais; le temps ne leur enlèvera ni une pierre ni un hiéroglyphe.

Le cœur serré cependant, nous disons adieu à notre incommode campement, aux champs de ruines, aux grandes pensées, et nous reprenons le chemin de Louqsor. Arabes, chameaux, ânes mêmes, tout marche gravement et s'associe à notre mélancolie.

Par la cour des prêtres et la galerie des Colosses, nous avons regagné la route au pied des obélisques de la salle Hypostyle. Tout près de nous reluit au soleil une pièce d'eau irrégulière jadis consacrée aux ablutions dont toutes les religions font usage. Elle est très-fortement salée, et ce rare phénomène a dû lui donner beaucoup de renommée. Des colonnes, des fondations, des restes de quais, toutes sortes de débris répandus à l'entour, prouvent assez qu'elle fut aimée des dieux et vénérée des hommes. On voit encore un escalier qui la reliait à la salle Hypostyle.

Voici venir à nous quatre pylônes gigantesques, chargés de sculptures. Leurs façades et leurs flancs étaient décorés de colosses, pour la plupart tombés, parfois encore dressés et presque intacts. L'avenue de béliers qui les reliait n'a laissé entre eux qu'une double rangée de décombres.

Plus loin, en face, dans un plan différent, paraît le temple de Kons ou grand temple du sud. Les proportions en sont vastes ; tel qu'il est, privé de ses dépendances, il ne peut, à vrai dire, se comparer à l'ensemble des édifices qui se suivent dans l'axe principal de Karnak; mais lorsque les constructions aujourd'hui réduites à des buttes de ruines qui couvrent plusieurs centaines de mètres le reliaient au temple d'Ammon et à la cour des Bubastites, alors il commandait dignement la grande voie bordée de sphinx et regardait sans envie les magnificences de Louqsor. (*Petites épreuves*: 44-47, 55-57.)

Il est annoncé par un très-beau propylône ; deux grands pylônes où s'arrête la double file de béliers donnent entrée dans une cour péristyle décorée de trente colonnes dont les chapiteaux imitent les feuilles et le bouton du lotus. Le pronaos conserve les restes d'un noble dieu en granit, couché sur le côté droit et chaque jour enterré par son poids. Quant au sanctuaire et aux pièces latérales, on n'en voit que la forme extérieure ; le sable qui les obstrue promet une réserve abondante et une moisson prochaine d'hiéroglyphes et de sculptures historiques; car le temple entier ne tardera pas à être déblayé.

Y gagnera-t-il? nous lui souhaiterions de ne pas perdre ce demi-jour qui sied à sa majestueuse architecture.

C'est un ouvrage de la dix-neuvième dynastie, achevé par la vingtième. Le sèkos, qui partout est la partie la plus ancienne (ne fallait-il pas d'abord mettre le dieu à couvert?), doit être attribué à Rhamsès Méiamoun. Les deux pontifes-rois, Péor-Amonsé et Pihmé, bâtirent la cour péristyle et les pylônes, vers la fin du XIIe siècle avant notre ère. Le propylône est plus moderne, il remonte à l'an 130 environ avant le Christ. Son fondateur, Ptolémée Évergète II, y est représenté dans l'attitude ordinaire des rois, présentant son offrande à Ammon.

Cet Évergète, nommé par son peuple le mauvais et le ventru, fut un des plus zélés constructeurs d'édifices religieux. Il a encore dédié un mammisi à la déesse Hator ou plutôt à la reine Cléopâtre sa femme et sa sœur. La façade qui regarde le Nil, à gauche du temple de Kons, est précédée d'un petit propylée et de deux pylônes; Auguste a décoré l'extérieur. Il faut se faire ouvrir les portes, le plus souvent fermées; les sculptures, pleines d'intérêt malgré la décadence de l'art, représentent de curieuses scènes d'accouchement symbolique.

Les temples de Kons et d'Hator seront notre dernière station sur la route de Karnak à Louqsor. Nous avons tâché de résumer en quelques pages tout ce qu'un séjour d'un mois a pu nous apprendre sur les monuments encore visibles; mais nous laissons à de plus savants, Champollion le jeune, Nestor Lhoste, Clot-Bey, Wilkinson, Horeau, les inscriptions, les bas-reliefs les peintures et les plans détaillés, et les pierres sans nombre et sans nom amoncelées dans la vaste enceinte. L'autre rive nous réclame ; et déjà la chaleur étouffante de la mi-avril nous conseille d'abréger nos travaux, nos plaisirs. Mais si le soleil n'est pas au bout de ses forces, nous ne sentons pas fléchir les nôtres.

# CHAPITRE X.

### THÈBES-MÉDINET.

Nous ne pouvions jouir longtemps de notre barque; les chaleurs déjà menaçantes nous pressaient de terminer nos explorations, et nous avions encore un campement de quelque durée à établir dans la partie occidentale de Thèbes. Mœris, Méiamoun, Ménephta, Aménophis et Sésostris ont construit à Médinet, aux Memnonia et à Gournah, toute une série de magnifiques demeures, restaurées par les dynasties étrangères. Nous voyions de Louqsor le monticule formé par les ruines d'une ville romaine, que M. Max. du Camp nomme Papa ou Maximinopolis et qui a été détruite par les Arabes : c'est dans cette butte que se cache un vaste palais digne de Karnak; sur la droite, au milieu de plaines fertiles coupées de canaux, s'élèvent les deux colosses de Memnon. A l'horizon s'ouvre la vallée funèbre de Biban-el-Molouk.

Une nouvelle caravane de chameaux et d'ânes paresseux nous conduisit en une heure au pied de la butte de Médinet, centre de nos opérations ; et le petit temple de Mœris fut bientôt mis en état de nous recevoir. Le sanctuaire devint la chambre de ma femme ; diverses parties de la galerie prirent les noms de salle à manger, laboratoire, logements des Arabes. Que ne fait-on pas avec des murs et des plafonds de toile? Le ciel se montrait à travers nos voûtes flottantes ; mais le soleil les brochait d'or. La nuit, nous étions visités par la lune ; mais Endymion s'est-il jamais plaint ? Soit que notre installation se trouvât plus complète que dans la cour des prêtres à Karnak, soit que nous eussions pris l'habitude de la vie en plein air, Médinet nous offrit tout d'abord un séjour plein de charmes. D'ailleurs, très-occupés le jour, très-fatigués le soir, nous n'avions guère le temps de critiquer notre domicile.

## 1. — LE TOUTMOSÉION.

Les ruines s'étendent au pied de la chaîne libyque, digne en ce lieu de la grandeur de Thèbes. Elles s'échelonnent aussi sur les premières assises et se confondent avec le ton grisâtre de la roche ; il est de certaines heures où elles raillent tristement le travail humain qui sue à dresser quelques pierres sur une montagne ; mais quand on les visite, on se sent dominé par leur majesté. Elles semblent à l'épreuve des siècles, et la verdure des palmiers qui poussent aux fentes des murs est pareille au sourire échappé des lèvres d'un grand vieillard.

Avant d'entrer dans les palais de Médinet, et pour les dégager de ce qui les entoure, nous donnerons quelques moments au temple de Tôt Ibiocéphale. Ne devons-nous pas notre premier hommage au dieu de la science et des lettres? Si, depuis Dakkeh, nous n'avons pas encore rencontré de sanctuaire qui lui soit spécialement consacré, il ne faut pas croire qu'on le dédaignât; forme secondaire de Kons, il se trouve partout adoré avec la triade suprême.

En son nom particulier, il réunit plusieurs attributions terrestres ou funéraires ; on le considère ici comme inventeur des arts et de la philosophie et comme conservateur des choses saintes. Deux grands tableaux le représentent porté dans des arches ou *bari* dont les poupes et les proues finissent en têtes d'épervier ; le disque, le croissant, et différents emblèmes de Kons ornent ces barques sacrées. Tôt a pour compagne Noémouo, conservatrice des germes ou des principes, déesse coiffée du vautour et d'un petit propylône. Le temple, fort délabré, refuge ordinaire des âniers et des mendiants, est de modestes proportions et n'a jamais été achevé ; il se *compose d'un pronaos et de trois salles couvertes de bas-reliefs peints*. A l'entrée du sanctuaire, Évergète II offre des présents à la triade thébaine, plus particulièrement honorée dans sa troisième personne.

Les rois Ptolémées, après eux les Césars, ont beaucoup travaillé à Médinet, et nous allons les retrouver aux abords du palais de Mœris. Titus et Hadrien ont attaché leur nom à la grande enceinte de grès et à la porte décorée de deux superbes colonnes dont les fortes crues atteignent les bases; une seconde cour étroite, aux colonnes brisées, rappelle le règne d'Antonin (*petites épreuves:* 83). Sur un propylône, Soter II fait une offrande aux dieux de Thèbes et d'Hermonthis. (*Petites épreuves:* 90.) Ces constructions ont remplacé, suivant Champollion, un palais de Sésostris détruit par les Perses.

Derrière un pylône qui est aussi une œuvre de Soter II, on trouve sur des colonnes rasées à quelques mètres de terre la figure d'un Nectanèbe de la xxx° dynastie. Plus loin, sur les massifs extérieurs d'un second pylône dégradé, paraît le roi éthiopien Taharaka, taillé en géant comme les héros, levant sa massue pour écraser un peuple vaincu dont il tient d'une main les chevelures.

Lorsqu'on a dépassé des blocs de granit rose où est inscrit le nom du prêtre Pétaménoph, on a devant soi ce qui reste du temple-palais élevé par trois Toutmosis et la reine Amensé: un sékos entouré de belles colonnes lotiformes, et huit salles adjacentes; l'une des dernières renferme une chapelle monolithe renversée; même dans les édifices civils, les dieux n'étaient jamais absents.

Toutmosis III-Mœris «a fait exécuter ces constructions en l'honneur de son père Ammon-Ra, roi des dieux; il lui a érigé ce grand temple dans la partie occidentale du Toutmoséion d'Ammon, en belle pierre de grès: c'est ce qu'a fait le roi, vivant à toujours.» Aussi est-il chéri de Phré et seigneur du monde. A gauche du sanctuaire, on le voit conduit par Ammon et Hator vers l'arbre mystique de la vie; sur le feuillage épais, Ammon lui-même écrit le nom de Mœris: «Mon fils, dit-il, soutien de l'univers, je place ton nom sur l'arbre Ocht, dans le palais du Soleil. » Et voici les paroles des vingt-cinq divinités thébaines qui, rangées sur deux files, assistent à la cérémonie : « nos cœurs sont réjouis par le bel édifice qu'a bâti le roi-soleil, soutien de l'univers. » On trouvera le reste dans la xviii° lettre de Champollion ; il considère comme du plus grand style les sculptures qui couronnent les murailles du Toutmoséion.

## II. — LE PALAIS DE MÉIAMOUN.

Rhamsès Méiamoun dont les victoires ouvrirent brillamment la xix° dynastie a élevé près du Toutmoséion des demeures immenses, les plus vastes de l'antique Égypte. On peut suivre encore des yeux, à demi étouffée sous les débris, une enceinte énorme qui couronne la butte de Médinet et dessine fidèlement les contours des édifices qu'elle renferme. Sur la paroi méridionale, de grandes inscriptions contiennent le calendrier sacré, le programme immuable des cérémonies liturgiques et royales. Il s'agit comme toujours d'un temple-palais ; mais une surprise nous est réservée : nous allons pénétrer dans la vie privée des rois. Cet édifice, de forme inusitée et de dimensions médiocres, sur la gauche et un peu en avant du Toutmoséion, c'est le gynécée où Méiamoun daignait se reposer de ses victoires. (*Petites épreuves :* 91.)

La façade est à peu près parallèle au Nil. Le corps de logis est précédé des logements des portiers, de deux pylônes, et d'une cour étroite. Le grand pavillon du fond, auquel se reliaient en équerre deux bâtiments latéraux, présente trois étages décorés avec goût. Des prisonniers de guerre sortent du mur à mi-corps pour soutenir les balcons. Tout, au dehors comme au dedans, est surchargé d'ornements ; d'après les bas-reliefs on remeublerait la maison. Partout des vases précieux, des fleurs rares, et sous les fenêtres un grand jardin où serpentait une dérivation du Nil. Partout l'eau abondait.

Je me rappelle une galerie souterraine, glaciale, située sur la droite du palais. Un Arabe m'y fit voir une eau dont il ne put m'expliquer l'origine, et qui luisait dans l'ombre comme l'œil phosphorescent de Pacht. Les sources sont rares en Égypte ; il faut que cette piscine mystérieuse soit le réservoir alimenté par le fleuve, le puits toujours rempli qui servait à la fois aux bains des femmes et aux épreuves des néophytes. C'est une eau qui a peut-être quatre mille années.

Dans toutes les pièces du gynécée sont représentées des scènes familières. Ici, pour plaire aux enfants royaux qui se roulent sur de riches tapis, un nain lutte de grimaces avec un singe ; là, se jouent des chats et des chiens de salon. Des filles à peines voilées d'un clair tissu apportent des boissons glacées ; d'autres dansent ou tiennent des instruments de musique. Rhamsès figure dans ces tableaux. Tantôt il sourit aux jeux des petits princes ; tantôt, pour gagner sans ennui l'heure du repos ou du plaisir, il joue aux échecs : peut-on nommer autrement ce carré de marqueterie et ces pièces variées? Il réfléchit au coup qu'il va donner ; ses filles ou des princesses qu'on reconnaît aux longues boucles de leurs cheveux, s'empressent de faire sa partie et de la perdre. Ailleurs, il dîne, parfois seul et servi par les reines; parfois, il a invité les femmes à partager son repas, et leurs flatteries donnent plus d'arome au vin qu'il boit dans une coupe d'albâtre. Comment évoquer dans leurs détails ces splendeurs et ces vulgarités royales? Celui qui, dans le *Roman de la Momie*, a surpris la vie intime des Pharaons, saurait seul ramener la lumière dans la petite cour sombre; sous sa baguette jailliraient des fontaines et de grands jets d'eau entourés de plantes aquatiques; à la porte du pavillon, quelques eunuques remplaceraient deux dieux mutilés; et là-haut, sur la transparence des stores, se dessineraient des formes brunes et noires, parées de colliers d'ambre ou d'émaux cloisonnés. Malheur alors à l'indiscret qui lèverait les yeux vers les élégantes fenêtres et la corniche dentelée !

La demeure officielle de Rhamsès correspondait sans doute avec le gynécée par quelque galerie dont les traces ont disparu. Là tout rappelle la tournure et la taille de la femme, la grâce du boudoir, les proportions étroites qui seyent à l'intimité. Ici se montrent la force et la grandeur du guerrier, la majesté du trône, l'immensité où se plaisent les pompes de la royauté. Trois couples de pylônes, des propylées, une cour magnifique entourée de galeries, une vaste salle récemment déblayée dont les trente énormes colonnes sont rasées à 1 m. 50 de terre; tel est l'ensemble du palais. Derrière un mur peu élevé qui fait le fond de la grande salle, six colonnes tombées marquent la place d'une galerie; c'est l'entrée du temple;

on peut pénétrer dans un naos à huit colonnes et, sur la droite dans plusieurs pièces garnies de sculptures. Le sèkos et les dieux ne sont plus qu'un amas de décombres. (*Grandes épreuves* : 38, 40. *Petites épreuves* : 84-89, 92-94.)

Les pylônes extérieurs célèbrent la gloire militaire du fondateur. Sur le massif de gauche, le dieu Phta-Sokaris livre à Méiamoun treize peuples d'Asie. A droite, c'est Phré à tête d'épervier qui donne au conquérant la *harpé*, cette faux dont Kronos s'est servi pour mutiler son père Ouranos. Il s'écrie : « Mon fils, mon germe chéri, maître du monde, soleil de justice, toute force t'appartient sur la terre entière ; les nations du septentrion et du midi sont abattues sous tes pieds ; je te livre les chefs des contrées du nord et du midi ; la Terre-Rouge est sous tes sandales ! » Puis il désigne à ses coups vingt-neuf peuples : « Prends cette arme, mon fils chéri, et frappe les chefs des contrées étrangères. » Des batailles, des siéges, un retour triomphal, tels sont les sujets qui se déroulent sur les colonnes et les murailles, à mesure qu'on avance dans le palais.

De nombreux monceaux de ruines cachent la partie inférieure des premiers pylônes et enfouissent les huit colonnes qui décorent le côté gauche des propylées ; mais le côté droit, plus dégagé, laisse voir huit piliers où sont adossés des colosses. Les propylées mènent aux seconds pylônes où Méiamoun, sous la figure d'un géant sculpté en relief dans le creux, le front ceint des insignes sacrés, conduit à son père Ammon-Ra trois files de prisonniers indiens. Le propylône en granit rose qui unit les deux massifs est d'une grande beauté. La pierre en est restée intacte; mais que sont devenus les riches battants ornés de précieux métaux, et qu'Ammon lui-même ne regardait pas sans admiration?

Avançons, puisque la porte béante nous livre passage; prenons garde seulement à ces tronçons de *colonnettes* dont le sol est partout jonché. Je ne les aurais pas vues si je n'avais failli tomber; en voilà trois encore qui se dressent là-bas, comme des joncs sous des chênes. Ce sont les débris d'une église que le souffle d'Ammon peut-être a renversée, frêles ruines gisantes qui rehaussent les ruines victorieuses du temps. Dix-huit colonnes énormes soutiennent les galeries de l'est et de l'ouest; au nord, seize colosses froissés, ébréchés même par les constructions chrétiennes, Hercules blessés par des pygmées, sont appuyés contre seize piliers : derrière eux s'élevait une colonnade encore.

Les sculptures coloriées, qui vengent l'architecture peinte des dédains modernes, ont été étudiées avec fruit par *Champollion*. Elles sont, comme toujours, pleines des grandes actions de Méiamoun. On le voit haranguer les chefs militaires agenouillés devant lui et leur exposer un plan de conquêtes; toutes les troupes alors s'ébranlent; devant elles marche le char d'Ammon qui porte l'enseigne nationale, une tête de bélier surmontée d'un disque. Puis s'avance le roi, fouettant ses chevaux; puis les colonnes pressées et les chars de guerre.

On combat avec acharnement, et beaucoup d'ennemis fugitifs restent prisonniers. L'armée parvenue au bord d'une mer lointaine arrive à temps pour soutenir la flotte

17.

qui lutte avec la marine indigène : les projectiles pleuvent sur l'ennemi et dans les flots. Ailleurs, on traverse un pays sauvage où des bêtes féroces harcèlent les guerriers : Rhamsès, pour donner l'exemple, se détourne et tue un lion. Ammon le protégé.

Après la victoire, le roi monte sur une estrade et reçoit les officiers et les princes; on lui apporte par milliers les mains droites coupées aux morts. Il parle et un silence religieux se fait autour de lui : « Ammon-Ra, dit-il, était à ma droite comme à ma gauche; son esprit a inspiré mes résolutions; Ammon-Ra lui-même a placé le monde entier dans mes mains ! »

Nous voici au jour solennel du triomphe; comment redire toutes les cérémonies qui s'accomplissent? la présentation des prisonniers et du butin à la grande triade thébaine, la procession d'Ammon-Ra porté en palanquin par vingt-deux prêtres; le roi marchant devant le dieu; les grands éventails, les Victoires aux ailes d'or qui ombragent la tête du vainqueur; la reine, les princes, toute la cour vêtue de parures éblouissantes; les félicitations des dieux et des hommes!

Rhamsès vit avec Phré, Tôt et les autres, comme avec des frères et des cousins. Ammon ne lui inspire qu'un respect familier, filial; il lui rend compte de sa conduite : « Tu me l'as ordonné, j'ai poursuivi les barbares; j'ai combattu toutes les parties de la terre; le monde s'est arrêté devant moi. » Et Ammon répond en père : « Que ton retour soit joyeux; ma bouche t'approuve ! »

Rhamsès offre alors l'encens à celui qui le guide et l'encourage. Puis il dépose sur l'autel un épi de blé, la plus belle offrande que l'humanité puisse faire au soleil.

On voit que les Pharaons savaient jouer du droit divin et de la légitimité. Rois par la grâce d'Ammon, inspirés par Ammon, fils aînés d'Ammon, ils vivaient avec la Providence dans une intimité qui les mêlait aux puissances éternelles. Leur front se perdait dans l'azur et n'apparaissait aux humbles constructeurs des pyramides que couronné des rayons du soleil. L'apothéose illuminait leur berceau et les suivait dans la tombe.

Le clergé aurait préféré garder pour lui seul les honneurs qu'il partageait avec les rois. Mais, en attendant l'occasion de les ressaisir tout entiers, force lui était d'admettre auprès du dieu insensible la statue du maître irritable et tout-puissant. Les rois, d'ailleurs, payaient pour Ammon; quel pontife n'eût reconnu en eux des dieux terrestres?

# CHAPITRE XI.

### THÈBES-MEMNONIA. COLOSSES. RHAMSÉION. GOURNAH.

Au nord et à peu de distance de Médinet, dans la plaine et sur le versant oriental de la montagne libyque, s'étend le quartier funéraire que les Égyptiens appelaient Memnonia; de là peut-être le nom des colosses voisins. C'était le séjour du bas clergé, des embaumeurs, Taricheutes, Paraschistes et Colchytes; des rois y avaient pourtant construit des palais, Osimandyas, Sésostris, Ménephta. Aujourd'hui quelques maisons plus ou moins importantes sont construites sur les hauteurs. Une, entre autres, qui appartient au consul anglais, nous fut gracieusement offerte pour notre installation. Mais l'aspect de la nécropole, l'abondance des reptiles animés par la chaleur et surtout la distance qui nous eût séparés du centre de nos travaux, nous décidèrent en faveur du temple de Mœris.

Les pentes de la montagne sont percées d'hypogées sans nombre ; les tombes de la plaine ne présentent guère de ces riches ornements qui appartiennent aux sépultures royales. Si quelque prêtre a fait peindre et sculpter sa dernière demeure, la plupart des morts, peuple obscur, se contentaient d'un abri qui les préservât des bêtes nocturnes, et qui ne les a pas sauvés des hommes. Il y a des vivants dans ce grand cimetière ; des familles entières y ont établi leurs foyers ; les plus grands tombeaux sont des repaires où disparaissent pêle-mêle femmes, enfants et bestiaux ; quant aux hommes, ils cherchent sur un sol partout jonché de momies quelque bijou échappé à la rapacité séculaire des explorateurs, ou au moins un débris qui puisse tenter la curiosité.

A Médinet comme à Karnak, je recevais fréquemment la visite d'un vagabond qui vit de cette industrie. Toutes les menues antiquités, surtout ces scarabées émaillés dont les voyageurs sont si friands qu'on en fabrique pour eux, abondaient aux poches d'Abdallah. Chaque matin il m'apportait des pieds, des crânes, tant et tant que j'ignore où il les cachait. Quand il m'avait tout montré, j'insistais, et les scarabées tombaient de ses lèvres à chaque mot. Pareil à cette jeune fille aimée d'une fée, dont la bouche était une source inépuisable de perles et de diamants, Abdallah ne tarissait pas en scarabées. Ses oreilles en cornet lui servaient encore de réservoir. S'il protestait que ses cachettes étaient vides, je n'avais qu'à lui montrer le kourbach ; aussitôt il tirait de je ne sais où quantité d'autres objets, réservant pour la fin ce qu'il avait de mieux. J'ai souvent pensé que son corps était vide comme une momie, et qu'il le remplissait de ses trouvailles. Il faut dire que le commerce des antiquités est expressément interdit aux gens du pays, le plus souvent employés aux fouilles ; de là cette habileté à dissimuler ce qui est presque un vol. J'achetai au misérable Abdallah quelques fragments de cercueils en bois peint et plusieurs pieds d'enfants, remarquables par la grâce et l'élévation du coude-pied. La peau noire et parcheminée, dure comme la pierre, conserve des traces de dorure, les ongles ont l'éclat de l'ébène poli ; et sur des lambeaux d'étoffe de lin sont collés des scarabées verts.

Tel est le travail, telle est la moisson dans les Memnonia ; on n'y confie rien à la terre ; çà et là quelques bouquets de palmiers jettent leur ombre grêle sur les tombes livrées au jour. Mais dans la vallée, la végétation reprend ses droits ; des champs de cannes, de maïs, de doura, mûrissent entre le Nil et le chemin qui nous conduit de Médinet à la nécropole. C'est dans cet espace fertile que s'élèvent, à 30$^m$ environ l'un de l'autre, deux colosses tournés vers le fleuve comme s'ils en surveillaient le niveau (*petites épreuves :* 95,96). Assis sur un trône, ils ont encore une hauteur de 20$^m$, taille des colosses du grand temple à Ibsamboul. Leur tête est ceinte de bandelettes ; leurs mains reposent à plat sur leurs genoux. De chaque côté du trône deux statues de femmes couronnées, seulement deux fois plus grandes que nature, représentent la mère et la femme d'Aménophis III. Les colosses sont des statues de ce Pharaon, et décoraient son palais aujourd'hui disparu ; leur destination est constatée par de grands hiéroglyphes d'un pied de haut, exécutés avec une rare perfection sur le côté des bases : « l'Aroéris, le fils du Soleil, le seigneur des diadèmes, le réformateur des mœurs, celui qui tient le monde en repos, Aménophis, a érigé ces monuments en l'honneur de son père Ammon. Il lui a dédié ces statues de pierre dure (grès-brèche de la Thébaïde). » L'inscription nous reporte au xvii° siècle avant notre ère.

Les deux colosses étaient monolithes, et celui du sud est encore entier ; mais l'autre s'est pris corps à corps avec la trombe ; un tremblement de terre lui a enlevé la tête et le thorax. Septime-Sévère en a rebâti la partie supérieure, où l'on voit distinctement cinq assises de pierres. C'est le fameux Memnon, fils de l'Aurore, celui qui soupirait au point du jour ; soixante-douze inscriptions grecques ou latines, encore visibles sur ses jambes, prouvent que l'antiquité ne douta pas de cette merveille. Tous les témoins, voyageurs de bonne foi, légionnaires, officiers, préfets, l'empereur Hadrien lui-même et sa femme Sabine, indiquent le jour et l'heure où ils ont entendu le chant de Memnon. Virgile a vu suer l'airain, pourquoi n'aurait-on pas entendu chanter un colosse de grès-brèche ? La physique et la constitution de la pierre peuvent, dit-on, justifier la vieille croyance à la sonorité de Memnon, croyance qui ne s'établit guère que du temps de Néron, et finit avec Septime-Sévère ; explique qui voudra pourquoi elle ne parut pas plus tôt et ne tomba pas plus tard ; il y a un fait, c'est que Memnon ne gémit plus ; Champollion s'est assis sur ses genoux et n'a rien entendu.

Quant à ce nom grec égaré sur les rives du Nil, on peut l'expliquer par le voisinage des Memnonia. Une confusion se sera produite au temps des Lagides; et les Grecs auront vu aisément dans un de ces colosses le héros homérique fils de l'Aurore et de Tithon. On nomme encore Memnonium de grandes constructions où la commission d'Égypte a retrouvé le tombeau d'Osimandyas et que Champollion le jeune préfère appeler palais de Sésostris ou Rhamséion. Pour y arriver, il suffit de regagner la route dont les colosses nous ont quelque peu éloignés.

En arrivant de Louqsor les yeux sont d'abord attirés par une énorme statue de Sésostris, renversée à terre. Le roi monolithe en granit noir, couché la face dans le sable, et brisé dans sa chute, pouvait avoir 23$^m$ de haut; debout, il se tenait à gauche en avant d'une galerie de colosses qui ont résisté aux bouleversements. D'autres colosses sont commandés par un second géant de marbre noir moins grand que le Sésostris. Sur la droite, une nouvelle galerie répond à la première; nous sommes au milieu d'immenses propylées. Du côté de la montagne, aux environs d'un grand pronaos dont la place est marquée par de nombreuses colonnes, se succèdent plusieurs salles, décrites avec soin par Champollion. Ici comme à Louqsor, les sculptures rappellent des victoires sur les Bactriens ou les Scythes. Dans un curieux tableau, les douze mois et les solstices sont personnifiés et revêtus de la forme humaine. Ailleurs, Mout et Kons présentent Rhamsès au roi des dieux. La femme du conquérant, rendant hommage à la puissance divine, s'écrie naïvement : « O toi qui établis le siége de ta grandeur dans la demeure de ton fils, Rhamsès, accorde-lui une vie stable et pure ! » O dieu ! nous te dressons des temples, c'est bien le moins que tu nous protéges. Rhamsès à son tour s'avance, et sans prière, sans adoration, il dit d'une voix calme : « Je viens à mon père Ammon-Ra, à la suite des dieux qu'il admet en sa présence à jamais. »

Sésostris avait une bibliothèque ; on en reconnaît l'entrée aux figures sculptées sur les jambages de la porte. D'une part s'avance Tôt Ibiocéphale, et derrière lui un de ses parèdres coiffé d'un grand œil ; en face paraît la déesse Saf, Dame des lettres, présidant à la salle des livres ; son parèdre porte sur la tête une grande oreille. La tradition a lu sur la porte : Remède de l'âme. Là étaient enfermés tous les livres sacrés écrits par les deux Tôt, Hermès trismégiste et Hermès terrestre. Les prêtres et les rois y apprenaient l'ordre des hiérarchies indéfinies qui, passant par le trône, descendent de l'éther aux régions funéraires.

Du côté du Nil, un pylône éventré, des colonnes gigantesques, des pans de mur, attestent l'antique splendeur de ce Rhamséion occidental. Mais les ruines sont tellement défigurées qu'une désignation plus complète paraîtrait cherchée dans les ouvrages archéologiques. Le simple voyageur, renonçant à rétablir l'ensemble de ces édifices, reprend le chemin qui passe entre les deux galeries des propylées. (*Petites épreuves :* 97, 98.)

Il atteint bientôt le palais de Gournah ou Kourna, non moins antique, non moins délabré que le précédent. C'est un Ménephtéon ; la dédicace reconnaît pour fondateurs Ménephta I⁵ʳ et son fils aîné Rhamsès II, soutiens des armées, éperviers d'or, soleils de vérité. Prédécesseurs immédiats de Sésostris, ces rois ont orné leur demeure de sculptures excellentes, que Champollion regarde comme des modèles. (*Petites épreuves :* 99.)

Ce qui reste du Ménephtéon n'a rien de colossal, mais se distingue par des proportions exquises. Un portique long de 50ᵐ, soutenu par dix colonnes qui ont 10ᵐ de haut, nous introduit dans une salle hypostyle décorée de six colonnes, longue de 48 pieds sur 33 de large. C'était la chambre d'honneur, *manosk*, destinée aux assemblées religieuses ou politiques et aux cours de justice; elle est belle et richement décorée. Sur le plafond, qui tient encore par endroits, des inscriptions au nom de Ménephta encadrent de grands vautours, emblèmes de victoire. On peut noter ici que le vautour joue dans la symbolique égyptienne le rôle de l'aigle chez les Romains. Les Pharaons prenaient les auspices comme les consuls : ils ne livraient pas bataille sans qu'un augure eût vu les vautours voler contre l'ennemi; aussi plaçait-on souvent au-dessus de leur tête, dans les bas-reliefs, un vautour aux ailes étendues.

Les colonnes du Ménephtéon sont d'une forme assez rare, et aussi ancienne peut-être que la cannelure verticale, origine du style dorique. Ce sont des faisceaux de lotus; les tiges forment le fût et les boutons le chapiteau. Nous avons vu déjà des colonnes lotiformes à Médinet; il en existe à Éléphantine.

Le Ménephtéon contient encore un sèkos et un certain nombre de chambres latérales. Tout ce qui est à droite appartient au règne de Sésostris. On voit à des arrachements, à des assises dérobées à demi par des bouquets de palmiers et des masures modernes, que le palais de Kourna se reliait à d'autres édifices. Qui sait si nous n'avons pas devant les yeux des vestibules et des dépendances et si le vrai palais n'est pas réduit en poussière.

Voici que nos travaux sur le sol où fut Thèbes sont terminés ; nous avons vu de près la cour pharaonique, les solennités d'un peuple puissant, dans sa capitale ; nous avons écrasé le scorpion et chassé le chacal dans ces demeures magnifiques. Des hommes ignorants et pauvres ont disséminé leurs huttes dans les palais et les temples déserts ; tous ces villages, ces hameaux où l'on chante quelquefois, sont pareils aux rameaux parasites qui trouvent encore à vivre sur un arbre mort. C'est un spectacle triste. Rois et dieux qui se recevaient mutuellement en amis, qui jouaient entre eux, au grand ébahissement du peuple, la comédie sacrée, rois et dieux sont morts ensemble, et depuis de longs siècles. Un pèlerinage funèbre nous réclame encore. A quelques pas de Kourna, s'ouvre une grande et sombre vallée où sont enterrées trois dynasties (XVIII<sup>e</sup>, XIX<sup>e</sup>, XX<sup>e</sup>). Les fondateurs n'ont pas voulu, en mourant, s'écarter de leur œuvre. Les secrets de ces tombes souterraines échappent à la photographie ; mais pouvons-nous quitter ceux dont nous avons montré la vie glorieuse, sans assister aux pompes de leur mort?

# CHAPITRE XII.

### BIBAN EL-MOLOUK.

Nous partons de bon matin du temple de Mœris; devant nous marche un dromadaire chargé de nos vivres; des enfants portent l'eau qui, à si peu de distance du Nil, va manquer absolument. Nous revoyons les colosses d'Aménophis, le Rhamséion, Kourna que nous laissons à gauche; et la triste vallée s'ouvre à nos yeux. C'est là que sont venus les uns après les autres ces Ménephta, ces Rhamsès, jugés d'abord par le magistrat de la dernière heure, et envoyés au redoutable tribunal d'Osiris. Le site revêt tout d'abord la solennité qui convient au chemin des régions occidentales, à l'entrée de l'Amenthi. A mesure qu'on avance, la stérilité, la solitude et la désolation disposent l'esprit aux sévères pensées. Nous faisons, comme les héros épiques, notre descente aux enfers.

Un soleil de feu darde ses rayons dans la gorge étroite.

La lumière ardente roule de rocher en rocher et se joue en reflets : nous nous croyons sur les bords calcinés d'un Phlégéthon silencieux ; malgré la grande chaleur, un froid intime nous pénètre à l'approche des cavernes funèbres, demeures définitives de ces puissants qui pensaient parcourir à jamais le cercle des renaissances. Déjà nous avons fait de longs circuits ; tout à coup la vallée se resserre, et nous nous sentons sur le seuil même de l'Amenthi. A notre gauche, un grand ravin s'enfonce vers l'ouest, cachant dans ses replis les sépultures d'Aménophis III et de Binotris. De ce côté, peu de fouilles très-intéressantes ont été tentées. C'est devant nous, dans un entonnoir sans issue, encombré de débris, que l'on a découvert les plus beaux hypogées ; encore le nombre de ceux qui sont livrés au public est-il restreint à une trentaine. L'entrée en est basse et facile à masquer ; mais comme la montagne en est remplie, nul doute que des tranchées dans les galeries n'en puissent mettre une foule au jour.

Dans ces excavations réside, au moins sur les murailles, l'aréopage infernal : les quarante-deux jurés, hommes, serpents, ibis, chacals et crocodiles, génies des régions profondes ; les trois examinateurs, Horus, Apis, Anubis, qui pèsent la vie des morts ; Tôt qui annonce le résultat de l'épreuve ; Osiris qui juge, assisté de Thméi. Le mort est porté sur une *bari* mystique escortée de Nepthys et d'Isis. Au pied du trône d'Osiris est un monstre où se mêlent le lion, l'hippopotame et le crocodile. Nous ne sommes pas loin de nous reconnaître en ce lieu mystérieux ; n'y sommes-nous pas venus déjà ?

L'Amenthi n'est-il pas l'Adès où nous avons si souvent pénétré sur les pas des Grecs? Le monstre est Cerbère; Osiris, l'une des figures les plus récentes d'Ammon et qui sur la terre porte un thyrse, une peau de léopard et une coupe comme Bacchus, joue ici le rôle de Pluton : c'est le délégué céleste, dans les entrailles de la terre. Thméi, fille du soleil, justice et vérité, qui inspire les juges infernaux, c'est Thémis, c'est la Junon souterraine, Proserpine. Otons à Thôt son bec d'ibis et nous verrons Hermès psychopompe. Les trois juges, au nom et à la grimace près, sont Minos, Éaque et Rhadamanthe. Ainsi l'Adès des Grecs est l'Amenthi égyptien très-simplifié, embelli par la poésie et quelque peu relégué dans le pays des chimères. Pour le Pharaon mourant, rien n'était plus certain, plus inévitable, que le jugement du sépulcre, les migrations dans le corps des animaux ou des hommes durant trois mille ans, et la fusion suprême dans l'essence divine. Quelle était cette essence ? autre question et qui est restée sans réponse, ici comme ailleurs. Au reste, les dieux n'avaient pas à se tromper dans leur décision; elle leur était dictée par la sentence des magistrats humains. On sait qu'en guise d'oraison funèbre et de ces discours qu'on jette à pleine main sur les tombes comme des fleurs, un examen sévère accueillait le défunt. Dans la *Coupe et les lèvres*, Frank entend de son cercueil des plaidoyers s'établir pour et contre lui; lorsqu'il est condamné, lorsque sa cendre va être jetée au vent, il se dresse tout à coup et raille ses juges improvisés. Voyez-vous quelque Pharaon s'avisant de cette fantaisie? Je pense qu'on n'aurait pas jugé son successeur. Aucun n'y songea : les apothéoses des ancêtres rassuraient les héritiers. Cependant il y eut des rois condamnés; dans un hypogée, Champollion a vu des traces de marteau sur les images et les cartouches du mort, tandis que les figures de sa mère et de sa femme étaient partout respectées.

D'ordinaire, les tombeaux complets sont ainsi conçus : une ouverture basse, étroite, dissimulée, où l'on n'entre qu'en se courbant; une pente fort raide, coupée de marches plus ou moins praticables; une galerie élevée et spacieuse, longue ordinairement de 30 ou 40 pas, où des peintures merveilleusement fraîches rappellent les mœurs et les lois de ces temps reculés; parfois, dans les parois s'ouvrent de petites chambres où est traité un sujet spécial. A la suite de la galerie, une sorte de portique ou pronaos donne entrée dans la salle funèbre. C'est une grande pièce plus longue que large, très-habilement voûtée en berceau, couverte sur toutes les surfaces planes de scènes emblématiques; au milieu, un énorme sarcophage en granit noir ou vert, fermé d'une dalle pareille, contient ou contenait la momie royale, enveloppée dans plusieurs cercueils précieux.

La pudeur de la tombe était si exigeante que, non contents d'enfouir leurs corps dans un ravin désert, au fond d'une sépulture soigneusement masquée, les Égyptiens s'ingéniaient, dans les entrailles mêmes de la terre, à dérouter l'indiscret ou le profanateur. Il arrive qu'au sortir d'une première salle, en apparence destinée au sarcophage, on rencontre le roc ou un puits profond; la momie est plus bas, plus loin ou à côté; le hasard d'une fouille peut seul trahir sa retraite.

De telles précautions ont garanti un grand nombre de tombeaux, encore ignorés. Mais ceux qui sont ouverts ont depuis longtemps perdu leurs hôtes. Aux Perses et aux Arabes ont succédé les marchands de figurines et de peau embaumée; les voyageurs aussi ont brisé ce qu'ils ont pu; les savants mêmes ont concouru aux mutilations. Des plaisants, pour faire suite aux inscriptions de quelques visiteurs grecs, ont tracé avec leur couteau des aphorismes saugrenus ou déplacés, tels que celui-ci : « Les femmes sont comme les girouettes, elles ne se fixent que quand elles se rouillent. » Un sculpteur bien connu a glissé sa figure dans une procession de dieux à têtes bizarres.

Par suite de profanations dont on ne peut fixer la date, certains sarcophages ont perdu leur momie : ce ne sont plus que des cénotaphes; d'autres, malgré le poids, ont été soulevés, déplacés : on a cru qu'ils cachaient des trésors. Quelques-uns ont été emportés, par exemple celui de Méiamoun, dont le dessous est à Paris et le dessus à Cambridge. Était-ce la peine, ô Pharaon, de subir les opérations des embaumeurs qui extrayaient le cerveau par les narines et remplacent les intestins par des aromates? Vous êtes resté soixante-douze jours dans le natron ; et votre corps roulé dans de fines bandelettes gommées, enduit de feuilles d'or, enfermé dans un cercueil de métal doublé de cèdre, enfin confié au granit, a disparu comme un cadavre vulgaire. A quoi bon les magnificences de vos chambres funèbres et tant de souci de la mort pendant la vie?

Sitôt qu'un roi montait sur le trône, il songeait à son

tombeau. Il choisissait une place dans la vallée, à l'écart ou près des siens, sans observer l'ordre héréditaire ; et un monde de prisonniers, de peintres, d'hiérogrammates, se mettait à l'œuvre. La mort du roi interrompait les travaux. On n'a qu'à mesurer la profondeur des sépultures pour fixer la longueur des règnes. Les princes éphémères étaient ensevelis dans des niches creusées à la hâte. Mais l'hypogée d'un Sésostris se développe en galeries, en chambres, malheureusement saccagées il y a longtemps; Ménephta I, Rhamsès IV et V eurent aussi le temps de décorer leurs dernières demeures, et on peut les citer parmi les plus belles. Champollion le jeune s'est établi dans le tombeau de Rhamsès IV Méiamoun.

Pour peu qu'un règne se prolongeât, l'artiste, trouvant devant lui un champ indéfiniment agrandi, sortait des sujets funéraires et rentrait dans la réalité. Il y aurait eu honte à laisser nu un pouce de mur. C'est ainsi que des scènes familières se mêlent, sur les murailles des hypogées les plus considérables, à la représentation des mystères de la mort; j'ai vu dans le souterrain de Méiamoun des vases et des instruments qui ne pouvaient être que des ustensiles de cuisine, mais peut-être à l'usage des juges infernaux. Murillo a bien peint la *Cuisine des anges*.

Il faudrait des jours entiers pour apprendre à reconnaître ces galeries, à en distinguer les décorations, à en apprécier les époques. Nous ne décrivons rien nommément, parce que rien n'est resté dans notre pensée. Tant de détails n'imprimaient à notre mémoire que des lignes fugitives, pareilles aux flots effacés par des vagues nouvelles. Et maintenant que l'heure du départ nous presse, maintenant qu'il faut choisir et emporter quelques impressions durables, les emblèmes bizarres, imcompréhensibles souvent, les formes grotesques, les monstres, tourbillonnent comme des papillons de nuit autour de nos flambeaux qui vont s'éteindre.

Que me voulez-vous, becs d'ibis, ailes d'éperviers, singes malins armés du kourbach, disques jaunes, processions rouges et noires? Ne vous tairez-vous pas, gloussements bizarres, aboiements de cynocéphales, cris d'oiseaux sacrés? Je vous entends dans le silence du caveau et voici ce que vous dites : « Si l'homme s'accorde l'éternité, de quel droit la refuse-t-il aux êtres qui ont avec lui le rapport de la forme et de la vie terrestre? » Soyez donc satisfaits, serviteurs qui enviez à vos maîtres d'orgueilleux espoirs; vous ne périrez pas, vautours de Neith, vaches d'Hator, crocodiles de Souk, chats de Bubastis. La Grèce, l'Inde et l'Égypte ont eu pitié de vos regrets; et la métempsycose a établi entre toutes les figures une fraternité qui s'ignore. L'homme pour se survivre en paix a immortalisé la nature entière.

A l'entrée de toutes les tombes, sur le bandeau de la porte, se dessine plus ou moins pâli, le même bas-relief. Dans un disque jaune on voit le soleil couchant, à tête de bélier; à l'orient se tient Nephtys qui est l'étendue céleste; à l'occident, Isis qui est la nuit. Puis à côté du soleil mourant, un grand scarabée image des régénérations successives. Ainsi le Pharaon, astre qui vivifiait le monde, a parcouru sa course brillante, et s'en va vers l'occident, vers la demeure qu'Osiris lui accorde dans la montagne sacrée. Et maintenant, roi Osirien, soleil mystérieux, il continuera sa marche dans un autre hémisphère, prêt à briller de nouveau quand les temps seront accomplis. Pauvre Pharaon, tu vas à l'inconnu, tu descends aux régions d'où l'on ne revient pas!

Les prêtres, dans l'oisiveté affairée du culte, ont trouvé le temps de fouiller l'invisible, de renchérir sur l'impossible, et de peupler le vide. Voilà l'enseignement des hypogées, croyance embellie des couleurs les plus vives et des applications les plus variées, mais pareille à un abîme qu'on cherche à combler avec des fleurs. Parmi ces créations chimériques, légères comme des fumées, il n'y a qu'un lambeau de réalité, un seul : le museau d'Anubis, le chacal qui déterre les morts. Toutes les autres divinités souterraines sont des jeux du pinceau, ce qu'on nomme des êtres de raison, des qualités humaines personnifiées. L'humanité disparue, que devient l'Amenthi ? Osiris et Nephtys et Thméi ne tombent-ils pas en poussière ? De ces visions, cependant, quelque chose restera ; car ces métempsycoses, ces expiations sans souvenir, sont les vêtements d'une idée, les traductions incomplètes ou diffuses d'un principe vrai : l'éternité de la substance, du mouvement et de la vie, de Neith, d'Ammon et de Kons, ces trois noms de l'Absolu!

## CHAPITRE XIII.

### DENDÉRAH. SIOUT. ANTINOÉ.

Nous revînmes à notre temple de Mœris par un sentier impraticable dans la chaleur du jour, et qui du fond de l'entonnoir s'élève jusqu'au sommet de la montagne. Sous nos pieds, Kourna, le Rhamséion, les Colosses, Médinet, projetaient leurs ombres jusqu'au Nil. Comme nous arrivions au faite, le soleil tombait derrière l'horizon; mais l'obscurité ne fut pas de longue durée et la lune fantastique éclaira notre descente. La pente était si abrupte que nous avions mis pied à terre, malgré la fatigue; nous étions brisés quand nous atteignîmes notre demeure.

C'était la dernière nuit que nous devions passer à Médinet. Un grand vent régnait depuis quelque temps, et le séjour commençait à être incommode. Comme nous faisions nos préparatifs de départ, un charmeur vint, un peu tard, nous offrir ses services. Voulant du moins nous donner un échantillon de son talent, il se fit fort de nous trouver des reptiles dans notre voisinage. Comme j'avais fort peu rencontré de ces hôtes désagréables, je résolus de mettre mon sorcier à l'épreuve, tout prêt à railler sa déconvenue. Il se tira d'affaire avec une grande habileté; car il ne tarda pas à découvrir de vilaines bêtes, tout auprès de notre habitation. Nous le suivions escortés de nos Arabes. Lui, seul devant nous, drapé dans sa grande robe de laine blanche, la gravité empreinte sur une physionomie de magicien, il chantait, tendant son bâton en avant. Il évoquait les serpents partout où il voulait, partout aussi où nous le demandions; il ne cherchait jamais longtemps. Apercevait-il un scorpion, il le saisissait délicatement par le milieu du corps et lui arrachait le dard de la queue avec les dents. Scorpions et serpents charmés entraient dans un grand sac d'où ils étaient peut-être sortis. Sans croire précisément à la puissance du chant et du bâton magique, j'admirais la dextérité du jongleur; ma femme n'aurait pas couché une nuit de plus à Médinet; elle avait perdu toute sécurité.

Ce fut le 29 avril que nous mîmes à la voile, emportant dans nos yeux un éblouissement comme si nous avions trop regardé le soleil. Le mirage de Thèbes disparue à l'horizon du midi nous poursuivait encore en vue de Dendérah (*Tentyris*); cependant nous ne pouvions passer sans rendre hommage à la déesse Hator.

Le temple est situé sur la rive Arabique, en face de Kéneh; mais une grande distance le sépare du Nil. Après avoir pris quelque repos dans la maison où s'arrête le télégraphe d'Alexandrie, nous affrontâmes la chaleur étouffante au milieu de plaines sans ombre. On ne rencontre de curieux sur la route qu'un propylône d'Antonin qui précède un temple d'Isis, encore enfoui ; deux géants en décorent le massif, géants bien inégaux en réalité, Domitien et Trajan. Laissant le propylône à gauche, nous nous engageons enfin entre deux murs qui soutiennent des décombres amoncelés; un escalier moderne nous conduit sur le sol même du grand temple. (*Grandes épreuves* : 5. *Petites* : 100.)

L'œil est tout d'abord frappé de l'ensemble et blessé par les détails. Les proportions de l'édifice rappellent la plus belle époque ; mais tout ce qui est de sculpture et d'ornement atteste une complète décadence dans le goût et la pratique de l'art. C'est un fait qui ne manque pas d'analogues. Est-ce que les églises romanes, pour n'être pas restées fidèles à la pureté antique, ou les édifices gothiques si sveltes et si grands, ne présentent pas des beautés architectoniques de premier ordre? Cependant la laideur et l'inexpérience inconcevable des sculptures gâte le plaisir des élèves de la Grèce ou de Rome; ce n'est que par une sorte de dépravation raffinée, qu'on peut découvrir les mérites, s'ils en ont, de ces saints bizarres, estropiés et vilains. Sans descendre aux temps modernes, n'appliquera-t-on pas les mêmes remarques à l'art romain sous les empereurs? Les basiliques et les arcs de triomphe, qui nous séduisent par leur forme et leur grandeur, ne sont-ils pas remplis de figures et de mosaïques alourdies et grossières? Tout le monde le sait, il n'est dans la vie des nations que certains siècles où règne entre les arts cet accord qui fait la perfection.

Le temple de Dendérah est le dernier qui ait été élevé par un gouvernement national, ou plutôt indépendant : car, depuis l'avénement des Lagides, l'Égypte était une seconde Grèce. La langue indigène tournait déjà sans doute au patois copte, ou mourait reléguée dans les temples. Les traditions de l'architecture avaient seules survécu à l'esprit et à la physionomie d'un peuple désormais absorbé dans une civilisation étrangère ; le mouvement de la race gréco-romaine emportait l'Égypte, comme ces pierres immobiles qui tournent avec une roue et ne s'y attachent pas. La construction d'édifices dédiés aux divinités nationales n'était qu'une flatterie utile.

Cléopâtre, l'amie de César et d'Antoine, se souciait peu d'Ammon-Ra, de Knoufis et autres noms ou figures bizarres. Mais belle et souvent comparée à Vénus, elle voua un culte à la déesse Hator. C'était un moyen de s'adorer elle-même ; Hator en effet est Vénus, et l'on sait que les rois d'Égypte faisaient les dieux à leur image. Le fameux aspic interrompit les travaux de Dendérah ; mais Auguste les reprit, et Tibère, Caligula, Claude, Néron, Trajan, Antonin, contribuèrent à leur tour soit à la décoration, soit à la construction même des diverses parties de l'édifice.

Vingt-quatre superbes colonnes décorent le pronaos. Le naos moins vaste est bordé de chambres et ouvre sur deux salles successives. Des pièces latérales donnent sur un large corridor ; c'était dans celle du milieu, au fond, que se développait le célèbre zodiaque apporté à la grande bibliothèque de Paris. Une galerie entoure le sèkos, entièrement isolé.

La conservation du temple est parfaite ; il n'y a pas un plafond, pas une paroi, qui soient endommagés. L'intérieur est complétement déblayé ; seulement les débris, au lieu d'être portés à quelque distance, serrent les flancs de l'édifice et en dérobent les belles proportions.

Sur la plate-forme du temple, sont des restes de constructions récentes ; à droite, en avant du grand pronaos, j'ai vu un temple enfoui sur lequel on ne trouve aucun détail dans Champollion.

Passez, Farchout, la ville des pastèques et des canards, Girgeh rongée du Nil, Mendcheh, repaire de mendiants ! Mais elles ne passent pas si vite qu'on pourrait croire ; cinq longues journées séparent Dendérah de Siout (3-8 mai). Chef-lieu de la Moudirie où Thèbes se trouve comprise, Siout fut, dans les temps anciens, un centre considérable et probablement une des villes assignées à la caste militaire. Les hypogées nombreux creusés dans la montagne où Siout s'appuie étaient destinés à des guerriers; deux seulement présentent encore quelques vestiges intéressants, le reste est dans un état de délabrement qui nous dispense de toute description. Les bains de Cléopâtre, mentionnés dans la première partie, sont l'édifice, sinon le plus ancien, du moins le mieux conservé. Le nom qui se rattache à leur construction leur sied à merveille et, vous l'avouerez, doit éveiller chez les baigneurs de certaines idées. J'étais sans doute encore dans un courant de méditations tout orientales

quand nous passâmes devant Manfalout, diminué déjà
depuis notre première visite : je me laissai conduire
dans d'affreuses maisons où se concluaient, me dit-on,
des achats clandestins d'esclaves. Un voyageur ne doit-
il pas tout voir ? Je suivis donc mon guide dans un
quartier désert ; et devant moi parurent quelques femmes,
plus ou moins jeunes et belles, les unes noires ou bis-
trées, d'autres d'une blancheur délicate comme ces plantes
qu'on garantit du soleil. Les marchands qui voyaient en
moi un acheteur ne négligeaient rien pour les parer ;
c'est-à-dire qu'ils les déshabillaient, vantant ceci et cela.
Tout n'était pas irréprochable assurément, mais je re-
grettai mes appareils photographiques : des reproduc-
tions exactes de femmes indigènes ne seraient pas dé-
placées au milieu de tous ces monuments que je rapporte ; elles pourraient donner lieu à des comparaisons
utiles entre les types féminins des bas-reliefs et les Égyptiennes modernes.

Nous franchîmes sans aventure le détroit difficile du
djebel d'Affoda; on se rappelle sans doute notre imprudent
feu d'artifice, le trouble du pilote, nos angoisses, et la nuit
que nous passâmes près d'un îlot de sable. Au retour, le
courant nous portait, et la première cataracte nous avait
aguerris. Le 15 mai, nous retrouvâmes à Rauda des amis,
MM. Lambert et Katzestein ; grâce à eux, nous pûmes visiter avec fruit les usines du prince Ismaïl, et l'industrie
nous reposa un moment de l'art. Mais dès le lendemain
nous retrouvions l'antiquité à Cheik-Abadeh. C'est là
que commencent les ruines très-incomplètes d'une ville
romaine qui s'étendait sans doute jusqu'à Béni-Hassan.

On lit dans Spartien que, durant son voyage sur le Nil, Hadrien perdit son Antinoüs et le pleura comme on pleure une femme ; il déifia son ami et fonda en son honneur la ville d'Antinoé. Nombre de colonnes, la plupart tronquées, montant sur deux lignes parallèles la pente d'une colline, le portique d'un théâtre, un arc de triomphe, témoignent encore d'un état florissant dont il n'est plus possible de juger. Nous sommes loin de la civilisation si raffinée des Césars. Il s'en faut même que le pays soit sûr, et l'on me conta une histoire assez récente, où le brigandage prend les allures d'une révolte armée.

Un riche habitant de la contrée, cheik d'Abadeh, possesseur de nombreux troupeaux, se permettait des dilapidations si exorbitantes qu'il devint la terreur des environs. Le cri public força Abbas-Pacha d'envoyer contre lui huit cents soldats. Pris par le moudir de Minieh, il perdit à la fois sa maison, ses cent cinquante domestiques, ses troupeaux ; tout passa aux mains de son successeur. Mais lorsqu'il fut amené en présence de son juge, il se dépouilla si à propos de ses bijoux et de son argent de poche que le moudir, attendri par ce sacrifice, ferma les yeux et laissa fuir le prisonnier. Aussitôt, des concussions et des rapines, notre homme tombe à l'assassinat. Sa haine l'arme d'abord contre le nouveau cheik, son successeur dans sa charge et dans ses biens ; il le tue ainsi que trois serviteurs et se sauve dans les cannes à sucre. Plus de choix désormais ; volant pour vivre, il se jette au hasard sur les voyageurs et les gens du pays il assemble onze vagabonds, et le voilà chef de bande.

Abbas-Pacha fait marcher mille hommes, cent contre un. Toutefois la milice n'ose s'aventurer dans les cannes, reste sur les bords du Nil et fait plus de mal au pays que cent voleurs.

Ils auraient attendu longtemps, si le misérable, pressé par la faim, n'eût résolu de passer le fleuve. Deux Européens, menacés d'incendie s'ils ne le conduisent eux-mêmes dans leur barque, se sont mis à sa disposition pour le soir, mais ils se hâtent de le dénoncer au moudir et de donner sur sa retraite des indications précises. Pourquoi n'exigeait-il pas le passage immédiat? Cerné dans les cannes à sucre, il se décide à se rendre; après tout, le moudir l'a déjà laissé échapper. Mais comme il n'a plus rien, qu'il est nu comme un ver, le magistrat craint pour sa propre réputation et le fait fusiller par vingt-quatre soldats.

Un autre brigand redoutable existe encore dans le pays; mais il est musclé, car le vice-roi tient son fils en otage. Il n'en est pas moins redouté; son influence est si grande, croit-on, qu'un signal de lui suffirait à rassembler douze ou quinze cents hommes. C'est un autre *Roi des montagnes*; il ne s'attaque pas aux voyageurs; sa spécialité est de vider les barques du gouvernement, lorsqu'elles passent à sa portée, pleines de blé ou d'espèces. On dit qu'il s'entend avec les singuliers couvents de Djebel-Their et de Djebel-Bou-Affoda; digne chef de ces moines galeux qui se jettent à l'eau pour un centime, il se fait appeler *le Fils du Nil* et *l'Esclave du Christ*. Les nazers et les cheiks le ménagent et lui témoignent assidûment les plus grands égards; ils vont, suivant la coutume orientale, lui baiser la main. C'est un beau et vénérable vieillard, et sa grande barbe blanche en fait un des sages du pays; nul ne conteste sa probité.

# CHAPITRE XIV.

### BÉNI-HASSAN.

Voici, avec Biban-el-Molouk, un des endroits les plus riches en indications précieuses sur les mœurs, les ustensiles, les travaux, les jeux et toute la vie privée des Égyptiens. Aussi, bien que la photographie n'ait rien à faire dans les spéos et les hypogées, nous parcourrons, Champollion en main, comme doit le faire tout voyageur, ces musées qu'il a merveilleusement décrits et interprétés.

Les curiosités de Béni-Hassan, sur la rive Arabique, se composent de grottes assez rapprochées du Nil et d'une longue vallée criblée de tombes et de chapelles; on dirait une rue à façades brutes et percées d'innombrables ouvertures irrégulières. C'est à l'entrée de la vallée, dans un site pittoresque et sévère, que se trouve un petit temple creusé dans le roc aux temps de Toutmosis IV et de Ménephta I ; on le nomme Spéos Artémidos, grotte de Diane. Il est en réalité dédié à Pacht ou Bubastis que les Grecs ont assimilée à leur Artémis. Des bas-reliefs, des peintures et de grandes inscriptions hiéroglyphiques décorent les parois ; le sanctuaire est soutenu par huit piliers ; tout autour sont les hypogées des animaux consacrés à Pacht, c'est-à-dire les chats. Tous les héros de cette race qui, pour être belle, ne méritait pas peut-être les honneurs divins, tous ceux qu'a connus La Fontaine, Rominagrobis, Rodilardus, jonchent le sol de leurs momies desséchées. Leurs maîtres eussent bien mieux fait, assurément, de les écorcher d'abord et d'utiliser leurs fourrures en manchons et en tapis ; mais ils n'auraient pas cru rendre un hommage suffisant aux gardiens de leurs greniers, aux amis de leur maison. Les chats sont la vivante représentation des pénates et des lares ; ils ressemblent aux dieux, car ils aiment les caresses et n'en rendent pas ; il y a en eux je ne sais quoi de céleste et de mystérieux : ils voient la nuit comme le jour, et leurs yeux clairs semblent des reflets des astres ; tout leur corps recèle une lumière qui apparaît la nuit lorsqu'on leur passe la main sur le dos. C'est pourquoi la loi des emblèmes donna une tête de chatte ou de lionne et des yeux phosphorescents à Bubastis, nom sacré de la clarté qui ne vient pas du soleil, déesse lumineuse et nocturne ; c'est pourquoi les chats lui sont consacrés. Ainsi, les pontifes ne se ravalaient pas, pour engraisser, amuser, vénérer et embaumer Rodilard. De père en fils, de grandes quantités de prêtres partageaient leurs soins entre la statue de Pacht et un peuple de chats qui grimpaient aux autels ou dormaient sur les genoux de la déesse. Aucun geste, aucune démarche de ces heureuses bêtes ne restaient sans commentaire ; des oracles étaient fondés sur leurs ébats et leurs miaulements, comme ailleurs sur le vol de l'ibis ou du vautour ; ce sont les prêtres de Pacht qui ont les premiers reconnu l'imminence de la pluie lorsque les chats passent leurs pattes par-dessus leurs oreilles.

On peut supposer, d'après le classement des momies, qu'il y eut parmi les chats une hiérarchie rigoureuse. Les uns sont enroulés seuls dans des bandelettes couvertes d'hiéroglyphes à leur louange; d'autres ont été embaumés en famille, et une seule enveloppe en contient plusieurs. Le poil, la couleur, l'âge et bien d'autres circonstances déterminaient sans doute la mesure des honneurs qui leur étaient dus. Mais les parfums dont ils ont été imprégnés n'ont pas assez préservé leurs restes pour qu'on puisse rétablir dans leurs dignités ceux que les siècles ou la main des profanateurs ont jetés pêle-mêle dans les galeries souterraines. Aux chats sont mêlés quelques chiens et autres quadrupèdes, divinisés comme eux par de subtiles assimilations. Quand on pense à tous ces animaux dont les dépouilles ont comblé des puits profonds et des excavations telles que l'hypogée creusé sous le fils d'Alexandre le Grand, on se demande si leurs corps, simplement enterrés dans le désert, n'auraient pas fécondé tout un pays.

Mais quittons la nécropole des chats, et montons à cheval pour gagner les grottes de Béni-Hassan. Après avoir traversé la ville déserte que détruisit la justice radicale d'Ibrahim, nous atteignons le sommet d'une montagne calcaire, médiocrement élevée. C'est là que sont alignés, comme les fenêtres d'une vaste maison, quantité d'hypogées curieux. L'entrée en est souvent précédée d'un portique taillé à jour dans le roc même : on y remarque des colonnes qui, par leurs cannelures et leur base arrondie, rappellent l'ordre dorique de Sicile et d'Italie. Elles sont très-anciennes et peuvent avoir, comme bien d'autres en Égypte, servi de modèle à des architectes grecs; toutefois, il faut être un égyptologue convaincu pour émettre une affirmation dans des questions si insolubles et si obscures. Les Grecs avaient sans doute assez de goût pour inventer les colonnes doriques, et ne les emprunter à personne.

Un des portiques dont nous parlons est parfaitement intact, dans un très-bel hypogée du temps d'Osortasen, second roi de la XVI° dynastie. Il appartient à un puissant seigneur, administrateur des terres orientales de l'Heptanomide, et nommé Néotph. Les peintures en sont dignes d'admiration: Champollion n'en a pas vu de plus remarquables pour la finesse et la vérité du dessin et l'éclat des couleurs, qui semblent celles d'une gouache récemment terminée. Quelques-unes représentent des animaux, quadrupèdes, oiseaux, poissons. Mais la plus curieuse, sans contredit, a un sujet historique; on y voit quinze prisonniers, hommes, femmes, enfants, pris par un fils de Néotph et présentés au chef par un scribe royal qui tient à la main une feuille de papyrus où est consignée la date d'une victoire. Les captifs sont grands; leur teint est blanc, leur nez aquilin ; les femmes, habillées de très-riches étoffes, ressemblent aux figures peintes sur les vases grecs du vieux style. Champollion pense que ce sont des Ioniens du dix-neuvième siècle avant le Christ. Sans doute ils furent pris en débarquant sur les côtes pour y fonder quelque colonie.

Les autres hypogées présentent des scènes familières qui méritent mieux que l'analyse que nous allons en faire. C'est d'abord toute une série d'opérations agricoles. On voit des ânes, des chevaux, des bœufs, labourer la terre. Il y a cinq espèces de charrues; quelquefois des hommes seulement les traînent et les conduisent : mais le sol apporté par le Nil est si friable que la peine n'est pas grande. D'autres travailleurs piochent avec un hoyau dont la pointe est plus longue que le manche. Derrière la charrue s'avance le semeur, la main levée, jetant le grain au vol. Plus loin, le piétinement des moutons enfonce le grain dans les terres nouvellement préparées. Bientôt vient la moisson; des gens armés de faucilles ou plutôt de faux à manche très-court, coupent les épis qui frissonnent; l'on pense à ce bruit pareil à un brusque soupir, que rendent les tuyaux du blé sous la faux. Le soleil est pesant, et un ouvrier, pour reprendre courage, tenant d'une main sa faucille, porte de l'autre à sa bouche un vase plein d'eau du Nil. De la moisson à la vendange, il n'y a qu'un pas; les vignerons sont penchés sur les ceps chargés de grappes; les paniers se vident dans le pressoir à bras ou dans le pressoir mécanique, et le vin se fait.

Des peintures très-soignées reproduisent tous les animaux, de quelque nature et de quelque ordre qu'ils soient ; Champollion y a trouvé quatorze espèces de chiens de garde ou de chasse, depuis le lévrier jusqu'au basset à jambes torses. Parmi les animaux de basse-cour, on remarque la cigogne, qui a cessé d'être privée ; l'éducation et la nourriture des bestiaux ont exercé aussi la sagacité des artistes : le berger passe en revue ses moutons escortés par un chacal apprivoisé ; le vétérinaire paraît, muni des instruments de son métier, et dans l'exercice de ses fonctions. De leur côté, les femmes battent le beurre et fabriquent le fromage.

Les chasseurs, les pêcheurs, les mariniers, pourraient prendre des leçons de la vieille Égypte : voyez ces panthères, ces gazelles poursuivies dans le désert ; ces oiseaux pris au lacet, au filet, étourdis à coups de bâton dans ces touffes de lotus, ce chacal pris au piége ; cet homme peu vêtu, là-bas, pêche à la ligne ; un autre lance un filet qui va se remplir de goujons du Nil ; contre les gros poissons, on a le trident qui vous pique à tout coup un esturgeon. Le fleuve est couvert de barques : celles-ci taillées pour la course, effilées, sont garnies de rames pareilles à de longues cuillers ; le gouvernail semble une mandoline au manche extravagant, au-dessus flotte la voile carrée. Des bateaux plus lourds chargent pour Memphis ou Thèbes ces sacs que des hommes portent sur l'épaule, une main passée au-dessus de la tête, l'autre maintenant la charge du bas.

Si nous revenons aux scènes d'intérieur, nous pourrons voir des vases, des meubles, des ustensiles à désespérer les musées ; un nombreux personnel sévèrement tenu, si j'en juge par la position gênante d'un serviteur qui reçoit la bastonnade sur la plante des pieds; le malheureux aura désobéi, mal répondu, ou retenu quelque menu profit sur le prix des provisions; l'intendant qui a jugé le méfait va remettre au patron le procès-verbal du châtiment. Une fumée et une certaine odeur de victuailles nous annoncent l'heure du dîner; c'est ce palanquin, sorte de chambre montée sur un traîneau, qui amène les convives. Aussi comme les cuisiniers et les marmitons se hâtent! il faut mettre la dernière main aux sauces, dresser les plats, ne pas faire attendre. Sur la table paraissent des vases, peut-être des soupières, des poissons diversement préparés, des rôtis; toutes les viandes sont de choix, elles ont été dépecées et coupées à la maison même par des domestiques plus habiles que nos bouchers à détailler les bœufs et les moutons.

Après le repas, quelque monde nous vient : ce sont d'élégants hiérogrammates, des officiers portant sur leurs bras le vêtement léger qui les garantira de la fraîcheur au retour, des dames vêtues de tissus d'autant plus transparents qu'elles sont plus riches et plus belles; au milieu des groupes courent des enfants, des fillettes de huit à neuf ans, habillées seulement de boucles d'oreilles, riant aux grimaces des nains grotesques ou des singes familiers. Il ne faut pas croire que ce peuple pieux n'ait pas su jouer, chanter et s'ébattre aux heures de loisir. Vieux pontifes moroses, laissez folâtrer la jeunesse; détournez les yeux, tandis que nous suivons le babil peu hiéroglyphique des dames qui brodent en attendant les compliments. La fête est complète : nous aurons un ballet formé de merveilleux danseurs et d'almées instruites dans les temples de Neith aux plus séduisantes attitudes. Nous aurons des équilibristes et des hercules, des tours de force réglés par la musique. Ce que j'attends avec impatience, c'est le concert : l'orchestre et les solistes sont arrivés ; regardez ce jeune ténor, il va dire avec accompagnement de harpe un hymne composé pour Hator, et que toutes les jeunes femmes prendront pour elles. Mais quels instruments bizarres ! Connaissait-on notre gamme dans ce temps-là? hélas! passons; les murailles sont muettes.

Où court tout ce monde? C'est que les soldats en garnison à Antinoé font l'exercice; les oisifs sont toujours les mêmes. La lutte, la petite guerre, un simulacre de siége, la tortue, le bélier, les punitions militaires, et tant d'autres spectacles, variés dans plus de deux cents tableaux, donnent l'idée de la force et de la discipline qui distinguaient les armées de Sésostris.

Nul peuple n'était plus avancé que les Égyptiens dans les arts industriels. L'Ami du trait, cet ouvrier de Georges Sand, aurait trouvé ses maîtres parmi les menuisiers de Diospolis. Les charpentiers savaient la géométrie et la dynamique ; et quels ébénistes que ceux de Memphis ! Le corroyeur excellait à imprégner les peaux d'odeurs plus fines que n'en exhalent les cuirs de Russie. Les formes et les contours les plus délicats étaient familiers au potier. C'était de Thèbes que venaient aux Grecs et aux Romains les rares objets de verre qui faisaient leur admiration ; les coupes en cristal rouge ou vert, les plateaux de verre blanc ou transparent étaient communs en Egypte : je ne sais quel roi avait fait couler son colosse en verre ; les verriers savaient imiter le spath-fluor, une des plus riches pierres où l'antiquité ait taillé des vases pour les dieux. Les émaux cloisonnés sont égyptiens de naissance ; on y employait des couleurs métalliques inaltérables, telles que le bleu de cobalt. Rien qu'à voir cet orfèvre qui s'applique à ciseler, à modeler des bijoux, on reconnaît qu'il est maître en son art ; sur quel sein délicat retomberont les rangs de ce collier magnifique?

Les artistes se dérobaient parfois aux traditions hiératiques. Les peintres se servaient du chevalet. Les sculpteurs taillaient le granit en hommes ou en sphinx avec le ciseau et le marteau. Ne croyez pas que les écrivains et les poëtes fissent défaut à cette civilisation si avancée ; nous possédons, je crois, un dithyrambe en l'honneur de Rhamsès le Grand. Mais le monopole de la littérature était aux mains des prêtres, de là sa pauvreté relative ; elle pouvait moins encore que les arts plastiques se défaire du joug théocratique pour exprimer des idées nouvelles ou peindre des scènes humaines. Les parois de Béni-Hassan ne nous montrent pas d'auteur proprement dit, d'homme de lettres au milieu de ses livres. Toutefois nous savons, sans en connaître le contenu, qu'il y avait des bibliothèques dans les maisons riches ; le Memnonium nous en a fourni la preuve.

Il s'en faut que nous ayons donné l'idée de tous les détails curieux si bien décrits par Champollion (6ᵉ lettre, p. 74, etc.) ; nous n'avons fait que grouper, suivant l'analogie, tous les sujets qui se trouvent dispersés ou répétés avec des variantes. Peut-être eût-on préféré quelques échantillons ; mais que le lecteur ne l'oublie pas, nous sommes sous terre, et la photographie est ici impuissante.

## LE FAYOUM. SAKKARAH.

Minieh, Djebel-Their, Samalud, Kolossaneh, s'enfuient rapidement sur notre passage ; le vent, jusqu'alors contraire, semble comprendre que la majeure partie de nos travaux est terminée. Le samedi 25 mai, nous arrivons en face de Béni-Souef, ville assez importante, à la hauteur du grand lac de Birket-el-Karoum et des grandes plaines cultivées du Fayoum, en vieil égyptien Piom ou Phaïom (lieu marécageux). On manque rarement de visiter la ville du Fayoum et le vaste champ de roses dont elle tire une précieuse essence. Cette grande oasis, la seule où l'on cultive sérieusement la vigne, égale presque en étendue le Delta du Nil. Un canal qui conduit du fleuve au lac n'est navigable que dans les fortes inondations.

Fatigués de notre long voyage, arrêtés par la maladie de l'un de nous, il nous fallut renoncer à une excursion, où, à vrai dire, le rôle de la photographie était presque nul, mais qui nous aurait donné l'idée d'un des plus vastes travaux qu'ait achevés la main de l'homme. Le Fayoum est le fameux lac Mœris ; et si nous ne pouvons en décrire les restes, nous en ferons au moins une rapide histoire.

Mœris ou Toutmosis III résolut de régler les inondations du Nil dont la bénignité ou la violence dépend du caprice des pluies nubiennes. Il voulut que le volume d'eau, de limon, et par suite la fertilité de son royaume, fussent à jamais les mêmes. Les hydrographes ou hygromètres de son temps lui rapportèrent qu'au sud-ouest de Memphis, à une ou deux journées de marche de la rive gauche du Nil, existait une vaste dépression de terrain qu'on pouvait évaluer à soixante lieues carrées. Les hommes ne manquaient pas à Mœris ; quant au salaire, le kourbach se multipliait au besoin ; Mœris ordonna donc de donner au grand bassin naturel une profondeur uniforme, et d'en fixer les bords par de solides empierrements qui pussent contenir une énorme masse d'eau. Dans le milieu, pour servir de points de repère et de lieu de repos aux bateliers, on dressa deux pyramides surmontées de colosses. Un canal fut ensuite creusé, muni de digues et d'écluses. L'inondation semblait-elle menaçante, elle se détournait vers le lit qu'on lui avait préparé et devenait prisonnière. Au contraire, l'année aride demandait-elle de l'eau à grands cris, on fermait le réservoir, et l'Égypte recevait l'inondation entière. Le lac, par des saignées, était mis en communication avec les terres, et ne s'emplissait jamais assez pour faire craindre un débordement. On croit encore le voir dans l'immense bassin nommé Birket-el-Karoum, dont l'eau est six fois plus salée que la mer ; les bords sont couverts d'efflorescences salines qui expliquent une singularité assez rare dans un réservoir alimenté seulement par des eaux douces ; d'ailleurs le sel gemme abonde dans le pays. D'autres pensent que le vrai lac de Mœris n'existe plus, et qu'il est desséché.

Une ville appelée Crocodilopolis florissait auprès de cette mer intérieure. Strabon y vit le crocodile apprivoisé, vicaire en ce monde de Souk ou Sévek-Ra (Saturne), et que l'on nourrissait en dieu, de mets succulents où les prêtres avaient leur part ; cet animal était friand d'hydromel. Après une vie heureuse et honorée, il était enterré en grande pompe dans le grand labyrinthe, voisin du lac Mœris. J'en parle sur la foi d'Hérodote. La cité du crocodile prit, sous Ptolémée Philadelphe, le nom plus gracieux d'Arsinoë, sœur du roi. Au temps des premiers chrétiens, les églises y pullulaient, on en comptait plus de trois cents, tout autant que Rome en possède. Médinet-el-Fayoum succède aujourd'hui à Crocodilopolis-Arsinoë, dans son emplacement peut-être, mais non dans sa splendeur, je suppose.

Les pyramides de Daschour sont ruinées et n'offrent guère d'intérêt ; nous les dépassâmes, poussés par le désir d'une prompte arrivée au Caire. L'état de notre malade exigeait en effet la présence et les soins d'un médecin. Je ne pus cependant quitter le village de Bédrechein sans rendre au moins une visite sommaire aux pyramides de Sakkarah. Elles sont au nombre de quinze, grandes ou petites, construites en briques crues et fort détériorées. Toutes bordent le désert. C'étaient probablement des tombes ou des temples funéraires. Sakkarah est la nécropole de Memphis ; on ne voit dans la plaine que tombeaux violés et grossièrement comblés, ossements humains épars sur le sol, désolation et ruines. La campagne nue est bosselée d'innombrables monticules de décombres. Bien que la cupidité des marchands et la curiosité des voyageurs se soient depuis longtemps exercées à l'envi sur cette terre riche en dépouilles précieuses, en bijoux et en vases, le savant M. Mariette ne désespère pas d'y trouver des trésors ; déjà le fameux Sérapéum de Memphis est sorti de terre, et partout les fouilles ont amené d'intéressantes découvertes.

La chaleur est étouffante ; le Nil tout entier s'évapore sans rafraîchir l'air. Nous ne quitterons plus la barque avant d'arriver au Caire. Mais les grandes pyramides, mais les ruines de Saïs et d'Héliopolis? De grâce, lecteur, un moment de répit ; venez attendre avec nous au Caire la fraîcheur de décembre ; nous vous offrons le chibouk et le café.

# UNE NUIT DE DOUZE SIÈCLES.

## I. DOMINATION ARABE. 640-1250.

Réduits à traverser tant de siècles sanglants et stériles entre l'antique Égypte et la moderne, nous imiterons le voyageur qui, au milieu des ténèbres infestées de bêtes féroces, enfonce l'éperon dans les flancs de sa monture. Il s'arrête par instant à de rares oasis; puis il repart pour ne se reposer qu'à l'aurore, au sein de la paix et de la sécurité.

L'incendie de la bibliothèque Alexandrine ouvre tristement la période musulmane; peu importe à qui on l'attribue. Si l'on en disculpe le conquérant Amrou, l'accusation n'en tombe que plus lourde sur le fanatisme de la religion nouvelle. Amrou gouverna quatre ans. Destitué à la mort d'Omar, il suivit la fortune de Moaviah, gouverneur de Syrie, et bientôt rival heureux du calife Ali. Amrou avait fondé le Vieux Caire; la position extrême de la capitale grecque ne répondait plus aux exigences d'une occupation violente ; il fallait aux nouveaux maîtres une ville centrale qui établît au cœur du pays le siége du gouvernement et de la religion.

Sous la brillante dynastie Ommiade (661-750) dont l'apogée fut le règne de Walyd, l'Égypte, au milieu de l'Afrique conquise, n'a qu'une existence effacée. Cependant elle essaye sans cesse de secouer le joug ; c'est une bataille livrée en Égypte qui met fin à la royauté des Ommiades.

L'avarice du calife Al-Mansour ; six gouverneurs en sept ans ; la sagesse et la gloire du fameux Haroun-el-Réchid ; une révolte réprimée par cet Al-Mamoun qu'a vanté Florian ; le règne superstitieux de Motassem, pour qui le nombre 8 fut toujours fatal ; fournirent à l'Égypte d'obscures alternatives de paix et de trouble. L'Égypte dormait ; mais dès que les Abbassides, énervés par les voluptés, dominés par leur garde turque, réduits enfin au sacerdoce dans les murs de Bagdad, laissèrent à lui-même l'immense empire arabe, l'Égypte donna l'exemple de la révolte. Ahmed, fils de Touloun l'affranchi, s'y rendit indépendant (869-884) ; et le fils d'Ahmed, Komarouyah, donna au kalife la main de sa fille en échange d'une investiture plutôt offerte que demandée. L'éphémère dynastie des Toulonides dura 37 ans.

Le xe siècle vit s'élever la famille des Fatimites, qui prétendait descendre du prophète par Fatime et Ali. Bientôt maîtresse de l'Afrique occidentale, elle ne tarda pas à inquiéter en Égypte les lieutenants des Abbassides.

Le premier des Fatimites, Obeyd-Allah, se proclame calife et, malgré plusieurs défaites, s'empare momentanément d'Alexandrie et du Fayoum. Mais ses descendants trouvent des rivaux heureux dans les Ekchidites, gouverneurs de Syrie qui veulent bien reconnaître encore la suzeraineté de Bagdad. Enfin, en 946, le Fatimite Mansour-b-Illah, rentré dans la basse Égypte, fonde Mansoura. y règne sept ans et y meurt, léguant le califat à son fils Moez-lé-dyn-Allah. Djouhar, général de Moez, achève la conquête de l'Égypte et, poussant jusqu'en Syrie, met fin du même coup à la domination des Ekchidites et à l'autorité nominale des Abbassides (951-975).

*Fatimites*. — Non content de donner un royaume aux descendants d'Ali, Djouhar voulut établir le nouveau commandeur des croyants dans une capitale plus belle que Bagdad ; il fonda, derrière la ville d'Amrou, une cité qu'il nomma Al-Kaher, la victorieuse, celle que les croisés appelèrent Alcaïro, et qui dans nos langues sourdes est devenu le Caire. Il y construisit deux palais et la célèbre mosquée El-Ahzar, aujourd'hui la grande mosquée, la plus considérable après la mosquée de Touloun. Moez se décida enfin à quitter le Maroc où il régnait depuis vingt et un ans. Il apportait avec lui de fabuleux trésors qui lui permirent d'alléger les impôts ; et la nouvelle dynastie sembla inaugurer une ère de prospérité. Mais la toute-puissance et l'abus des plaisirs firent rapidement déchoir les successeurs de Moez.

Son petit-fils Hakem (996-1021) a laissé une réputation très-controversée. Les gens raisonnables l'accusent de démence ; en effet, comme un Néron ou un Élagabal, libéral et cruel par accès, il se proclama dieu, nom bien inutile à un vicaire d'Allah; mais tout ministre veut détrôner son maître. Pour inaugurer sa divinité, il livra le Caire à l'incendie et au pillage. Enfin, après un trop long règne de vingt-cinq ans, il périt assassiné. Telle est l'opinion la plus accréditée sur la vie et le caractère de Hakem. Mais il existe une autre version: Hakem est la neuvième et dernière manifestation de Dieu. Il n'a brûlé le Caire que pour hâter la délivrance des élus qui l'habitaient. Il n'est pas mort assassiné, car on n'a pas retrouvé son corps. Enlevé au ciel, il a laissé sur la terre une forme visible, un voile, comme disent ses disciples, qui n'est autre qu'un veau. A coup sûr, ce Hakem est successeur d'Apis! mais ne rions pas de la forme qu'il a choisie ; qui sait s'il ne découvrirait pas chez nous quelque emblème tiré du règne animal? Ce Hakem était-il fou, était-il seulement halluciné? Tous les fondateurs de religion n'ont-ils pas eu des extases, depuis Bouddha jusqu'à Mahomet? Puisque les Druses considèrent Hakem comme un dieu, respectons leur croyance dont le fondement, après tout, est la morale ordinaire qui existe chez tous les peuples et en dehors de tous les dogmes. Au reste, le Veau Hakem n'est pas exigeant: il ne demande qu'un salut au passage et l'offrande d'un *zebib* ou raisin sec qu'on lui met dans la bouche. Gérard de Nerval, dans son *Voyage en Orient*, a écrit sur les Druses, et leur Messie un curieux travail auquel nous renvoyons le lecteur.

Les descendants de Hakem ne participèrent pas de sa nature divine et, bien que vicaires d'Allah, ils éprouvèrent toutes les vicissitudes des royautés humaines. Jamais vie ne fut plus tourmentée que celle de Mostanser, calife à sept ans, sans cesse placé entre deux rébellions à Alep et en Afrique, atteint dans son palais par la disette et la misère, et si vivace qu'il put régner soixante années. Sous son règne, un petit sac de blé valut 1,500 fr., un chou 75 et un œuf 15; tout aliment disparut; on se mangea. Les enfants, les femmes, les hommes mêmes, étaient enlevés dans les rues et dépecés par un peuple de cannibales. Mostanser avait en vain demandé du blé à Constantinople et pillé les richesses des chrétiens déposées dans le temple de Jérusalem; honni, conspué, violenté même par ses gardes du corps, il leur livra les trésors de ses ancêtres. D'abord, retranché dans son harem, il reconnut que le plaisir s'achète et ne nourrit pas; or, l'argent lui manquait totalement. Ses femmes, sans bijoux, toute nues, s'échappèrent et moururent de faim dans les rues; lui-même, assis sur une natte, affublé de haillons, n'avait pour compagnie que deux vieux esclaves à peine vêtus. Moins patient que Job, il réclama le secours d'un gouverneur de Syrie, extermina les émirs turcs et les tribus arabes révoltées, enfin redora son trône pour vingt ans et mourut en paix. Son allié, devenu son grand vizir, avait sagement gouverné; les pertes de l'agriculture s'étaient réparées, et l'Égypte oubliait quarante ans de misère.

Mostaali, fils de Mostanser (1094), reprit d'abord Jérusalem aux Turcs Ortocides, qui la lui avaient enlevée, mais il ne put la défendre contre les Croisés (1099) ; elle fut emportée après quarante jours de siége par Godefroy de Bouillon ; le carnage dura une semaine entière, et 70,000 musulmans périrent sous le fer des soldats chrétiens. Ce massacre doit toujours être présent à ceux qui accusent l'Islam de fanatisme ; Francs et Infidèles n'avaient rien à s'envier sous ce rapport. La prise d'Acre, de Sidon, de Tripoli, par le comte de Saint-Gilles, l'irruption en Égypte du roi de Jérusalem Baudouin, donnèrent carrière à la fureur des croisés. La Syrie fut pendant près de cent ans le théâtre d'attentats de tout genre contre les personnes et les choses ; mais la guerre absout la violence, surtout la guerre sainte, telle qu'elle était proclamée dans les deux camps. Aux uns, Mahomet promettait son paradis ; les autres s'avançaient cuirassés d'indulgences. Une pareille époque était faite pour enfanter et voir éclore la secte des buveurs de hachich, terribles illuminés qui rendirent célèbre le nom d'assassins ; l'un d'eux poignarda le successeur de Mostaali. Notons ici que la moyenne de la vie était courte pour les sultans, les califes, les émirs ; ils avaient l'habitude de la mort violente. Les Assassins, comme les Taugs malais, furent d'ailleurs des gens très-vertueux ; ils tuaient pour honorer la divinité.

Le calife Hafez monta sur le trône assez vieux ; il espérait en jouir dans une sereine immobilité ; mais voyant ses vizirs tour à tour assassinés, il se lassa d'en choisir et gouverna lui-même. Il mourut au moment où une invasion de Normands de Sicile allait au moins doubler sa besogne. Roger II avait pris Tripoli de Barbarie et Mahdia, berceau de la dynastie fatimite; bientôt les Normands menacèrent Alexandrie et mirent la main sur Tennys dans le lac Mensaleh. A l'orient, les croisés s'emparaient d'Ascalon. C'est ce qui touchait peu le calife Dhafer; au milieu du plaisir il oubliait les dangers; peut-être les ignorait-il. On dit que las des femmes, il imitait les empereurs romains; mais ayant choisi pour *Antinoüs* le fils de son vizir, il fut tué au milieu de sa cour par le père de sa victime.

Énervée par les excès et les vices, la race des Fatimites ne produisait plus que des rois fainéants, réduits par leurs ministres au rôle d'Imans ou pontifes. Le pouvoir civil était aux mains des visirs qui changeaient à tout moment. La prospérité du pays et l'intégrité de l'empire étaient le moindre souci de ces ambitieux. L'un d'eux implora le secours de Noureddin, atabek de Syrie, et promit à son allié le tiers des revenus de l'Égypte; mais, rétabli dans ses dignités, il désavoua ses engagements et appela les croisés. Alors Noureddin, renversant partout les chrétiens sur son passage, fondit sur l'Égypte. Son lieutenant Chirkoueh passa le Nil, soumit la rive libyque, tailla en pièces l'armée des croisés et des Égyptiens dans la haute Égypte, retomba sur Alexandrie et vint au Caire recevoir du calife El-Added le titre de vizir. Youssouf Salah-Eddin, neveu de Chirkoueh, vizir après lui, continua pour le compte de Noureddin la guerre contre les chrétiens et prit Gaza en Syrie; ayant reçu de son maître l'ordre de remplacer dans la prière publique (*Kotbah*) le nom du calife fatimite par celui du calife abbasside, plus illusoire encore, il relégua le misérable El-Added dans un coin du palais. Ainsi tomba sans honneur et sans résistance la dynastie qui, deux siècles avant, s'élançant du Maroc, avait arraché l'Afrique aux descendants d'Abbas et fondé la ville de la Victoire.

*Ayoubites.* — Depuis la conquête, l'Égypte, province ou royaume, n'est pas sortie des mains des parents de Mahomet. Tous les souverains ont été pontifes ; mais c'est leur seule ressemblance avec les antiques prêtres-rois de Thèbes. Loin de construire une société immuable, ils n'ont fondé aucune apparence d'ordre ; ils n'ont pas compris que l'extorsion même, pour être durable, doit être organisée. Mais l'islamisme n'est pas une religion politique ; les États où il règne n'ont jamais reposé que sur la valeur personnelle des souverains.

Après la mort du dernier Fatimite, Noureddin prit le titre de sultan d'Égypte, mais laissa le pouvoir à Salah-Eddin que nous avons nommé Saladin ; peut-être n'eût-il pas pu le lui reprendre. En effet, Saladin sut écarter du trône les héritiers légitimes et réunit bientôt à l'Égypte les possessions de Noureddin en Syrie (1173). Les menées et les révoltes des partisans des Fatimites échouèrent devant son habileté et son talent militaire ; il renouvela tout ce qu'on appelle aujourd'hui le personnel de l'administration, et construisit au Caire la citadelle de Gala-El-Gebel. Constamment heureux dans ses entreprises, il fournit un des rares exemples de parvenus que n'ait pas aveuglés la prospérité. Fils d'un Kurde obscur, Ayoub, soutenu, élevé rapidement par la faveur de son oncle Chirkoueh, il porta de sang-froid la couronne. Il ne connut ni la cruauté, ni la mollesse, compagnes ordinaires des princes orientaux. Respecté de ses sujets, il fut estimé de ses ennemis. Aussi chevaleresque que les croisés, et plus grand général, il les battit en toute rencontre, emporta d'assaut Césarée, Tibériade, Sidon, Jaffa, fit prisonnier dans Acre Lusignan, roi de Jérusalem. La ville sainte elle-même lui ouvrit ses portes, et la conquête successive d'Ascalon, Gaza, Laodicée, Sébaste, Naplouse, mit fin à la domination franque en Palestine et en Syrie. La gloire de Saladin est rehaussée par la valeur bien connue de ses adversaires, Philippe Auguste et Richard Cœur de Lion; il leur accorda la paix et maria son frère Malek-Adel à la sœur du roi d'Angleterre : son présent de noce fut le royaume de Jérusalem.

Grand dans la guerre, habile dans les traités, il ne manqua pas de sagesse dans le gouvernement. L'agriculture et le commerce lui dûrent des canaux et des chemins ; l'Égypte n'a pas oublié son règne, et les débris de son palais s'appellent encore divan de Joseph. Son ministre Kara-Gouch, transformé en personnage légendaire, est devenu, je ne sais pourquoi, le héros idéal des spectacles burlesques. Il faut penser que ce vizir n'avait pas toutes les mauvaises qualités de Karagheus. Après tout, bien des grands hommes furent de verts galants, depuis Hercule jusqu'à Henri IV !

La mort surprit Saladin à Damas, peu après l'expulsion définitive des chrétiens. Il n'avait que cinquante-sept ans ; mais déjà maître de l'Égypte, de la Syrie, de la Palestine, entouré de rois de sa famille, à Émèse, dans la Mésopotamie et l'Yémen, aurait-il pu résister à l'habitude entraînante des conquêtes (1193)? Il ne mourut même pas assez subitement pour éviter une faute politique où sont tombés Dioclétien, par exemple, et Clovis. Divisant ce qu'il avait réuni, il fit de ses États trois parts: la Syrie, l'Égypte et la province d'Alep. En outre, comme il lui restait encore treize enfants à pourvoir, il les apanagea tous à charge de reconnaître la suzeraineté de l'un des trois aînés. N'eût-il pas été plus simple de les faire tous vassaux d'un seul?

Aziz gouverna l'Égypte sans éclat. Pris comme un enfant du besoin de détruire, il eut la folie de s'attaquer aux Pyramides; et la troisième, la Rouge, porte encore les marques de son impuissante fantaisie. Huit mois d'efforts n'avaient produit qu'une brèche légère.

Par la déposition de son pupille et d'heureuses usurpations, Malek-Adel, frère de Saladin, réunit quelques années tout l'héritage de la famille Ayoubite; mais il n'eut pas le temps de renouer les liens brisés déjà par le conquérant qui les avait formés. Deux croisades l'empêchèrent de consolider son empire; l'Égypte même subit une invasion, et le fils de Malek, vivement poussé à Mansoura par une armée franque, ne dut son salut qu'à une brusque inondation du Nil.

Et comment un État, une nation, pouvaient-ils naître au milieu des guerres étrangères et des intrigues d'ambitieux sans portée? Malek-Saleh (1239-1249), par la formation d'un corps de prétoriens connus sous le nom de Mamelouks, introduisit en Égypte un nouvel élément de trouble. Il fit acheter en grand nombre de jeunes Turcs, des Circassiens de choix, tous beaux et forts. A l'aide de cette garde assemblée à grands frais, il détrôna son frère aîné. Des costumes brillants, une haute paye, de vastes casernes construites dans l'île de Rhoda en face du Vieux Caire, firent des Mamelouks (esclaves) une milice privilégiée, et déjà si menaçante que Malek-Saleh lui-même crut devoir l'épurer par un massacre. De nouvelles guerres en accroissaient chaque jour l'importance. Il avait suffi pour arrêter les chrétiens en Syrie des hordes asiatiques échappées au glaive de Gengis; mais saint Louis, déjà maître de Damiette, marchait sur le Caire : Malek-Saleh courut à sa rencontre avec ses Mamelouks.

A peine avait-il pris position à Mansourah, qu'il mourut, âgé seulement de quarante ans. Les Mamelouks, demeurés sans chef, n'en soutinrent pas moins vaillamment le choc des Français, et donnèrent au jeune sultan El-Moazzem le temps de revenir de Syrie. A la suite de plusieurs combats acharnés, ils forcèrent l'ennemi de rétrograder vers Damiette : on sait les désastres de cette retraite et la captivité de saint Louis. Enivré du triomphe, El-Moazzem méconnut sans doute les vainqueurs véritables, et réserva ses faveurs pour des amis qu'il avait ramenés d'Asie. Les Mamelouks le massacrèrent.

Après quelques jours d'incertitude, les meurtriers donnèrent le titre de sultane à Chageret-ed-Dor, mère du calife et maîtresse d'un des leurs. Mais le Koran n'a-t-il pas dit : « Malheur aux peuples gouvernés par des femmes! » Aussi le calife de Bagdad, pauvre homme nommé Mostassem, n'accorda pas l'investiture à Chageret-ed-Dor. Elle en fut quitte pour épouser son amant, Ibek, qui fut proclamé roi (1250); deux descendants de Saladin parurent encore sur le trône, mais au bout de dix ans on ne parlait plus des Ayoubites.

## II. DOMINATION DES MAMELOUKS ET DES OTTOMANS.
### 1250-1798.

L'aristocratie militaire des beys mamelouks, où se recrutèrent désormais les sultans, ne laissa jamais longtemps le pouvoir à une même famille. La royauté ne fut ni tout à fait élective, ni tout à fait héréditaire. Les successions furent abandonnées au hasard, à la ruse, le plus souvent au meurtre, qui seul vraiment, sous plus de cinquante noms de rois, porta la couronne durant deux cent soixante-sept ans. Deux séries se partagent à peu près également cette période. La première, celle qu'ouvrit Ibek, sortit des casernes de Rhoda, où dominait l'élément turc. La seconde, formée surtout de Circassiens, s'empara peu à peu du pays par la possession des forteresses dont ses membres avaient la défense. Mise au pillage par ces étrangers, l'Égypte devint une sorte de pays féodal, où les beys exerçaient une suzeraineté absolue sur les fellahs et les Coptes ; ceux à qui l'on fait honneur de quelques ouvrages d'utilité publique ne travaillèrent que pour eux-mêmes. Leur courage réel fut toujours intéressé : quel brigand ne serait brave pour monter au trône ou s'y maintenir?

Le plus fameux des Turkomans est Bibars (1260-1277). Élevé à la suprême puissance par un coup de yatagan bien appliqué, il épargna à ses amis, par un suicide involontaire, un meurtre prochain et assuré ; en effet, il régnait depuis dix-sept ans, quand la moyenne accordée aux sultans n'en dépasse pas cinq. Bibars fut heureux à la guerre. Il battit trois fois le terrible Houlagou, chef des Mongols, enleva plusieurs places aux croisés qui infestaient la Syrie chaque année, défit un roi chrétien d'Arménie et pénétra dans l'Asie Mineure ; victorieux à l'orient, il se tourna vers le midi, et la bataille d'Assouan le rendit maître de la Nubie. Bibars, dans la paix, fut sage et paternel : les prisons vidées, le pays dégrevé d'impôts vexatoires, les brigands et les tyranneaux punis, les canaux creusés à neuf, Damiette reconstruite, Alexandrie entourée de murailles : tels sont ses titres à la reconnaissance de l'Égypte. Bibars fut très-pieux et très-saint. Les Abbassides, fuyant Bagdad dévasté par Houlagou, trouvèrent au Caire un siége nouveau pour leur autorité spirituelle, et la présence des califes sanctifia l'Égypte. Ce Bibars n'en est pas moins un assassin.

Nommerons-nous Kalaoun, fondateur d'une mosquée et d'un hôpital (Moristan); Kalyl, vainqueur des chrétiens à Saint-Jean-d'Acre, poignardé par une de ses femmes ; Nasser, quatre fois détrôné, habile général et politique prudent, qui sut régner quarante-quatre ans et mourir dans son lit ? Les huit fils de Nasser et quelques descendants de Kalaoun passèrent tour à tour sur le trône, faibles jouets d'ambitions rivales, jusqu'au jour où il plut à Barkouk de prendre au dernier d'entre eux la couronne et le titre de roi (1382).

Barkouk, premier sultan circassien, sans pouvoir être comparé à Bibars, ne fut pas tout à fait inutile à l'Égypte ;

on lui dut quelques sages institutions. Mais les grandes ombres de Tymour-Lenk et de Bayézid couvraient alors tout le monde oriental, et Barkouk, à demi rassuré, ne pouvait que regarder et craindre. Il mourut à temps pour n'être pas contraint de reconnaître la suzeraineté du vainqueur (1398). Parmi ses successeurs, presque tous assassins assassinés, peu méritent une mention ; nous choisirons les plus vils et les moins méprisables.

Notons en passant, comme curiosité, la tentative hardie du calife Mostayn-b-Illah, humble descendant des Abbassides. Aussi bien étions-nous surpris de n'avoir pas encore rencontré, au milieu de ces péripéties rapides, une révolution cléricale. Est-ce que, de tout temps, les prêtres n'ont pas cherché à saisir en fait l'autorité qui leur appartient en principe ? Car l'ordre moral est la base de l'ordre social. Mostayn-b-Illah obtint par la ruse le pouvoir que les Mamelouks emportaient par la violence. Il fit juger son prédécesseur et ne le tua pas lui-même. Mais bientôt supplanté par un complice, il perdit ses deux couronnes (1442).

L'usurpation, très-ordinaire et très-acceptée, des tuteurs sur les pupilles, réussit très-bien à Barse-Bey (1421), homme d'ailleurs sage et modéré qui mourut en paix après un règne heureux de dix-sept ans. Barse-Bey sut donner à son administration l'éclat de quelques victoires ; il conquit l'île de Chypre et força Jean III de Lusignan à payer tribut. Parmi les hommes doux, il faut citer encore Kochkadam, Grec d'origine (1460-67) ; et Kayt-Bey, si indifférent au pouvoir qu'il descendit du trône, si nécessaire qu'on le pria d'y remonter.

Mais l'histoire s'affadirait sans contrastes. Mohamed ne ressembla pas à Kayt-Bey son père; pusillanime, idiot, assaisonnant ses plaisirs d'infâmes barbaries, il lui arriva d'écorcher de ses mains, et toute vive, une ravissante esclave blanche que sa mère lui avait donnée... pour un autre usage, dirait le tendre Virgile (1495-98).

Durant deux ou trois ans, les Mamelouks rendirent la vie si dure aux rois, qu'ils n'en trouvaient plus. El-Ghoury, vieux Mamelouk de mœurs simples, pauvre et sans ambition, n'accepta la couronne qu'en pleurant. Sur sa demande formelle, les émirs jurèrent, s'ils lui ôtaient jamais le pouvoir, de lui laisser la vie. El-Ghoury s'efforça d'apaiser les discordes et profita du calme renaissant pour embellir le Caire. Il fonda une mosquée magnifique et un quartier qu'il appela de son nom El-Gourieh. Sa politique extérieure fut moins heureuse ou moins bien inspirée; mais les circonstances étaient difficiles : d'une part les entreprises des Portugais menaçaient le commerce de l'Égypte avec l'Inde. El-Ghoury lutta contre eux sans succès. D'autre part les Ottomans, maîtres de Constantinople, jetaient les yeux sur toutes les provinces détachées de l'empire byzantin; El-Ghoury, pensant les arrêter par la guerre civile, secourut Korkoud, frère et compétiteur de Sélim Ier; mais le sultan, promptement vainqueur, refusa de voir les ambassadeurs égyptiens et tomba sur la Syrie. El-Ghoury, battu près d'Alep, se fit écraser sous les pieds des fuyards. Toumân-Bey, proclamé par les Mamelouks, ne put résister à l'artillerie turque; bientôt le Caire, emporté d'assaut, subit le pillage et l'incendie; Toumân fut livré par des Bédouins. Sélim réfléchit quelques jours et fit pendre son prisonnier. L'Égypte devenue province turque, à quoi bon garder un prétendant ? La guerre a sa logique. Mais pour assurer sa conquête, Sélim devait exterminer jusqu'au dernier les beys mamelouks (1517).

Le système mixte auquel il s'arrêta admit l'aristocratie militaire au contrôle ou plutôt à l'exercice de l'autorité. Les Mamelouks formèrent le divan ou conseil du pacha gouverneur qui leur transmettait les ordres de la Porte. Quant aux décisions du pacha, ils purent les ratifier ou les repousser ; ils reçurent même le droit de le déposer : c'était pour eux rester les véritables maîtres d'un pays plié à leur joug. La défiance de Sélim liait les mains au pacha son agent, et laissait le pouvoir aux ennemis qu'il en avait dépouillés. Esprit inconséquent, il pensait faire assez pour l'unité de son empire en perpétuant l'anarchie dans les provinces.

Soliman II compliqua encore l'organisation impolitique établie par son père ; mais ses efforts pour s'attacher solidement l'Égypte ne furent que des expédients illusoires. Il se déclara propriétaire du sol en principe ; mais il en concéda la possession irrévocable à des usufruitiers ou *moultezzin;* le retour au sultan n'avait lieu qu'en cas de déshérence et dans quelques circonstances prévues. L'impôt, soit en nature, soit en numéraire, était perçu tout à la fois sur le fellah et le moultezzin. Soliman, on le voit, se connaissait en droit féodal ; un comte de Champagne ou un margrave de Thuringe n'eût pas mieux raisonné. Mais Soliman ne comprit pas qu'il était trop loin de l'Égypte pour y réaliser son utopie.

Nous n'avons pas nommé, il s'en faut, tous les Fatimites, Ayoubites, Bahrites ou Bordjites; encore moins dresserons-nous ici la liste des pachas révoqués et révoltés, débonnaires ou cruels, qui se succèdent dans l'oubli. Les plus ambitieux ou les plus troublés dans leur administration furent : Ahmed-Pacha, qui, menacé du cordon, tua les émirs chargés des ordres de la Porte, et se déclara indépendant vers 1524; Kédeg, dont la tyrannie excita de nombreux mouvements accompagnés de massacres (1600); enfin, vingt-deux pachas sans cesse aux prises avec les beys mamelouks (1650-1700). Parmi les plus cruels et les plus voleurs se distinguent plusieurs Mohamed, des Hassan, des Monsa, etc., tous concussionnaires, tuant pour hériter, augmentant les impôts pour eux-mêmes et les diminuant pour l'État, tous décapités ou massacrés.

Il y eut cependant d'honorables exceptions : Daoud protégea les savants (1530); Aoueis et Hafez furent bienfaisants; Mohamed et Soufi, sages et intègres administrateurs, donnèrent à l'Égypte quinze ans de tranquillité (1607-1618); un autre Mohamed eut l'honneur de reconstruire la Caaba de la Mecque (1628); Kalyt s'attira tant d'estime qu'à son départ les magasins du Caire se fermèrent vingt jours durant (1633); le sage Ayoud abdiqua et se fit derviche.

Mais des calamités continuelles détruisaient des prospérités passagères; la peste, se joignant aux guerres intestines, faisait en 1623 trois cent mille victimes, neuf cent mille en 1648; deux cent trente villages furent dépeuplés d'un coup, et les pachas s'attribuèrent les biens des morts. En 1729 la contagion fut terrible ; c'est la peste *Kaou,* ainsi nommée parce qu'un santon malade courait les rues en criant : « Kaou, Kaou » (c'est-à-dire le feu! le feu! ou je brûle). Les populations étaient exaspérées ; rien ne cause, en effet, un ébranlement profond dans certaines régions de l'intelligence, comme ces fléaux qu'on ne peut rejeter sur les hommes ; quels accusateurs que ces maux sans raison et sans but!

On ne trouverait pas, dans tout le dix-huitième siècle, une année entière où la Porte ait été maîtresse de l'Égypte. Les beys, les cheik-el-beled, annihilaient l'autorité des pachas ; les guerres continuelles et les exactions de trente tyrans désolaient le pays; on cite deux puissants chefs qui chaque matin se livraient bataille, mettant pour ainsi dire leurs partisans en coupe réglée. Les troubles et l'insurrection ouverte avaient gagné la Syrie.

Tandis que la Porte luttait contre la Russie, un homme hardi et intelligent, Ali-Bey, s'empara du Caire et exerça quelques années un pouvoir sans cesse renversé, sans cesse reconquis (1766-1773). Après lui, les beys Mourad et Ibrahim se partagèrent, se disputèrent l'Égypte, sans se soucier du titulaire, Mohamed-Pacha. Libre du côté de la Russie en 1786, la Porte envoya contre eux Hassan-Pacha et 25,000 hommes ; mais elle trouva une énergique résistance. Mourad réunit les Mamelouks et livra bataille ; et si l'état du sol encore détrempé par l'inondation n'avait paralysé la cavalerie, Hassan n'eût pas remporté la victoire. Les deux beys s'enfuirent dans haute Égypte et bravèrent le général turc, bientôt rappelé en Europe par une rupture avec la Russie. Ils ne tardèrent pas à rentrer dans le Caire ; et leurs exactions sans nombre, de concert avec la famine et la peste, désolaient encore l'Egypte, lorsque, le 1ᵉʳ juillet 1798, Bonaparte débarqua sur la plage d'Alexandrie.

# LIVRE III.

## L'ÉGYPTE MODERNE.

## CHAPITRE PREMIER.

RENAISSANCE DE L'ÉGYPTE.

1. EXPÉDITION FRANÇAISE, 1798-1801.

Qui ne sait les étonnants débuts de notre entreprise ? Alexandrie nous ouvrant ses portes (5 juillet); Mourad battu à Chébreis, aux Pyramides, et achevé par trois défaites à Sédiman dans le Fayoum, à Médinet et Samanoud dans la haute Égypte : une armée turque en Syrie arrêtée au Mont-Thabor, une autre jetée à la mer aux plages d'Aboukir, comme une hécatombe aux mânes de nos marins? Qui ne sait encore le départ précipité de Bonaparte, la nostalgie momentanée de Kléber et la honteuse capitulation d'El-Arich déchirée dans la plaine d'Héliopolis; enfin le crime d'El-Mohdi, l'incapacité d'Abdallah-Menou, bon musulman et mauvais général; la bataille de Canope, la convention d'Alexandrie, et l'Égypte rendue par notre retraite aux divisions des Mamelouks? On trouvera dans l'*Histoire de France par les Monuments* (MM. Bordier et Charton) les détails politiques et militaires que nous ne pouvons reproduire ici; nous donnerons seulement quelques lignes aux efforts de Bonaparte pour asseoir un gouvernement, et aux travaux des savants attachés à l'expédition.

A peine entré au Caire, Bonaparte se conduisit en roi et non en conquérant. Il s'occupa de l'approvisionnement et de la santé publique, créa des moulins à eau et à vent, des boulangeries, un lazaret et un hospice pour cinq cents malades; encouragea l'industrie par des usines et des fonderies, le commerce par l'émission de nouvelles monnaies; réveilla l'esprit public par deux journaux. L'instruction ne fut pas oubliée, et un *Lycée de la patrie* dut recevoir les Français nés dans le pays. Bonaparte attendait, pour réaliser toutes les améliorations utiles, le résultat des études commencées par les savants qui l'accompagnaient, sur les mesures, le calendrier, les langues, l'hydrographie, la culture de la vigne, le traitement de la peste, et d'autres objets encore, d'un intérêt plus immédiat. Ce fut dans le double but de naturaliser la civilisation aux bords du Nil et d'éclairer l'Europe sur l'histoire et les ressources locales, que Bonaparte fonda par décret du 21 août 1798 le célèbre Institut d'Égypte.

Nous empruntons ce qui suit à une excellente notice de M. Louis Dubeux. (*Encyclopédie du XIX$^e$ siècle :* Égypte.)

'L'Institut se composait de quarante-huit membres, partagés en quatre classes : sciences mathématiques, sciences physiques, économie politique, littérature et beaux-arts. Les titulaires furent choisis parmi la commission scientifique et artistique et parmi les officiers d'artillerie et d'état-major. L'Institut d'Égypte fut doté de revenus considérables et installé dans un des plus beaux palais du Caire. On établit dans le même palais une imprimerie, une bibliothèque, un laboratoire de chimie, une collection d'instruments de physique et d'astronomie et un grand nombre de machines. Plusieurs salles contenaient les raretés du pays dans les trois règnes de la nature. Enfin, le jardin du palais devint un jardin botanique, et l'on y construisit un observatoire. L'Institut tint sa première séance le 24 août ; Monge fut nommé président, Bonaparte vice-président et Fourier secrétaire. A dater de ce jour, l'Institut se réunissait en séance publique tous les cinq jours; Berthollet fit souvent des expériences de chimie auxquelles assistaient en foule les habitants du Caire, bien convaincus que le savant français était un alchimiste et s'occupait de la recherche de la pierre philosophale. »

Ingénieurs, mathématiciens, astronomes, géographes, antiquaires, peintres, naturalistes « accomplirent les travaux de leur art avec autant d'intelligence que de dévouement. » On le croira sans peine, en lisant tous ces beaux noms : Monge, Fourier, Berthollet, Geoffroy-Saint-Hilaire, Savigny, Larrey, Desgenettes, Jomard, Denon, Portal, etc. etc., qui resteront à différents titres attachés au *grand ouvrage d'Égypte*.

Notre occupation avait duré trois ans et quatre mois; l'œuvre de Bonaparte disparut rapidement dans la désorganisation qui suivit notre départ; le pays tiraillé entre l'Angleterre, la Porte et les Mamelouks, n'avait guère le temps de songer à l'agriculture, au commerce et à l'éducation. Mais lorsqu'un homme hardi, sortant du désordre général, eut saisi les rênes d'une main ferme, on put s'apercevoir que les idées françaises avaient germé en Égypte, et que douze siècles stériles n'y avaient pas anéanti la vie.

## II. MÉHÉMET-ALI ET SAÏD-PACHA.

Né en Macédoine comme Alexandre et la même année que Napoléon, Méhémet-Ali vint en Égypte vers le temps de la bataille d'Aboukir. Il n'était encore que simple officier turc ; mais peu après, l'anarchie, sa capacité, et la détresse du pacha Kosrew, l'élevèrent au commandement de quatre mille Albanais. Bientôt suspect à Kosrew, il se révolta victorieusement, exerça d'abord l'autorité comme lieutenant du pacha Kourchid, sa créature, et reçut, le 9 juillet 1804, l'investiture peu volontaire de la Porte.

Soutenu par la France à Constantinople, il eut à se défendre à la fois contre les armes de l'Angleterre, le mauvais vouloir de la Porte, et la haine des Mamelouks dont il avait exploité les querelles. Les Anglais, ne pouvant se résoudre à perdre l'Égypte après nous l'avoir prise, envoyèrent une armée à Alexandrie. Ils furent battus près de Rosette par les Albanais, et mille de leurs têtes ornèrent une place du Caire (1807). La Turquie, à son tour, essaya d'éloigner Méhémet-Ali par une expédition dans l'Hedjaz. Elle comptait sur le départ du pacha et sur les discordes des beys pour faire reconnaître un nouveau gouverneur. Mais avant de quitter l'Égypte, Méhémet invita les Mamelouks à une fête dans la citadelle, les accueillit bien et les reconduisit à coups de fusil ; un seul échappa. Quant au pacha que la Porte ne manqua pas d'envoyer, reçu d'abord avec honneur, il fut publiquement décapité (1811). On n'inquiéta plus Méhémet. Cependant une tentative de réforme dans l'armée faillit lui coûter la vie. Il se débarrassa des plus turbulents par des guerres, heureuses d'ailleurs, en Arabie et dans le Sennaar.

La Porte lui envoya le titre de khan et nomma son fils Ibrahim pacha de la Mecque (1815-1820). Il reprit ensuite, secondé par Soliman-Pacha (colonel Sèves), son projet favori d'organisation militaire et l'accomplit au prix d'une insurrection durement réprimée (1824); en même temps une marine se formait à Alexandrie ; le Caire fabriquait des fusils et des canons ; des écoles spéciales et des hôpitaux sortaient partout de terre. Les impôts régularisés, doublés, suffisaient à tant d'entreprises nouvelles. Conseillé par des Français, MM. Drovetti et Jumel, le vice-roi établissait des manufactures, encourageait la production agricole par une exportation fructueuse, multipliait les plantations de maïs, de riz, d'opium, de mûriers, d'indigo, de garance et de coton. Il attirait le commerce européen par la vente des contributions en nature.

En 1824, séduit par la promesse de la Syrie, Méhémet

mit au service de la Turquie, pour la guerre de Morée, son fils Ibrahim à la tête d'une armée et d'une belle flotte. Ibrahim fut partout vainqueur; mais le sanglant désastre de Navarin (1827) ruina les finances et l'armée de Méhémet. La guerre lui avait coûté 22 millions et 30,000 hommes; quatre ans lui suffirent pour se relever; et vers la fin de 1831, il envahit la Syrie que la Porte ne lui donnait pas.

Ibrahim prend Jaffa, Saint-Jean-d'Acre et Damas; vainqueur à Homs, à Baylan, à Koniah (1832), il n'a qu'un pas à faire pour détrôner Mahmoud. Mais il laisse à son ennemi le temps d'implorer l'Europe. Cependant il s'avance jusqu'à Scutari et obtient pour son père l'investiture de la Syrie (1838). L'année suivante, Mahmoud humilié recommence la guerre et meurt de chagrin après la terrible bataille de Nézib (juin 1839); la flotte turque vient se livrer à Méhémet, dans le port d'Alexandrie.

La France applaudissait à ces triomphes; son enthousiasme pour les Grecs lui rendait agréable tout ce qui diminuait la Turquie. D'ailleurs l'occupation de la Syrie par l'Égypte, sans danger pour l'Europe, pouvait, en favorisant notre influence en Orient, rendre quelque énergie au monde musulman. Mais l'Angleterre jalouse formant une coalition envoya Napier sur les côtes de Syrie; son escadre parut devant Alexandrie. Méhémet dut renoncer à toutes ses conquêtes en Asie et se contenter du titre de vice-roi héréditaire; la Nubie et le Sennaar restaient attachés à l'Égypte.

Méhémet, déjà vieux, ne désespérait pas; mais la folie (1847) et la mort (1849) ne lui permirent pas de susciter à la Turquie de nouveaux périls. Son fils, le victorieux Ibrahim, était mort neuf mois avant lui.

La longue carrière de Méhémet-Ali a donné lieu à des interprétations diverses; mais on n'a jamais nié qu'il ait beaucoup fait pour le bien de l'Égypte. Il a supprimé l'impuissant et nominal gouvernement de la Porte; anéanti les Mamelouks, violemment, il est vrai, et en dehors des formes usitées, mais autant pour le bien du pays que pour le sien propre; créé des écoles, relevé l'agriculture, admis enfin les idées européennes et mérité le titre de grand pacha.

Son petit-fils Abbas, fils de Toussoun, lui succéda sans éclat et sans désir de gloire. Il était réservé à l'un de ses fils, Saïd-Bey, de continuer son œuvre interrompue cinq ans.

Des quatre-vingt-trois enfants de Méhémet, quatre seulement survivent à leur père, et parmi eux Mohammed-Saïd, vice-roi d'Égypte, est assurément le mieux doué. Élevé avec soin par sa mère, une Circassienne dont il était le seul enfant, il a montré de bonne heure un esprit ouvert aux sciences et aux idées modernes. Entré à l'âge de treize ans dans la carrière navale, il passa par tous les grades et obtint enfin le titre d'amiral de la marine égyptienne. Méhémet-Ali avait confié son instruction à Kœnig-Bey, Français qui cherchait en Orient l'application d'une science acquise sous les yeux de l'illustre de Sacy.

Saïd vivait tranquille auprès d'Alexandrie, partageant son temps entre ses fonctions navales et l'étude de l'astronomie, sa science favorite, lorsque la mort de son neveu Abbas l'appela au pouvoir. Né en 1822, il avait alors trente-deux ans.

Son avénement, 17 juillet 1854, fut marqué par une mesure excellente et significative, la suppression de l'esclavage. Un tel début le séparait nettement des traditions et de la routine orientales. Toutefois par respect pour les traités il accepta les liens fictifs qui le rattachent à la Turquie, et vint à Constantinople recevoir l'investiture des mains du sultan. La guerre de Crimée lui fournit l'occasion de faire acte à la fois de fidélité à son suzerain et de politique habile; il envoya une armée de dix mille hommes qui se comporta bravement à côté des Turcs et des armées alliées.

Il s'est toujours attaché à l'alliance française; il a compris que les nations qui bordent la Méditerranée doivent faire cause commune pour repousser au besoin des prétentions envahissantes. La protection qu'il accorde aux travaux de l'Isthme de Suez se rallie étroitement à cette pensée; sans précipitation, mais sans découragement, au milieu d'entraves de tout genre suscitées par une mesquine jalousie, il n'a pas cessé de seconder les merveilleux projets de M. de Lesseps. Une grande part lui est donc tout d'abord assignée dans la future prospérité du commerce méditerranéen; mais s'il travaille pour la civilisation, il sert aussi son pays. De toutes les richesses qui passeront par le canal de Suez, combien n'en restera-t-il pas aux mains de l'Égypte! Port-Saïd ne suffira pas à l'entrepôt des produits du monde occidental; on verra renaître la prospérité de Damiette et de Rosette. Déjà Alexandrie, réduite il y a soixante ans à trente-six mille âmes, en possède aujourd'hui quatre cent mille.

Les travaux de Mohammed-Saïd à l'intérieur sont dignes de ses aspirations politiques ; il cherche à introduire peu à peu dans son pays les allures de la civilisation. Non qu'il soit possible encore de gouverner en Orient par des chambres et des ministres responsables ; il n'y a point là de volonté nationale ; le peuple, hébété par une longue oppression, ne sait encore ni ce qu'il lui faut, ni s'il lui faut quelque chose. Un souverain d'Orient, qui est instruit et tourné au progrès, se trouve aussi supérieur à son peuple qu'un médecin à son malade. Toute initiative doit venir de lui ; du traitement dépend la guérison. Or le mal dont l'Orient se meurt est l'arbitraire, asphyxie qui étiole les âmes et les esprits, hébète le sentiment moral et finit par rendre l'esclave incapable de liberté. Il faut donc lui donner de l'air avec ménagement ; desserrer ses chaînes et régler son retour à la vie. Œuvre difficile et méritoire quand le médecin soigne le malade à ses frais ; et c'est précisément ce qui a lieu. En Orient, la terre appartient au prince, non point par cette propriété fictive qui était le fond de l'idée féodale, mais par une possession réelle qui se traduit naturellement en monopole commercial. Des produits du sol, le fellah ne pouvait garder que de quoi vivre et semer ; le reste entrait dans les greniers des Mamelouks ou des pachas. Saïd a distribué les terres à ses sujets, avec droit de cession et de transmission ; il a substitué à la confiscation totale un impôt et des taxes régulières. Désormais et en fait, que le peuple s'en doute ou non, une réforme radicale est accomplie; l'État, il y a dix ans à peine, nourrissait le peuple; c'est le peuple aujourd'hui qui nourrit l'État. Les fellahs sauront plus tard que l'impôt est la part de chacun dans le gouvernement du pays; alors ils seront des citoyens et raisonneront sur leurs droits; mais ne courons pas : qu'ils respirent d'abord, ensuite ils penseront.

On ne peut pas juger des propriétaires comme on juge des serfs; il y faut un peu plus d'équité. Or, l'impartialité, l'intégrité, étaient choses à peu près inconnues pour la magistrature égyptienne; la justice ressemblait fort aux oracles antiques; une offrande valait une sentence: heureux encore si elle n'était pas fatale aux deux parties. Comment pouvait-il en être autrement? Le chef de la justice achetait sa charge à Constantinople, la revendait en détail aux juges subalternes; ceux-ci à leur tour se remboursaient sur le justiciable. Saïd a racheté à la Porte le droit de nommer les magistrats, et les prévarications ne sont plus impunies.

Par la sécurité, le vice-roi voulait disposer son peuple à l'instruction agricole, commerciale, artistique même. En fondant de belles usines, en encourageant les industriels européens, il a essayé de piquer l'émulation des indigènes. Les quarante jeunes gens qu'il envoie chaque année aux écoles de la France concourront à l'expansion des idées. Enfin, le respect des antiques monuments, la fondation du musée du Caire dirigé par notre savant compatriote, M. Mariette; un jardin d'acclimatation, récemment créé à l'imitation du nôtre, pourront éveiller quelque curiosité chez un peuple complétement étranger, il faut l'avouer, aux lettres et aux arts.

Il n'est pas jusqu'à la conscription, impôt pesant, mais nécessaire encore, qui ne puisse contribuer à l'avancement de la nation égyptienne. Elle mêle dans l'armée les éléments divers de la population ; et lorsque les soldats retournent, après un service de trois ans, dans leurs villages, ils y rapportent l'idée d'unité. Il est à souhaiter que des registres d'état civil régularisent bientôt les levées. Les fellahs s'y prêteront davantage et sentiront l'utilité du droit de défense. Saïd a beaucoup fait pour reconstituer et augmenter la force militaire de l'Égypte ; il se plaît aux manœuvres et les dirige avec talent. La manufacture d'armes, de fusils et de canons rayés prospère sous l'habile direction d'Afflatoun-Bey, un Égyptien élevé en France. Notre armurier renommé, M. Minié, contribue avec zèle au perfectionnement de l'artillerie. Un fort magnifique défend maintenant la barrage du Nil au-dessous du Caire. La marine eut sa part de faveur ; des bassins furent creusés dans le port d'Alexandrie ; et l'Égypte possède sept vaisseaux de ligne, six frégates, quatre corvettes, sept bricks, vingt-trois transports.

Parmi les nombreux travaux d'embellissement et d'utilité, nous citerons seulement le magnifique établissement qui distribue l'eau dans Alexandrie, et la décoration de la place des consuls, ornée d'arbres et de fontaines sur les plans de M. Cordier.

L'Égypte se ressent d'un gouvernement si actif. La solidité des revenus, l'accroissement énorme de la population, l'affluence des étrangers, et une prospérité inconnue depuis l'époque pharaonique, doivent encourager Saïd à la persévérance. Son récent voyage en Occident, et les honneurs, la sympathie qui l'accueillent partout, lui prouvent que l'Europe reconnaît sa grande valeur et attend beaucoup de lui ; dans toute la force de l'âge et du talent, qu'avec une légitime fierté il continue l'œuvre commencée.

# CHAPITRE II.

### RESSOURCES AGRICOLES ET INDUSTRIELLES DE L'ÉGYPTE.

### I.

Il n'y a pas de terre plus riche en substances alimentaires ; le limon du Nil nourrit également le nécessaire, l'agréable et le superflu. Dans quel pays voit-on à la fois le blé, la canne à sucre et le café ? Mais une courte nomenclature vaudra mieux que tous les éloges.

La réputation des blés d'Égypte est assez établie depuis l'antiquité ; on en a tour à tour permis et défendu l'exportation.

Le doura dont la culture demande moins de soins, forme la base de la nourriture du peuple ; on en fait des pains sans levain, sorte de galettes grossières. C'est un grain assez semblable aux lentilles, qui croît par touffes de six à sept pieds (*holcus arundinaceus* de Linné).

La fève, le haricot, viennent bien. Le riz est cultivé

en grand dans la basse Égypte et une partie de la moyenne.

Tous les légumes qui constituent les ressources ordinaires de la cuisine se retrouvent avec certaines différences dans la qualité et la quantité. Partout on rencontre les aubergines, les concombres, le céleri. Nous avons mangé des épinards à la seconde cataracte. Mais l'Égypte est avant tout la patrie de la lentille, de l'oignon et de la pastèque.

Jadis la lentille de Péluse était fort estimée; en dépit de Galien qui l'accuse, on ne sait pourquoi, de donner l'éléphantiasis, elle est, avec le doura, les dattes et l'eau du Nil, l'aliment le plus ordinaire du fellah.

L'oignon a été dieu; maintenant encore il préserve du souffle de Typhon; mais il a des qualités solides : cru, il fait les délices de l'Égyptien qui l'entasse en montagnes dans les marchés. On ne peut débarquer à Alexandrie sans en remarquer la prodigieuse abondance; il n'y a pas plus de cèpes sur les places de Nîmes.

La pastèque, plus heureuse que la lentille et l'oignon, ne trouve pas de portes fermées; elle entre à toute heure chez le riche aussi bien que chez le pauvre. En Égypte comme en Italie, on raffole de cette chair rose dans une peau verte et de cette eau légèrement accentuée par un goût de citrouille. J'avoue que je ne suis pas des enthousiastes de la pastèque; peut-être n'ai-je pas eu assez chaud pour en apprécier la fraîcheur et l'arome vague. Mais c'est blasphémer que d'émettre un doute; on me répète sans cesse pour me convertir que l'armée française avait voué un culte à la pastèque, jusqu'à l'appeler sainte. Si l'on ne m'avait jamais servi que d'une espèce à grains très-noirs, à chair rouge comme du sang, je n'aurais peut-être pas songé à me révolter contre une passion générale; celles qui présentent ce double caractère m'ont plu quelquefois. Quoi qu'il en soit, le Nil charrie continuellement des pastèques à la mer; elles viennent de Farchout. A certaines époques de l'année, elles arrivent sur des bateaux pleins jusqu'aux bords et pareils à des radeaux flottants; à mesure qu'on les décharge, elles s'élèvent en murailles énormes sur le port du Vieux Caire.

La canne à sucre réussit à merveille dans la haute Égypte; j'en ai mesuré, aux environs de Siout, des pieds de 6m75. Elle mûrit en novembre et décembre; tous les passants en cassent pour sucer le jus avec frénésie. Les raffineries du gouvernement et les belles usines des princes Ismaïl, Ismaïl-Pacha, Alim-Pacha, encouragent une branche d'industrie agricole qui pourrait, à elle seule, enrichir l'Égypte : elle fournit déjà du sucre et du rhum excellents. Le centre de l'industrie sucrière est l'île de Rauda; quarante villages environnants cultivent la canne à sucre. L'établissement a coûté 1,800,000 fr. On y voit une salle qui contient 60,000 pains de sucre. On est loin du temps où Volney se plaignait de la couleur jaune et du goût de mélasse que des procédés imparfaits laissaient au sucre égyptien.

Le café est d'abord venu exclusivement de la haute Éthiopie et de Moka, où les Vénitiens le transportèrent. Les dangers que courent les caravanes, et la rapacité des Mamelouks, le maintenaient à des prix fabuleux; mais il est maintenant naturalisé dans le Saïd et soutient la concurrence que lui font les Antilles depuis 1713.

Comment parler du café sans songer à son ami, à son compagnon de toutes les heures, le tabac? Le meilleur et le plus fin est une importation; mais les fellahs en récoltent sur les bords du Nil, qu'ils trouvent assez bon pour eux.

La garance et l'indigo prennent un développement considérable; l'indigo était déjà en 1400 un gros revenu pour les Mamelouks.

Le chanvre, très-cultivé dans la haute Égypte, sert à la préparation du hachich, beaucoup trop répandu encore. Le lin est un produit indigène depuis la haute antiquité; tous les vêtements des prêtres étaient de lin; coutume qui se transmit aux Juifs.

Quant au cotonnier, qui est aujourd'hui l'une des richesses du pays, c'est une acquisition récente; il a été acclimaté par un Français, M. Jumel, dont il porte le nom.

Venons aux arbres fruitiers et d'ornement.

Honneur d'abord au palmier; c'est la parure du désert, la joie du fellah. Le plus célèbre et le plus répandu dans l'Égypte proprement dite est le dattier; on le rencontre dans les terres les plus fertiles et les plus arides; il vit longtemps, et l'on peut calculer son âge par les nœuds que forment autour du tronc les couronnes de feuilles nouvelles coupées tous les ans. Souvent il résiste à plusieurs siècles de Kamsin et de soleil. Il pousse par bouquets élancés, sous lesquels l'Arabe construit sa pauvre demeure. J'en ai vu des forêts immenses; l'aspect de ces arceaux innombrables, portés à 30 mètres au-dessus de l'homme par des colonnades sans fin, produit sur l'âme une impression plus triste, plus grave, que nos bois touffus, où les sentiers découvrent soudain des perspectives variées.

Tout dans le dattier est utile : ses fruits, que nous estimons tant confits, se mangent frais, comme des prunes, et 'secs, comme des pruneaux; ils viennent par énormes régimes et se conservent très-longtemps; sont-ils trop desséchés, l'Arabe se contente de les tremper dans l'eau. Les délicats en font d'excellentes liqueurs. Les dattes nourissent le peuple et enrichissent le pays par l'exportation. Avec les feuilles on fait ces nattes si répandues où le fellah fait sa prière, des corbeilles de toute forme et de tout usage, des chasse-mouches et des balais. Les parties filandreuses se tordent en cordages ; les grosses branches s'emploient dans les toitures comme solives, et autour des colombiers, comme auvents; les brindilles et les côtes des feuilles entrent dans la confection des *caffas*, divans, lits, siéges, cages pour la volaille, palissades de jardins. De la fleur, il s'échappe une espèce de crinière qui sert de brosse dans les savonnages. Enfin, le chameau est très-friand des noyaux.

Les Égyptiens ont pour le palmier, leur bienfaiteur, une vénération qui va jusqu'à l'aider dans ses amours. Quand les grandes cosses des dattiers mâles sont à maturité, on les coupe et on va les attacher aux dattiers femelles. Mais il n'est pas de soin désintéressé ; cette fécondation directe double l'espoir de la récolte.

Le *Doums* est le palmier de Nubie ; il diffère du dattier

par la conformation et par le fruit. Au lieu d'un seul tronc couronné d'un panache de feuillage, le doums a généralement deux branches principales garnies de nombreux rameaux dont l'extrémité porte un bouquet de feuilles assez courtes, et plie sous une forte grappe de gousses rougeâtres. Ses fruits, gros comme une orange allongée et de forme irrégulière, ont l'aspect mais non la valeur de petites noix de coco ; l'enveloppe, épaisse et filandreuse, renferme une partie spongieuse légèrement sucrée, et au centre un assez gros noyau. Le doums donne par an deux récoltes ; les naturels mangent le fruit quand il est frais et l'emploient surtout en médecine.

Mais le roi des arbres indigènes est le figuier d'Égypte, que j'allais fréquemment admirer près du Caire, dans la belle allée de Choubrah. Des racines puissantes qui s'élèvent au-dessus de terre en forme de dôme portent sans fléchir un tronc épais, d'où jaillissent avec une vigueur extraordinaire des branches grosses comme des arbres, souvent horizontales et chargées d'un feuillage touffu, libérales en ombre et en fraîcheur. Les fruits agglomérés par milliers à l'endroit où les rameaux sortent du tronc et à l'insertion des plus grosses branches, forment des couronnes rugueuses, qui de loin ressemblent à une lèpre ; ils sont loin de valoir les figues ordinaires. En revanche, le bois est précieux par sa dureté ; jadis les cercueils des momies en étaient faits ; au moyen âge, El-Touloun l'employa pour les frises de sa mosquée, qui existe encore au Vieux-Caire ; maintenant on le recherche pour les affûts de canon. Le figuier d'Égypte ne s'élève pas très-haut, mais avec l'âge il se développe en épaisseur ; il atteint jusqu'à 15ᵐ de circonférence ; celui qui cacha l'assassin de Kléber à l'extrémité nord de l'Esbékieh, et un autre à Héliopolis que la tradition nomme Arbre de la Vierge, en souvenir d'une halte de la Sainte Famille, rendent un éclatant témoignage à la force vitale et à la longévité de l'espèce. Ce sont des géants dignes des colonnes de Karnak.

La vigne était jadis cultivée, et les vins d'Égypte jouissaient d'une grande renommée. Mais l'Islamisme, peu favorable au raisin, en a détruit presque entièrement la culture ; on y revient, et on a raison. La terre s'y prête et les espèces sont excellentes ; les grains ont peu de pépins, parfois un seul ; on cite une variété qui n'en a pas. Quant aux feuilles, notre cuisinier s'en servait pour envelopper ses boulettes de riz ; mais je suis loin de recommander cette méthode ; il en résulte une drogue qui a valu au malencontreux officier de bouche le nom d'apothicaire. Le Fayoum seul a continué de faire du vin, très-estimé et très-rare ; j'en bus une fois au Caire, chez Bonford-Bey, un de ces hôtes dont l'accueil laisse un aimable souvenir.

Le jujubier, sous un nom moderne, cache le lotus des anciens ; c'était, dans des temps reculés, la nourriture d'un peuple entier sur les bords de la mer ; les Lotophages faisaient aussi du vin avec le fruit du lotus. N'oublions pas le gommier. Le caroubier est assez rare ; je le recommande aux voyageurs qui achèteront comme moi des singes dans la Nubie : ces animaux aiment les caroubes, et il est bon de leur en administrer une décoction lorsqu'ils sont malades; les noix du doums remplissent le même usage.

Les pistaches abondent; les abricots aussi, et on se rappelle que nous en avons cueilli à Esneh, dans le jardin du vice-roi. Quant aux pêches, l'Égypte en possède une petite espèce, très-renommée sous le nom de *mismis;* c'est la ressource des cuisiniers pour ce qu'ils appellent le *plat de douce,* complément indispensable de tout repas. Sans le plat de douce, vous descendez à leurs yeux du rang de pacha et d'homme comme il faut à la condition de fellah et de pauvre hère. Les *mismis* se conservent fort bien. La vraie pêche, les belles poires, les fruits particuliers aux zones tempérées, viennent mal en Égypte; on y trouve des pommes naines et de rares cerises. Les fraises seules se sont parfaitement acclimatées.

Si quelques-uns de nos fruits les plus fins manquent à l'Égypte, nous avons à lui envier la variété et l'abondance de ses citrons et de ses oranges. Il n'est pas de jardin sans oranger; le nôtre nous a fourni tout l'hiver d'exquises petites mandarines, charmant dessert mis à notre portée par des arbustes aussi bas que nos lilas de Perse. Il est de bon goût de dédaigner l'ananas: le renard dépréciait le raisin; mais il y a des ananas en Égypte, et ils y sont aimés; pour moi, sans leur reconnaître la finesse de certaines pêches et des bonnes fraises, j'apprécie leur parfum violent, leur chair juteuse et la beauté de leur forme.

Le grenadier pousse en plein champ; j'en ai trouvé jusqu'à la première cataracte. C'est, avec le laurier, un des ornements des jardins. D'ailleurs il n'est pas très-rare dans le midi de la France, et je me souviens d'avoir cueilli des grenades sur les murailles de Mont-Majour, près d'Arles. L'olivier et le mûrier, que l'on voit en forêts aux environs du Caire et dans le Fayoum, sont des plantations faites par Méhémet-Ali, et qui ont rapidement prospéré.

Terminons par l'éloge des bananes. Le bananier se plaît dans la basse et la moyenne Égypte et porte des régimes de la meilleure qualité. Mais comme il n'est pas encore sorti des jardins, ses fruits se maintiennent à des prix assez élevés.

Une liste complète des arbres d'ornement comprendrait la plupart des arbres fruitiers de l'Égypte; nous en mentionnerons seulement quelques-uns, pour leurs feuillages ou leurs fleurs. Par exemple, le mimosa ou *acacia belek* garde presque toute l'année son feuillage léger, découpé; au printemps, lorsqu'il se dépouille, les feuilles nouvelles chassent aussitôt les feuilles mortes; une neige de fleurs accompagne sa verdure renaissante. Son bois est employé par les charrons et les menuisiers. Le cyprès, haut comme un peuplier d'Italie, d'un vert opaque, produit des contrastes heureux dans les jardins; il n'est pas, comme chez nous, le symbole de la mort; c'est l'aloès qui le remplace dans les cimetières; il n'y a pas de tombeau sans aloès, et l'on pend à la porte des morts un aloès desséché. Le tamarix ou tamarin a trop de grâce dans la physionomie pour un tel emploi; son feuillage menu résiste partout au soleil, aussi beau à la seconde cataracte qu'au pied des aiguilles de Cléopâtre.

Enfin, l'Égypte est riche en fleurs; il n'est guère de plantes connues en France que je n'aie trouvées dans les jardins; parmi les plus communes et les plus belles, nommons le jasmin enivrant, les liserons à grandes fleurs, la tubéreuse qui fait, comme à Florence, le fond de tous les bouquets des rues, la violette dont raffolent les femmes, la rose enfin, qui couvre les champs du Fayoum.

## II.

Le cheval est pour l'Arabe, comme pour Buffon, le plus noble des animaux. C'est l'ami de l'homme, le confident et le complice des aventures; les Bédouins en prennent plus de soin que d'eux-mêmes. Nous ne distinguerons que deux espèces : la race arabe pure, petite, maigre, au front large, aux courtes oreilles, à la bouche étroite, souvent assez disgracieuse, mais d'une vigueur et d'un courage indomptables; et la race égyptienne, issue de croisements entre des variétés de la Syrie et de la haute Asie. Le cheval égyptien, dit Clot-Bey, est plus grand que l'arabe; il porte bien sa tête; son encolure est hardie, ses yeux pleins de feu et ses naseaux ouverts, ses jambes nerveuses et fines. Il est très-estimé.

L'Égypte possède de très-beaux mulets. Les mules sont préférées; plus douces, plus patientes, elles supportent mieux les grandes courses à travers le désert. C'est une monture chère. J'en ai vu à Mariout, dans les écuries du vice-roi, un magnifique attelage.

L'âne est d'un service excellent et d'un usage général ; et ne croyez pas qu'il ressemble à nos humbles baudets. Sobre comme eux, mais plus actif, il est grand et bien fait. Il a dans l'allure de la vivacité, de la noblesse même. Dans la campagne, la classe moyenne, comme les fellahs, n'a pas d'autre monture. Dans les villes, on rencontre des ânes riches qui, fiers de leurs brillants harnais et de leur housse brodée d'or, portent les Levantines enveloppées dans de grands *habbarah* noirs. Les étrangers ne dédaignent pas les ânes modestes qu'ils trouvent partout à louer ; pour quelque menue monnaie, ils font des trajets considérables, escortés par de petits âniers, la malice incarnée, qui savent tous un peu de patois franc, et servent de drogmans par intérim. Bête et conducteur couchent à la belle étoile ; l'ânier se contente d'attacher l'âne par le pied, et s'endort sur la terre comme sur un lit de plume.

Le chameau proprement dit, *Djemel*, est rare en Égypte ; il est remarquable par sa double bosse. On l'emploie de préférence au transport des fardeaux les plus lourds. Le dromadaire partage avec le cheval l'amour et les soins de l'Arabe ; il mérite sa renommée de patience à toute épreuve : quand l'eau manque il n'a pas soif, et l'eau n'est pas commune dans le désert ; quand il ne trouve pas à manger, il ne se plaint pas, et quelques noyaux de dattes suffisent à tromper sa faim. Son poil est l'objet d'un commerce important ; son lait, dont le goût ne me revient guère, plaît aux tribus nomades. Sa fiente, séchée sur les murs, devient un combustible qui n'eût pas dégoûté Ézéchiel ; on trouve des usages analogues dans les pays où le bois fait défaut ; au Croisic, par exemple, j'ai vu tous les murs des enclos couverts de bouse de vache.

Comment n'avons-nous pas parlé déjà du bœuf ? C'est que nous sommes loin du superbe Apis portant entre ses cornes le disque solaire. Le bœuf d'aujourd'hui est de petite taille ; il a les cornes courtes, et les temples lui sont fermés. Comme bête de boucherie, ses qualités sont médiocres, remarque applicable à toutes les viandes en Égypte. Les pâturages rares, les légumes secs ou le fourrage conservé, ne peuvent donner aux animaux une chair succulente et savoureuse.

Le buffle n'est représenté sur aucun des anciens monuments ; peut-être vient-il d'un pays lointain, peut-être est-il resté longtemps à l'état sauvage. Aujourd'hui le buffle est très-doux ; c'est un animal presque amphibie ; on le rencontre sur tous les bords du Nil, en troupeaux immenses, plongé tout entier dans l'eau et ne laissant voir que ses narines. Son office dans le Saïd est de faire mouvoir les sakiehs.

Les races ovines sont estimées pour leur laine et leur fécondité ; les brebis ont deux portées par an, chacune de deux agneaux. Les béliers sont magnifiques et nombreux ; il n'y a pas de moutons. Les chèvres, également très-fécondes, peuvent être rangées parmi les produits importants du pays ; chez nous on n'en a guère de troupeaux, mais en Égypte elles abondent ; leurs formes sont parfois singulières, leur lait toujours excellent et leur laine très-précieuse, surtout dans le Saïd. Les gazelles vivent, toujours à l'état sauvage, au delà de la première cataracte. Quand on n'est pas pressé par le temps, c'est le plus charmant des gibiers, moins dangereux que le sanglier du Delta, plus profitable que le lièvre.

Parmi les carnassiers, nous écartons tout d'abord le renard, le chacal, la hyène, bêtes plutôt sauvages que féroces, rôdeurs nocturnes qui font leur demeure dans les ruines. D'ailleurs le chacal a joué son rôle dans notre récit; mais nous avons négligé le chien : c'est une erreur que nous devons réparer.

Les chiens en Égypte ne sont pas domestiques, ils sont citoyens des villes. L'homme, sans chercher à les soumettre, leur jette ses restes, et les chiens reconnaissants défendent sa porte contre les intrus. Quelquefois la disette les rend misérables, jamais enragés. Ils ont la dent un peu prompte, surtout la nuit; mais jamais la police urbaine ne prend d'arrêtés à leur sujet. On n'oserait; ils ont, eux aussi, été dieux, et le grand Sothis fut des leurs; Anubis même était leur parent. Sans avoir de demeure fixe, ils s'établissent en tribu dans leur quartier, interdit aux confédérations voisines ; tel ruisseau est un Rubicon qui parfois emporte au Nil des oreilles et des touffes de poil ; sur ses bords les chiens se livrent de sanglants combats. Chaque bande occupe une région dont les charognes lui appartiennent ; elle a des droits acquis, une propriété, une patrie.

En gardant la conscience de sa dignité, le chien veut bien quelquefois se rapprocher de l'homme, non comme protégé, mais comme protecteur. C'est ainsi qu'un beau chien établi à Louqsor se tint, durant tout notre séjour, sur la berge du Nil, en face de notre barque. De la voix et du geste il écartait les visiteurs indiscrets. Si j'allais, au déclin d'une chaude journée, m'asseoir sur le rivage pour respirer la brise, il venait, gardien de ma rêverie, s'établir près de moi. Il acceptait, en retour de ses assiduités, tout ce que je voulais bien lui envoyer de ma table, mais il déclina toujours mes offres d'hospitalité; cependant il était mon ami. Le jour de notre départ, il monta sur un tertre élevé pour voir plus longtemps notre daabie qui l'abandonnait.

Peut-être le chien de Louqsor s'est-il constitué le défenseur et le compagnon des étrangers? Ceux qui le verront après moi pourront le reconnaître : il est grand, son pelage est fauve, et ses allures le distinguent de tous les autres.

En Égypte, le chien n'est pas l'ennemi du chat; il n'a pas à lui disputer le coin du feu. Le chat de son côté, qui ne demande que ses aises, se gardera d'une querelle sans raison et sans profit; les rats suffisent à ses instincts sanguinaires. Nulle part le peuple souriquois n'est plus prospère; malgré toutes les précautions imaginables, les rats envahirent la barque à plusieurs reprises; un peu avant la crue du Nil, ils devinrent un fléau, la terreur de ma femme. Elle n'osait dormir, même sous la sauvegarde du moustiquaire. Presque toutes les nuits il fallait se relever et livrer bataille; un chat que nous avions emmené fascinait les rats de ses yeux perçants, et quand sa griffe les manquait, ils n'échappaient pas tous à une vieille broche dont je les transperçais sans pitié.

Un autre auxiliaire nous avait suivis, et il avait fort à faire. C'était un hérisson, occupé sans cesse à dévorer les cancrelats, vilaines bêtes noirâtres, inoffensives mais rebutantes, qui s'introduisent jusqu'au fond des caisses les mieux closes.

Nous avons assez parlé de nos singes, l'un ramené à Paris, l'autre donné au jardin de Marseille ; on les apporte du Soudan à Korosko, Assouan, et jusqu'à Louqsor. Leurs jeux sont une ressource dans les longues journées de désœuvrement ; je crois qu'en un mois de plus je leur aurais appris à jouer convenablement de l'accordéon.

Sans cesse emporté par le courant du Nil ou le vent qui enflait ma voile, je n'ai pu observer beaucoup d'oiseaux ; ils ne se posent guère et je passais.

Les aigles sont grands, nombreux et hardis ; ils viennent volontiers disputer à la cuisine des barques les viandes qu'on laisse à leur portée. J'en tuai un énorme qui avait osé happer un pauvre moineau perché sur notre mât. Le corbeau, très-commun, a les ailes grises. Les chauves-souris ont parfois éteint nos torches dans les spéos et les hypogées ; il y en a d'affreuses, très-grosses, à longues oreilles. Nous avons conté les régals de serpents que se donnent les cigognes sur les îlots de sable, et les multitudes d'oiseaux délicats attachés aux buissons de Silsilis. Le canard sauvage, le pluvier d'eau, la caille et la tourterelle, m'ont de temps en temps coûté quelques charges de menu plomb. Les oies, les dindes, les poules et les pigeons faisaient notre nourriture ordinaire. En fait d'oiseaux particuliers à l'Égypte, le fameux ibis est si rare que je ne l'ai jamais aperçu ; il existe cependant. Dans quelques villes, des particuliers nourrissent des autruches; mais ce sont de pures curiosités et non des oiseaux indigènes.

A Alexandrie, au Caire, la mer apporte son tribut de poissons. Le Nil en est rempli; mais je n'en connais guère qu'un qui lui appartienne; c'est le *baya*, excellent à Philæ où on l'élève dans les roches. Nous trouvâmes à Assouan un banc de harengs qui s'était égaré jusque-là.

Les reptiles fourmillent en Égypte. Il y a des lézards de toute forme, de toute taille et de tout caractère. Le lézard vulgaire, l'ami de l'homme, petit être grisâtre ou vert doré, inoffensif, remplit les fossés des routes et les vieux murs; il n'est pas rare dans les appartements. Le plus célèbre des lézards est le crocodile, habitant du Saïd, par hasard entraîné jusqu'au Delta par les inondations, friand de poissons, de petits quadrupèdes, de l'homme même et surtout du nègre; monstre inutile et dangereux. On en remarque deux espèces : le *Cichus*, inoffensif, noirâtre, adoré à Crocodilopolis dans le Fayoum : son arrivée annonçait la crue; le *Niloticus*, long de 8 à 10 mètres, moins foncé que le précédent, très-féroce. C'est lui qui manqua mon cuisinier à Ibsamboul. Le mieux est de se défier des deux races. Le crocodile est amphibie; il se plait d'ordinaire sur le bord du Nil ou sur le sable laissé à sec par les eaux. Il descend jusqu'à Kéneh, à Dendérah même; parfois il s'avance dans la campagne. La femelle est très-féconde; elle cache des centaines d'œufs dans le sable, s'en rapportant pour leur éclosion au soleil des tropiques. Par bonheur, l'ichneumon et la tortue du Nil les dévorent en foule. La mangouste, autre ennemi du crocodile, entre, dit-on, dans son énorme gueule, pénètre dans son estomac et lui déchire les entrailles ; le croie qui l'a vu. Le crocodile est le seul hôte formidable du Nil. L'hippopotame, connu des anciens Égyptiens et consacré à Typhon, a disparu ; peut-être sa peau ne résistait-elle pas aux dents du crocodile.

Puisque nous en sommes aux animaux inutiles et nuisibles, nommons encore les serpents, assez nombreux ; mais les espèces dangereuses sont aussi les plus rares. Les scorpions pullulent, et l'on risque sans cesse d'être piqué ; la prudence conseille donc de porter avec soi un flacon d'ammoniac : une goutte versée dans une incision arrête instantanément l'effet du venin.

L'abondance des insectes et leur exiguïté me dispensent de détails ; je ne m'attache qu'à ce qui peut toucher directement le lecteur. Qu'il se mette en garde contre les moustiques de toute espèce ; qu'il ne doute pas des pluies de sauterelles : nous en avons reçu à Rosette. Il pourra aussi se convaincre que les Égyptiens ont figuré les scarabées d'après nature.

Le paysage qu'animent ces êtres de toute forme et de tout caractère a déjà passé deux fois sous les yeux du lecteur ; il est encaissé entre deux élévations qui méritent parfois le nom de montagnes. En moyenne, les chaînes libyque et arabique ont une hauteur égale ; mais la seconde est plus rapprochée du Nil. Leurs points culminants sont à Siout et à Médinet ; elles atteignent là 7 à 800 mètres ; elles s'abaissent pour former les cataractes et se relèvent dans la Nubie.

Du mont Mokattam et des Pyramides jusqu'à Esneh, règnent diverses variétés de calcaires ; le grès se déploie ensuite au midi sur une longueur de 100 kilomètres et forme les riches carrières de Silsilis. Aux environs d'Assouan commence le granit, syénite rose, porphyrique, rose et jaune, gris, blanc et noir, veiné et noir, blanc et quartzeux. Là est la patrie de tous les colosses et de tous les obélisques.

On trouve encore la brèche verte près de Kéneh : un des plus beaux morceaux de cette pierre est le fameux sarcophage d'Alexandrie; aux environs de Minieh et près de Béni-Souef, il y a des carrières d'albâtre; Bérénice, port sur la mer Rouge, à la hauteur d'Assouan, et Tatah dans le Saïd, possédaient de riches filons d'émeraude. Différents points recèlent des pétrifications animales et végétales; malgré les doutes de Volney, on persiste à croire à la forêt pétrifiée enfouie près du Caire ; des cailloux roulés, des débris d'animaux marins mêlés aux pétrifications, semblent confirmer l'idée d'Hérodote et des prêtres d'Héliopolis sur la formation du Delta.

Le Nil a fait l'Égypte. Il la nourrit encore. Le Delta, élevé au-dessus de la mer après la fondation de Thèbes, n'est pas encore fixé au nord. Rosette et Damiette, jadis des ports, sont à 20 kilomètres dans les terres ; et l'on évalue à 126 millim. par siècle l'exhaussement du sol.

Sans le limon du fleuve, le Saïd ne serait qu'une longue table de calcaire. L'atmosphère n'est pas traversée par nos ondées salutaires; aucune source ne jaillit du sol, et le Nil sans affluents est l'immense et unique réservoir qui, d'un point à peu près inconnu, apporte la richesse et la vie. Y a-t-il quelque fraîcheur dans la brise du soir? c'est à lui qu'il faut l'attribuer, et la rosée n'est que l'évaporation de ses eaux. Quand le soleil dévorant a bu toute cette humidité bienfaisante et fait du Nil une longue lande jaunâtre, comme la Loire en août, tachée seulement de quelques flaques azurées, un vent du sud-est, qui pousse et agglomère entre les hautes montagnes de l'Abyssinie les vapeurs orageuses de l'océan Indien, ouvre les cataractes du ciel et les précipite toutes dans le lit desséché. Vers les premiers jours d'avril, les eaux nouvelles passent à Kartoum ; détournées sur leur chemin par de nombreux emprunts, elles remplissent les veines appauvries de la terre ; en juin, elles atteignent le Saïd et s'élèvent à 8 ou 10 mètres au-dessus du niveau moyen. Le 15 juin, elles sont en vue du Caire, hautes de 7 mètres environ ; à Rosette et à Damiette, elles ne dépassent guère 2 mètres : c'est qu'elles sont restées dans les canaux fermés sur elles ; ou bien elles ont directement abreuvé le sol, momentanément couvert de lacs immenses. L'Égypte, maintenant sûre de sa moisson, étend et distribue les irrigations par les sakiehs et les chadoufs.

Aussitôt mûrissent la canne à sucre et le raisin ; on plante le maïs et le riz ; on récolte le coton, le lin ; on coupe le trèfle pour la troisième fois. Août est la saison des nénuphars, des jasmins et des palmiers ; les melons sont passés ; mais déjà l'automne, cueillant d'une main les citrons et les oranges, les olives, le riz, sème de l'autre les blés qui verdoyent sous ses pas. Alerte, les dattes tombent de l'arbre ; il faut semer les fèves et le lupin. Les feuilles s'en vont en décembre et reviennent en janvier ; l'hiver, couronné de verdure, marche dans les narcisses et les violettes, au milieu des orangers, des grenadiers en fleur. Février charge les barques de melons et de pastèques ; mars récolte le blé ; avril s'enivre en cueillant les roses du Fayoum, et mai, brûlant de volupté, secoue sur les harems la fleur du henné.

# CHAPITRE III.

### POPULATION. LES IDÉES. LES MŒURS.

#### I. POPULATION.

La population appelée à mettre en valeur toutes les ressources que nous avons sommairement indiquées a décru de moitié depuis les temps antiques. L'Égypte, sous les Pharaons, les Ptolémées et les Romains, a contenu, d'après Strabon et Diodore, de sept à huit millions d'âmes; quant au chiffre de vingt millions, inventé de toutes pièces par des historiens arabes qui voulaient rehausser la conquête d'Amrou, on peut le taxer d'exagération orientale. Des calamités sans nombre, des invasions, des guerres civiles n'ont pas cessé durant douze siècles de décimer les cultivateurs; les famines et les pestes ont fait aussi leur œuvre, et le désert, ne trouvant plus d'obstacles vivants, a reconquis des territoires que l'homme lui avait depuis longtemps enlevés. Encore quelques siècles de règne, et les Mamelouks se seraient trouvés seuls dans la vallée infertile, incapables de réparer le mal qu'ils avaient causé, incapables de reconnaître en eux-mêmes les auteurs de leur propre ruine.

Lors de l'expédition française, un calcul approximatif fondé sur le nombre des maisons dans les villes et les campagnes, porta la population totale à un chiffre de deux millions. Mais quel dénombrement possible dans un pays qui ne tient aucun compte des naissances et des morts? Aujourd'hui les vides se comblent rapidement sous l'influence réparatrice d'un gouvernement régulier; et on peut sans crainte assigner à l'Égypte plus de cinq millions d'âmes.

Si l'Égypte n'a plus à craindre le fer et le feu, ni la disette, elle doit se préoccuper de la question hygiénique. Une mortalité effroyable emporte les enfants par centaines, et c'est un mal nouveau, si l'on en juge par le petit nombre des momies d'enfants retrouvées jusqu'à ce jour; les soins qu'exige le jeune âge sont parfaitement ignorés dans les deux mille villages d'Égypte; les yeux des enfants sont rongés par les mouches; leur corps est dans un triste état de maigreur et de saleté. Parlerons-nous des pestes qui désolaient encore le pays au siècle dernier, des ophthalmies incurables dont l'origine est encore un problème. Déjà par de grands travaux d'assainissement, par l'établissement d'écoles, par l'appel de médecins étrangers et la création de circonscriptions médicales, Méhémet-Ali avait combattu ces maladies. L'administration persévère dans cette voie, et ses efforts ne peuvent être stériles dans un climat foncièrement sain, et si favorable que les médecins y envoient, trop tard seulement, les poitrinaires ; des observations faites sur des milliers de momies ont établi une proportion de deux sujets sur cent, parvenus à quatre-vingt-dix ans ; ailleurs on n'en compte pas deux par mille. Le passage de la puberté à l'adolescence est pour les Égyptiens un bail de longue durée. Il ne s'agit donc que de sauver les enfants ; mais ici nous touchons aux questions sociales ; le grand remède ne serait-il pas la réforme de la condition morale des femmes ? C'est ce dont on pourra juger plus loin.

## II. RACES.

Il n'y a plus dans aucun pays de ces races pures qui se prétendaient autochthones ; partout des mélanges violents se sont opérés par des émigrations successives. Mais tandis que les couches étrangères, dans l'Occident civilisé, se pénètrent et s'effacent en un ensemble qui prend le nom de nation, l'Orient conserve intactes les hordes qui l'ont envahi : de là l'incohérence des empires mogols ou turcs, et l'absence d'esprit public chez les peuples de l'Asie. L'Égypte, si compacte dans les temps antiques, mais depuis occupée tour à tour par les Arabes pasteurs, les Macédoniens, les Grecs, les Romains, les Musulmans, les Osmanlis et les Circassiens, a soigneusement gardé, dans son anarchie séculaire, les physionomies tranchées de ses conquérants ; aujourd'hui encore, le voyageur distingue aisément tous les éléments de la population indigène. Espérons que son gouvernement, éclairé par des institutions égales pour tous, constituera rapidement un peuple.

Les Arabes forment la masse et se divisent en Bédouins ou nomades, fellahs ou issus des conquérants et des indigènes, et Africains ou Barbaresques. Les mœurs de ces trois groupes diffèrent essentiellement. Les premiers n'ont jamais été soumis et vivent d'aventure; les seconds, longtemps réduits par les Mamelouks au servage, cultivent la terre, naviguent sur le Nil, travaillent de leurs mains; ce sont les artisans et les laboureurs, la population utile et le fond de la future nation égyptienne. Quant aux Barbaresques, moins nombreux ou moins distincts, leurs aptitudes les portent au commerce.

Les Coptes ou Égyptiens chrétiens occupent après les fellahs le second rang par le nombre; autrefois employés aux écritures, à la perception des impôts, ils n'ont plus aujourd'hui d'attributions fixes. Ils avaient conservé jusqu'au xv° siècle une langue précieuse aux philologues par ses éléments antiques; c'est une race morte.

Les nègres viennent ensuite; mais ils se renouvellent sans cesse et ne peuvent se faire au climat qui les affaiblit et les étiole. Preuve certaine qu'ils n'ont jamais été la race indigène.

Les Turcs ou Osmanlis, maîtres du pays, magistrats et gouverneurs, ne sont pas plus de douze mille. Le nombre des Juifs et des Grecs est moindre encore; ils sont, comme des colonies étrangères, établis seulement dans certaines villes où ils ont leurs quartiers. Quant aux étrangers, aux Européens, jadis condamnés par les caprices et la brutalité des Mamelouks à une existence précaire, ils affluent à Alexandrie et au Caire, attirés par la richesse du sol, les travaux de l'isthme de Suez et le respect du gouvernement pour les consulats.

Il y a beaucoup d'Italiens à Alexandrie, et leur langue est d'un usage ordinaire aux environs du port; leur présence s'est manifestée mal à propos, il y a quelques années, lors de l'affaire Orsini; le vice-roi fut obligé de veiller lui-même à la protection du consulat français. Ses troupes rétablirent promptement l'ordre. Son intervention était moins un devoir de souverain qu'une marque d'amitié; car, entre toutes les nations étrangères, Saïd-Pacha aime la France qui, détruisant en Égypte l'anarchie des Mamelouks, a ouvert la voie aux grandes destinées de Méhémet-Ali; il se souvient noblement des services que des Français d'élite ont rendus à son père et à lui-même.

Si Méhémet-Ali a reconnu les bons offices de M. Drovetti, jadis consul à Alexandrie, et le dévouement du colonel Sèves (Soliman-Pacha), le titre de bey, des honneurs, des traitements, récompensent aujourd'hui : Kœnig-Bey, précepteur du vice-roi; M. Mariette, conservateur du Musée, dont le nom est plusieurs fois revenu sous notre plume; Clot-Bey, fondateur des hôpitaux, des salles d'anatomie et de dissection, auteur d'un livre remarquable que j'ai souvent consulté; Linant-Bey, directeur des travaux publics, qui a dressé une carte détaillée de l'Égypte; Mougel-Bey, ingénieur, chargé d'établir les barrages du Nil et de creuser les bassins d'Alexandrie; Mottet-Bey, qui a construit le fort du grand barrage; parmi les militaires : les généraux Boyer, Princetot; Galis-Bey, qui éleva les fortifications d'Alexandrie; les colonels Rey, organisateur des fonderies et des manufactures d'armes; et Gaudin, chargé pendant sept ans de l'instruction militaire.

Nommons à part M. Ferdinand de Lesseps, dont la grande œuvre rendra tout le commerce des Indes tributaire de l'Égypte. Car le vice-roi ne s'y trompe pas; le canal de Suez, si nécessaire à la France, est en même temps et surtout la vie de l'Égypte; c'est ce qu'ont pensé les Rhamsès, et Néchao, et le conquérant Darius.

La France mérite bien d'instruire la jeunesse distinguée que l'Égypte lui envoie tous les ans par groupes de quarante élèves. La plupart de ces étudiants chargés de rapporter l'Europe dans leur patrie ont montré de rares aptitudes pour les carrières de leur choix. L'un d'eux, Mahmoud, qui s'adonne à l'astronomie, science favorite du vice-roi, établit par un curieux mémoire l'âge des pyramides d'après les astres. Il prouve par des inscriptions trouvées sur de petites pyramides dans les catacombes d'Alexandrie que cette classe de monuments funèbres recevait une orientation fixe. Une des faces était tournée vers Sirius, autrement nommé Sothis, dieu-chien et juge infernal; or la déclivité de Sirius est établie par des calculs certains; on peut donc à bon droit fixer l'origine des pyramides au temps où Sirius occupait une position exigée par le rituel antique.

Si aujourd'hui encore les étrangers prennent part à

l'administration, et font plus pour l'avancement de l'industrie indigène que trois millions de fellahs, Bédouins, Coptes, Juifs, etc., leur influence ne peut inquiéter le vice-roi : elle décroîtra par le progrès même de leurs idées. L'Égypte, devenue européenne, n'aura plus besoin d'étrangers ; ses propres enfants lui suffiront.

### III. LES IDÉES ET LES MOEURS.

Mais le peuple égyptien, représenté aujourd'hui par les fellahs, a depuis si longtemps désappris la pensée et la vie politique, qu'on ne peut fixer en aucune manière un terme à sa léthargie. Les idées d'un fellah sont très-restreintes ; elles n'ont pour objet que ses besoins immédiats. Ses mœurs sont pures ; mais il n'a aucune idée de la famille. Dans les classes plus élevées, pour tout ce qui est en dehors de la morale, réglée avec soin par le Coran, les hommes ne se conduisent guère d'après des principes ou des théories préconçues ; ils ne réfléchissent pas : les événements se présentent, et ils tâchent d'en tirer parti. Au moins pourraient-ils s'occuper de leur maison ; donner à leurs enfants l'instruction qu'eux-mêmes ont reçue ou acquise, mettre quelque raison dans le cerveau de leurs femmes. Non ; rien de tout cela ne les regarde. La sieste, et la paresse qui les enveloppe avec la chaleur, leur créent des loisirs prolongés ; vers le soir, ils cherchent la fraîcheur sur leurs terrasses ; près d'eux est leur chibouk et leur café. Les fumeurs d'opium ne sont pas encore très-rares; et les campagnes de Siout, couvertes de pavots noirs, peuvent fournir à leur goût dépravé.

Le hachich est également en honneur. On l'obtient par la fermentation de la graine du chanvre; il se prend en confiture, en pastilles; ou bien encore il se fume. Les effets en sont surprenants, et son ivresse est loin d'être inoffensive. Sous l'empire de ce narcotique, un marin se brisa la tête contre une porte trop basse, plutôt que de se baisser pour sortir. A plusieurs reprises, il se précipita sur l'obstacle comme un fou furieux; enfin il se tua.

Mais la grande nécessité en Égypte, c'est le tabac et le café. Pour eux on se passerait de manger. Aussi est-ce un spectacle curieux, durant le Ramadan, de voir l'impatience contenue de l'Arabe qui, sa pipe d'une main, sa tasse de l'autre, attend le coucher du soleil pour rompre un jeûne rigoureux. L'heure de la délivrance est annoncée par un coup de canon; aussitôt le tabac et le café reprennent leur empire, et les fêtes intimes de la nuit font oublier les privations du jour.

L'Arabe est fidèle observateur des prescriptions religieuses, et le départ de la caravane pour la Mecque est pour lui le plus grand événement de l'année.

Tous les ans le tapis envoyé de Constantinople à la Mecque vient attendre au Caire le départ de la caravane; il est l'objet d'une grande solennité. Reçu au débarquement par les autorités civiles et religieuses et conduit directement à la grande mosquée de la citadelle, où se trouve le chef des ulémas, il est déposé dans une grande boîte, sous un dais d'argent dont quatre ulémas tiennent les montants ; les porteurs doivent avoir fait le pèlerinage de la Mecque. La garde du tapis est confiée à douze ulémas.

Cependant les pèlerins accourent de tous les points de l'Afrique. Lorsque le gros de la caravane est rassemblé dans les environs du Caire, le tapis, escorté par les députations des tribus et par une foule immense pavoisée d'étendards, s'avance sur le dos d'un chameau richement caparaçonné. Il traverse ensuite le désert et trouve à Suez un bâtiment d'honneur qui va le porter à Djedda. Derrière lui marchent les plus fervents adeptes, au nombre de sept à huit mille ; les plus fortunés suivent le navire sacré et partent avec le précieux dépôt de Djedda pour la Mecque ; d'autres, moins riches et aussi avides de voir la ville sainte, tournent la mer Rouge par le désert : une frénésie pieuse les emporte à travers les sables, la soif et la fatigue.

Toutes les dévotions accomplies, le grand cheik de la Mecque envoie au sultan, par le retour de la caravane, un autre tapis magnifique, dont l'arrivée excite de nouveaux transports. Le sultan doit y faire sa prière toute l'année.

Les pèlerins ont le droit d'ajouter à leur nom le titre de hadgi.

L'Égypte, malgré son orthodoxie musulmane, est l'une des nations d'Orient les moins intolérantes : le gouvernement donne l'exemple au peuple.

On conte que les ulémas portèrent plainte sur les rapports des officiers francs avec les femmes arabes. Méhémet leur répondit joyeusement : De quoi vous plaignez-vous? Si les Arabes fréquentaient les Européennes, j'y mettrais ordre immédiatement; mais que peut-il résulter des faits que vous incriminez? Quelques musulmans acquis aux dépens des chrétiens.

Un cheik avait assassiné un Lazariste. Sur la réclamation du consul général, Méhémet le fit venir et lui demanda le motif de ce crime. L'accusé répondit avoir rêvé que l'assassinat d'un chrétien lui donnerait droit au paradis. « Tu as bien fait, » dit le pacha; « mais, à mon tour, j'ai rêvé que la mort d'un cheik était nécessaire à mon salut. » Il lui fit trancher la tête.

Après le désastre de Navarin, le fanatisme accabla d'avanies les chrétiens qui s'aventuraient en Orient. Méhémet-Ali, seul des souverains musulmans, conserva sa faveur aux Européens.

On voit les Juifs, les Grecs, les Francs vivre côte à côte avec les musulmans. Enfin les Coptes ont longtemps formé la masse même de la nation; maintenant, bien qu'ils disparaissent de jour en jour, leurs couvents et leurs églises abondent dans les villes et sur les rives du Nil. Les Coptes, disciples d'Eutychès, ne reconnaissent en Jésus qu'une seule nature. Cette croyance fut la cause de persécutions terribles de la part des orthodoxes grecs ou latins; les malheureux Coptes furent réduits à appeler Amrou; les musulmans ne les traitèrent guère mieux d'abord, mais peu à peu leur confièrent toute l'administration des finances. Nul ne les inquiète plus. La circoncision, le mariage des prêtres, le divorce, quatre carêmes, la nomination du patriarche d'Alexandrie par le peuple, telles sont leurs pratiques et leurs coutumes les plus saillantes; ils célèbrent la messe en copte, langue que les fidèles n'entendent pas plus que nous n'entendons le latin de nos églises. Les Coptes, bien que très-employés, jouissent d'une médiocre estime; cela tient aux affreux métiers qu'ils exercent. Moines mendiants et voleurs, faiseurs d'eunuques, tels sont les noms que l'on pourrait jeter à beaucoup trop d'entre eux.

Sachant peu, l'Arabe croit beaucoup; mais il n'ajoute pas seulement une foi entière à la religion qui lui enseigne les vertus morales, il s'abandonne sans raison à tous les préjugés superstitieux que la tradition ou la crainte lui impose. Qu'on ne nous accuse pas de voir une paille dans l'œil du voisin quand une poutre nous aveugle; nous n'ignorons pas que les sorciers et les jeteurs de sort règnent encore dans nos campagnes; et combien d'aversions ridicules contre le vendredi, le sel renversé, le nombre treize! Chez nous, chez tous les peuples, les présages, les augures, ont longtemps dominé la raison; Rome a été gouvernée par des poulets sacrés; l'astrologie, la chiromancie, que sais-je encore, sont des sciences accréditées. C'est le cortége obligé de la crédulité. Cet aveu de nos faiblesses nous permet d'attaquer en passant une superstition arabe.

Savez-vous ce qu'indiquent les chapelets d'oignons pendus aux portes? — Sans doute un commerce spécial. — En ce cas tous les Égyptiens seraient marchands d'oignons. Vous ne devinerez pas : les oignons sont un antidote contre le souffle pestilentiel de Typhon, l'esprit du mal : avis à vous, qui redoutez Satan. Au commencement d'avril, la population des villes va chercher dans les champs le précieux légume et le suspend avec respect devant les maisons ; heureux le riche propriétaire qui peut y joindre des cornes de buffle et une toquée d'aloès.

Cette coutume trouve aisément grâce devant l'archéologue : elle rappelle la mythologie antique où les oignons étaient dieux ; elle prouve la vitalité de Typhon qui jadis, vaincu par Haroéri, passa en Grèce et, sous le nom de Python, fut criblé de flèches par Phœbus. C'est d'ailleurs un enfantillage innocent qui ne fait de tort qu'aux esprits crédules ; mais nous devons être moins indulgents pour les superstitions qui s'attaquent à la considération d'autrui. Telle est la croyance au mauvais œil, à la *jettatura* ; il s'en faut qu'elle soit particulière à l'Égypte, et tous les pays ont leurs jeteurs de sort ; cependant elle a ici plus d'empire qu'en Italie même ou dans les villages des Pyrénées. Aussitôt débarqués, les Européens eux-mêmes en sont infestés, et je ne sais si j'échapperai toujours à la contagion. Je me suis laissé dire qu'un consul, recevant la plainte d'un médecin nommé C., était tombé par terre au moment de la réclamation. Ce miracle s'est accompli au Caire. Voici un fait dont j'ai été témoin, en plein jour : M$^{me}$ X., pauvre femme âgée de soixante ans au moins, très-inoffensive assurément, venait d'habitude respirer sous les arbres de l'Esbékieh ; sur son passage, les oisifs qui se croyaient regardés par elle se hâtaient, pour échapper au mauvais œil, soit de lever deux doigts comme des cornes, ou de porter leur main... je n'ose dire où, de peur d'effaroucher une anglaise. Eh ! messieurs, portez plutôt des chapelets d'oignons !

Le mauvais œil est à peu près le seul danger sérieux que l'étranger rencontre en Égypte; on a vu que le voyage du Nil est une partie de plaisir; les rives sont en général très-sûres; ce n'est qu'en avançant dans le désert qu'on risque de rencontrer les Bédouins pillards. Cependant la renommée qu'a laissée le Grand Nègre près d'Assouan, la Ville déserte purgée par Ibrahim, la mauvaise réputation des pseudo-moines qui arrêtent les barques du gouvernement, l'histoire de ce cheik d'Abadeh qui tint tête à mille hommes, montrent assez que l'Égypte n'est pas moins riche en voleurs que les États de l'Europe. Nous rapporterons une anecdote récente que nous tenons de bonne source.

Namik-Pacha, gouverneur de la province qui s'étend du Caire à Suez, nous donnait gracieusement l'hospitalité sous sa tente; le chibouk et le café avaient succédé au repas, lorsque, entre la seconde et la troisième tasse, la police amena un homme que le pacha fit charger de fers. Comme nous nous regardions les uns les autres : « Je vais, dit notre amphitryon, satisfaire votre curiosité.

» Ce misérable est Salem, une habile voleur. L'an dernier, il pénétra de nuit dans ma tente, prit ma bourse placée sous mon oreiller, mon sabre attaché au piquet de ma tente, sauta sur mon cheval, et s'enfuit à travers un campement de deux cents hommes. Ce Salem est fort connu et seul capable d'un tel exploit; je le fis mander, lui promettant mille bourses et la liberté s'il voulait me dire seulement comme il avait fait ce coup hardi. Il vint, plein de confiance dans ma parole, et certes je l'aurais tenue fidèlement. — Pour comprendre mon succès, dit-il, il faut me voir à l'œuvre : remettez votre bourse sous votre oreiller, votre sabre au piquet de la tente, et donnez ordre à vos serviteurs de m'amener votre cheval quand je frapperai trois fois dans mes mains. — J'acceptai ses conditions ; vers neuf heures et demie je me couchai, mais sans dormir.

» A dix heures, Salem arrive, rampant comme un lézard; mes domestiques ne l'avaient même pas vu; il était nu et huilé des pieds à la tête. Quand il fut près de mon lit, son poignard à la main, je me sentis pris d'une sueur froide, et je ne bougeai pas. Salem, toujours à terre, appuyé sur la main gauche, saisit de la droite ma bourse sous mon oreiller, si vite et si délicatement que je ne sentis pas le mouvement. — Et d'une, me dit-il. — Continue, répondis-je, d'une voix quelque peu tremblante. Aussitôt il grimpe au piquet de la tente, détache le sabre, s'entoure la tête de ma *koufi*, frappe trois coups dans sa main, saute sur mon beau coursier, me crie : Et de deux ! et disparaît. J'étais encore dans la tente, et tous mes gens demeuraient immobiles.

» Vous comprenez que Salem s'est bien gardé de venir réclamer les mille bourses ; je ne l'aurais, selon toute apparence, jamais revu, s'il ne s'était trahi lui-même. Séduit par les charmes de la belle Fatma, cette almée si connue, il se livra aux mœurs orientales et, dans l'effusion du plaisir, il conta son aventure. Dans l'espoir d'une récompense, Fatma vient de livrer Salem à la police. »

Salem est presque digne de ces héroïques voleurs dont parle Hérodote.

Le pharaon Rhampsinite (Rhamsès) avait fait construire, pour enfermer ses trésors, une chambre dont l'un des murs était une partie de l'enceinte de son palais. Le constructeur disposa l'une des pierres de telle sorte que deux hommes pussent l'ôter, et confia en mourant son secret à ses deux fils. Le roi, s'apercevant que le niveau de son or diminuait, plaça des piéges dans la chambre; un des voleurs s'y étant pris dit à son frère : « Coupe-moi la tête; car si je suis vu, je te perds avec moi. »

Le frère s'en fut avec la tête; mais le roi fit suspendre le cadavre le long du mur, espérant découvrir au moins les parents du mort, sinon ses complices. Le survivant enivra les gardiens et emporta le corps; il rasa même la joue droite aux sentinelles. Voilà le roi bien embarrassé. Il envoie sa fille dans un lieu suspect et lui enjoint d'accueillir les hommes, à condition qu'ils lui révéleront leurs plus mauvaises actions; le voleur, résolu de profiter d'une telle aubaine, coupe le bras d'un corps encore frais, le place sous son manteau, va voir la princesse et lui raconte ses crimes. Quand elle voulut le saisir, il lui tendit le bras du mort et gagna la porte. Le roi prit le parti d'en faire son gendre.

Avouez que, si l'histoire est peu vraisemblable, elle n'est pas mal inventée. (*Hérodote*, livre II, ch. cxxi.)

# CHAPITRE IV.

## LES FEMMES.

Dans leur conduite avec les femmes, les Orientaux savent combiner deux sentiments qui s'excluent : le dédain et la jalousie. Au fond, la jalousie l'emporte sur le dédain ; à tel point que, dans l'oasis de Syouah, les maris relèguent les jeunes gens, les célibataires et les veufs, dans un faubourg, en dehors de la ville ; à tel point que jamais un homme comme il faut n'interroge un ami sur la santé de sa femme : ce serait une inconvenance, presque une insulte.

La position que les Orientaux font aux femmes est au-dessous du rôle que l'amour conjugal et maternel leur assigne forcément dans l'ordre naturel. Ils ne leur apprennent rien; cependant ils leur laissent la direction des enfants jusqu'à sept ans. Si elles ont pour ces enfants, leurs futurs maîtres, un peu du sentiment complexe qu'inspire le fruit d'un amour partagé, cet instinct, purement animal, tarit souvent avec le lait. Les enfants meurent sans qu'on en parle, ou grandissent dans la vermine et la crasse, les yeux rongés par les mouches. Il s'agit ici du peuple ; mais la classe riche peut prendre sa part de ces reproches. D'ailleurs, la femme de l'artisan condamné au travail n'acquerra-t-elle pas plutôt une valeur personnelle que la fille riche, instruite même dans la danse et la musique, enfermée comme un trésor stérile, condamnée enfin à l'oisiveté?

Encore si son mari daignait développer chez elle la délicatesse du sentiment, le goût du beau et aussi du bien, l'initier à ses intérêts. Mais voyez ce bey qui hausse les épaules : — Délicatesse, goût du beau? Le plaisir est la destination et la seule pensée de la femme. Amour du bien? La morale n'a rien à faire au harem ; le devoir de la femme est l'obéissance. Mes intérêts? oui, ses chiffons, voilà ce dont il faut lui parler ; ou bien encore ses perfections ; mais l'initier à mes affaires, l'élever jusqu'à moi ! Je n'en serais plus le maître. — L'êtes-vous toujours, et ne vaut-il pas mieux être dominé par une égale? — Ce serait la perdre par l'orgueil. — Craignez-vous moins l'ennui? — Mais les distractions ne lui manquent pas : le bain toutes les semaines, bonne chère tous les jours, et moi quelquefois. — Et à toute heure la surveillance d'idiots mutilés. — Brisons là ; nous ne nous entendrons jamais. Aussi bien, les femmes ne sont pas faites pour qu'on en parle. — Encore un mot pourtant : la femme est un être inférieur ; son contact est une souillure dont il faut se purifier. Cependant, l'homme est attiré vers elle; il en fait la compagne de sa vie; il l'exclut des mosquées, et l'admet dans le paradis, sous le nom de Houri. D'où viennent ces contradictions?

Le bey est parti en haussant les épaules; revenons à notre sujet. L'état des femmes en Égypte se prépare à un changement radical : déjà la suppression du marché aux esclaves, acte qui fait honneur à Saïd-Pacha, diminue sensiblement le nombre des concubines et des femmes de harem. Désormais les épouses légitimes échappent de jour en jour à l'humiliation de surveiller et de nourrir un troupeau féminin d'où put sortir leur rivale; elles ont bien assez à faire encore de se supporter l'une l'autre; mais la polygamie, tout en restant dans l'ordre des faits naturels, sortira bientôt du domaine juridique. Une institution qui développe entre les femmes des sentiments de jalousie et de haine pourrait être avantageusement suppléée par la facilité d'unions nouvelles; car rien n'est plus ordinaire en Orient que la séparation et le divorce.

En général, un Arabe n'a pas vu sa femme avant le mariage; la femme n'a pas vu davantage son mari; elle ne peut, en effet, dévoiler sa figure que devant ses parents et ses frères. Ici les Nubiennes réclameraient une mention à part; nous savons qu'elles vont nues jusqu'au mariage. Les filles fellahs ne sont pas non plus astreintes à une réclusion rigoureuse; ne faut-il pas qu'elles aillent laver le linge au bord du Nil? Et leurs tuniques bleues, simples chemises, ne sont pas si épaisses qu'on ne puisse voir si elles sont droites ou bossues;

mais quant à leur figure, elles ont le plus grand soin de la cacher. On peut donc établir que le consentement mutuel ne préside pas au mariage. L'amour pourtant aime à choisir; mais il ne s'agit ici que d'obéir. Les parents donnent leur fille à qui leur plaît; nous ne leur ferons pas un crime de prendre l'argent de leur futur gendre; chacun tire parti de ce qu'il a, et les pays ont leurs coutumes. Le mari assure à la femme un douaire, pour le cas où il la renverrait sans sujet de plainte.

La promise est le plus souvent une enfant que le mari pourra porter dans ses bras. Elle a de dix à douze ans. La précocité des pays chauds explique tant de hâte; garderait-on longtemps, sans risque, une fille nubile? Il est permis de déplorer les résultats de ces unions précipitées; femmes, il est vrai, si l'on en juge par quelques signes, les filles si jeunes ne sont pas en apparence plus développées ni plus fortes que les enfants du même âge dans nos climats. Les fatigues du mariage et de la maternité les arrêtent dans leur croissance et les vieillissent en peu d'années; et leur caducité prématurée est l'une des plus grandes raisons de la polygamie.

Après une cérémonie religieuse qui s'accomplit dans la journée, le plus souvent sans formalités civiles, les fêtes du mariage occupent la soirée. Nous y avons assisté à Louqsor; nous avons dit où et pourquoi le mari est pour la première fois admis en présence de sa femme; mais jetons un voile sur cette entrevue qui blesse notre délicatesse.

La femme, installée dans la maison du mari, doit faire bon visage à l'autre épouse qu'il a prise ou qu'il prendra ; la loi en accorde deux. Il arrive que ces rivales se détestent et ne se contentent pas d'une lutte courtoise pour s'assurer le cœur du mari. Elles s'empoisonnent quelquefois; quelquefois l'une tue les enfants de l'autre; car la stérilité est la plus grande honte pour une femme. Remarquons en passant que beaucoup d'Arabes et de fellahs n'ont qu'une épouse à la fois.

Il y en a qui prennent une femme à Girgeh, une autre à Assouan; c'est un usage fréquent et commode pour les mariniers du Nil. Le mari, tour à tour, selon ses affaires, va passer un mois chez elles ; il apporte avec lui quelques piastres et quelques présents, souvent une petite pacotille que la femme détaille pendant son absence. En échange elle reçoit quelques produits du pays et alimente ainsi le commerce de l'autre épouse. C'est ainsi que nous avions à bord une cargaison de sel, de pipes, de vaisselle; les matelots les déposaient au passage, et trouvaient toute préparée au retour une provision de tabac, de dattes, de poteries. Ce mariage, bien compris, est très-ingénieux.

La naissance des enfants n'est jamais constatée ; il en résulte pour eux une position précaire tant qu'ils ne sont pas en état de se défendre : leur mort est aisément cachée. A l'époque de la conscription, il devient impossible de constater leur âge, l'administration est réduite à employer la contrainte; les Cawas cernent les villages et lèvent au hasard l'impôt militaire.

Les maris qui veulent se séparer de leur femme, vont trouver un officier public, à la fois avocat et juge de paix, qui prononce sur les différends conjugaux. Sa sentence est sans appel. La séparation est temporaire ou définitive; mais, dans tous les cas, elle cesse par la cohabitation des époux. Le mari séparé paye une pension aux enfants en bas âge, rarement à la femme; mais il ne reprend pas ce que les parents ont reçu. La femme n'a droit à la séparation que dans un seul cas, regardé chez nous aussi comme une grave injure; elle présente au juge une pantoufle retournée, et le juge comprend.

La femme, à vrai dire, s'habitue à l'infériorité que lui font la coutume et la loi. Le mollusque enfermé dans la nacre ne se plie-t-il pas à la brillante contrainte de la coquille? Sa prison est aussi son abri, et le plus souvent il mourrait s'il en était arraché. Le bonheur n'est donc pas exclu de l'existence des femmes; beaucoup aiment leur mari; beaucoup sont aimées sans rivales; beaucoup enfin, sans connaître les délices de l'affection partagée, s'appliquent à l'éducation de leurs enfants; les autres, pour la plupart, jouissent de l'oisiveté, de l'insouciance et du bien-être. Elles passent la vie à soigner leurs cheveux, à s'épiler minutieusement, à rougir de henné leurs ongles, la paume de leurs mains, leurs lèvres. Il leur arrive de se promener dans les cours ou les jardins intérieurs, dont les grands sycomores verdoyent au-dessus des maisons; c'est de là que leur vient un air que n'ont pas respiré les profanes. Ou bien, elles sortent, gardées à vue; elles se font visite sur visite, et des babouches sur le seuil de leur chambre sont un signe d'exclusion que le maître même respecte. Mille caprices leur sont permis; mais les caprices sont des fatigues. Le plus souvent, étendues sur les divans, les matelas, les tapis précieux qui cachent un dallage de marbre et de faïence peinte, elles fument et dorment. Alors elles engraissent prodigieusement et prennent ces visages de pleine lune, ces hanches en coussins qu'exaltent les poëtes arabes.

Les harems coûtent cher et ne conviennent qu'aux pachas et aux beys. Mais, quelle qu'en soit la richesse, ils ne sauraient plaire à nos femmes ; les filles nobles et instruites qui habitent, demi-libres et demi-captives, les plus somptueux palais, n'ont pas cet enjouement qui sied si bien à nos jeunes élégantes. Elles honorent leur sexe par des vertus sévères ; elles paraissent sombres au milieu de la splendeur qui les entoure ; et la mélancolie émane de leur personne et de leur demeure. Telle est du moins l'impression que ma femme a rapportée du harem de la Princesse : ni l'accueil très-gracieux d'une dame si distinguée par le rang et le caractère, ni le don d'un châle magnifique, rendu plus précieux encore par la main qui l'offrait, ne purent dissiper les idées tristes qui emplissent de brume ces vastes appartements, ce luxe éclairé par le soleil d'Orient. Un monde de serviteurs et d'esclaves silencieuses glissaient comme des ombres sur les tapis sourds ; n'est-ce pas l'image des rêveries vagues qui peuplent la sphère d'isolement où sont reléguées des personnes destinées, dans nos pays, à faire le charme et l'ornement d'une société choisie ?

Nul doute que la vie du harem n'hébète les âmes faiblement trempées et ne les prédispose à toutes les folies qui peuvent rompre ou seulement secouer les chaînes fleuries dont leurs jours sont enveloppés. C'est le lieu de conter une aventure assez connue en Égypte.

Deux jeunes audacieux résolurent de pénétrer dans un harem pendant l'absence du maître. Ils se hissèrent sur le mur au moyen d'une échelle de soie, et aperçurent plusieurs femmes qui se promenaient dans le jardin; mais comment se faire comprendre? Tandis que l'un s'épuisait en signes et en baisers dans la main, l'autre risqua un billet en grec moderne. Ainsi finit la première escalade. Une seconde fut moins heureuse : des eunuques la troublèrent par une décharge de pistolets. Cependant le plus hardi des deux put échanger quelques mots avec une Grecque charmante qui avait ramassé son billet. Par l'entremise d'une dame qui était reçue au harem, il proposa un enlèvement et fut pris au mot : les distractions sont si rares !

L'amant trouva des amis, des complices, parmi les étrangers qui abondent en Égypte, et voici le plan qu'on adopta. Dans quelques jours, le harem allait aux bains ; la Grecque devait se trouver à gauche dans la troisième voiture, et laisserait passer un bout de ruban par la jalousie. Deux Européens habillés en Arabes s'approcheraient assez pour lancer dans les rayons de la roue une forte perche en chêne. L'expédient réussit. Tandis que les chevaux se cabrent, les conjurés se précipitent au milieu de l'escorte qui ne sait pas ce qui arrive ; à l'instant même un bras vigoureux arrache la portière. Deux femmes sautent à terre et se réfugient dans un consulat: tout est inviolable, même l'esclave, sous un pavillon étranger. L'une des fugitives, après une courte expérience de la liberté, préféra rentrer dans sa prison : mais l'autre, la Grecque, partit pour l'Europe avec son libérateur. Elle emportait, dit-on, comme dot peut-être, un brillant d'un certain prix.

On croit que le possesseur du harem ne fit que rire de cette équipée et ne garda pas rancune aux ravisseurs ; il est assez riche pour perdre une femme ou deux, valussent-elles mille tomans, comme dirait Victor Hugo. Quant à l'eunuque responsable, il fut sans doute décapité le jour même.

Nous n'avons parlé encore que des femmes libres de naissance, épouses légitimes d'hommes qui affectent pour elles le plus grand respect. La loi leur accorde quelques garanties, la coutume leur permet certaines exigences; mais il n'en est pas de même de ces concubines, de ces servantes qui n'ont ni existence légale, ni famille, ni droits. La plupart sont esclaves ; et il n'y a pas si longtemps que le trafic d'êtres humains est interdit, pour qu'il ne trouve plus matière à s'exercer dans l'ombre. Naguère, aux extrémités du Caire, au fond d'une cour, une vingtaine de cellules renfermaient de malheureuses femmes et de chétifs enfants; les marchands écoutaient, en fumant le chibouk, les demandes des acheteurs ; après un examen prolongé, savant, le prix était débattu, et quelques têtes du troupeau sortaient d'un antre pour entrer dans un bouge.

Les seules femmes qui soient libres sont les almées ou *ghawasies*, danseuses lascives, que les délicats font venir après souper, ou envoient dans leurs harems pour donner des leçons de grâce à leurs femmes. Mais nous avons eu occasion de décrire leur vie et leurs mœurs à

Esneh ; Kéneh est aussi l'une des villes qui en fournissent à l'Égypte. Leur nombre diminue par la concurrence des danseurs, race immonde d'adolescents efféminés ; mais que leur métier prospère ou disparaisse, elles ne peuvent être comptées dans les éléments de la société égyptienne ; leur origine doit être cherchée dans les plus antiques traditions, et leur dégradation est l'œuvre même du temps qui dénature les choses et les hommes. Ne croyez pas qu'elles jouent sur les bords du Nil le rôle des hétaïres grecques ; où sont parmi elles les Sapho, les Aspasie, les Laïs et les Phryné? Reines du monde antique par la retraite absolue des chastes matrones au fond des gynécées, les courtisanes à leur tour sont rejetées dans un coin de la société moderne ; ce sont maintenant nos femmes et nos filles qui ont de l'instruction, de l'esprit, même du talent. Il en sera de même chez les Arabes quand l'imitation de l'Occident aura rompu les barrières des harems. Mais nous les scandalisons ; il faut respecter leurs usages et ne point tant parler des femmes. Deux conseils seulement : qu'ils soient admis avant le mariage en présence de leurs fiancées ; qu'ils cessent d'épouser des petites filles promptement vieillies par les fatigues de la maternité. Méditez bien ceci : là est la fin de la polygamie.

# CHAPITRE V.

## LE CAIRE.

Quiconque redoute le froid, le brouillard, les pluies fines de nos climats si mal à propos nommés tempérés, fera bien de partir avec les hirondelles et d'éviter au Caire ces tristes mois qui séparent l'été du printemps : Novembre aux cheveux rouillés; Décembre à demi vêtu, blanc de givre; Janvier nu, violet sous la bise et soufflant dans ses doigts engourdis; le pâle Février; enfin, Mars capricieux, toujours en pleurs comme un enfant malade! Au Caire, le frileux trouvera le soleil épanoui dans un ciel pur, et sur terre des jardins toujours verdoyants, chargés de fruits et de fleurs à la fois, des champs de rosiers plus touffus que les églantiers de nos haies; les mimosas aux feuillages délicats; les grenadiers éclatants et les lauriers-roses qui ombrageaient le bain de Léda aux bords de l'Eurotas. Au Caire, la glace et la neige n'ont d'accès que transformées en sorbets délicieux; le feu n'y paraît qu'en illuminations joyeuses. L'hiver, déguisé en printemps, n'y garde que son nom.

Au souvenir de la vie du Caire, que de regrets, que de désirs m'assiégent! Quand vous reverrai-je, ombrages de l'Esbékieh, riches bazars du Mousky, mosquées hardies? Et ces environs charmants, Choubrah, les tombeaux des califes, perpétuelles occasions de promenades à cheval et en voiture! Tous les matins, avant que les ombres se fussent repliées au pied des maisons et des arbres, je m'en allais dans les jardins, ne pensant qu'à la brise, aux parfums, au plaisir de vivre. Chemin faisant je remplissais mes poches de boutons de roses; c'était une friandise pour mes singes. Ici l'âne de Lucien, qu'un repas de roses devait seul rendre à la figure humaine, n'eût pas gardé tout un jour ses longues oreilles.

Les plaisirs du monde ne manquent pas au Caire. Outre les réunions qui se forment aisément dans les cafés de l'Esbékieh, outre les bals masqués de l'hôtel Schœpper, des salons qui lutteraient de goût et de luxe avec les meilleures maisons de Paris offrent aux Européens les distractions du jeu ou de la danse, et même le charme des conversations intimes.

Lors de notre séjour, M. de la Porte était consul. Enfant, pour ainsi dire, du pays dont il connaît à fond les usages et la langue, il a occupé longtemps son poste avec une capacité et un mérite que l'envie n'a pas épargnés. Mais sa gracieuse hospitalité, son ardeur à servir, à protéger ses nationaux, les nombreuses richesses dont il a doté nos musées, répondent assez pour lui à ceux qui l'ont méconnu. Tous les voyageurs ont eu à se louer du consulat; le chancelier, M. Hélouis, est plein de complaisance et d'amabilité. Quant à M. Cany, longtemps chancelier par intérim, c'est pour moi un ami, et je lui conserve une reconnaissance bien méritée. Il se fit une obligation de me procurer tout ce qui pouvait m'être agréable ou utile; ses intérêts, ses amis, furent les miens. Partout conduit et présenté par lui, je pus connaître et apprécier la société distinguée du Caire, les maisons Rosetti, Cheylan, Bonfort-Bey, Hékékian-Bey (beau-frère de l'ancien ministre Artim-Bey). Aussi le jour même de mon retour, j'irai frapper à la porte d'une petite maison de la rue des Coptes, et ce sera ma première visite. Je reçus encore un bon accueil de Linant-Bey, directeur des travaux publics, et d'Ali-Bey, président du tribunal de commerce. Le patriarche d'Alexandrie et de Jérusalem se prêta de la manière la plus affable à mes exigences photographiques, et j'emportai de lui un magnifique portrait. C'est un vieillard vénérable et accessible à toutes les idées modernes; il a fait adopter à une partie du monde catholique grec le calendrier grégorien.

Je me plais à rappeler les excellentes relations que je compte retrouver au Caire, comme des exemples de l'hospitalité promise en Égypte à tous les étrangers. La position la plus haute, l'éclat de la richesse et des titres, n'assurent pas une réception meilleure qu'une fortune modeste et une éducation soignée.

La vie est facile au Caire; un séjour de deux ans et demi m'a fait voir qu'une aisance restreinte peut procurer en Égypte une existence vraiment large et entourée de jouissances. Toutefois, il est certaines habitudes parisiennes auxquelles il faut renoncer ; les objets d'importation se maintiennent à des prix élevés, et les loyers sont chers dans certaines rues et dans certains quartiers. Mais si l'on accepte le bien-être relatif du pays, si l'on n'achète que les produits indigènes, et qu'on se décide à demeurer dans une maison arabe, l'avantage du bon marché se joindra aux agréments d'une vie nouvelle. La cuisine arabe n'est-elle pas pleine de surprises? et pourquoi ne pas s'en contenter? Le vice-roi n'en mange pas d'autre. Du reste, on peut la perfectionner, la plier, par exemple, à l'usage de la vaisselle et des fourchettes. Les rues étroites et pleines d'ombre, les vieilles maisons, initient le voyageur au mystère des mœurs indigènes ; et n'est-ce pas là ce qu'il vient étudier? Quitterait-il Paris pour le chercher au Caire? Il est doux de s'enfoncer et de se perdre dans la ville la plus prestigieuse de l'Orient. Tel était du moins l'avis de Gérard de Nerval, un rêveur ennemi de la banalité. Il a voulu vivre autrement qu'il n'avait fait ; et d'abord déguisé, puis transformé en homme oriental, car les habitudes extérieures influent rapidement sur la personne intime, il est entré dans les mosquées avec un cœur musulman; il a marchandé une petite femme de douze ans, comme eût fait un Arabe, avec le dessein de la répudier le plus tôt possible ; enfin il s'est contenté d'acheter une esclave javanaise, têtue comme un pot. Belle conclusion! direz-vous ; mais son état de célibataire inquiétait le cadi. Pour éviter cette extrémité, il suffit de s'être marié en France ou ailleurs.

Veut-on un guide moins aventureux? Dans ses *Nuits*

*du Caire*, M. Charles Didier a paré d'aimables fictions et d'ingénieux récits un tableau très-réel et très-complet. D'autres encore peuvent servir de guides dans les rues tortueuses de la ville arabe, ou dans les riches promenades de la ville franque. Quant à nous, pour ne pas répéter ou résumer froidement tout ce qui a été dit du Caire, nous nous bornerons au récit de quelques impressions personnelles ; qu'on ne cherche pas ici un itinéraire.

## I. L'ESBÉKIEH.

L'Esbékieh tient des Champs-Elysées et des *Cascine* ; c'est le centre de la vie européenne au Caire. Les drapeaux des consulats flottent à l'entrée ; on entend le sifflet des locomotives, du côté de Choubrah. Trois grands hôtels voisins prennent au passage les voyageurs qui arrivent du chemin de fer ; et des cafés en plein air, disséminés dans les avenues, attirent la foule à toute heure du jour et de la nuit.

L'histoire de l'Esbékieh n'est pas ancienne. Kléber fut assassiné près de cette sakieh, en face de l'hôtel Schæpper, qui n'existait pas alors ; mais qui s'en souviendrait ? Pas une statue, pas une pierre ne rappelle une mort douloureuse à la France qui perdait un héros, fatale à l'Égypte qui rentrait pour quelques années dans le chaos. Sait-on même encore si le fanatisme n'honore pas en secret le meurtrier qu'il inspira ? Mais n'éveillons pas de tristes pensées au milieu des arbres et des fleurs.

L'Esbékieh, tel qu'il est aujourd'hui, a été planté par Ibrahim-Pacha, le vainqueur de Nézib ; c'est un grand jardin entouré d'une belle avenue à peu près circulaire, et coupé d'allées qui rayonnent du centre.

Vers deux heures, quand la chaleur commence à diminuer, on entend dans le Caire un bruit vague, joyeux comme le gazouillement des oiseaux à l'aurore ; la sieste est finie, la ville s'éveille ; des orchestres européens et arabes s'installent dans les cafés de l'Esbékieh, et la foule accourt à leur appel. Toutes les nations se rencontrent, se mêlent ou se groupent à part ; chacune a son café de prédilection ; la sympathie ou l'habitude nouent des relations ; des cercles se forment ; on se rend des visites. Ces réunions un peu bruyantes, parfois même tapageuses, respirent la cordialité ; il n'y a pas d'étrangers ; chacun parle et on lui répond ; chacun fait part aux voisins de ses impressions et reçoit à son tour des confidences sur les mœurs et les anecdotes locales. On ignore cette morgue du haut commerce et de l'aristocratie des écus, plaie d'Alexandrie ; l'espèce humaine est bonne ici, et la poignée de main de la même personne vaut mieux au Caire qu'à Alexandrie. Que de bonnes heures j'ai passées dans ces causeries qui s'envolent avec la fumée du cigare, sur l'accompagnement d'un air du *Trovatore !* Près de nous, une musique allemande exécutait toutes les danses nouvelles ; et je croyais parfois qu'un mouvement de valse allait emporter la foule bigarrée.

C'étaient les marchands d'antiquités, d'articles de Syrie ou du Soudan, qui circulent jusqu'à la nuit parmi les groupes, parant leurs curiosités de beaux discours, et cédant à vil prix ce qu'ils voulaient vendre au poids de l'or. Les psylles avec des colliers et des ceintures de serpents ; les bateleurs qui agitent d'étranges marionnettes avec leur genou ; les Francs nés dans le pays, les Grecs et les Juifs, les marchands de concombres ; c'étaient aussi les bouquetiers chargés de fleurs dont le parfum enivrant est fait de roses, de violettes et de tubéreuses. Enfin les femmes riches, fleurs plus mystérieuses, levantines portées par des ânes ou des mules ferrées d'argent, ce qui est rare, cadines et khanouns surveillées par des femmes et des eunuques, ouvrant de grands yeux qui disent : « Je m'ennuie. » Les voitures ont des roues de fer tranchantes et composées d'un double système de rayons.

Les cawas, armés jusqu'aux dents, marchent d'un pas de sénateur ; ce sont eux qui veillent au maintien de la tranquillité ; ils ne sont que trois cents et suffisent à la police d'une ville qui compte 350,000 âmes, encore faut-il avouer que le désordre n'est guère produit que par la population flottante ; il n'y a que les Européens pour se prendre de querelle entre eux ou avec les Arabes, qu'ils traitent en général avec une brutalité et une insolence sans pareilles. L'Européen sort armé de son kourbach et se fait justice lui-même ; l'Arabe, connaissant les conséquences d'une affaire avec les étrangers, se soumet à ce déplorable arbitraire. Sur la première plainte, le bâton est appliqué à la plante des pieds du récalcitrant ; l'Européen, au contraire, justiciable seulement de son consulat, échappe le plus souvent, après une enquête légère, à une punition méritée. Les consuls des grandes puissances sont ici hors de cause ; leur équité n'est pas mise en doute. Mais ceux qui ont le droit d'exercer un commerce, ne sont-ils pas quelquefois placés dans des positions singulièrement délicates ? Leur intérêt ne peut-il pas se trouver en jeu ? Et si l'on ajoute à cette cause évidente de partialité une indulgence naturelle envers leurs nationaux, que deviennent la rigueur et l'invariabilité de la justice ? Mais voyez les graves considérations que soulève le passage d'un cawas inoffensif ; il n'y a que l'Européen pour se tourmenter ainsi l'esprit. L'Arabe est plus tranquille et regarde les choses sans y ajouter de commentaires.

## II. LE MOUSKY. LES BAZARS.

A l'extrémité méridionale de l'Esbékieh, commence le Mousky, grande et belle rue qui se dirige en droite ligne jusqu'au cœur de la ville ; bordée de nombreuses boutiques, pourvue par endroits de galeries couvertes, elle représente le commerce européen ; jamais les marchands arabes ne s'y établissent. Ils ne se logeraient pas davantage dans le quartier copte ou dans le quartier grec, au bout du Mousky ; encore moins dans le quartier juif : ils ne s'y retrouveraient pas. Ce quartier juif est un dédale de rues fermées par des portes si nombreuses que l'étranger, s'il n'est conduit par un initié, s'y perd infailliblement. Ces précautions démontrent que les musulmans n'ont guère été moins intolérants que les catholiques.

Le commerce arabe se réfugie dans les bazars, en grand nombre aux environs du Mousky. C'est une des grandes curiosités du Caire ; en général, ils ont chacun une spécialité : on trouve dans le Kams-Awi les draps, les porcelaines et la verrerie ; le café et le tabac dans le Gemanieh, les armes dans le Souk-el-Sélah. Il y a entre le Mousky et la citadelle un curieux bazar où l'on ne vend que des chaussures. La sellerie et le cuir brodé, encore si remarquables, occupent le Serougeh. Le bazar turc, le plus beau de tous, réunit les bijoux, les pierres précieuses et l'orfévrerie du Soudan, de la Syrie et de la Perse ; tout auprès est le bazar des changeurs.

Dans de petites échoppes sont entassés pêle-mêle les objets les plus précieux. Le plancher surélevé de deux pieds forme une estrade qui sert de siège aux acheteurs ; quand ils sont installés sur un mauvais tapis et des oreillers fertiles en démangeaisons, le marchand envoie chercher le café, pour lequel il n'accepte aucun dédommagement ; sa pipe devient la leur ; parle-t-on d'acheter, il a l'air de ne pas entendre.

A l'heure de la sieste, vous n'obtiendriez ni café, ni tabac, ni réponse. Le marchand est étendu et dort d'un sommeil religieux et profond. Souvent une légère toile jetée par-devant la boutique indique aux voisins et aux passants qu'il faut renoncer pour le moment à toute idée de commerce. Voulût-on acheter son magasin entier, en bloc, il ne secouerait pas sa torpeur. Quand vient l'heure d'être éveillé, il se laisse encore appeler bien des fois ; enfin il se retourne et, d'un geste nonchalant, tire à lui ce que vous désirez voir.

Mais ne vous fiez pas à son insouciance ; c'est le masque d'une rapacité sans égale. La profondeur de son sommeil, sa sécurité apparente, sont les ruses qui doivent attirer l'Européen dans le piége ; qui oserait discuter sur le prix demandé par un homme si détaché des intérêts mondains ? Puis, tous ces Francs sont vifs ; s'ils marchandent, ils se lasseront avant d'avoir atteint la véritable valeur de ce qui les a séduits. Tous les artifices des marchands sont connus ; on s'en défie, on obtient une diminution des trois quarts, et l'on se retire exténué de paroles et de commentaires, après avoir acheté encore moitié trop cher.

A cette rapacité enfantine s'ajoute souvent la fraude. Les lois du pays ont si bien reconnu la nécessité d'une garantie que tous les quartiers possèdent de nombreux établissements de contrôle ; les marchandises achetées peuvent être soumises à un pesage que l'acheteur reconnaît par un reçu authentique. C'est une coutume qui ne serait pas déplacée chez nous.

Tous ces marchands dont les échoppes présentent un aspect si misérable, sont, en général, fort riches. Dans les fêtes publiques, on les voit déployer un luxe d'illuminations inconnu dans nos pays ; leurs bazars s'éclairent *a giorno* en l'honneur des saints ; des candélabres magnifiques, en argent ou en cristal taillé, brillent dans les boutiques, pareils à ces escarboucles suspendus dans les grottes des fées. Les marchands ne vendent pas, mais ils restent assis sur le devant de leurs boutiques et se font des visites qui amènent un échange continuel de tabac et de café.

Toutes les rues à l'entour sont décorées de grands lustres qui ont quelquefois huit mètres de hauteur et montent jusqu'au second étage. Ce sont des tiges de fer contournées en tous sens, selon les caprices du goût arabe ; des tubes de verre qui en suivent tous les contours augmentent l'éclat de ces arbres de feu ; les murs des rues tortueuses semblent garnis de lumières grimpantes. Les reflets pleuvent sur la foule, blanchissent les burnous sales, donnent aux couleurs vives des tarbouchs et des ceintures une énergie, une fraîcheur incomparables. Comment ne pas préférer ces flots de pourpre, de lait ou d'azur foncé, au défilé monotone de nos multitudes noires ?

L'Égypte de tout temps a aimé les illuminations. Hérodote conte que la ville de Saïs, la nuit des fêtes de Neith, préparait autour des maisons un grand nombre de lampes, « petits vases remplis de sel et d'huile où la mèche flotte à la surface. Ceux des Égyptiens qui n'étaient pas venus à la réunion, observant la nuit du sacrifice, allumaient tous aussi des lampes ; ainsi, ce n'était pas seulement Saïs qui s'illuminait, c'était l'Égypte tout entière. »

### III. QUARTIER ARABE. LA CITADELLE.

Il m'arrivait souvent de chercher l'ombre dans les rues étroites et tortueuses des vieux quartiers, faisant mon profit de ce que je voyais en passant. Rien n'est plus entièrement clos d'ailleurs qu'une maison arabe ; de l'une à l'autre on peut se parler, se toucher la main peut-être, mais non se voir. Où nous ouvririons des fenêtres, les gens du Caire établissent, sur de grands balcons sculptés, des grilles de bois tourné en arabesques folles. A peine quelques carreaux très-étroits trahissent-ils parfois des formes mystérieuses, fugitives, embellies par la curiosité des Européens. Quant à l'Arabe, il vit avec ses femmes ou sa femme sans penser à celles d'autrui.

Ne croyez pas cependant que le Caire soit une ville de pure rêverie, d'extase ou de volupté; que la vie extérieure soit supprimée, que le bruit, la foule, ne pénètrent dans les quartiers arabes qu'à certains jours fériés. Qu'on se détrompe; si les riches s'abstiennent de mouvement, les artisans et le menu commerce s'agitent pour s'enrichir. Les rues sont pleines d'ânes rétifs, de chameaux graves, de chiens qui cherchent dans les immondices, de milans qui planent sans cesse au-dessus des maisons.

Ici, on se trouve pris par le cortége d'un mariage, tel que nous l'avons décrit à Louqsor; le mari, avec les hommes, s'avance au milieu des torches; la femme, couverte de la tête aux pieds par un grand cachemire qui ne laisse voir que le bas du pantalon, est amenée séparément par une troupe de femmes. En avant marchent des aveugles, symbole peut-être de l'amour et du mariage ; mais, à raisonner en connaissance de cause, c'est une pensée généreuse qui admet ces malheureux à toutes les fêtes; on sait combien le climat de l'Égypte et surtout du Delta est fatal à la vue. La noce arrive ainsi à la tente des réjouissances, et la rue est barrée par des bancs et des lustres.

Plus loin, passe un enterrement, encore précédé par des aveugles ; tout à l'heure ils signifiaient l'oubli dans le plaisir et dans la servitude, maintenant ils font songer à l'obscurité de la tombe. Mais les pensées tristes sont vite bannies par les contorsions grotesques des pleureuses qui marchent derrière le cercueil. Le corps est conduit à l'un de ces cimetières qui abondent autour des mosquées.

On en trouve presque dans chaque rue. Dans les endroits les plus hantés des chiens, les plus fertiles en immondices de tout genre, paraissent soudain de grêles minarets, renflés de place en place par des balustrades à jour, coiffés de petites coupoles et pareils à de hautes fleurs que leur tige fière élève au-dessus de la boue natale. Des grilles ouvragées laissent entrevoir les cours flanquées de galeries légères, les fontaines lustrales, les tombeaux des saints, et, sur une porte entr'ouverte, les babouches déposées par les croyants avec tous les soucis terrestres.

Souvent mosquées et cimetières sont abandonnés, soit qu'un chrétien les ait profanés, soit que la terre ne suffise pas aux morts. Dans les centres les plus populeux s'étendent de grands espaces vides, couverts de ruines modernes. Les musulmans ont l'habitude, quand une mosquée se détruit, de l'abandonner au temps avec tout ce qu'elle renferme. Il serait sacrilége d'en retirer un grain de poussière. Au milieu d'une salle dont les plafonds chancellent, dont les murs couverts de saintes maximes s'inclinent, chaque jour rapprochés de la terre, le passant aperçoit des chaires d'où l'iman expliquait la parole du

Prophète. Les fenêtres béantes invitent les animaux vagabonds à s'établir dans ces demeures, et les chiens s'emparent du gîte qu'on ne leur dispute pas. Une administration, nommée le *Wakouf,* veille au respect des ruines saintes.

Dans la plupart des mosquées du Caire, l'Européen n'entre qu'avec la compagnie d'un cawas fourni par le consulat; quelques-unes sont belles; beaucoup présentent de charmants détails, toujours intérieurs, car sur la rue les mosquées n'ont souvent pas plus d'apparence que les maisons. Le besoin du secret est extrême en Orient; puis à quoi serviraient des ornements au dehors? le curieux ne pourrait en jouir, faute du reculement nécessaire.

Cependant la mosquée de Hassan, sur la place Roumeileh, en bas de la citadelle, est un édifice imposant et grandiose; sa porte, ouverte sur le côté, dans une petite rue tortueuse, réunit l'élégance à la hardiesse. L'intérieur est très-orné; arabesques, plaques de marbre, inscriptions en lettres décoratives, couvrent les murs, les plafonds et les voûtes; les sculptures sur bois sont d'un goût délicieux. La mosquée est un ouvrage du sultan Hassan, dont elle porte le nom et garde le tombeau (1400). Une autre, plus ancienne encore, située aussi près de la citadelle, est celle de Touloun, qui passait pour la merveille du Caire. Ce n'est plus aujourd'hui qu'une ruine vénérable : elle a neuf cents ans.

L'Égypte est aujourd'hui arrachée à l'Orient; elle fait

partie de l'Europe. C'est désormais un État régulier qui veut fonder un ordre social sur des lois fixes ; il ne s'agit plus de régner par la force armée et l'apathie des peuples ; il faut gouverner une nation éveillée et la guider au progrès. Telle sera l'œuvre de la famille de Méhémet-Ali, le grand pacha.

Mais les marques d'une anarchie violente, qui a duré douze siècles, ne peuvent tout d'un coup disparaître. C'est ainsi que la citadelle du Caire, longtemps l'unique sauvegarde du gouvernement, en est encore le siége. Les ministères, l'hôtel des monnaies, une imprimerie, s'y groupent auprès de l'école militaire, de la fonderie de canons et des ateliers d'équipement. A peu de distance, sur la plate-forme occidentale, se trouve la fameuse terrasse, surnommée le Saut-du-Mamelook : elle peut être un avertissement salutaire à ceux qui fondent leur espoir sur la force ; une force plus habile les écrase soudain. Là, dans cette descente abrupte, a croulé la fortune des Mamelouks. Maîtres du pouvoir depuis le XIII$^e$ siècle, ils n'avaient pas su s'en montrer dignes ; tour à tour assassins et assassinés, ils étaient restés de simples chefs de bande. Au XIX$^e$ siècle, ils devaient disparaître, et nul ne peut les plaindre.

Le palais, construit sur les ruines ou plutôt sur l'emplacement du divan de Joseph, est peu remarquable au dehors ; l'intérieur en est riche, et quand le vice-roi habite Alexandrie les étrangers peuvent admirer les grandes salles vides du harem. C'est un chaos de richesses ; l'art et le mauvais goût s'y livrent un perpétuel combat, et les plus délicats ornements y enchâssent de vilaines grisailles. Qu'on ne s'étonne pas de pareilles disparates ; à mesure que la civilisation occidentale pénétrera dans les mœurs égyptiennes, l'art pliera le luxe à ses lois. Tout ce qui choque encore les yeux vient de l'Orient; ce qui les ravit vient d'Europe.

Le fondateur de l'ancien palais n'est pas Joseph fils de Jacob, mais Joseph fils d'Ayoub, le sultan Saladin ; c'est à lui encore que doit être attribué le puits de Joseph, destiné à l'approvisionnement de la citadelle en cas de siége. Le puits est une des curiosités du Caire; il est creusé dans le roc à 93 mètres de profondeur. Deux manéges, placés à différentes hauteurs, permettent d'en monter l'eau. On descend au fond par une rampe assez douce, dit-on, pour qu'un cheval s'y engage.

Sur la plate-forme principale s'élève le plus bel édifice de la citadelle, la mosquée de Méhémet-Ali, que la tradition attribue, comme le palais, à Saladin, et qui n'en a pas gardé plus de traces. Elle est entièrement revêtue d'albâtre oriental, et décorée à l'intérieur et à l'extérieur d'une belle colonnade de même matière. Deux minarets élancés s'élèvent à une grande hauteur; la coupole est hardie.

A l'entrée, à gauche, une grille dorée enferme le tombeau de Méhémet. Un riche tapis, selon la coutume musulmane, recouvre le sarcophage, entouré de lampes toujours allumées. Le triste anniversaire est rappelé chaque année par un service solennel, célébré le soir en présence du vice-roi, de sa cour et de tous les ulémas. La cérémonie est belle. Les prières prennent un timbre ému dans l'air sonore, et les globes qui descendent en foule de la voûte et s'arrêtent au même niveau, forment comme un plafond de lumière. Je ne pus entrer, par la faute d'Européens ivres qui s'étaient permis des inconvenances dans la mosquée ; le vice-roi avait ordonné d'exclure les étrangers. Cependant, par les portes entr'ouvertes, je jugeai suffisamment de l'effet général.

Dans la cour, en face de la fontaine lustrale, la galerie porte un pavillon construit en fer et où se trouve l'horloge. Le voyageur peut se le faire ouvrir, il jouira d'une admirable vue. A ses pieds se développe le Caire avec les jardins intérieurs de ses maisons, ses rues étroites, bigarrées de mille nuances, qui semblent des fleurs ; ce sont des fellahs, des chameaux et des ânes. Ces masses vertes au nord représentent l'Esbékieh et la route de Choubrah. La citadelle, située sur un mamelon isolé au pied du Mokattam, domine de haut la ville ; elle est séparée du Nil par le vieux Caire qu'on aperçoit à ses pieds, au sud-ouest.

Il faut entrer, au premier étage du pavillon de fer, dans une chambre qui a dû être la retraite favorite d'un grand personnage. Depuis longtemps abandonnée, elle n'a rien perdu de ses ornements ; on ne lui a retiré ni son riche tapis, ni ses rideaux de Chine et ses tentures ; mais une couche fine de poussière s'épaissit chaque jour sur les étagères dorées ; les meubles précieux, vermoulus, sont tombés à terre, et le gardien n'a même pas le courage de les relever. C'est un de ces caprices que la fantaisie orientale a créés et qu'elle dédaigne comme ferait un enfant d'un jouet de prix.

Un hasard singulier a rapproché sans intention le mahométisme et la religion du Christ : si la mosquée de Méhémet brille au sommet de la citadelle, la maison de la Vierge se cache dans les pentes qui descendent vers le Vieux Caire. Les musulmans, qui regardent Jésus comme un prophète et un saint précurseur de Mahomet, respectent le lieu où sa mère trouva un refuge lors du massacre des Innocents. Nous ne discuterons pas la tradition, mais nous voudrions éviter au voyageur une visite pénible. La maison de la Vierge se compose d'une chapelle souterraine où l'on montre une espèce de cloaque et dans un caveau quelques débris de colonnes, et d'un étage un peu moins repoussant. La chapelle du bas est desservie par des moines sales, qui donnent à une multitude d'enfants en guenilles une instruction douteuse. Je me hâtai de quitter cette misère et de rentrer au Mousky par la place Roumeileh.

## CHAPITRE VI.

#### ENVIRONS DU CAIRE. LES PYRAMIDES.

Notre départ est proche, et nous nous hâtons de visiter les environs du Caire, mêlant au hasard les impressions diverses de la nature et des monuments anciens ou modernes. Pour engager le lecteur à braver avec nous la chaleur croissante, nous le conduirons d'abord à l'ombre; voilà, au reste, assez longtemps que nous sommes assis devant l'un des cafés de l'Esbékieh.

Lorsqu'on va de l'Esbékieh au chemin de fer, on traverse la superbe allée de figuiers égyptiens, si connue sous le nom de route de Choubrah, « la plus belle qu'il y ait au monde, assurément, » dit Gérard de Nerval. Sans cesse parcourue par les cavalcades, aimée des belles Grecques et des riches Arméniennes, cotôyée par le Nil resplendissant, séparée du désert par une étroite lisière de cannes à sucre, cette avenue présente le contraste joyeux de la vie en face de la stérilité; elle aboutit à un palais situé au bord du fleuve. Méhémet-Ali a demeuré là; l'un de ses fils, le prince Halim, y a aujourd'hui sa résidence. Des jardins merveilleux, et qui rappellent les beaux parcs des villas romaines, Adriani, Borghèse, Doria, font des ceintures flottantes et des robes mystérieuses à des *casini* orientaux, dont les coupoles apparaissent derrière les hauts cyprès, à la fois visibles et cachées. Partout l'eau jaillit, circule, ou s'amasse dans des bassins ombragés; la plus grande piscine est enfermée dans un pavillon ou kiosque, jadis très fréquenté de Méhémet-Ali; les femmes du harem y prenaient le plaisir du bain, ou poussaient les rames d'une barque dorée. Vides et privés de leurs syrènes, la pièce d'eau et le kiosque sont encore un motif charmant pour la photographie.

Les environs de Choubrah sont un éden de sycomores et de palmiers; si bien que le village disparaît comme le palais sous la verdure. Mais si, laissant à gauche cette fraîcheur séduisante, on marche vers l'est comme pour faire le tour du Caire, on ne rencontre plus que le sable. On a devant soi, à quelques kilomètres, les ruines d'Héliopolis et le village de Matarieh; plus près, à droite, la vallée des Califes.

Les dynasties musulmanes reposent dans une merveilleuse nécropole, au pied du mont Mokattam, sous la citadelle. Leurs tombeaux ne sont ni des hypogées, ni des fosses: Touloun et Bibars, Saladin, Malek-Adel, habitent des palais où l'architecture arabe s'est abandonnée aux plus délicieux caprices. C'est toute une ville gothique avec un air particulier de grâce moins grêle, de dévotion moins sombre ; les mosquées sont mêlées aux tombeaux et les minarets s'élancent comme des espérances du milieu des coupoles funèbres. Ah ! pourquoi l'homme consacre-t-il de si riches demeures à son ennemie victorieuse, à la mort? De tels sépulcres sont des trophées pour le destin, cet envieux éternel.

De quoi ne triomphe pas la mort? Elle efface même ses propres traces. Cette plaine solitaire, ondulée comme une mer aux flots immobiles, fut Héliopolis, la ville de Mœris, où Hérodote s'initiait à des arcanes qu'il n'osa pas révéler, où Platon venait prendre un voile mystique pour envelopper ses doctrines : les ruines mêmes ont disparu. Un seul obélisque entouré d'un jardin rappelle au voyageur qu'on adorait ici le soleil sous le nom de Phré. Le dieu indifférent inonde de lumière cette arène où son culte a péri ; le ciel ne lui manque pas, et un nuage humide a pour lui plus de charme que les prières des mortels. Les éperviers, fils des éperviers sacrés, joyeux de voler en liberté, planent dans les rayons. Enfin la nature impassible s'est rendormie sur l'œuvre humaine qui l'avait dérangée. Des abeilles ont trouvé sur une des faces de l'obélisque une excavation qui leur sert de refuge. Des fruits et des fleurs, une verdure sans fin, tout ce qui peut égayer une tombe, se mêle aux souvenirs légendaires et bibliques, épars autour de l'aiguille isolée. Ici, au lieu des avenues d'ébéniers, s'alignaient des sphinx de marbre jaune. Là, quelque part dans ces fourrés de lauriers-roses, le chaste Joseph a dédaigné la femme de Putiphar : et cependant il l'aimait, cette

Zuleika; mais, au risque du ridicule, il ne voulut pas trahir son hôte. Plus loin s'étend le pays de Gessen, centre de la grande émigration juive en Égypte.

A Matarieh, une oasis nouvelle de sycomores et d'orangers recèle une tradition touchante; la famille de Jésus, fuyant les bourreaux, a passé dans ce bois; Marie a dormi sous cet arbre énorme, pareil aux monstrueux baobabs de l'Inde; aujourd'hui des bouts de rubans, des images coloriées, des chapelets, en garnissent les branches; des *ex-voto* de tout genre sont cloués dans l'écorce; l'arbre est assez vieux pour ne pas en souffrir. On dirait une de ces religions puissantes encore, dont les dogmes et les préceptes salutaires disparaissent sous les pratiques mesquines et les fausses paillettes d'un culte puéril. A l'entrée du bois, coule une source pure, la seule peut-être qui jaillisse du sol égyptien; une vieille en haillons nous offrit de l'eau dans une tasse et reçut en échange quelque menue monnaie. Quand nous eûmes étanché notre soif, le drogman nous félicita : « Vous n'aurez jamais la lèpre, dit-il; ici Miriam a lavé les langes d'Issa. »

Ces histoires gracieuses qui inspirèrent tant de peintres, et surtout notre Poussin, disparaîtront avec l'eau qui s'enfuit, avec l'arbre accablé de siècles; ainsi sont rentrées dans le chaos des fables les aventures d'Osiris et d'Isis, d'Hercule enfant, de Dionysos et de Zeus. Les jeux de la nature laissent des vestiges plus solides que les actions des hommes les plus illustres; pour nous en convaincre, nous n'avons qu'à regarder à nos pieds. Nous venons de quitter le lit desséché, presque comblé, d'un canal creusé par Adrien. Au milieu des cactus épanouis qui se traînent sur le sable, s'élèvent des rochers faits de coquillages, contemporains du déluge et des âges reculés où la Méditerranée joignait la mer Rouge. Devant nous jusqu'à l'horizon, s'étend un terrain plat, blanchâtre, rayé comme par des tuyaux d'orgue couchés pêle-mêle; rien ne serait plus aisé que de faire une légende à cette forêt pétrifiée; pourquoi des bûcherons, osant porter la hache dans un bois consacré à quelque dieu, n'auraient-ils pas été ensevelis par la colère céleste sous ces palmiers, dont on distingue encore les nœuds? Mais y avait-il des bûcherons, lorsqu'un cataclysme a renversé toutes ces longues colonnettes grises? Combien de milliers d'ans sont endormis là? Avant de foudroyer Gomorrhe et les villes maudites, le tonnerre s'exerçait sur des arbres innocents; alors il n'était pas encore dieu.

Nous avions assez marché pour un jour, et nous rentrâmes tout poudreux au Caire pour respirer la brise du soir. Le lendemain fut consacré à une excursion sur le Nil; nous partîmes de Boulak et, dépassant Choubrah, nous descendîmes le fleuve jusqu'au barrage du Delta, vaste pont garni d'écluses, qui règle la distribution de l'eau dans la basse Égypte.

Napoléon eut l'idée du barrage; Méhémet-Ali en commença l'exécution sur les plans de Linant-Bey (M. Linant de Bellefonds), excellent ingénieur français, aujourd'hui directeur des travaux publics. MM. Mougel-Bey et le général Galis concoururent depuis à l'achèvement de cette entreprise. Le barrage du Nil sera l'un des plus beaux ouvrages exécutés sous le règne de Saïd-Pacha.

Deux ponts, de plus de 700ᵐ chaque, relient la branche de Rosette, ou Canopique, à la branche de Damiette, ou Pélusiaque ; les arches sont pourvues d'un système de vannes propres à retenir et à déverser les eaux. Des canaux larges de 100ᵐ sont en voie d'exécution. D'immenses casernes, des forts savamment conçus, font de cette œuvre bienfaisante une formidable ligne de défense ; situé à la pointe du Delta dite Batk-el-Bakarab ou *Ventre de vache*, le barrage interrompt toute communication entre la mer et la capitale. Il est vrai qu'on peut prendre le chemin des Pyramides, sentinelles inoffensives qui regardent passer sans crainte les invasions humaines et les rafales du désert.

Les pyramides dominent l'horizon libyque de leur masse écrasante. Nous les avions tout à l'heure à gauche, et maintenant elles se dressent à notre droite, au-dessus des jardins de Rhoda. Mais elles nous attirent en vain ; nous ne devons les visiter que le soir. Nous coupons lentement l'eau tranquille, entre l'île charmante et les bazars du Vieux Caire ; la rive est aussi couverte de dattiers, de mûriers, de sycomores, plantés par Ibrahim-Pacha. Parmi les édifices ou les objets curieux qui passent devant nous, on nous fit remarquer le Nilomètre, colonne antique, destinée à mesurer le niveau des eaux. A peu de distance, s'ouvre le canal qui arrose le Caire ; c'est là qu'a lieu la cérémonie nommée *Coupure du hadig*. Lors de la crue du Nil, le vice-roi en personne ouvre les écluses, aux salves répétées de l'artillerie ; la foule couvre le rivage, et des barques pavoisées sillonnent le Nil en tout sens.

Nous jetâmes l'ancre à l'ombre des bosquets de Rhoda, heureux de dîner encore une fois sur l'eau. Le repas n'eut rien de particulier, sauf un mot du drogman; comme je le priais de se baisser pour prendre une bouteille couchée : « Ah ! oui, dit-il, la bouteille qui dort. » Ce drogman ne manquait ni d'aplomb ni de naïveté ; quand on le chargeait d'une commission, il s'écriait avant d'avoir entendu : « Laisse que faire, laisse que parle. » Un jour qu'il dérangeait sans soin les cuvettes photographiques, il me répondit : « La cuvette n'est pas fâchée. »

Moitié dormant, moitié fumant, nous atteignîmes minuit; j'aperçus alors dans la nuit claire deux petits bateaux chargés d'ânes, qui traversaient le Nil; c'étaient nos montures, prêtes à nous conduire aux pyramides de Giseh. En vrai touriste, j'avais pris mes mesures pour voir lever le soleil sur la grande pyramide. Ma femme n'avait pas voulu être de ce voyage nocturne, et je n'avais pour compagnie que le cawas, le drogman et deux matelots. Le chemin est facile, et le trajet agréable par la fraîcheur du soir; on passe à peu de distance d'Embabeh, où l'infanterie française dispersa brillamment la cavalerie mamelouke; à une heure et demie du matin, j'étais arrivé au pied de Chéops. Comme plusieurs heures me séparaient encore de l'aube, je m'enveloppai dans mon burnous et je pris l'empreinte du sable; un sommeil profond m'accueillit sur ce lit improvisé; et si l'idée de l'ascension projetée ne m'avait pas éveillé à temps, ma suite et moi aurions pu dormir jusqu'à midi. Debout le premier, il me fallut secouer mes compagnons; quelques broussailles vite allumées nous permirent de prendre l'indispensable café. Autour de nous se pressaient les Bédouins qui ont la garde et le monopole des pyramides. Toute une population déguenillée nous avait regardés dormir à l'ombre des quarante siècles.

Comme j'essayais de gravir le premier gradin, qui me venait à la poitrine, je me sentis saisir par les pieds; et je serais tombé sur le nez, si un Bédouin, déjà parvenu à la seconde assise, ne m'eût pris par les mains. Je compris le mécanisme. Ainsi enlevé de marche en marche par les quatre membres, je franchissais rapidement cet escalier de géants.

Au tiers environ de la hauteur, mes porteurs s'arrêtèrent, proposant de visiter la salle funéraire; le soleil attendrait bien un peu, disaient-ils; il était trois heures à peine. Nous entrâmes donc, précédés de flambeaux, dans une sorte de crypte à voûte triangulaire, dont les parois de marbre portent une inscription française, souvenir de Napoléon; il nous fallut ensuite exécuter un trajet périlleux, le dos courbé, les pieds posés sur deux étroits rebords, de chaque côté d'un abîme ouvert entre nos jambes. Les Bédouins nous soutenaient de leur mieux. A cet affreux chemin sans fond succède une galerie basse où l'on rampe à grand'peine; car elle gravit une pente assez raide. On tourne prudemment autour d'un puits sans parapet. Enfin, poussé, tiré, plié en deux pour éviter les chocs, porté même sur de robustes épaules, on arrive à la grande salle qui est petite, petite à ce point qu'on se demande si la pyramide ne recèle pas des mystères plus dignes d'elle. Plus de vingt millions de mètres cubes de pierre, entassés avec art, pour enfermer un caveau qui n'a pas plus de vingt-quatre mètres de tour. Avec la pyramide, on élèverait un mur de deux mètres qui aurait mille lieues et ferait le tour de la France. Jusqu'où ne va pas la folie humaine ?

Si la plupart des savants et des voyageurs considèrent les pyramides comme des tombeaux insensés, quelques-uns leur ont cherché une destination plus utile. Nous ne discuterons pas l'opinion qui voit dans la grande pyramide un réservoir pour les eaux du Nil. Il en est une autre, plus vraisemblable au premier abord, mais qu'on ne peut davantage admettre : elle ferait des pyramides une digue contre l'invasion du sable. Une muraille continue, ce semble, aurait eu plus de chance d'arrêter le désert, que ces édifices isolés et terminés en pointes ; mais, sans aller plus loin, les pyramides occupent sur les confins de la Libye un espace si minime, qu'elles ne peuvent être pour le kamsin aux ailes énormes un obstacle réel. Il me semble voir le simoun, démon des sables, posé sur la plate-forme de Chéops dans une attitude victorieuse, et soufflant des tourbillons de poussière enflammée. Et comment expliquer les pyramides plus petites de Daschour et de Sakkarah? On ne peut douter que ce soient des tombeaux. L'Égypte hiératique et qui avait pour toute chose un type aurait-elle consacré des monuments identiques à des usages si différents ? A moins qu'on ne formule ainsi une fine allégorie : les mêmes édifices ne peuvent-ils pas repousser ici le sable, et là l'oubli ? Hélas ! elles n'ont arrêté ni l'un ni l'autre. Selon une tradition poétique, ce n'est pas contre l'océan des sables, mais contre la véritable mer, qu'un antique roi contemporain du déluge éleva les pyramides. Il serait moins fabuleux de croire avec Gérard de Nerval que, sous nos pieds, dans ces profondeurs inexplorées, des prêtres condamnés à la vie souterraine, masqués du museau d'Anubis, célébraient des mystères dont Moïse et Orphée ne purent accomplir les épreuves terribles. Qui sait si le puits qui nous effraya tout à l'heure n'est pas le chemin des découvertes, la clé des pyramides? Mais il faut nous contenter d'interrogations sans réponse.

Je dis adieu au tombeau de Chéops par une illumination splendide. Autour des feux de Bengale, les Bédouins verts, rouges, azurés, tirant des coups de pistolet, formèrent une ronde infernale. C'était un pêle-mêle de cris sauvages, de détonations, de rires et de fumée; des échos mystérieux parlaient, croyant répondre aux chants des antiques initiés. La fête se termina par un bakchis.

La sortie exigea les mêmes précautions que l'entrée. Je regardai à l'orient; déjà une ligne rouge séparait le désert du ciel; mais le Caire, protégé par les hauteurs du Mokattam, demeurait encore dans l'ombre. Quatre hommes m'eurent bientôt porté au faîte; il était temps, le soleil était presque levé.

La plate-forme est une œuvre du temps. Lorsque les pyramides s'élevaient en faces unies comme des miroirs, leur pointe aiguë, inabordable, semblait couper l'azur : on voit encore le sommet intact de la seconde pyramide. Les centaines de gradins où les travailleurs sans nombre élevaient tour à tour les machines chargées de pierres, furent cachés sous un revêtement rougeâtre dont les débris se retrouvent dans les palais du Caire. Avec cette enveloppe ont disparu les inscriptions vues par Hérodote, et qui peut-être recélaient le secret des pyramides. Mais qu'on se reporte, pour les origines et la construction, à notre *Aperçu historique.* Il s'agit de regarder l'aurore.

L'astre, plus qu'à demi dégagé de l'horizon, ouvre au bord du ciel un de ces cintres orientaux trop larges pour la baie qu'ils surmontent. Par cette porte d'or toute une armée de flèches apparait, sans cesse décochées sur le monde, sans cesse renouvelées. Les étoiles s'éteignent sous la pluie de feu, et le dernier pli de la robe nocturne s'enfuit à l'extrême occident. Quelle palette rendra ce spectacle immense, fugitif, insaisissable? C'est ici que la plume triomphe du pinceau.

Le soleil tout entier s'avance; il se mire dans les sables du désert de Syrie, aussi radieux que lui. Bientôt les coupoles, les terrasses du Caire, s'illuminent de lignes par degrés élargies; le Nil est criblé de rayons et la ville s'éveille dans les ports. On aperçoit à gauche le barrage et les plaines du Delta. Sur la droite, les pyramides voisines s'éclairent diversement; dans le lointain se dressent les monuments funéraires de Sakkarah. C'est là qu'étaient Memphis et le temple merveilleux de Phta; là que l'antique religion égyptienne est venue mourir dans le Sérapéon récemment retrouvé par M. Mariette. La nature, lasse d'être adorée par ceux qui avaient cessé de la comprendre, a secoué le joug des pontifes pétrifiés; elle a couché sous le sable tout un peuple mort, trop vieux pour se renouveler; et tous les jours elle répète cet avertissement écouté du philosophe : « Les institutions humaines sont faites pour changer; sinon, elles deviennent le sépulcre des sociétés qu'elles abritaient. Les peuples usés meurent comme les hommes ; c'est à eux de prolonger leur vie. Moi j'existe à jamais ; ce qui meurt me profite. Humains, imitez-moi ; sans rompre avec le passé, forcez-le à préparer l'avenir ! »

Memphis est aujourd'hui une forêt de palmiers.

Tandis que nous redescendions, jetés de Bédouin en Bédouin comme de légers ballots, une méditation vague et profonde m'enlevait au sentiment de la réalité. Quand les Arabes, dans l'espoir d'un double bakchis, me proposèrent de monter et de descendre en quelques minutes les pyramides voisines, je restai muet. Mes pensées étaient un chaos. Les Pharaons heurtaient les Mamelouks ; les ulémas chassaient les vestales d'Ammon ; les destinées de l'Égypte formaient autour de moi un tourbillon. J'avais eu le vertige. Pourquoi tant de splendeur dans les siècles fabuleux? Pourquoi cet ardent foyer de science qu'on nomme l'école d'Alexandrie? Pourquoi, enfin, la nuit de la conquête arabe et la renaissance qui se déclare? Y a-t-il dans ces vastes péripéties un enchaînement logique? Non certes, si l'on s'en tient aux apparences ; car nul doute que l'Égypte de Mœris fût plus peuplée, plus lettrée, plus heureuse, que l'Égypte de Bibars ou de Mourad-Bey. Mais il faut supposer que la course du monde est faite de vallées et de collines, de précipices et de montagnes ; il faut croire encore, si l'humanité sert à quelque but sublime, que sa route s'élève sans cesse malgré des chutes momentanées. Sans cette foi, comment vivre, comment soutenir la monotone ironie de l'histoire?

Mais ne touchons pas au secret de l'avenir, quand nous sommes encore à l'ombre du sphinx qui le garde.

Près de la grande pyramide, à cent mètres en avant de la face orientale, apparaît, taillé dans le roc, enfoui jusqu'aux épaules, dévoré par la lèpre du temps, le nez et les lèvres brisés, ce fameux sphinx qui personnifie la destinée de l'Égypte sous les traits d'un Toutmosis. Sa tête a neuf mètres de haut. Tout accroupi qu'il est, il s'élevait à vingt-cinq mètres au-dessus de sa base naturelle. Il aura beau peu à peu s'effacer sous son manteau de sable ; invisible, il gardera encore l'énigme de la destinée.

FIN.

*N. B.* Cet ouvrage étant le résultat d'une collaboration, les auteurs font sur quelques points des réserves respectives. M. Cammas, notamment, n'accepte pas dans leur sens général les idées émises à l'occasion de l'œuvre à laquelle se dévouent les excellents missionnaires de Philœ. Il regrette aussi que l'abondance des matières n'ait pas permis de prendre en considération quelques notes relatives au bienveillant accueil qu'il a reçu des docteurs Funel (indûment appelé Juval, p. xii), et Bürger ; du commandant Legénissel, de Hé-Kékian-Boy ; il doit encore des remerciments à son ami M. Horeau, comme lui enthousiaste de l'Égypte, et dont le grand ouvrage lui a fourni des indications précieuses.

M. Cammas désire enfin payer une dernière dette qu'il regarde comme sacrée. Pendant son séjour au Caire, il a connu de royales infortunes noblement portées. Les arts sont en dehors de toute opinion ; et il ne veut point passer sous silence le souvenir des douces et tristes pensées qu'il a éprouvées en présence de ces belles intelligences frappées d'un malheur immérité.

# APPENDICE.

#### RENSEIGNEMENTS ET CONSEILS.

I. Époques de voyage. — Tout voyage en Égypte doit s'accomplir entre les dates extrêmes du 15 septembre et du 15 mars. Pendant les autres mois, la chaleur est intense et la navigation du Nil est pénible. On s'embarque sur le fleuve, soit à Alexandrie, dans les premiers jours d'octobre, soit au Caire en novembre; il ne faut guère partir pour les cataractes après la mi-décembre. Le mois de novembre est surtout favorable; les eaux, encore assez hautes, permettent de s'engager dans certains bras du Nil, qui diminuent la longueur du trajet : ils sont aussi plus commodes que le fleuve, lorsque le vent est contraire et qu'il faut avancer à la corde.

II. Passe-ports. — Les passe-ports pour l'Orient sont pris au ministère des affaires étrangères, et non à la préfecture de police (10 francs). Ils doivent être visés à l'ambassade ottomane (5 francs). Le visa anglais pour Malte est inutile. Ils sont remis au capitaine du bâtiment; c'est lui qui les garde durant le trajet et les remet directement au consulat de France où ils sont repris au départ. Tant qu'on séjourne en Égypte, on n'en a aucun besoin; mais les recommandations aux consuls ne sont pas inutiles sur la route; d'ailleurs, la qualité de Français assure presque toujours et partout un bon accueil.

Le voyageur qui s'embarque à Marseille sur un bâtiment des Messageries Impériales, dépose ses bagages et son passeport, au moins quatre heures avant le départ, place Royale, n° 1, au coin de la Cannebière.

### III. DE MARSEILLE A ALEXANDRIE.

On peut prendre à Paris directement son billet pour Alexandrie par les Messageries Impériales, ou la Compagnie Anglaise.

Si on ne l'a pas fait, on a, dès que l'on est à Marseille, trois partis à prendre :

1° On se rend au bureau du chemin de fer (place Royale, n° 1), où l'on consigne ses bagages, et où l'on se renseigne sur les conditions et les heures de départ des Messageries Impériales. Du bureau, les bagages et le passe-port sont portés gratuitement à bord. Les Messageries offrent quatre prix fixes et invariables : Pour la première classe, 505 fr., nourriture comprise; pour la seconde, 328 fr., nourriture comprise; 205 francs pour la troisième, et l'on traite à forfait de la nourriture. Une quatrième catégorie de voyageurs couche avec les caisses, paye 105 francs, et traite aussi de gré à gré pour la nourriture avec le restaurateur du bord. L'arrière est réservé à la première classe.

Les enfants de deux à dix ans payent demi-place et ont un lit pour deux.

Il y a des billets de famille et des billets d'aller et retour avec réduction de 20 et 30 p. 100.

Les trois classes ont droit à 100, à 60 et à 30 kilogrammes de bagages.

Les Messageries s'arrêtent environ six heures à Malte pour faire du charbon, et effectuent le trajet de Marseille à Alexandrie en sept jours.

Les voyageurs ont le droit de s'arrêter à Malte et de continuer leur voyage par les paquebots suivants, dans le délai d'un mois.

Il y a un tarif gradué pour le transport des voitures, chevaux, chiens, et de l'excédant;

2° La Compagnie Anglaise fait le trajet en six jours, tout en s'arrêtant à Malte.

Voici un aperçu de ses prix :

20 et 10 guinées.

La *Compagnie Bazin*, très-recommandable, plus économique que les deux autres, s'arrête à Livourne et à Malte, et arrive à Alexandrie en neuf jours au minimum.

Un quatrième moyen de transport doit être indiqué aux voyageurs qui craignent la mer; le chemin de fer les conduit à Trieste, et ils n'ont que cinq jours de traversée.

MALTE. — Les passagers qui ne séjournent pas à Malte ont, dans les six heures d'arrêt, le temps de visiter les murailles et l'église des Chevaliers. Mais ils doivent prendre un guide pour ne rien perdre. S'ils désirent se reposer, ils trouveront de très-bons hôtels, et dans chaque pièce, à côté de la table à manger, un grand lit, pourvu d'un moustiquaire. Au retour, ne pas oublier de visiter les orfèvres, surtout au coin de la place du Gouvernement. A Malte, comme à Gênes, on excelle à travailler l'argent en filigrane. Les fruits, oranges, citrons, pastèques, bananes, dattes, y sont magnifiques et abondants.

IV. ALEXANDRIE. — Lorsque l'employé sanitaire est venu recevoir les dépêches et a permis le débarquement, les bagages sont remis au voyageur; une barque, payée par lui (point de tarif), le transporte à terre. Après la visite de la douane, se présente la question du logement en ville et de la nourriture. On se renseigne aisément, car le Français est communément parlé à Alexandrie. (Voir plus bas *Drogmans*.)

L'hôtel d'Orient et l'hôtel d'Europe ont tout le comfort anglais ; ils sont chers.

L'hôtel du Nil, où descendent les employés de l'Isthme de Suez, a sur les précédents l'avantage de l'économie et de la vue. Il est situé au bord de la mer, près des bains ; sa terrasse est très-belle ; on y entend des concerts deux fois la semaine.

L'hôtel Abbat peut être aussi recommandé ; il est bien tenu.

On trouve des voitures à des prix ordinaires, mais sans tarif ; les omnibus des hôtels sont gratuits.

Il faut toujours avoir la main à la poche, et le règne du bakchis commence.

A chaque coin de rue, dépôts de bons ânes, moyennant des prix modiques.

V. Drogmans. — Pour tout étranger qui veut visiter l'Égypte, le choix d'un drogman est une nécessité absolue. Ce que nous dirons des drogmans d'Alexandrie est applicable à ceux du Caire.

Les drogmans (interprètes) forment une corporation dont le chef est responsable ; ils sont régis par des statuts particuliers. Sales sous un costume convenable, menteurs, voleurs, hypocrites et souples, empressés à payer pour vous, tel est le portrait de la plupart d'entre eux. Il est donc difficile de bien choisir ; on est parfois guidé par les indications du consulat, le mieux est d'observer autant que possible et, après tout, de risquer puisqu'il le faut. On a d'ailleurs la ressource extrême de se plaindre aux magistrats de la police égyptienne qui, séance tenante, sans autre forme de procès, font appliquer à l'inculpé un certain nombre de coups de bâton sur la plante des pieds. Notons que le bâton, ou mieux le nerf d'hippopotame (kourbach), est un instrument indispensable, et qui ne doit jamais quitter le voyageur.

Momentanément, on a quelque avantage à prendre, en

guise de drogman, un de ces jeunes âniers qui abondent à Alexandrie; il y en a de vifs et d'intelligents, qui parlent bien français, et ne manquent ni de zèle ni d'honnêteté; ils évitent les frais d'un domestique et servent bien. Mais dans un long voyage, et nous en avons fait l'expérience, un jeune garçon, presque un enfant, perd en autorité ce qu'il a de plus en soumission et probité. Comme le drogman est l'intermédiaire forcé entre l'étranger et les fournisseurs, rameurs et serviteurs quelconques, il faut qu'il impose à tous le respect et inspire l'obéissance. Aussi quelques voyageurs, soit qu'ils s'abandonnent tout entiers au hasard et à la chance, soit qu'ils espèrent attendrir ce premier ministre et se l'attacher par la confiance, lui remettent toutes les affaires relatives au voyage, la location de la barque, l'achat des provisions, etc. Sans engager les voyageurs à une aussi complète abdication de leur volonté, nous leur conseillons de ne pas viser à une économie qui a ses inconvénients, et à se munir d'un drogman, le moins mauvais possible, quitte à payer un domestique. En effet, il n'est pas bon que l'homme qui sera un autre vous-même, soit habitué à des soins trop serviles, qui souvent émoussent le sentiment déjà si faible de la moralité.

Le traitement pour les drogmans varie de 100 à 150, et va jusqu'à 200 francs. On les nourrit en route. En ville, on ne les nourrit pas. Quelques-uns servent de domestiques.

VI. LOCATION D'UNE BARQUE. — Le voyage de la haute Égypte ne doit effrayer personne, dès que la bourse est bien garnie. Les femmes et les délicats peuvent conserver toutes leurs aises par delà le tropique. Ils trouvent dans les barques des logements divisés en chambres claires, saines, bien meublées.

C'est à Alexandrie, sur les bords du canal Mahmoudieh, qu'abondent les plus belles barques de l'Égypte; toutefois on en trouve au Caire, soit à Choubrah, soit au Vieux Caire.

Elles ont un équipage composé de plusieurs matelots et d'un réis, capitaine-conducteur, agent du propriétaire.

Le prix de location varie naturellement; d'abord il est moins élevé au Caire qu'à Alexandrie, puisqu'une partie de la route a été parcourue. Une petite barque portant un salon et deux chambres, se paye par mois 25 napoléons (500 fr.). Une famille ne peut guère se loger à moins de 40 ou 60 napoléons par mois (8 et 1,200 fr.). Les plus grandes, les plus belles, coûtent 100 napoléons.

Il y a deux modes de location.

Le premier et le plus simple consiste à prendre la daabie au mois. On s'arrête et l'on marche à volonté; il est vrai que les matelots trouvent, pour traîner le voyage en longueur, des motifs toujours très-légitimes, dont le fond est leur propre paresse et l'intérêt du propriétaire.

Le second mode est le marché à forfait; il est utile à ceux dont le temps est limité; ils conviennent d'un prix pour un voyage (aller et retour), de tel lieu à tel autre; mais, sous peine d'être à la merci du réis, ils ont soin de désigner des points d'arrêt, et de se réserver un certain nombre de jours qu'ils répartissent en chemin sur les endroits qui leur plaisent. Le premier mode est le meilleur.

VII. Contrat de barque. — C'est un acte d'une haute importance; il doit prévoir toute éventualité qui serait le sujet d'une contestation. Rédigé en arabe et en français, il sera visé par le consulat, et garanti par les autorités égyptiennes.

Une expérience de deux années nous permet d'offrir aux voyageurs un véritable modèle de contrat; il a été étudié, rédigé au consulat, et est aussi parfait qu'un acte en arabe le peut être. Nous expliquerons chemin faisant la raison et la nécessité de certaines réserves.

— M. N (propriétaire) a loué à M. X (voyageur) une barque de tant d'ardebs (c'est le tonnage), munie de tous ses accessoires, et meublée conformément à un état de lieux ci-joint.

APPENDICE. 453

Le loyer court de tel jour. Il est de tant.

X est déchargé de tous droits, péages d'écluses, tributs, etc.

X paye d'avance à N un ou deux mois de location; il pourra, durant le voyage, payer entre les mains du réis une certaine somme pour suffire aux besoins de l'équipage. Le reste sera acquitté au retour, en tel lieu.

La barque sera rendue à Alexandrie ou au Caire, et la location cessera le lendemain de la remise.

(Nous recommandons de ne jamais payer tout le prix d'avance; il arrive souvent que le propriétaire n'a pas donné au réis une somme suffisante pour les dépenses qui sont à sa charge; le voyageur est bien alors obligé de débourser. Ne pas solder avant satisfaction de tout grief.)

L'équipage, composé de tant d'hommes, matelots, mousse, pilote ou second et réis, tous munis d'un *tascaret* ou carte visée par la police, sera complétement aux ordres de X, qui aura, en cas de faute commise, le droit d'en expulser et d'en remplacer d'office un ou plusieurs membres. Le réis seul, agent de N, ne pourra être changé; mais les gouverneurs des provinces parcourues, et la police au retour, répondent de sa conduite.

(Le *tascaret* dont nous parlons doit être exigé de tout homme de service, drogman, réis, cuisinier, matelot, etc., sous peine d'être volé et trompé sans recours efficace. Le tascaret doit aussi être visé à la fin du voyage.)

X réglera la marche du bâtiment et le réis exécutera tous ses ordres.

Le bâtiment marchera de nuit à voile en remontant si le vent est favorable; mais l'emploi de la corde et des rames ne pourra être réclamé que de jour.

En descendant, le bâtiment marchera de nuit, moitié à voile, moitié à rame, quand la lune le permettra.

(Nous conseillons au voyageur de ne pas se montrer exigeant sur la marche de nuit; le bruit de la manœuvre et le chant des matelots mécontents lui interdiraient le sommeil.)

X ne sera responsable d'aucune avarie qui provienne de la faute de l'équipage, d'accidents quelconques, hasard ou force majeure, vieillesse de la barque, etc.

Toutefois, si le réis a prévu et annoncé un danger, X ne peut ordonner le départ qu'à ses risques et périls.

N paiera à X, en cas d'infraction quelconque ou de telle et telle infraction au contrat, la somme de..... à titre d'indemnité.

---

Nous conseillons au voyageur de n'admettre dans l'état de lieux que le moins grand nombre d'ustensiles possible pour le ménage et la cuisine. Le mouvement de la barque et mille autres accidents peuvent briser beaucoup d'articles, et on peut au retour avoir des contestations insupportables pour la casse.

VIII. CUISINIERS. — Pourvu d'un interprète, d'un logement garni et d'un équipage, le voyageur doit se munir encore d'un cuisinier.

Ils sont de deux sortes : italiens ou arabes.

Les premiers reviennent à 80 et jusqu'à 150 fr. par mois; ils prennent volontiers les voyageurs à forfait à tant par jour.

Les cuisiniers arabes se louent au mois; leur traitement est de 50 à 70 fr. Leurs connaissances culinaires sont assez générales et l'ordinaire du voyageur est assez monotone, pour qu'on puisse obtenir d'eux une cuisine passable, si toutefois on contrôle leurs habitudes. Par exemple, on fera bien, dans les villes, de leur imposer des bouchers européens; les autres lavent la viande et la laissent saigner, ce qui lui ôte le goût et la vertu nutritive. Les Arabes font la pâtisserie aussi bien que les Italiens. En somme et à tous les points de vue ils sont préférables. On les trouve aisément, soit à Alexandrie, soit au Caire.

On peut traiter avec eux de la dépense à tant par jour, en spécifiant d'avance l'ordre, le nombre et la qualité des mets. Ce système délivre le voyageur de tous les soucis du ménage; il est souvent plus économique, puisqu'il lie le cuisinier, honnête ou non, par la convention. Mais il a l'inconvénient grave de mettre l'étranger à la merci d'un homme qui, graduellement, diminue la qualité de l'alimentation ou impose au maître une nourriture contraire à sa santé. C'est ainsi qu'on arrive, faute de provisions, à ne manger plus, dans la haute Égypte, que l'éternel poulet.

Le mieux, au risque de quelques contestations, de quelques menaces, est de rester maître de la dépense et du choix des aliments, chose essentielle en Égypte.

IX. PROVISIONS ALIMENTAIRES ET AUTRES. — On ne trouve sur les bords du Nil que les denrées qui suivent :

Lait, beurre souvent mauvais, bon à Manfalout; œufs, poules, pigeons, dindes à Louqsor; quelques légumes frais, tels que melons, pastèques à Farchout; oignons, concombres, lentilles jaunes très-bonnes, épinards, et des pommes de terre du pays, qui sont très-mauvaises.

Quant à la viande, ailleurs que dans les villes, il faut tuer un bœuf pour prendre un bouillon, et un mouton pour manger un gigot. (Le prix en est très-bas; 25 fr., 6 fr. La viande se conserve quatre jours.)

Il faut donc s'approvisionner soigneusement à Alexandrie ou au Caire. Tout est moins cher et plus abondant à Alexandrie.

On se munit des articles suivants :

Farine en tonneau; celle qui vient de Trieste est préférable aux autres; grains.

Bougie et huile pour cuisine et éclairage.

Pâtes pour potage, et macaroni; confitures, etc.

Conserves de légumes et de viandes en boîte.

Jambons anglais. Ce sont les meilleurs en Égypte. Saucissons.

Fromages de Chester et de Hollande, les seuls qu'on puisse

conserver dans une boîte, sous un linge légèrement humide.

Sel, sucre, vinaigre, vin, liqueurs, café (on trouve à Kéneh, sur la route, du café venu d'Arabie par caravanes), thé, etc.

Pommes de terre d'Europe. On les met de temps en temps sur le pont, et on les visite avec soin pour en enlever les germes qui poussent très-rapidement.

Bois et charbon.

Tabac et cigares. Il faut acheter, pour les politesses, un grand nombre de cigares communs, à 3 fr. le cent.

Poudre et plomb : on en donne souvent sur la route. Papier, encre, plumes, crayons.

Armes : quelques fusils et pistolets, des kourbachs ou nerfs d'hippopotame. Thermomètres, baromètres, etc.

Tentes et piquets pour campements, et effets.

Enfin, il faut acheter une bandera (bandiera) ou drapeau aux couleurs de sa nation; on la hisse matin et soir avec un coup de feu pour salut. La même manifestation se renouvelle en route en toute rencontre Cette politesse est d'usage, sans être indispensable.

X. Le voyageur ainsi muni d'un drogman, d'un cuisinier, d'une barque et de provisions complètes, peut se mettre en route avec toute sécurité.

Il ne reste plus de dépenses régulières que divers péages, 70 fr. au barrage du Caire, et un prix fait pour le passage de la cataracte, 10 à 20 napoléons ou guinées. Le reste ne peut être indiqué. *Bakchis*, ânes, chameaux, etc.

Si l'on prend la barque à Alexandrie, on suit le canal Mahmoudieh, qui conduit à Atfé, où l'on entre dans le Nil, après acquittement du droit pour le passage des écluses. On peut, d'Atfé, descendre le fleuve jusqu'à Rosette (deux jours de voyage et une journée de visite).

De Rosette on revient à Atfé, et l'on reprend le chemin de la haute Égypte.

En tenant compte de quelques arrêts, à Abou-Mandour (pèlerinage célèbre), au Barrage qui est à la fois une forteresse et un puissant moyen de répandre l'inondation (péage), on arrive en sept ou huit jours au Caire.

Le voyageur qui vise à l'économie de temps et d'argent, peut, sans perdre beaucoup de spectacles curieux, prendre le chemin de fer d'Alexandrie à Suez. Il sera rendu au Caire en huit heures ; là, il trouvera tout ce dont il peut avoir besoin, à peu près aussi bien qu'à Alexandrie ; sauf les barques, tout y est un peu plus cher.

Les principaux hôtels du Caire sont situés sur la belle promenade de l'Esbékieh. Ils sont beaux et chers. L'hôtel Schæpper, fréquenté des Anglais, possède une vaste salle de bal. L'hôtel d'Orient, tenu par le propriétaire de l'hôtel du même nom à Alexandrie, le cède à peine au précédent. L'hôtel des Princes, plus nouveau, est également bien conçu : il se trouve entre les deux autres. Citons, dans l'intérieur de la ville, un hôtel du Nil assez bien organisé, plus abordable aux bourses modestes.

Dans le quartier européen, les maisons sont belles et chères ; mais dans le Vieux Caire et dans la ville égyptienne, on se loge avantageusement et à peu de frais.

Tout objet d'importation est cher ; tout produit du pays est bon marché.

Nous nous arrêtons ici. Durant le voyage des cataractes on ne demeure guère à terre ; on lira d'ailleurs nos campements à Karnak, Médinet-Habou et Philæ.

XI. Du Caire à la deuxième cataracte il faut compter quarante jours de trajet direct, quarante-six par vent contraire.

Les étapes sont Massara-Adim, Cafersnaïa, Béni-Souef, Mahaga, Colosaneb, Samalud, Minieh, Rauda, Melawi, Lamarn, Djebel-bou-Affodah, Manfalout, Syout, Aboutig, Souaghi, Girgeh, Farchout, Kéneh, Négadeh, Lonqsor, Hermant, Esneh, Debbone, Gannech, Assouan, Philæ, Débond, Abou-Hor, Costab, Thialle, Médik, Séboua, Longa, Korosko, Kette, Toské, Formondi, Ibsamboul, Kosko, Ouadi-Alfa.

On s'arrête de temps en temps pour faire le pain de l'équipage. A Assouan, on fait prix avec un rëis et un équipage spécial pour le passage de la cataracte.

XII. Photographie. — Tous les systèmes peuvent être employés; mais les plus prompts sont les meilleurs. L'extrême chaleur évapore les agents chimiques et les formules varient avec la température. La poussière est le fléau de la photographie; on ne s'en défend que par les soins les plus rigoureux.

Nous avons toujours employé des produits que nous recevions de France. Mais on trouvera tous les accessoires utiles, y compris les papiers positifs et négatifs, à Alexandrie, chez Barbet, pharmacien, au commencement de la rue Franque, et au Caire, chez Ammerschmidt, dans le Mousky. Barbet, depuis longtemps établi à Alexandrie, indiquera des ouvriers intelligents pour la réparation des instruments que la chaleur détériore. Quant à l'eau distillée, nous nous donnions d'abord beaucoup de peine pour en obtenir; mais un savant voyageur que nous vîmes à Philæ nous indiqua une méthode bien simple. Il suffit d'une ou deux poignées de lentilles jetées dans l'eau du Nil. Depuis cette heureuse rencontre, nous n'avons rien fait de plus pour nos clichés, qui étaient tous sur papier.

Nous avions pensé à donner un tableau sommaire des heures les plus favorables à la reproduction des monuments; mais elles changent avec les saisons; l'opportunité est d'ailleurs affaire d'opinion et de goût.

Disons seulement, pour engager les amateurs, que tous les monuments sont à peu de distance du Nil, et tournés vers le fleuve ou vers l'est. Les installations ne présentent en général aucune difficulté, soit qu'on opère dans la barque par les procédés secs, soit qu'on établisse un laboratoire dans quelque coin des ruines.

XIII. Quelques termes spéciaux.

*Adytum*,   sanctuaire.

| | |
|---|---|
| *Bari*, | barque sacrée, emblème religieux. |
| *Batracocéphale*, | à tête de grenouille. |
| *Cartouche*, | écusson où se trouve un nom. |
| *Cella*, | sanctuaire. |
| *Criocéphale*, | à tête de bélier. |
| *Dromos*, | avenue de sphinx ou de statues, placée en avant ou dans l'axe d'un temple. |
| *Gynécée*, | appartement des femmes. |
| *Hypostyle*, | salle soutenue par des colonnes. |
| *Hémispéos*, | demi-caverne : temple moitié bâti, moitié creusé dans le roc. |
| *Hiéracocéphale*, | à tête d'épervier. |
| *Hypogée*, | tombe souterraine. |
| *Hypæthre*, | salle sans toiture. |
| *Mammisi*, | chapelle consacrée à rappeler l'accouchement des déesses et des reines. |
| *Naos*, | partie intérieure du temple. |
| *Nao-Palation*, | temple-palais. |
| *Panégyries*, | grandes assemblées à la fois politiques et religieuses. |
| *Parèdres*, | personnages symboliques qui portent les attributs des dieux. |
| *Perhypæthre*, | salle sans murailles, soutenue par des colonnes. |
| *Propylées*, | vastes colonnades formant galerie et cour devant les temples. |
| *Propylône*, | porte triomphale engagée dans des pylônes ou dans des massifs de constructions. |
| *Pronaos*, | péristyle des temples. |
| *Pylônes*, | double massif élevé en avant des temples et des palais, de chaque côté des portes. |
| *Sékos*, | sanctuaire. |
| *Spéos*, | temple creusé dans le roc. |
| *Stèle*, | inscription encadrée, avec ou sans figures. |
| *Téménos*, | enceinte. |

# TABLE DES CHAPITRES.

## LA VALLÉE DU NIL

IMPRESSIONS ET PHOTOGRAPHIES.

| | |
|---|---|
| Dédicace..................................... | VII |
| Préface...................................... | VIII |

### LIVRE 1er. — L'ÉGYPTE A VOL D'OISEAU.

| | | |
|---|---|---|
| Chap. | I. Où irons-nous?...................... | 1 |
| — | II. La mer............................. | 7 |
| — | III. Alexandrie. La colonne de Pompée. Les aiguilles de Cléopâtre.............. | 18 |
| — | IV. Le Mahmoudieh. Les bains. Mariout. Premier repas arabe. L'Isthme de Suez.... | 27 |
| — | V. Les sauterelles. Rosette. Petites rixes. Le pont de Caphersala.................. | 39 |
| — | VI. Le Vieux Caire. Les lavandières du Nil. La malade........................ | 50 |
| — | VII. Moines cophtes. La ville morte. Marche à la corde. Domaines du prince Ismaïl... | 57 |
| — | VIII. Le Djebel-Bou-Affodah. Manfalout. Syout. | 65 |
| — | IX. Buffles. Canards. Les palmiers doums. Cheik Sélim........................ | |

## TABLE DES CHAPITRES.

|   |   |   |
|---|---|---|
| — | X. Kéneh Thèbes. Les alméés............ | 80 |
| — | XI. Assouan. La première cataracte........ | 90 |
| — | XII. La ville perdue. Le tropique du cancer. La Nubie................................ | 100 |
| — | XIII. Divertissements à Korosko. Les Sakiehs. Deer................................. | 107 |
| — | XIV. Ibsamboul. Ouadi-Alfa. La seconde cataracte................................ | 114 |

### APERÇU HISTORIQUE.

|   |   |   |
|---|---|---|
| Chap. | I. Théocratie......................... | 123 |
| — | II. Dynasties légendaires............... | 129 |
| — | III. Les Hyksos........................ | 140 |
| — | IV. Les Rhamsès....................... | 144 |
| — | V. Menaces à l'orient.................. | 152 |
| — | VI. L'Égypte grecque.................. | 156 |
| — | VII. L'École d'Alexandrie.............. | 164 |

### LIVRE II. L'ÉGYPTE ANCIENNE.

|   |   |   |
|---|---|---|
| Chap. | I. Ibsamboul. Phré. Les crocodiles........ | 171 |
| — | II. Ibrim. Deer. Amada. Séboua. Maharakka. Dakkeh. Kirchéh. Dandour........... | 187 |
| — | III. Kalabsché. Kardassi. Déboud. Knoufis et Maloufi.............................. | 197 |
| — | IV. Philæ............................. | 206 |
| — | V. La cataracte. Assouan. Comombos...... | 228 |
| — | VI. Silsilis. Edfou. Esneh. Hermant........ | 238 |
| — | VII. Thèbes. Dieux. Temples. Pontifes....... | 252 |
| — | VIII. Thèbes-Louqsor..................... | 263 |
| — | IX. Thèbes-Karnak..................... | 273 |
| — | X. Thèbes-Médinet.................... | 289 |
| — | XI. Thèbes-Memnonia. Colosses. Rhamséion. Gournah.......................... | 300 |

## TABLE DES CHAPITRES. 463

| | | |
|---|---|---|
| — | XII. Biban-el-Molouk..................... | 308 |
| — | XIII. Dendérah. Siout. Antinoé............. | 315 |
| — | XIV. Béni-Hassan......................... | 325 |

### UNE NUIT DE DOUZE SIÈCLES. 339

| | | |
|---|---|---|
| | I. Domination arabe.................... | 339 |
| | II. Mamelouks et Ottomans............. | 350 |

### LIVRE III. — L'ÉGYPTE MODERNE.

| | | |
|---|---|---|
| CHAP. | I. Renaissance de l'Égypte.............. | 359 |
| — | II. Ressources agricoles et industrielles de l'Égypte............................. | 371 |
| — | III. Population. Les idées. Les mœurs...... | 391 |
| — | IV. Les femmes......................... | 406 |
| — | V. Le Caire............................ | 416 |
| — | VI. Environs du Caire. Les Pyramides..... | 434 |
| APPENDICE........................................ | | 447 |

### RENSEIGNEMENTS ET CONSEILS. 447

Époques de voyage ; passe-ports ; drogmans ; cuisiniers ; provisions ; contrat de barque ; photographie ; termes spéciaux............................... 447

FIN DE LA TABLE.

*ERRATA.*

Page 32, ligne 23, Natib-Pacha, *lisez* : Ratib-Pacha.
— 33, — 27, dix mètres, *lisez* : trente mètres.

SAINT-CLOUD. — IMPRIMERIE DE M<sup>me</sup> V<sup>e</sup> BELIN.

www.ingramcontent.com/pod-product-compliance
Lightning Source LLC
Chambersburg PA
CBHW071939240426
43669CB00048B/2117